Zhonghua Chuantong Wenhua Dui
Goujian Renlei Mingyun Gongtongti De
Zuoyong Yu Lujing Yanjiu

中华传统文化对构建人类命运共同体的作用与路径研究

谢霄男　著

人民出版社

目　录

导　　论

　　习近平总书记 2017 年在瑞士日内瓦万国宫提出"世界怎么了,我们怎么办"①的时代之问。植根于中华传统文化提出的构建人类命运共同体思想,是我国发挥负责任大国作用,为破解世界难题而提出的中国方案。该如何解读中华传统文化与人类命运共同体的内在关系,该如何认识中华传统文化对人类命运共同体思想形成、传播、认同、实施发挥什么样的作用,中华传统文化之于人类命运共同体作用发挥应遵循什么样的基本规律,发挥中华传统文化对构建人类命运共同体作用的路径选择有哪些,是我们通过贡献中国智慧承担时代思想任务,进而深度参与全球治理的重要课题。研究中华传统文化对构建人类命运共同体的作用与路径,有必要阐明研究的缘起和意义,梳理国内外有关人类命运共同体、中华传统文化、中华传统文化对人类命运共同体作用发挥等研究成果并进行总结。厘清研究的基本方法及框架结构,分析研究的重点、难点及创新之处。

一、研究缘起和意义

　　随着中国国际地位的不断提升与影响力的持续扩大,以习近平同志为核心的党中央致力于为推进全球治理体系变革贡献更多的中国智慧。构建人类命运共同体思想的提出,充分展现了中国的责任与担当。这一全新的外交理

---

　　① 《习近平主席在出席世界经济论坛 2017 年年会和访问联合国日内瓦总部时的演讲》,人民出版社 2017 年版,第 20 页。

论内在地具有中华传统文化基因。博大精深的中华传统文化，是构建人类命运共同体的根基与血脉。中华传统文化与人类命运共同体具有怎样的内在联系，其对构建人类命运共同体能够发挥何种作用，有待做出科学解答。

（一）研究缘起

习近平总书记指出："问题是时代的口号。"① 为解决人类面临的共同问题，以习近平同志为核心的党中央提出了构建人类命运共同体这一伟大构想。中华传统文化是一座蕴藏着无穷智慧养料的宝库，其对人类命运共同体的构建能够发挥怎样的作用、具体的实践路径有哪些，正是时代催生出的留待我们积极回应并努力解答的重大课题。

习近平总书记强调："我们看世界，不能被乱花迷眼，也不能被浮云遮眼，而要端起历史规律的望远镜去细心观望。"② 当前国际社会存在种种乱象，拨开重重迷雾将世界看清楚，有必要用好人类社会历史规律这一"望远镜"。德国科隆大学教授沃尔夫冈·施特雷克指出，资本主义已经深陷系统性困境，未来所经历的瓦解过程将是长期与痛苦的。③ 他将这一历史阶段，称为全球"过渡时期"的严冬。④ 诚如沃尔夫冈·施特雷克所言，自 2008 年美国爆发金融危机至今，资本主义世界经济低迷的寒流始终未能驱尽。一些曾经走在全球治理前列的国家，如今不愿继续承担本应肩负的国际责任。个别国家甚至反其道而行之，妄图为寻求一己之私，不惜以损害他国乃至世界的发展为代价。人类社会的诸多矛盾与冲突由此而生。在原有全球治理方案无力有效化解世界难题的国际背景下，我国提出了构建人类命运共同体这一中国方案。端起历史规律的"望远镜"细心观望日益严重的世界治理问题，我们不难发现生活在同一个地球村中的人类"越来越成为你中有我、我有有你的命运共同体"⑤。

① 习近平：《之江新语》，浙江人民出版社 2007 年版，第 235 页。
② 《习近平谈治国理政》第二卷，外文出版社 2017 年版，第 442 页。
③ ［德］沃尔夫冈·施特雷克：《资本主义深陷系统性困境》，http://www.sohu.com/a/123624365_550962。
④ ［德］沃尔夫冈·施特雷克：《挺过全球"过渡时期"的严冬》，《社会科学报》2017 年 6 月29 日。
⑤ 《习近平谈治国理政》，外文出版社 2014 年版，第 272 页。

人类社会当前尽管存在这样或那样的问题,但并非无法克服。问题的关键在于怎样克服以及如何面对。

站在历史变迁的角度来看,人类社会呈现整体向好的发展趋向。美国学者斯蒂芬·平克就指出,"今天,我们也许正处于人类有史以来最和平的时代"①。没有哪个国家的人民渴望生活在冲突与动荡之中,也没有哪个国家可以依靠本国人民的力量独自化解所有难题,世界各国人民已经生死与共、荣辱与共。世界各国人民团结一心、形成强大的攻坚合力,就可以挺过全球"过渡时期"的严冬,迎来无限美好的春天。构建人类命运共同体符合世界各国人民共同的利益期待,反映了热爱和平、寻求共同发展的人民的共同心声。构建人类命运共同体是由我国率先提出的伟大构想。向国际社会阐明中国方案,我们不能"失语"。习近平总书记指出:"中华文化既是历史的、也是当代的,既是民族的,也是世界的。"②中华传统文化具有强大的生命力,源于其具有优秀的基因。任何民族优秀的思想文化,都是人类共同文明成果的组成部分,都可以为解决人类面临的问题贡献智慧力量。习近平总书记强调:"中华优秀传统文化是中华民族的突出优势。"③中国传统文化是中华民族所拥有的一张国际名片。擦亮这张名片,就有必要研究中华传统文化对人类命运共同体的作用以及实现路径等问题,这是本书的国际背景。

毛泽东同志早在1956年发表的《纪念孙中山先生》一文中就曾指出:"中国应当对于人类有较大的贡献。"④我国人民在几代中国共产党人的带领下,迎来了从"站起来"到"富起来"再到"强起来"的伟大飞跃。站在新的历史起点上,有着强烈天下情怀的中华民族,渴望为世界贡献新的、更大的建设性力量。正是在这样的背景下,我国提出了构建人类命运共同体思想。我国既是构建人类命运共同体思想的首倡者,也是积极践行者、示范引领者。人民是构建人类命运共同体的行为主体。我国要出色扮演好积极践行者与示范引领者

---

① ［美］斯蒂芬·平克:《人性中的善良天使:暴力为什么会减少》(上),安雯译,中信出版社2019年版,第1页。
② 《习近平谈治国理政》第二卷,外文出版社2017年版,第352页。
③ 《习近平谈治国理政》,外文出版社2014年版,第155页。
④ 《毛泽东文集》第七卷,人民出版社1999年版,第157页。

的角色,一刻也离不开本国人民对构建人类命运共同体的衷心拥护与鼎力支持。文化是凝聚人心的精神纽带。中华传统文化与构建人类命运共同体具有高度的融通性。为最大限度地凝聚人心、汇聚民力,我们有必要阐明中华传统文化与构建人类命运共同体的关系,深入分析中华传统文化对构建人类命运共同体所发挥的作用。

我国当前正处于从"富起来"到"强起来"的历史阶段。中华民族"强起来",绝不仅仅意味着经济层面的富足,还包括文化层面的昌盛。中华传统文化具有历史的厚度。要崛起为一个文化强国,我们对之进行挖掘与阐发的深度还有待加强。对中华传统文化我们不能漠视,反其道而行之会导致我国人民文化主体性的丧失;对中华传统文化我们不能菲薄,反其道而行之会导致我国人民丧失民族自豪感。[1] 构建人类命运共同体如若不能坚守文化主体性,会出现文化同质化现象;如若不能增进民族自豪感,会消解自身的文化自信心。坚守文化主体性、坚定民族自信心离不开对中华传统文化的传承与弘扬。习近平总书记指出:"中华优秀传统文化是中华民族的文化根脉,其蕴含的思想观念、人文精神、道德规范,不仅是我们中国人思想和精神的内核,对解决人类问题也有重要价值。"[2]文化是有"魂"的[3]。文化之魂在于价值。在历史上对社会发展具有价值且其仍然闪耀着时代光芒的文化内容,可称其为"活的灵魂"。中国和平发展为一个文化强国,在现时代不仅要对中华传统文化进行"价值赋值",还要实现"价值增值"。在人类已经命运与共的现时代,研究哪些中华传统文化对构建人类命运共同体具有价值,正是对其进行"赋值"的过程,这是一项发现"活的灵魂"、保有其生命活力的工作。研究哪些中华传统文化能够更好地对人类命运共同体构建发挥作用,具体的实现路径有哪些,是实现"价值增值"的过程,这是一项用好"活的灵魂"、增强其生命活力的工作。当今中国已经崛起为一个当之无愧的经济强国,助推其成长为一个名副其实的文化强国,我们正在行进的路上。本书正是在这样的国内背景下得以

---

① 雷巧玲、田建军:《中国梦视阈下文化强国战略研究》,中国社会科学出版社 2017 年版,第 4—5 页。

② 《习近平谈治国理政》第三卷,外文出版社 2020 年版,第 314 页。

③ 沈壮海:《文化软实力及其价值之轴》,中国出版集团、中华书局 2013 年版,第 5 页。

开展的。

人类命运共同体思想自 2012 年被正式提出以来,就受到了日益广泛的关注,其已经成为国内外学术理论界的"公共议题"。众多研究者从不同角度对这一问题进行学术聚焦,极大地开阔了人们的理论研究视野。从研究趋向上来看,外界对作为新生世界大国的我国提出的构建人类命运共同体思想,感兴趣的程度越来越高,但不会存在解读不到位的情况。愿意倾听来自中国的声音与在理解上存在误区是一对矛盾,但这对矛盾并非不可调和。我国外交部原副部长傅莹指出,中国"需要通过更好地阐释自己来让世界信服"①,其中就包括要阐释好构建人类命运共同体思想。她建议我们向世界讲述自己的想法和观点要主动。"不主动讲,谬误就容易越积越多。"②主动地向世界讲清楚人类命运共同体思想,是我国广大理论工作者所肩负的一项重要学术使命。讲清楚的前提是想清楚。要主动地讲清楚,就要主动地想清楚。主动想清楚的目的:一来是主动加深我们对相关问题的理解,升华自身的思想认识,二来是主动地向外界讲清楚自己的想法,消除不必要的偏见与疑虑;三来是更有力地推动实践的发展。

一个民族为世界发展提出自己的想法和观点,无不与文化基因紧密相连。中华传统文化是植根于中华民族血脉深处的文化基因,其对帮助我们主动想清楚构建人类命运共同体思想的一系列理论研究问题进而在国际社会更清晰地将之讲清楚有着极为重要的影响力。中华传统文化是构建人类命运共同体的思想源流,对此我国学术理论界已经达成了广泛共识。但中华传统文化对人类命运共同体发挥作用的关键要素有哪些,中华传统文化对构建人类命运共同体思想形成、思想传播、思想认同、思想实施发挥着怎样的作用,我们可以从中汲取什么样的规律性认识并探索出什么样的可行性路径等基本问题,时下的学术研究热潮并未能将之涤荡清晰,也就是说我们未能将其完全想清楚。更好地想清楚有助于更好地讲清楚,更好地讲清楚有助于更有力地推动实践向前发展。构建人类命运共同体是一个长期的历史过程,借助中华传统文化

---

① 傅莹:《看世界》,中信出版社 2018 年版,第 3 页。

② 傅莹:《看世界》,中信出版社 2018 年版,第 3 页。

想清楚并讲清楚人类命运共同体的构建问题需要久久为功。笔者希望为解答相关问题贡献自己的绵薄之力,这是本书的理论研究背景。

(二)研究意义

构建人类命运共同体既是一个现实性问题,又是一个历史性问题;既是一个理论性问题也是一个实践性问题。中华传统文化对构建人类命运共同体的作用与路径研究是一个贯通历史与现实、联结理论与实际的课题,具有重要的理论与实践意义。

1. 理论意义

本书的理论意义集中体现在有利于升华对中华传统文化的认识、推进中华传统文化与人类命运共同体的深度融合以及深化中华传统文化对人类命运共同体作用规律的研究。

一是有利于升华对中华传统文化的认识。研究中华传统文化对构建人类命运共同体的作用,首先要尽可能充分地储备有关中华传统文化的知识。如果连中华传统文化是什么都不甚了了,也就很难谈得上其对构建人类命运共同体发挥实质性作用的问题。储备中华传统文化的知识,有一个从不知到知、知少到知多、知浅到知深的过程。由不知到知、由知少到知多,是知识数量上的累计。从知浅到知深,是领悟能力的提升、思想境界的升华。在数量上尽可能充分地储备与中华传统文化有关的知识,是必要的。但仅仅重视在数量上扩充与中华传统文化有关的知识储备,对于人类命运共同体的有效构建而言,还远远不够。进一步来讲,即便是各行为体充分占有了丰富的中华传统文化知识,也不尽然一定会成为人类命运共同体的推动者。清华大学彭林教授认为"如果人文知识不能转化为个人灵魂中的东西,不能对人的气质、涵养有所裨益,那么它就只是外在的知识"①。我国大思想家荀子就曾将学习划分为"小人之学"与"君子之学",认为前者是"入乎耳,出乎口",也就是没有将外在的知识转化为个体的内在灵魂;后者是"入乎耳,著乎心,布乎四体"②,也就

---

① 彭林:《儒家礼乐文明讲座》,广西师范大学出版社 2017 年版,第 5 页。
② 和兴文化编写组:《荀子》,陕西人民美术出版社 2014 年版,第 16 页。

是知识既触及了心灵,又转化为了行动。中华传统文化只有真正进入构建人类命运共同体各行为体的认识本体,才不会仅仅是外在于己的东西,才会持久而强劲地对构建行动产生思想引导力。中华传统文化属于人文知识的范畴,本书向往并恪守我国古人倡导的"君子之学",不仅致力于尽可能充分地开掘中华传统文化中有助于推动人类命运共同体思想形成、思想传播、思想认同以及思想实施的知识资源,还致力于将这些知识资源内化于各行为体的灵魂深处并促使其体现在行动上。从这个意义上来讲,本书有利于升华对中华传统文化的认识。

二是有利于推进中华传统文化与人类命运共同体深度融合。中华民族是一个有着强烈世界情怀的民族。面对"世界之乱",我国提出了构建人类命运共同体这一先进的理念。该理念的提出,有回应时代性问题的因素,也与中华民族固有的文化基因紧密相连。建设持久和平、普遍安全、共同繁荣、开放包容、清洁美丽的世界,均可以从中华传统文化中找到文化根源。然而,中华传统文化并不会天然地对人类命运共同体构建产生影响,也并不是说所有的中华传统文化都会对人类命运共同体构建产生积极影响。哪些中华传统文化能够为构建人类命运共同体提供精神养分,如何促使其更好地服务于人类命运共同体的有效构建,均是一个个有待深入研究的理论问题。有学者称"人类命运共同体是中华传统文化的精髓凝现"[1]。人类命运共同体是由深受中华传统文化影响的中国共产党率先提出的,该理念得到世人的认可与接受,也会在一定程度上提升中华传统文化的国际影响力。也就是说,博大精深的中华传统文化与引领人类进步的人类命运共同体理念有着高度的融通性。中共中央党校刘建飞教授指出,"从长远而论,思想的力量远胜于物质的力量"[2]。能够为构建人类命运共同体提供精神养分的中华传统文化与作为中华传统文化精髓凝现的人类命运共同体,均是人类至为宝贵的精神财富。本书有利于推进中华传统文化与人类命运共同体的深度融合,实现精神财富的价值增值。

三是有利于深化中华传统文化对人类命运共同体作用规律的研究。构建

---

[1]　王鹏晓、刘友田:《构建人类命运共同体的五维审视》,《福州党校学报》2020年第2期,第48页。

[2]　刘建飞:《引领:推动构建人类命运共同体》,中共中央党校出版社2018年版,第19页。

人类命运共同体是一个理念,这一理念能否落地,取决于我们的构建行为是否得当。检验我们当前的构建行为是否得当以及能否有力推动未来的构建工作,一个至关重要的因素在于是否根据客观规律办事。按客观规律办事的前提,是承认规律的存在并努力认识规律。中华传统文化在助推人类命运共同体的有效构建上不仅可以发挥积极作用,而且这些积极作用的发挥是有规律可以因循的。规律有基本规律和具体规律之分。从理论上探讨中华传统文化对构建人类命运共同体发挥作用的基本规律和具体规律,有助于减少行动中的盲目性、提升行动的科学性和有效性。中华传统文化对构建人类命运共同体发挥作用,需要遵循一个基本的准则。找到这样一个基本的准则,我们也就认识到了具体规律得以发挥作用的总纲。具体规律是对基本规律的进一步阐释,对具体规律的掌握,有助于我们认清中华传统文化对构建人类命运共同体发挥作用的过程中诸要素之间的本质联系及其具体矛盾的必然趋势。促使中华传统文化对构建人类命运共同体发挥积极作用,我们需要遵循基本规律与具体规律。一旦违背规律办事,就难免会受到规律的惩罚。规律尽管具有客观性,但在规律面前,我们并非不能有所作为。我们在认识并把握中华传统文化对构建人类命运共同体发挥作用基本规律与具体规律的基础上,根据基本规律与具体规律发挥作用的条件和形式利用这些规律,能够更好地推动人类命运共同体的实质性建构。因此,本书有利于深化中华传统文化对人类命运共同体作用规律的研究。

2. 实践意义

本书的实践意义主要表现在有助于推进社会主义文化强国建设、推动新时代中国外交行稳致远以及世界各国人民利益福祉。

一是有助于推进中国特色社会主义文化强国建设。社会主义文化强国建设是社会主义现代化强国建设不可或缺的组成部分。诚如习近平总书记所言"一个国家、一个民族的强盛,总是以文化兴盛为支撑的。中华民族伟大复兴需要以中华文化发展繁荣为条件"[①]。中华民族伟大复兴是由伟大的中华民族实现的。中华民族之所以伟大,是因为我们拥有伟大的民族精神。伟大的

---

① 《习近平关于社会主义文化建设论述摘编》,中央文献出版社2017年版,第3—4页。

民族精神熔铸在源远流长的中华优秀传统文化之中。构建人类命运共同体是造福世界人民的千秋伟业。研究中华传统文化对铸就这一千秋伟业的作用，就是要将蕴含伟大中华民族精神的传统文化尽可能充分地开掘出来，使之更好地得到传承与弘扬。习近平总书记强调"要把跨越时空、超越国度、富有永恒魅力、具有当代价值的文化精神弘扬起来"①。本书挖掘、传承与弘扬中华传统文化是站在促进人类社会发展进步的角度展开的，因而有助于提升社会主义文化强国建设的高度。社会主义文化强国建设不仅要站得高，还要立得稳。中华传统文化是社会主义文化强国建设的精神根脉。研究中华传统文化对构建人类命运共同体的作用，有助于赋予社会主义文化强国建设深厚的文化底蕴，也即增强社会主义文化强国建设的深度。社会主义文化强国建设的题中之义是扩大中华传统文化的影响力。习近平总书记指出，"讲清楚中华优秀传统文化是中华民族的突出优势，是我们最深厚的文化软实力"②。分析中华传统文化对构建人类命运共同体的作用与路径选择，有助于促使越来越多的行为体了解、认识、接受并传播中华传统文化，从而加大社会主义文化强国建设的力度。习近平总书记指出，"文化兴国运兴，文化强民族强。……没有文化的繁荣兴盛，就没有中华民族伟大复兴"③。研究中华传统文化对构建人类命运共同体的作用，有助于及时扫除人们理念上的障碍、廓清人们思想上的误区，从而加快社会主义文化强国建设的历史进程。因此，本书有助于从实践层面推进中国特色社会主义文化强国建设。

二是有助于推动新时代中国外交行稳致远。习近平总书记指出，目前看，我们在经济合作上用力多，文化上这条腿还不够用力。④ 对于新时代中国外交工作的开展而言，一条腿用力多，另一条腿用力不够，就很难行得稳。行不稳则致不远。本书是为了解答中华传统文化如何在构建人类命运共同体上发挥作用，其实践意义在于促使文化这条腿在推动新时代中国外交工作方面吃

---

① 《习近平关于全面深化改革论述摘编》，中央文献出版社 2014 年版，第 87 页。
② 《习近平谈治国理政》，外文出版社 2014 年版，第 155 页。
③ 《习近平谈治国理政》第三卷，外文出版社 2020 年版，第 32 页。
④ 《习近平出席推进"一带一路"建设工作座谈会并发表重要讲话》，《人民日报》2016 年 8 月 17 日。

得上劲。新时代中国外交行稳致远,离不开良好的国内环境与国际环境。构建人类命运共同体是由我国率先提出的,我国人民在命运与共上面有必要起到良好的模范带头作用。吸收、借鉴中华传统文化,有助于有效解决妨碍我国人民命运与共的诸多现实问题。中共中央党校刘余莉教授认为,诸如孩子不孝顺、官员不清廉、企业不诚信等问题,"看似很复杂,但是他们都是枝叶花果,只要我们把它的根给找到"①,诸如孩子与父母、干部与群众、消费者与企业经营者等各种主体无法命运与共的问题就能够迎刃而解。探寻国人命运与共的根,就蕴含在源远流长的中华传统文化之中。从这个意义上来讲,本书有助于为新时代中国外交工作的开展营造良好的国内环境。国际社会存在的种种纷争,同样不能仅仅在经济合作上用力。我国古人说"以利相交,利尽则散"②。以利益作为国与国交好的准绳,一旦利益穷尽,友情的绳索就存在被割断的可能。"唯以心相交,方能成其久远。"③促使文化的交流与互鉴,是构建人类命运共同体的各行为体以心相交的重要途径。研究中华传统文化对构建人类命运共同体的作用与路径选择,有助于为新时代中国外交工作的开展营造良好的国际环境。因此,从总体上来讲,本书研究有助于从实践层面推动新时代中国外交行稳致远。

三是有助于增进世界各国人民利益福祉。构建人类命运共同体是我国为解决"世界之问"贡献的中国智慧。作为该理念的首倡者,我国理应在推动人类命运共同体构建上有所作为。中华传统文化是中华民族独特的精神标识④。北京大学楼宇烈教授强调,"与西方文化相比,以人为本的人文精神是中国文化最根本的精神,也是一个最重要的特征"⑤。构建人类命运共同体是解决世界难题的一剂"良药",将以人为本视为最根本精神的中华传统文化正是增强这剂"良药"药力的"药引子"。习近平总书记指出,人类当前"正处在

① 刘余莉:《刘余莉传统文化十二讲》,九州出版社 2020 年版,第 190—191 页。
② 苏格:《平易近人:习近平的语言力量(外交卷)》,上海交通大学出版社 2018 年版,第 245—246 页。
③ 苏格:《平易近人:习近平的语言力量(外交卷)》,上海交通大学出版社 2018 年版,第 245—246 页。
④ 《习近平谈治国理政》,外文出版社 2014 年版,第 164 页。
⑤ 楼宇烈:《中国文化的根本精神》,中华书局 2016 年版,第 46 页。

一个挑战层出不穷、风险日益增多的时代"①。中华传统文化作为增强构建人类命运共同体这剂"良药"药力的"药引子",是其强调向内管住自己,不仅要管住自己的感官,还要管住自己的心。② 我国大思想家管子就曾告诫人们"无以物乱官,毋以官乱心"③;"君子役物,小人役于物"④。受物欲侵蚀的行为体,不惜以增加其他行为体乃至整个人类面临的挑战与风险为代价,其为自身增进的利益福祉带有鲜明的狭隘性。增进世界各国人民的利益福祉,就要在追求自身正当利益福祉的同时,避免受到物的控制。中华传统文化为各行为体在构建人类命运共同体过程中避免沦为物的奴隶提供了至为宝贵的智慧精华。因此,研究中华传统文化对构建人类命运共同体的作用与路径选择,有助于减缓乃至疗愈种种人类之痛,从而切实增进世界各国人民的利益福祉。

二、研究现状和研究总结

国内外学者关于人类命运共同体、中华传统文化、中华传统文化与人类命运共同体的关系等问题,已经涌现了一批有见地、有分量、有价值的研究成果。这些研究成果为我们深化相关问题的探讨提供了丰富的理论资源。

(一)研究现状

1. 国外学术史梳理及研究动态

国外研究者对作为中华民族精神标识的传统文化、作为中国外交重要指导思想的人类命运共同体及其二者之间的关系开展了广泛而深入的研究,形成了一批值得我们高度关注的成果。

(1)关于人类命运共同体研究

构建人类命运共同体有赖于世界各国人民共同参与。把握国外学术理论

---

① 《习近平谈治国理政》第二卷,外文出版社 2017 年版,第 538 页。
② 楼宇烈:《中国文化的根本精神》,中华书局 2016 年版,第 53 页。
③ 《管子精华》,辽宁人民出版社 2018 年版,第 151 页。
④ 杨柳桥:《荀子诂译》,齐鲁书社 2009 年版,第 20 页。

界对人类命运共同体是如何解读的,对于我们深化相关问题的探讨有着重要的借鉴意义。我们大体可以从"提出背景""认知态度""构建意义""构建途径""构建困境"以及"前景展望"等维度,梳理、把握国外学者对人类命运共同体思想的研究状况。

其一,关于人类命运共同体的提出背景。国外研究者对我国为什么要提出构建人类命运共同体,也即提出背景进行了分析,代表性的观点主要有"挑战应对说""国力增强说"以及"秩序重构说"等。

其二,关于人类命运共同体的认知态度。国外研究者对构建人类命运共同体在认知态度上是复杂的,既有赞成的声音,也有质疑的观点,同时亦不乏反对的论调。

人类命运共同体思想得到了多数国外研究者的赞成与认可。比如说,身为第 71 届联合国大会主席的 Peter Thomson 盛赞人类命运共同体的构建是"人类在这个星球上的唯一未来"①。欧洲对外关系委员会 Angela Stanzel 和 Heike Holbig 等学者指出,中国提出构建人类命运共同体思想为世界树立了榜样,这与美国实行贸易保护主义等行为形成了鲜明对比。② 欧洲议会 Nirj Deva DL 议员对中国提出的人类命运共同体思想予以高度评价。他指出,积极构建以共同价值观为核心的人类命运共同体,是人类的一大进步。③

其三,关于人类命运共同体的构建意义。国外研究者认为,人类命运共同体的构建,对于推动中国、发展中国家以及整个世界的发展,具有重要的现实意义。

国外绝大多数学者从客观积极的方面分析了构建人类命运共同体对于推动中国发展的意义。比如,伦敦亚非学院研究人员 Jacob Mar Dell 将构建人类命运共同体共同体视为中国共产党历史使命的革命性发展。在他看来,落实

---

① 《人类命运共同体理念成为广泛共识》,《人民日报》2017 年 2 月 14 日。

② Angela Stanzel,Heike Holbig,Jean Christopher Mittelstaedt,Yevgen Sautin & Jérôme Doyon,"China's 'New Era' with Xi Jinping characteristics", in *European Council on Foreign Relations*. https://www.ecfr.eu/publications/summary/chinas_new_era_with_xi_jinping_characteristics7243.

③ Nirj Deva DL,"Economic globalisation and a shared future for mankind",*The Daily FT*,25 October 2018. http://www.ft.lk/opinion/Economic-globalisation-and-a-shared-future-for-mankind/14-665410.

人类命运共同体思想有利于中国共产党带领中国人民早日实现中华民族的伟大复兴。① 学者 Camilla T.N.Sorensen 指出,构建人类命运共同体有助于中国更好地应对各种风险与挑战,助推中国梦的实现。②

有学者认为人类命运共同体的构建有助于更好地维护发展中国家的权益。比如,印度尼西亚东盟南洋基金会主席班邦·苏尔约诺指出,构建人类命运共同体将推动全球治理体系变革,这种变革有助于维护广大发展中国家的权益。③ 西开普敦大学托伊特教授指出,人类命运共同体思想反映了世界上绝大多数国家,尤其是广大发展中国家的心愿。④ 而广大发展中国家的一大心愿就是平等获得经济增长的权益。巴基斯坦科技大学 Zamir Awan 教授认为,人类命运共同体的构建给广大发展中国家以信心,这极大地坚定了这些国家在国际社会维护公平正义的信念。⑤

多数国外研究者从正面肯定了构建人类命运共同体对推动世界发展的意义。比如,巴西著名思想家 Evandro 指出,构建人类命运共同体思想在政治、安全、经济、文化、生态等方面所产生的影响是全球性的。⑥ 法国国际问题研究专家 David Gosset 指出,构建人类命运共同体必将对世界产生更加深刻的积极影响。⑦ 法国前总理 Raffari 提出,构建人类命运共同体,为世界包容性的

---

① 刘雨萌、王金燕:《国外对"人类命运共同体"研究述评》,《科学社会主义》2018 年第 5 期,第 145—146 页。

② Camilla T.N.Sorensen, "The Significance of Xi Jinping's 'Chinese Dream' for Chinese Foreign Policy:From 'Tao Guang Yang Hui' to 'Fen Fa You Wei'", in *Journal of China and International Relations*, No.1, 2015, pp.55—58.

③ 应强、金正、王乃水等:《共建人类命运共同体,同塑全球治理新局面——海外专家积极评价习近平总书记在中央外事工作会议上的重要讲话》,http://www.gov.cn/xinwen/2018-06/24/content_5300950.htm。

④ 刘雨萌、王金燕:《国外对"人类命运共同体"研究述评》,《科学社会主义》2018 年第 5 期,第 144 页。

⑤ 《"为人类共同发展和繁荣提供中国方案"——国际人士积极评价习近平主席在中央外事工作会议上的重要讲话》,《人民日报》2018 年 6 月 25 日。

⑥ Evandro Menezes de Carvalho, "Shared Future for Mankind Has Global Impact". http://www.globaltimes.cn / content /1088110. Shtml.

⑦ 应强、金正、王乃水等:《共建人类命运共同体,同塑全球治理新局面——海外专家积极评价习近平总书记在中央外事工作会议上的重要讲话》,http://www.gov.cn/xinwen/2018-06/24/content_5300950.htm。

增强、效率的提升以及质量的提高提供了可行性方案。① 俄罗斯学者克里什塔波维奇指出，中国将人类命运共同体思想建立在各国人民追求正义与幸福的基础上，其一定能够将全人类推向联合。② 巴西《今日中国》主编 Evandro Menezes de Carvalho 认为，构建人类命运共同体，寻求建立新型国际关系，为世界注入了活力。③ 美国学者 William Jones 认为，人类命运共同体并非一个简单的发展计划，其构建有助于让世界脱离非理性的地缘政治冲突。④ 荷兰海牙大学助理教授 Mi Jung van der Velde 指出，中国提出的人类命运共同体概念将为全人类创造希望和机遇。⑤

其四，关于人类命运共同体的构建途径。国外研究者主要围绕"实践载体打造""法律制度建设""责任使命坚守"等方面为人类命运共同体的构建建言献策。

多位国外研究者将"打造实践载体"视为构建人类命运共同体的重要途径。"一带一路"建设作为人类命运共同体的重要实践载体，引起了国外学者们的广泛关注。比如，日本前首相鸠山由纪夫指出，"一带一路"旨在以发展促和平、以和平保发展，其是推动人类命运共同体思想落地的重要途径。⑥ 德国席勒研究所的专家 Sébastien Périmony 指出，"一带一路"建设撼动了极端保守思想的根基，是构建人类命运共同体的重要路径。⑦ 美国国际问题研究专家劳伦斯·布拉姆认为，"一带一路"建设将使构建人类命运共同体的愿景化为现实。⑧ 塞内加尔学者 Adama Gaye 认为，"一带一路"为人类命运共同体的

---

① Deng Yaqing, "From Davos to the World", in *Beijing Review*, February 8, 2018. http:// www. bjreview.com/Current_Issue/Editor_Choice/201802/ t20180205_800116333. html.

② Криштапович Л, "ШОС в строительстве Сообщества единой судьбы человечества", *Частьпервая*. http:∥teleskop-by.org/2018/06/10.

③ Evandro Menezes de Carvalho, "Shared Future for Mankind Has Global Impact; Brazilian Expert". http:∕www.xinhuanet.com∕∕english/2018-02/04/c_136948537. htm.

④ William Jones, "Leibniz's Community of Common Destiny", in *Executive Intelligence Review*, Vol.44, No.9, 2017, p.10.

⑤ 中国人权研究会：《构建人类命运共同体与全球人权治理》，五洲传播出版社 2018 年版，第 52 页。

⑥ 《一带一路，为亚太繁荣注入强劲动力》，《人民日报》2017 年 11 月 8 日。

⑦ 吴刚、葛文博：《应势而为，共担时代责任——习近平主席达沃斯演讲继续展现巨大感召力和影响力》，《人民日报》2018 年 1 月 26 日。

⑧ 刘雨萌、王金燕：《国外对"人类命运共同体"研究述评》，《科学社会主义》2018 年第 5 期，第 145—147 页。

构建提供了现实路径。①

有国外研究者从完善国内外法律制度的角度,探寻了人类命运共同体的构建途径。比如,2018年到北京参加"构建人类命运共同体与国际法"研讨会的多位外国学者一致认为,共同推动国际法的发展,是推动人类命运共同体构建的重要途径。② 学者Katherine Morton撰文指出,顺利推动人类命运共同体的构建,对内应注意完善立法体系,设立诸如海外投资保护法、海外非政府组织管理法、国家安全法等等,对外应促使构建人类命运共同体的其他行为体遵守国际法律与相关规范,对于出现的国际纠纷,应主动诉诸法律手段加以解决。③

有国外研究者从坚守国际责任与义务的角度,探寻了人类命运共同体的构建途径。构建人类命运共同体关乎世界各国人民共同的利益福祉,需要人人负起责来。从这个意义上来看,各国坚守应尽的国际责任与义务,可视为构建人类命运共同体的一条重要途径。比如,墨西哥学者纳瓦雷特指出,大国在维护国际社会整体利益、推动全球发展进步上负责任、有担当,有助于对他国起到示范带头作用,推动各国与之一起参与到人类命运共同体构建的历史进程中来。④ BC.O'Neill和E.Kriegler等学者建议,依据构建人类命运共同体各成员国经济社会发展状况,评估其应对各种风险的能力,借此明确其各自应尽的国际责任与义务,有益于优化共同体内部的组织构成。在他们看来,各成员国坚守应尽的责任与义务,是推动人类命运共同体构建的重要途径。⑤

(2)关于中华传统文化研究

研究中华传统文化对人类命运共同体发挥作用的问题,除了要了解国外学者对人类命运共同体的研究现状以外,还有必要把握其对中华传统文化的

---

① 《时刻把人民福祉放在心上》,《人民日报》2018年1月2日。

② 《构建人类命运共同体与国际法"专题研讨会在北京举行》,https://www.fmprc.gov.cn/web/wjb_673085/zzjg_673183/tyfls_674667 / xwlb_674669 / t1593074. shtml。

③ Katherine Morton, "China's Ambition in the South China Sea:Is a Legitimate Maritime Order Possible?", in *International Affairs*, Vol.92, No.4, 2016, pp.909-940.

④ 豪尔赫·爱德华多·纳瓦雷特:《中国是一个负责任有担当的大国》,http://ex.cssn.cn/hqxx/gjgch/201910 /t20191021_5017491. shtml? ivk_sa = 1023197a。

⑤ John Ryan, "Geopolitical Influences on the Future of Renminbi", in *Security Policy Brief*, No.82, March 2017.http://aei.pitt.edu/id/eprint/86887.

认知状况。

绝大多数国外研究者在理性认识中华传统文化的基础上对之给出了积极的评价。比如,澳大利亚邦德大学学者 Dellio Rosita 认为,基于儒、释、道的中国思想文化,对于弥合全球治理的文化分歧有很强的借鉴意义。[1] 学者 Feng Zhang 将中华传统儒家思想中的"天下观"视为一种包容性联系主义与包容性人文主义的结合。[2] 国外研究者对中华传统文化的评价总体上来看是积极、客观的。

(3)关于中华传统文化与构建人类命运共同体关系研究

国外研究者普遍认为,中华传统文化与人类命运共同体构建之间存在着紧密的内在关联。学者们认为中华传统文化是构建人类命运共同体的重要思想资源。人类命运共同体思想究竟汲取了中华传统文化中的哪些智慧精华,学者们发表了各自的看法。

国外研究者普遍认为,人类命运共同体尽管是一种现代性思想,但有着极其深厚的中华传统文化渊源。比如,美国兰德公司发布的《China and the International Order》研究报告称,人类命运共同体借鉴了中国古代传统和哲学思想。[3] 英国社会科学院院士马丁·阿尔布劳教授就将中华传统文化视为习近平总书记"人类命运共同体"理念的思想源泉。[4] 芬兰于韦斯屈莱大学 Matti Puranen 博士认为,中华大地有着数千年悠久而显赫的思想传统,中国领导人在提出外交思想过程中可以从中汲取智慧灵感。[5]

中华传统文化博大精深,人类命运共同体思想究竟汲取了其中的哪些智

---

① Dellios Rosita,"Silk Roads of the Twenty-first Century:The Cultural Dimension",in *Asia & the Pacific Policy Studies*,Vol.4,No.2,2017,p.233.

② Feng Zhang,"Confucian Foreign Policy Traditions in Chinese History",in *The Chinese Journal of International Politics*,Vol.8,No.2,2015,pp.197-218.

③ Mazarr,Michael J.,Timothy R.Heath,and Astrid Stuth Cevallos,"China and the International Order",Santa Monica,CA:RAND Corporation. https://www. rand. org/pubs/research _ reports/RR2423. html.

④ 马丁·阿尔布劳等:《论"人类命运共同体"》,《国外理论动态》2019 年第 9 期,第 90 页。

⑤ Matti Puranen,"'All under Heaven as One Family':Tianxiaist Ideology and the Emerging Chinese Great Power Identity",in *Journal of China and International Relations*,Vol.7,No.1,2019:1-19.

慧精华,学者们发表了各自的看法。比如,在第八届世界儒学大会上,国外学者就一致认为,中华传统文化中的儒家思想是推动人类命运共同体构建的基础。① 俄罗斯学者 Бояркина 指出,人类命运共同体思想是中国儒家"天下"思想在当代的发展。② 法国学者 David Gosset 认为,中华民族对"天下大同"有着不渝的追求,人类命运共同体是中华民族在新的时代条件下"大同"的重新诠释。③ 学者 Fei-ling Wang 指出,人类命运共同体思想,继承和发扬了中华传统文化中的"天下观念"。④ 在 Denghua Zhang 看来,人类命运共同体思想蕴含于"天人合一""以和为贵""世界大同"的中华传统文化经典思想之中。⑤ 俄罗斯学者 Тавровский Ю 将人类命运共同体思想视为孔子提出的"四海之内皆兄弟"思想的折射。⑥ 俄罗斯远东联邦大学的 Борякина 等学者认为,中华传统文化中的"天下观"与"和平观",是人类命运共同体的思想源头。⑦

2. 国内学术史梳理及研究动态

当前,我国学者已围绕构建人类命运共同体、传承与弘扬中华传统文化、中华传统文化与构建人类命运共同体的关系等问题做出深入思考与精当解析,形成了一批丰硕的研究成果。

---

① 《儒家思想为"人类命运共同体"提供文化支撑——第八届世界儒学大会综述》,《光明日报》2017 年 9 月 28 日。

② Бояркина А.В.,Печерица В.Ф.,"Традиционные идеиПоднебесной во взаимосвязи с концепцией СиЦзиньпина《сообщества единой судьбы человеччтва》".http://cross-bordereconomy.ru／2019_2／_4.pdf.

③ 应强、金正、王乃水等:《共建人类命运共同体,同塑全球治理新局面——海外专家积极评价习近平总书记在中央外事工作会议上的重要讲话》,http://www.gov.cn/xinwen/2018-06/24/content_5300950.htm。

④ Fei-ling Wang,*The China Order:Centralia,World Empire,and the Nature of Chinese Power*,in State University of New York Press,2017,p.211.

⑤ Denghua Zhang,"The Concept of Community of Common Destiny in China's Diplomacy:Meaning,Motives and Implications",in *Asia&the Pacific Policy Studies*,5(2)196-207,2018,p.198.

⑥ Тавровский Ю,"Пекин призывает мировоесообщество не бояться Поднебесной // Независимаягазета".25 декабря 2017,№ 282,С.9.

⑦ Борякина А.В,Печерица В.Ф,Бондаренко Е.Ю,"Традиционная культура Китая в контексте концепциисообщества единой судьбы для человечества //Вестник ЗабГУ",2018.№ 8,С.56-64.

（1）关于人类命运共同体研究

国内学者主要围绕构建人类命运共同体的"提出背景""形成过程""科学内涵""基本特性""现实困境""重要意义""路径探求"等问题，展开了广泛而深入的研讨。

其一，关于构建人类命运共同体的提出背景。学者们关于中国共产党为什么提出构建人类命运共同体思想，发表了自己的看法。大体而言，我们可以将之概括为"国际影响变化说""国际环境优化说"以及"顺应时代潮流说"等。

其二，关于构建人类命运共同体思想的形成过程。学者们普遍认为，构建人类命运共同体思想的形成，不是一蹴而就的，而是经历了一个不断发展的历史过程。然而，该思想具体的发展进程是怎样的，学者们有着不同的见解。代表性的观点主要有"两状态说""三阶段说"以及"三进程说"等等。

其三，关于构建人类命运共同体的科学内涵。厘清构建人类命运共同体的科学内涵，是开展相关研究的逻辑起点。为索解这一问题，学者们各抒己见。具有代表性的观点主要有"领域内涵说""中国方案说"以及"话语建设说"等等。

其四，关于构建人类命运共同体的基本特性。学者们普遍认为，在新的时代条件下形成的构建人类命运共同体思想，呈现出许多新特性。比如说，中央党校刘建飞教授强调，主权国家是构建人类命运共同体的基本行为主体，在各国存在天然利益矛盾的基础上找到克服利益矛盾而真诚合作的共性因子，就要以人类整体性为构建基石。[①] 也就是说，整体性是构建人类命运共同体的一大基本特性。中南大学刘方平博士认为，人类命运共同体作为全新的治理理念与治理方案，较之于传统的全球治理理论与治理方案，具有务实性、系统性、包容性以及普适性等基本特性。[②] 南京师范大学李爱敏博士认为，构建人类命运共同体作为一种具有过渡性质的国际主义价值观，其在实践形式上呈

---

① 刘建飞：《人类命运共同体的形态、基本特征与核心要义》，《国际问题研究》2020 年第 1 期，第 36—39 页。

② 刘方平：《论人类命运共同体思想的内涵、特色与建构路径》，《大连理工大学学报（社会科学版）》2020 年第 2 期，第 4—6 页。

现出灵活性、在交往主体上呈现出独立性、在时代定位上呈现出准确性与现实性。① 武汉大学汪信砚教授和冷蓉博士认为,在全球现代性语境中生成的人类命运共同体思想,具有批判性、社会性、实践性以及历史性等基本理论特性。②

其五,关于构建人类命运共同体的现实困境。构建人类命运共同体是一个复杂且艰巨的系统性工程,该工程的建设不可能一帆风顺。学者们主要围绕构建人类命运共同体在政治、安全、经济、文化、生态等领域面临的困境展开研究。

构建人类命运共同体的政治困境。学者们普遍认为构建人类命运共同体在政治领域面临的最大困境,是霸权主义和强权政治仍大行其道。比如说,鲁东大学杨庆龙副教授认为,世界各国学习内化人类命运共同体思想的意愿不够强烈,是因为霸权主义和强权政治尚存,现实主义权力政治的逻辑依然没有淡出人们的视野③;安徽师范大学陶富源教授指出,当前和今后打造人类命运共同体甚为艰难,这源于世界上尚存两种霸权主义,一种是少数国家奉行的地区霸权主义,另一种是美国推行的全球霸权主义。这两种霸权主义无不坚持倚强凌弱、以富欺贫、以大压小的原则,其是构建人类命运共同体在政治层面遇到的强大阻力。④

构建人类命运共同体的安全困境。学者们基于不同的学科背景,阐发了人类命运共同体构建所面临的安全困境。云南省委党校马光远博士从风险学的学科背景出发,指出人类陷入争斗、难以命运与共的重要原因在于"大家都想追求正面价值而抛弃负面价值",正面价值的极值在理论上和现实中只有一个,可是正面价值的追求者却为数众多。因二者之间存在矛盾而引发的争斗⑤,是构

---

① 李爱敏:《从无产阶级国际主义到人类命运共同体——马克思主义的国际主义思想发展研究》,南京师范大学 2016 年博士学位论文,第 156—162 页。

② 汪信砚、冷蓉:《习近平人类命运共同体思想的逻辑生成、理论特性和哲学贡献》,《江汉论坛》2020 年第 6 期,第 7—9 页。

③ 杨庆龙:《构建人类命运共同体的国际政治社会学论析》,《社会主义研究》2020 年第 3 期,第 130 页。

④ 陶富源:《"人类命运共同体"建构是向"自由人联合体"迈出的第一步》,《江淮论坛》2020 年第 1 期,第 31 页。

⑤ 马光远:《人类安全共同体的构建何以可能》,云南大学出版社 2017 年版,第 236—237 页。

建人类命运共同体需要直面的难题。中国政法大学谢军副教授基于分子生物学的学科背景，分析了不负责任的态度，坚持个人的、狭隘的民主主义、民粹主义所诱发的转基因生物安全问题，是构建人类命运共同体在生物安全领域所面临的困难。①

构建人类命运共同体的经济困境。多数学者认为构建人类命运共同体面临的经济困境，与世界经济低迷、保护主义抬头有关。比如说，在东北大学田鹏颖教授和武雯婧博士看来，现有国际经济秩序是由"新自由主义"价值理念主导的。而"新自由主义"经济出现严重问题时，各国普遍感到不安，彼此之间相互怀疑、防范和竞争的心态明显加重，许多国家甚至在存在共同利益的情况下也难以达成合作。② 构建人类命运共同体离不开主权国家的支持和参与。而各国普遍出现的"自顾"和"内顾"倾向，给人类命运共同体构建带来了不小的困难。湖南省社科院刘建武教授强调，随着全球经济危机持续蔓延，贸易保护主义逐渐抬头，区域一体化建设遭受广泛质疑并陷入停顿，人类命运共同体构建面临着严峻挑战。③

构建人类命运共同体的文化困境。学者们探讨了究竟有哪些文化因素，妨碍着人类命运共同体的有效建构。河北经贸大学张战教授认为，从文化层面来看，构建人类命运共同体的掣肘因素在于文明冲突，而文明冲突的根源在于帝国霸权④；武汉大学项久雨教授、侯玉环博士认为全球文化异构、西方中心主义、保护主义文化、殖民侵略文化是建构人类命运共同体的天然屏障、人为壁垒、时代毒瘤、历史顽疾⑤；武汉大学骆郁廷教授、张蓓博士指出，文化民族主义、文明优越论、文明冲突论以及文化霸权主义，是人类命运共同体构建

---

① 谢军：《人类命运共同体下的转基因问题》，知识产权出版社 2019 年版，第 33 页。

② 田鹏颖、武雯婧：《天下为公：中国共产党与人类命运共同体》，社会科学文献出版社 2018 年版，第 148 页。

③ 刘建武：《跨越"修昔底德陷阱"：构建人类命运共同体》，党建读物出版社 2019 年版，第 53—57 页。

④ 卢黎歌：《新时代推动构建人类命运共同体研究》，人民出版社 2019 年版，第 213 页。

⑤ 项久雨、侯玉环：《论人类命运共同体文化建构的三重意蕴》，《江淮论坛》2019 年第 5 期，第 139—140 页。

过程中遇到的文化挑战。①

　　构建人类命运共同体的生态困境。学者们普遍认为,没有厘清人与自然的关系,是构建人类命运共同体所面临的生态困境。江苏大学付清松副教授、李丽教授指出,当前在全球气候等问题上出现的"责任推诿"②,使得人类命运共同体构建陷入不小的生态责任困境;华南师范大学张青兰教授、广州中医药大学张建华研究员对人类中心主义进行了批判,指出其将生态割裂为误认的那种异化的人、自然、社会的价值关系,致使人类命运共同体构建在生态领域陷入困境③;外交学院王帆教授、凌胜利副教授认为,当前全球环境危机的背后隐藏着基本价值的危机。④　他们援引联合国环境规划署的文件称,在参与全球治理问题的诸多行为体中,大多顾及自身的短期利益而非全球共同的长远利益,这使得人类命运共同体构建陷入生态困境。

　　其六,关于构建人类命运共同体的重要意义。学者们对构建人类命运共同体思想,均给予了充分、肯定、积极的评价。所不同的是,其评价的维度呈现出一定的差异性。

　　从政治维度评价人类命运共同体的构建意义。多数学者认为,人类命运共同体的构建,有助于推动人类政治文明进程。比如,扬州大学肖唤元助理研究员、天津师范大学秦龙教授认为,人类命运共同体思想的提出具有重要的世界政治意义,其有助于打破不合理的国际政治旧秩序,推动世界政治朝民主化、法治化方向发展⑤;四川农业大学潘坤副教授指出,构建人类命运共同体彰显了一种全新的政治伦理精神,这是一种倡导交往的平等性以及责任、安全、利益相统一的商谈性伦理精神,其对人类政治伦理文明的演进发展具有重

---

① 骆郁廷、张蓓:《构建人类命运共同体的文化挑战与应对》,《思想政治教育研究》2019年第5期,第22—24页。

② 付清松、李丽:《生态文明和人类命运共同体的时代境遇和交互式建构》,《探索》2019年第4期,第9页。

③ 张青兰、张建华:《人类命运共同体构建的生态价值逻辑与样态探索》,《广东社会科学》2020年第4期,第52—53页。

④ 王帆、凌胜利:《人类命运共同体:全球治理的中国方案》,湖南人民出版社2017年版,第247页。

⑤ 肖唤元、秦龙:《人类命运共同体:理论渊源、价值意蕴、国际影响》,《广西社会科学》2018年第7期,第47页。

大影响。①

从安全维度评价人类命运共同体的构建意义。学者们普遍认为,构建人类命运共同体有助于维护世界各国的安全利益。比如,上海外国语大学刘胜湘教授认为,相伴大变革而生的全球性问题日益突出,世界各国树牢人类命运共同体意识,有助于其更好地应对全球性威胁、更好地维护自身安全利益②;贵州师范大学欧宇庭指出,构建人类命运共同体有助于世界各国一起统筹应对各种传统与非传统安全威胁,有力维护其共同的安全利益③。

从经济维度评价人类命运共同体的构建意义。诸多学者基于经济维度解析人类命运共同体的构建意义,认为其有助于全球经济的健康发展。比如,十二届全国人大常委会副委员长陈昌智认为,"'人类命运共同体'理念是应对'逆经济全球化'浪潮"的一剂"良药"④;南京审计大学赵欢春教授认为,构建人类命运共同体对抵制逆全球化思潮、筑造"合作共赢"的世界大势,具有重要的经济战略意义。⑤

从文化维度评价人类命运共同体的构建意义。学者们普遍认为,人类命运共同体的构建有助于推动人类文化的大发展、大繁荣。比如,大连海事大学赵永帅博士、天津师范大学秦龙教授认为,构建人类命运共同体思想的提出,有助于促使不同文明和文化在尊重、共处中实现自身文化繁荣,成就其他文明发展,使世界不同文化相得益彰⑥;山东大学李景治研究员指出,世界各国人民均为人类文化的发展与繁荣贡献着自己的力量。然而,由于历史和现实的原因,世界的主流文化往往是发达国家的文化,发展中国家的文化处于边缘地

---

① 潘坤、王智垚:《"构建人类命运共同体"的政治伦理精神流变》,《云南社会科学》2019年第4期,第31页。

② 刘胜湘、李奇前:《角色、价值、实践与人类命运共同体》,《教学与研究》2019年第11期,第65—67页。

③ 欧庭宇:《论人类命运共同体理念的基本内涵、内在逻辑及时代价值》,《广西民族研究》2020年第1期,第26页。

④ 王彤:《世界与中国:构建人类命运共同体》,中共中央党校出版社2019年版,"序"第1页。

⑤ 赵欢春:《构建人类命运共同体的战略意义》,《马克思主义研究》2019年第11期,第49—50页。

⑥ 赵永帅、秦龙:《人类命运共同体的文化自知、文化自信与文化自为》,《江西师范大学学报(哲学社会科学版)》2019年第1期,第29页。

位,这不可避免地导致一些优秀的民族文化被埋没。构建人类命运共同体,有助于推动人类文化共同繁荣,尤其是推动发展中国家文化的繁荣,避免广大发展中国家的优秀文化遭埋没。①

从生态维度评价人类命运共同体的构建意义。学者们均认为,人类命运共同体的构建,有助于更好地保护地球家园。比如,云南大学马倩如博士强调,立足于命运共同体的终极性视角来体察如今生态世界的裂痕,会促使人类形成与自然共生共存的自觉②;山东大学李景治研究员认为,通过构建人类命运共同体保护地球,有助于促使人类生存环境得到全面改善。③

其七,关于构建人类命运共同体的路径探求。如何推动人类命运共同体思想落地,引起了广大学者的高度关注。目前我国学界在构建人类命运共同体的路径探求上开展了大量工作。具体代表性的观点主要有"周边起步说""样板打造说""平台搭建说""关系协调说"以及"战略支点说"等。

(2)关于中华传统文化研究

目前学界主要围绕中华传统文化的内涵、源头、核心、主干、特征、价值、现代性转化等问题展开了大量研究,取得了丰硕成果。

其一,关于中华传统文化的内涵。有关如何界定中华传统文化的内涵,学者们分别从不同的维度发表了各自的见解。

基于时间维度解析中华传统文化的内涵。比如,南京大学徐小跃教授认为,中国传统文化就是所谓的"国学",而"国学"就是"国故之学"的简称,指中国过去的学术思想。④ 云南省社会主义学院刘洋副研究员指出,中华传统文化指的是以汉族为主体的中华民族在5000多年文明历史中形成的优秀文化。⑤

基于空间维度解析中华传统文化的内涵。比如,湖北大学何晓明教授认

---

① 李景治:《构建人类命运共同体的世界社会主义意义》,《当代世界社会主义问题》2019年第2期,第7页。

② 马倩如:《人类命运共同体视域下的生态世界观及审美》,《重庆社会科学》2019年第6期,第125—126页。

③ 李景治:《构建人类命运共同体的世界社会主义意义》,《当代世界社会主义问题》2019年第2期,第8页。

④ 徐小跃:《中国传统文化与儒道佛》,江苏人民出版社2016年版,第4页。

⑤ 中华文化学院:《中华文化的创造性转化和创新性发展》,学习出版社2015年版,第56页。

为,中华传统文化指的是由中华民族在东亚大陆这片广袤的土地上创造的文化。① 陕西省社会主义学院办公室副主任齐天福、副院长李春燕指出,中国优秀的传统文化,亦称华夏文明,是东方文明的代表。②

基于文化特性解析中华传统文化的内涵。比如,湖北省社会主义学院桂汉良教授认为,中华传统文化是以人心和人生为关照、以趋善求治为特征的伦理政治型文化。③ 德州学院梁国楹教授、王守栋教授指出,中国传统文化是一种趋善求治的伦理政治型文化。④

其二,关于中华传统文化的源头。我国学者对中华传统文化的源头进行了探究。所不同的是,分析视角呈现出一定的差异性。

有研究者基于时间维度,将中华传统文化的源头追溯至炎黄时代。比如西北大学名誉校长张岂之教授认为,谈中华文化要从文明起源说起。在他看来,中华文明的起源期是距今 5000 多年的炎黄时代。⑤ 云南省社会主义学院刘洋副研究员指出,中华传统文化起源于传说中的黄帝时代,在更早的仰韶文化和龙山文化中也能找到传承的影子。⑥ 中国社会科学院司马云杰研究员认为,研究一个民族,首先应该研究它最初的母体文化,研究它是从哪里来的。在他看来,讲中国文化精神开端,应该从伏羲时代开始。⑦

有学者从价值理念和文化样态的维度,探析中华传统文化的源头。比如在武汉大学郭齐勇教授看来,中华文化精神的源头不是别的,乃是上下通达的"仁爱"精神。⑧ 东北林业大学侯彦杰副教授认为,中华传统文化的生命情感

---

① 张岱年、方克立:《中国文化概论》(修订版),北京师范大学出版社 2004 年版,第 6 页。
② 中华文化学院:《中华文化的创造性转化和创新性发展》,学习出版社 2015 年版,第 76 页。
③ 中华文化学院:《中华文化的创造性转化和创新性发展》,学习出版社 2015 年版,第 30 页。
④ 梁国楹、王守栋:《中国传统文化精要》,人民出版社 2011 年版,第 22 页。
⑤ 张岂之:《中华文化的会通精神》,长春出版社 2016 年版,第 262 页。
⑥ 中华文化学院:《中华文化的创造性转化和创新性发展》,学习出版社 2015 年版,第 56 页。
⑦ 司马云杰:《中国精神通史:中国文化精神的源头及演变》第 1 卷,华夏出版社 2016 年版,第 46 页。
⑧ 郭齐勇:《大国声音:中华优秀传统文化与时代精神》,湖北教育出版社 2016 年版,第 2 页。

源头,是儒家的"慈孝"意识。① 中国人民大学李福敏博士通过考证认为,中华传统文化的源头是夏商周三代的史官文化。②

有研究者将中华传统文化的源头追溯至某一部古代典籍。我国绝大多数学者认可《周易》是中华传统文化的源头活水。比如,武汉大学黄钊教授指出,《易经》是我国传统文化不断繁衍滋生的"种子",是我国传统文化的源头活水。③ 我国学者林葳认为,《易经》蕴含了"圣人钩深致远、极深研几、崇德广业、开物成务的一门学问,探赜索隐、创业立功、观象制器的高深哲理",堪称中华传统文化的源头。④ 厦门大学易中天教授认为,《周易》不但是中国人智慧的"金字塔",也是中国人智慧的"昆仑山",即"万水之源"。在他看来,讲中国人的智慧,不能不从《周易》开始。⑤ 台湾师范大学曾仕强教授也认可《易经》是中华传统文化的源头。他指出,不了解《易经》就无法了解中华文化,无法深入去解释什么叫中华文化。⑥ 此外,还有一些学者就中华传统文化源头应追溯至哪些典籍问题,发表了不同的看法。比如,在《洛阳日报》记者李东慧看来,数千年来,"河图洛书"被认为是中华传统文化的源头。⑦ 首都师范大学赵敏俐教授指出,中国文化的源头活水首推"六经"。⑧

其三,关于中华传统文化的核心。我国学者关于中华传统文化核心的代表性观点,主要有"和""礼""德"等。

有学者认为"和"是中华传统文化的核心。比如,第十三届全国政协委员王晶指出"中华文化的核心密码是和文化"。⑨ 西北大学张茂泽教授认为,

　① 侯彦杰:《"大同"思想的中国特色社会主义语境阐释》,《理论探讨》2019年第6期,第63页。

　② 李福敏:《夏商周三代史官文化是我国传统文化的源头》,《档案学通讯》2000年第2期,第76页。

　③ 黄钊:《〈易经〉——我国传统文化的源头活水》,《武汉大学学报(社会科学版)》1993年第4期,第37页。

　④ 林葳:《〈易经〉入门》,华中科技大学出版社2019年版,"前言"第1—2页。

　⑤ 易中天:《中国人的智慧》,上海文艺出版社2018年版,第5页。

　⑥ 曾仕强:《中华文化自信》,中央编译出版社2016年版,第5页。

　⑦ 李东慧:《巩义为"河图洛书"诞生地? 学者称应源自洛阳》,《洛阳日报》2013年12月19日。

　⑧ 赵敏俐:《为有源头活水来》,《中学语文教学》2019年第10期,第1页。

　⑨ 王晶:《人类命运治理简史》,五洲传播出版社2019年版,第185页。

"和而不同"是中华传统文化的核心理念之一。①

有学者将"礼"视为中华传统文化的核心。比如,国学大师钱穆认为,要了解中华文化,必须站到更高来看中国文化之心,而中国的核心思想是"礼"。国际青年成就顾问教师冯琳指出,中国的核心思想就是"礼"。② 清华大学彭林教授指出,中国文化有一个超越地域和血缘的核心——礼。③ 中共中央党校刘余莉教授指出,如果用两个字来概括传统文化的核心,这两个字是"道德"。④ 中国人民大学肖群忠认为,重视道德是中华传统文化的核心与灵魂。⑤ 中国孔子研究院院长张朝阳教授称,中华民族几千年的文化创造,最为核心、最为根本、最为精髓的,可以归结为"八德",即孝、悌、忠、信、礼、义、廉、耻。⑥

其四,关于中华传统文化的主干。中华传统文化蕴含的内容极为丰富,究竟哪些是主干,学者们发表了各自的看法。

中华传统文化精华与糟粕并存,学界认为其中的精华是中华传统文化的主干。比如,武汉大学郭齐勇教授就旗帜鲜明地指出,中华优秀传统文化是中国传统文化的主干。⑦ 西安交通大学陆卫明教授和李红副教授认为,"诚然,中国传统文化中也存在着糟粕成分,但其积极方面是主要的"。⑧ 我国空军某训练基地政治工作教研室赵坤博士称,虽然中国传统文化中也有许多糟粕,但如果进行权衡比较,精华部分远大于糟粕部分,"优秀传统文化"在整个传统文化中占据主体。⑨

将儒学视为中华传统文化的主干,得到了众多学者的认可。比如,国际青

---

① 张茂泽:《和而不同》,学习出版社 2014 年版,"序"第 3 页。
② 冯琳、何志攀、杨娜:《华夏礼仪:亲近礼乐文明》,开明出版社 2018 年版,第 1 页。
③ 彭林:《儒学礼乐文明讲座》,广西师范大学出版社 2017 年版,第 23 页。
④ 刘余莉:《刘余莉传统文化十二讲》,九州出版社 2020 年版,第 21 页。
⑤ 肖群忠:《中华传统美德的定义、演变与三大时代价值》,《天津日报》2015 年 6 月 1 日。
⑥ 杨朝明:《中华传统八德价值历久弥新》,《中国纪检监察报》2017 年 3 月 17 日。
⑦ 郭齐勇:《大国声音:中华优秀传统文化与时代精神》,湖北教育出版社 2016 年版,"前言"第 2 页。
⑧ 陆卫明、李红:《中国文化精神与现代社会》,中国社会科学出版社 2015 年版,第 168 页。
⑨ 赵坤:《中华优秀传统文化当代价值》,广西师范大学出版社 2019 年版,第 36—37 页。

年成就顾问教师冯琳认为,儒学是中华传统文化的主干。① 中国孔子基金会韩喜凯会长指出,儒学文化是以儒学为基础发展起来的文化,是中国传统社会的主流文化。② 山东省社会主义学院副院长刘鲁会教授称,儒学以人为本,博采众长,因而能成为中华文化的主流。③

学者们普遍认为中华传统文化的主干是儒家思想和道家思想。比如,北京大学汤一介教授认为,儒家和道家对中国文化思想产生了深远影响,二者共同构成了中华传统文化的主干。④ 曲阜师范大学杨朝明教授指出,多元互补的中华文化以儒、道为主体。⑤

还有多位学者将中华传统文化的主干归结为儒家、道家与佛家思想。比如,云南省社会主义学院刘洋副研究员指出,儒家、道家与佛家是中华传统文化的主体。⑥ 全国人大常委会副委员长许嘉璐认为,儒、释、道是中华文化的三大支柱。⑦

其五,关于中华传统文化的特征。学者们普遍认为,中华传统文化所具有的特征是鲜明的。我国学者围绕这一问题,提出了不少价值的观点。

有学者基于价值取向、思维方式的视角,对作为本民族智慧结晶的中华传统文化特征进行了总结。比如,西北大学名誉校长张岂之教授认为,强调融合、创新而非冲突、对抗的"会通"精神,是中华传统文化的一个主要特征。⑧ 北京大学楼宇烈教授认为,在科学与人文中,人文精神应该是中国文化的根本特征,从古至今,都是如此。⑨ 我国著名作家顾作义和广东人民出版社钟永宁总编辑认为,中华传统文化具有重德性、包容性、人文性、和谐性、重民性、务实

① 冯琳、何志攀、杨娜:《华夏礼仪:亲近礼乐文明》,开明出版社 2018 年版,第 1 页。
② 丁鼎等:《和谐共存之道:儒家礼乐文化》,山东教育出版社 2012 年版,"总序"第 1 页。
③ 中华文化学院:《中华文化的创造性转化和创新性发展》,学习出版社 2015 年版,第 47 页。
④ 汤一介:《论〈道德经〉建立哲学体系的方法》,《哲学研究》1986 年第 1 期,第 23 页。
⑤ 马新、杨朝明、刘德增等:《中华传统文化读本》,中华书局 2017 年版,第 116 页。
⑥ 中华文化学院:《中华文化的创造性转化和创新性发展》,学习出版社 2015 年版,第 56 页。
⑦ 许嘉璐:《中华文化的前途和使命》,中华书局 2017 年版,第 90 页。
⑧ 张岂之:《张岂之谈中华优秀传统文化》,江苏人民出版社 2019 年版,第 270 页。
⑨ 楼宇烈:《中国文化的根本精神》,中华书局 2016 年版,第 5 页。

性等特征。① 德州学院梁国楹教授、王守栋教授认为,中华传统文化的特征集中表现在崇尚统一,追求稳定;伦理至上,群体至上;尊老尚古,贵中尚和;兼包并蓄,丰富多彩四个方面。② 在王锦贵教授看来,崇尚伦理道德的人伦关系、重视政务的价值取向、推尊入世的处世哲学、强调一统的政治理念以及光宗耀祖的功名思想,是中华传统文化在漫长的发展过程中呈现出的基本特征。③

有学者基于精粹儒家、道家、佛家思想特质的视角,总结中华传统文化的特征。比如国学大师汤一介提出,我们是否应找到一种说法来表现"中国传统文化的特质",它既能包含儒家思想的特质,又能包括道家,甚至中国化的佛教禅宗的特质,这样也许更有意义。他指出,"把追求'普遍和谐'作为中国文化的特点,我认为也许更能全面地体现中国文化的本质"。④ 由此可见,汤一介先生将"普遍和谐"视为中华传统文化的一大特征。南京大学徐小跃教授指出,儒道佛三家思想的最大特点,是对人的心性、人性、生命的最深入关注。在他看来,符合超越特性的爱,是这三家共有的一大特征。⑤ 我们可以将具有超越性的爱,视为中华传统文化所具有的一大特征。

有些学者基于中华传统文化与其他文化比较的视角,总结中华传统文化的特征。比如,我国空军某训练基地政治工作教研室赵坤博士称,中华优秀传统文化具有与其他文化不同的一些特征,这些特征集中表现在系统性、连续性、包容性、民族性以及时代性。⑥ 清华大学陈来教授指出,整体讲中国传统社会价值观念跟西方近代价值观相比,具有"责任先于自由""义务先于权利""群体高于个人""和谐高于冲突"等特征。⑦

---

① 顾作义、钟永宁:《守望中国价值:中国传统文化理念二十六讲》,广东人民出版社 2019 年版,"前言"第 2—3 页。

② 梁国楹、王守栋:《中国传统文化精要》,人民出版社 2011 年版,第 22—24 页。

③ 王锦贵:《中国文化史简编》(修订版),北京大学出版社 2006 年版,第 10—17 页。

④ 汤一介、乐黛云、杨浩:《中国传统文化的特质》,上海教育出版社 2019 年版,第 147—148 页。

⑤ 徐小跃:《中国传统文化与儒道佛》,江苏人民出版社 2016 年版,第 147—148 页。

⑥ 赵坤:《中华优秀传统文化当代价值》,广西师范大学出版社 2019 年版,第 49—59 页。

⑦ 陈来:《中华文明的核心价值:国学流变与传统价值观》,生活·读书·新知三联书店 2015 年版,第 211—214 页。

其六，关于中华传统文化的价值。我国学者立足于不同的视角，对中华传统文化的当代价值进行了剖析。

有学者立足于国内的视角，阐明了中华传统文化所具有的价值。比如我国空军某训练基地政治工作教研室赵坤博士认为，传承、弘扬中华传统文化有利于推动当代中国的生产力发展、社会发展和人的自由全面发展。① 哈尔滨社会主义学院教师张瑜指出，中华传统文化为我们推进国家治理体系和治理能力现代化提供了大量的可供利用的文化资源。② 目前我国学界大多强调中华传统文化对国内社会发展的正面推动价值，但也有学者在对该问题进行分析的同时，阐明了其负面影响。比如，西南交通大学陆卫明教授、李红副教授辩证性地厘析了中华传统文化精神对我国社会主义和谐社会构建的积极意义与消极影响。③ 中山大学詹小美教授在现代性视野下分析了中华传统文化优秀部分的当代价值以及糟粕部分的负面价值。④

有学者将对中华传统文化价值的分析从我国延伸到了整个世界。比如，中国人民大学陈先达教授认为，中华传统文化在不同的国家与地区所彰显的价值是不同的，在社会主义中国具有加强精神文明建设的价值，对儒家文化圈国家和地区具有道德教化的价值，对西方资本主义国家具有文化交流的价值。⑤ 全国人大常委会副委员长许嘉璐强调，我们研究的国学、儒学、诸子学等都是综合的，所以即使是方法论、思维方式等中华民族的这些理论都可以给世界参考。⑥ 中国艺术研究院终身研究员刘梦溪指出，中华文化能够贡献给世界的，是人之为人的、群之为群的、家之为家的、国之为国的一整套精神价值理念。这些价值理念的精神旨归，就是使人成为健全的人，使群体成为和谐的群体，使家成为有爱有敬的和睦的家，使国成为礼仪之邦。⑦ 北京航空航天大

① 赵坤：《中华优秀传统文化当代价值》，广西师范大学出版社 2019 年版，第 66—94 页。
② 中华文化学院：《中华文化的创造性转化和创新性发展》，学习出版社 2015 年版，第 73 页。
③ 陆卫明，李红：《中国文化精神与现代社会》，中国社会科学出版社 2015 年版，第 17 页。
④ 詹小美：《现代视野下传统文化的价值及其转换》，《改革与战略》2004 年第 11 期，第 52—54 页。
⑤ 陈先达：《文化自信中的传统与当代》，北京师范大学出版社 2017 年版，第 131—153 页。
⑥ 许嘉璐：《中华文化的前途和使命》，中华书局 2017 年版，第 237 页。
⑦ 刘梦溪：《中国文化的张力：传统解故》，中信出版社 2019 年版，第 105—118 页。

学王湘穗教授指出,墨子"兼相爱,交相利"的思想可为走出国际政治领域的困境提供重要的启迪。①

其七,中华传统文化的现代性转化。学者们普遍认为,中华传统文化的现代性转换是必要的,但转换历程尚有很长的路要走。怎样走好中华传统文化现代性转化之路,学者们发表了各自的看法。代表性的观点主要有"基本原则坚守说""中西文化互鉴说"以及"话语表达方式创新说"等。

持有"原则坚守说"的学者高度认同推动中华传统文化现代性转化,要牢牢坚守以马克思主义为指导的基本原则。比如,中共中央编译局杨金海研究员认为,大力推动中华传统文化的转化与发展,需要始终坚持以马克思主义为指导。② 西北大学梁仲明教授认为,坚持马克思主义是实现中华传统文化创造性转化的支点。③ 贵州师范大学张荣军教授、山东大学任鹏程博士强调,推动中华传统文化现代性转化,必须坚持马克思主义在意识形态的指导地位。④ 持有"基本原则坚守说"的学者认为,对中华传统文化进行现代性转化过程中,免不了要继承传统和借鉴外国文化,究竟哪些部分该继承、该借鉴,哪些部分应该加以抵制,应该以是否有利于我国发展为检验准绳与判断标尺。比如,在杨文霞编辑看来,推动中华传统文化的现代性转化,应该坚守是否有利于中国现代化发展的原则。在她看来,但凡合乎我国现代化建设的需要,对我国现代化发展有利的东西,无论是我国自身固有的传统,还是域外的文化,都应该为我所用⑤。清华大学吴潜涛教授劝诫我们,推动优秀传统文化的现代性转化,要结合我国社会主义现代化建设实际,运用批判、继承的方法对待中华传统文化,坚持相互借鉴的态度吸收外来文化。⑥

持有"中西文化互鉴说"的学者认为,人类优秀文化应该相互借鉴,中西

① 王湘穗:《币缘论:货币政治的演化》,中信出版社 2017 年版,第 24 页。
② 杨金海:《坚持以马克思主义为指导,推动中华优秀传统文化转化发展》,《理论学习》2016 年第 16 期,第 4 页。
③ 梁仲明:《传统文化的现代转化与马克思主义中国化》,《陕西日报》2017 年 3 月 16 日。
④ 张荣军、任鹏程:《中华优秀传统文化现代性转换的必要性和可能性研究》,《贵州社会科学》2016 年第 8 期,第 56 页。
⑤ 杨文霞:《中国传统"和"文化研究》,中央编译出版社 2014 年版,第 230 页。
⑥ 吴潜涛:《推动优秀文化的现代性转化》,《人民日报》2015 年 7 月 15 日。

文化互鉴,汲取彼此的精神精华,是中华传统文化现代性转化的可行性路径。比如,香港中文大学原校长金耀基教授指出,中国现代的新文明不是在文化真空中构建的,它必然是以传统文化和西方文化中的优秀元素作为构建的资源。在一定意义上,中国现代的新文明将必然是中西文化创造性的转化与二者之交融。① 山东大学刘京希教授称,中西文化的比较与互鉴是中华传统文化现代性转化历程中亟待走向的道路。②

持有"话语表达方式创新说"的学者认为,中华传统文化要更好地实现现代性转换,应在话语表达方式上有所创新。比如,武汉大学骆郁廷教授、王瑞博士将创新话语表达方式,视为实现中华传统文化价值观现代转换的关键。在二人看来,中华优秀传统价值观要更好地为当下的百姓所理解与接受,就要结合百姓的特点和需要,在话语风格和话语表达方式上进行必要的创新与转换。③ 中共中央文献研究室王艺霖编辑认为,要推动中华传统文化的现代转换,就要创新话语表达方式,将古代话语转换成现代话语和大众话语。④

(3)关于中华传统文化与构建人类命运共同体关系研究

学术界关于中华传统文化与构建人类命运共同体思想之间关系的研究,主要从人类命运共同体思想植于中华传统文化的角度展开。学者们普遍认为,中华传统文化是构建人类命运共同体的重要思想资源。中华传统文化博大精深,究竟哪些部分为人类命运共同体的构建提供丰富滋养,学者们发表了各自的见解。

其一,中华传统"和"文化为人类命运共同体构建提供丰富滋养。学术界普遍认为,"和"是中华传统文化的核心。以"和"为核心的中华传统文化与构建人类命运共同体思想之间是一脉相承的关系。我国著名哲学家张立文教授通过诠释经典、民间思想中的"和",指出中国人自古至今已经将"和"落实到了生活中的方方面面,打造人类命运共同体的新世界,需要从中华传统"和"

---

① 金耀基:《中国文明的现代转型》,广东人民出版社 2016 年版,第 223 页。

② 刘京希:《中西文化互鉴与"人类命运共同体"的构建——以政治生态学为视角》,《华东师范大学学报(哲学社会科学版)》2020 年第 4 期,第 28—29 页。

③ 骆郁廷、王瑞:《论中华优秀传统文化价值观的现代转换》,《江汉论坛》2015 年第 6 期,第 32—33 页。

④ 王艺霖:《习近平对中国传统文化的创造性转化和创新性发展——以知行关系为例》,《党的文献》2016 年第 1 期,第 22—24 页。

文化中汲取智慧养料①。西北师范大学马俊峰教授、马乔恩博士指出,"和"可以概括中国人对一切问题的思考,其中包括处理人与自然、人与人以及人与世界之间的关系。无论在古代还是当今社会,中华传统"和"文化都被很好地阐释和应用,其是人类命运共同体理念的重要思想资源。② 中国海洋大学陈霞副教授指出,人类命运共同体思想的世界情怀溯源于具有中国特色的和合文化③。南京大学马鸣锴教授、王建华教授强调,重"和"是中华民族的优秀传统之一,习近平总书记倡导的人类命运共同体思想,正是汲取中华传统"和"文化的智慧精华④。

其二,中华传统道家文化为人类命运共同体构建提供丰富滋养。学者们认为构建人类命运共同体思想吸收了我国道家的伟大智慧。具有代表性的观点主要有以下几种:第一,中华传统道家文化的重"道"思想为人类命运共同体构建提供智慧养料。比如,在西安交通大学辛文博士看来,"道"是万物何以生以及赖以生的最高存在,"人类命运共同体"构想是应道而生、循道而成的历史发展的必然结果⑤。在西北政法大学郭明俊教授看来,我国道家倡导的"以道观之"是大智慧,其能超迈古今、穿越时空,为人类命运共同体构建提供智慧资源和智慧引领。⑥ 第二,中华传统道家文化的"玄同"思想为人类命运共同体构建提供智慧养料。比如,厦门大学谢清果教授指出,"玄同"思想体系为人类命运共同体构建提供道家式方案。⑦ 中共厦门市委党校陈荣佳副

---

① 张立文:《中国传统文化与人类命运共同体》,中国人民大学出版社 2018 年版,第 160—165 页。

② 马俊峰、马乔恩:《构建人类命运共同体的历史性研究》,人民出版社 2019 年版,第 43 页。

③ 陈霞:《和合文化:人类命运共同体的思想溯源》,《新疆大学学报(哲学·人文社会科学版)》2020 年第 3 期,第 62 页。

④ 马鸣锴、王建华:《习近平对中华"和合"思想的运用与发展》,《西南民族大学学报(人文社会科学版)》2020 年第 5 期,第 190—192 页。

⑤ 辛文:《〈道德经〉视域下的"人类命运共同体"思想》,《中国出版》2019 年第 15 期,第 12 页。

⑥ 郭明俊:《"以道观之"与构建人类命运共同体》,《中国延安干部学院学报》2019 年第 6 期,第 30—31 页。

⑦ 谢清果:《老子"玄同"思想体系与人类命运共同体的建构方略》,《中原文化研究》2018 年第 1 期,第 38 页。

教授认为,中华传统道家文化中的玄同相当于大和的意思,其为人类命运共同体构建提供了文化支撑。① 第三,比如,中华传统道家文化的"道法自然"思想为人类命运共同体构建提供智慧养料。中国社会科学院冯颜利教授指出,老子主张的"道法自然",是构建人类命运共同体的重要思想资源。② 全国政协副主席马飚指出,崇尚"道法自然"的道家思想智慧,有益于人类命运共同体的形成与构建。③

其三,中华传统儒家文化为人类命运共同体构建提供丰富滋养。构建人类命运共同体思想从中华传统儒家文化中汲取了哪些精神滋养,学者们可谓各抒己见。具有代表性的观点主要有以下几种:第一,中华传统儒家文化中的"大同社会理想"是构建人类命运共同体的重要思想资源。比如,山东社会科学院孙聚友研究员认为,儒家大同思想能够为构建人类命运共同体提供有益借鉴。④ 中国人民大学郭清香副教授指出,我国儒家大同社会理想在世界观、方法论以及价值目标上,能够为人类命运共同体构建提供有益启发。⑤ 中国社会科学院赵振辉博士认为,人类命运共同体的思想雏形早在我国春秋时期儒家的大同理念中就已经孕育出来,我国古人对大同社会的构想,为人类命运共同体提供了丰富的文化积淀。⑥ 第二,中华传统儒家文化中的"仁爱精神"为构建人类命运共同体提供精神滋养。中国政法大学虞花荣副教授认为,儒家文化以"仁爱"为价值内核,中华传统文化的灵魂就是由儒家"仁爱"思想凝练而成的。人类命运共同体思想内在地融入了儒家"仁爱"的文化价值理

①　陈荣佳:《中华传统"和"思想与构建人类命运共同体》,《厦门特区党校学报》2019 年第 6 期,第 71—72 页。

②　冯颜利、唐庆:《习近平人类命运共同体思想的深刻内涵与时代价值》,《当代世界》2017 年第 11 期,第 11 页。

③　马飚:《为构建人类命运共同体贡献智慧》,《中国道教》2017 年第 3 期,第 10 页。

④　孙聚友:《儒家大同思想与人类命运共同体建设》,《东岳论丛》2016 年第 11 期,第 67 页。

⑤　郭清香:《大同社会理想与人类命运共同体构建》,《道德与文明》2019 年第 6 期,第 149 页。

⑥　赵振辉:《论人类命运共同体的逻辑建构及当代价值》,《北方民族大学学报(哲学社会科学版)》2019 年第 4 期,第 5—6 页。

念。① 西北大学王永智教授称,中华文化的内在精神是爱人,儒家"仁"的精神在于"爱人"。在他看来,人类命运共同体价值理念的内驱力是仁爱主义②。第三,中华传统儒家文化中蕴含的"王道政治"是人类命运共同体的重要思想资源。比如,外交学院张东赞博士认为,构建人类命运共同体思想与中华传统儒家文化中的王道思想,在文化内涵上一脉相承。③ 上海师范大学张自慧教授指出,我国儒家政治伦理中蕴含的"王道思维"可以为人类命运共同体构建提供理论基础和方法论指导。④

三、研究方法和研究思路

推进中华传统文化对构建人类命运共同体发挥作用及路径选择这一研究工作的有效展开,离不开科学的研究方法。研究思路是在运用科学研究方法的基础上,将研究内容的整体逻辑框架予以展现。认识并掌握研究方法和研究思路,是本书得以顺利展开的重要前提。

(一)研究方法

本书在哲学方法论层面,以辩证唯物主义与历史唯物主义为根本研究方法,以外交学、传播学、文化学、政治学、社会学、思想政治教育学等多个学科理论为支撑,具体采用的研究方法有文献搜集法、比较研究法、系统分析法、逻辑分析法以及交叉研究法等。

1. 文献搜集法

"文献搜集法"指的是围绕某些特定主题,对相关文献资料进行收集、整理、分析的研究方法。该方法有助于了解特定主题的研究现状、总结已取得的

---

① 虞花荣、付英娜:《人类命运共同体对儒家"仁爱"思想的继承和超越》,《湖南科技大学学报(社会科学版)》2019 年第 4 期,第 108—109 页。

② 卢黎歌:《新时代推进人类命运共同体研究》,人民出版社 2019 年版,第 96 页。

③ 张东赞:《人类命运共同体与中国传统文化中的王道政治》,《领导科学》2019 年第 20 期,第 37 页。

④ 张自慧:《中国传统政治伦理中的命运共同体思想》,《孔子研究》2018 年第 6 期,第 21—22 页。

研究成绩、把握未来研究的总体趋向,从而有力推动研究工作的开展。搜集文献是开展本课题研究的基础。在对课题开展研究的过程中,笔者致力于尽可能充分地占有客观、权威、前沿的文献资料。然而,无论是中华传统文化还是构建人类命运共同体已取得的研究成果,还是有关二者的结合研究,材料均极为丰富庞杂。如何在浩如烟海的文献材料中做出甄选,对于促进中华传统文化的传承与弘扬、助推中华传统文化对构建人类命运共同体发挥积极作用并探寻出具有可行性的作用发挥路径均极为重要。本书在使用文献搜集法的过程中,既注重深入材料,为研究工作的开展提供有益的理论借鉴;又注重跳出材料,围绕研究主旨进行更深层次的学理探讨。除了搜集、分析与中华传统文化、构建人类命运共同体以及将二者相结合的理论分析性文献,还注重从研究主题出发,下功夫研读中华传统文化典籍、马克思主义经典文本以及习近平总书记重要讲话精神。诚如恩格斯所言,"一个人如果想研究科学问题,首先要学会按照作者写作的原样去阅读自己要加以利用的著作"①。对一手材料进行分析与归纳,从中搜集可资借鉴的文献资源,也是本研究运用的重要方法。

2. 比较研究法

"比较研究法"指的是通过纵向历史比较与横向国际比较,以突出问题研究的特性。本书在运用纵向历史比较中,注重分析西方历史上形成的各种共同体思想与人类命运共同体思想的异同;注重分析中西传统文化在精神特质、价值追求等方面存在的差异;从横向国际比较的角度来看,人类命运共同体是为了建立更加公正、合理、有序的国际秩序而提出的新理念,这种新理念区别于某些西方国家奉行的你输我赢、赢者通吃的旧理念。本书立足于增进全人类利益福祉的角度,通过对比建立国际秩序所恪守的新旧两种理念,旨在帮助人们做出正确的行为选择。此外,本书还注重汲取其他国家在推进全球治理上的经验与教训,以期为人类命运共同体的有效构建贡献力量。

3. 系统分析法

"系统分析法"指的是从系统论的角度将所要解决的问题视为一个系统,对组成该系统的若干要素进行分析,以期找出解决问题的最佳方案。本书运

---

① 《马克思恩格斯文集》第 7 卷,人民出版社 2009 年版,第 26 页。

用系统分析法,将中华传统文化对构建人类命运共同体的作用作为一个系统,对其内在构成要素进行全面分析。与此同时,中华传统文化对人类命运共同体思想的形成、传播、认同以及实施作用巨大,作为组成该系统的构成要素,其也自成系统。该方法的运用,有助于在中华传统文化对构建人类命运共同体发挥作用的全过程和各阶段均探寻出最优解决方案,从而为人类命运共同体思想的落地提供理论支撑。

4. 逻辑分析法

"逻辑分析法"指的是为增强论证的严谨性与科学性而采取的一种研究方法。该方法的运用主要体现在以下两个方面:一是在研究的框架结构上,中华传统文化对构建人类命运共同体思想形成、思想认同、思想传播以及思想实施所发挥的作用,在逻辑上是层层紧扣的关系;二是在对中华传统文化的分析上,采取了辩证二分的方法,既认识到其存在精华,也看到了其存在糟粕,提出既不能对中华传统文化绝对肯定,不加鉴别地予以继承,也不能绝对否定中华传统文化,统统将之斥为落后、保守、腐朽的东西。中华传统文化要对构建人类命运共同体发挥积极作用,必须经过创造性转化与创新性发展。

5. 交叉研究法

"交叉研究法"也可以称为跨学科研究法,指的是运用多学科交叉的方法展开综合性分析与研究。这种研究方法的使用,有助于从不同学科的不同角度,深化对相关问题的认识。本书立足于马克思主义理论学科,在充分运用文献搜集法、系统分析法、比较分析法、逻辑分析法等具体方法的同时,充分吸收与借鉴外交学、传播学、文化学、政治学、社会学、思想政治教育学等多个学科的相关方法,拓展中华传统文化对构建人类命运共同体思想形成、思想传播、思想认同以及思想实施等方面发挥作用的研究视角,以期更为科学、立体、全面地开展学术探讨。

(二)研究思路

所谓"研究思路",是指研究者在课题研究过程中的总体运思与基本构想。在上述研究方法的基础上,本书的研究思路和大致框架如下:系统解读中华传统文化与构建人类命运共同体的内在关系,以此为基础,分析中华传统文

化对人类命运共同体思想形成的作用,剖析中华传统文化对人类命运共同体
思想传播的作用,探讨中华传统文化对人类命运共同体思想认同的作用,把握
中华传统文化对人类命运共同体思想实施的作用,揭示中华传统文化对构建
人类命运共同体的规律,探索中华传统文化对人类命运共同体作用发挥的路
径选择。

本书在导论的基础上,用七章展开正文,分别为:

第一章,中华传统文化与人类命运共同体的内在关系解读。为阐明二者
的关系,本书首先界定了中华传统文化与人类命运共同体这两个概念。继而
介绍了中华传统文化的内核与构建人类命运共同体思想的逻辑架构。中华传
统文化与构建人类命运共同体对推动当今社会发展均具有重要价值,本书在
这一问题上阐发了自己的见解。中华传统文化与人类命运共同体思想存在相
互联系、相互促进的关系,在认识这一关系的基础上,本书指出中华传统文化
对构建人类命运共同体发挥作用包含四大关键性要素,分别为思想形成、思想
传播、思想认同以及思想实施,这些要素共同构成了一个动态、发展的作用发
挥系统。

第二章,中华传统文化对人类命运共同体思想形成的作用。构建人类命
运共同体思想是由深受中华传统文化影响的中国共产党率先提出的。本书从
思维层面的创新发展、思想层面的提炼升华、话语层面的借词赋意分析了中华
传统文化是人类命运共同体思想形成的重要基石。中华传统文化之所以能够
对人类命运共同体思想形成产生影响,一定有其深层次的行为动因。本书从
环境的发展变化、文化传承的内在诉求以及我党理论创新的现实需要三个方
面对这一问题进行了探析。

第三章,中华传统文化对人类命运共同体思想传播的作用。再可贵的思
想如果不经过传播,也无法充分展现其应有的生命力。本书首先分析了传播
对于构建人类命运共同体思想的重要意义,指出传播是构建人类命运共同体
思想由正读走向正解、由正解走向共鸣、从思想转化为行动的必要环节。人类
命运共同体思想传播可以借助的媒介是多种多样的,中华传统文化是其中极
为重要的一种。本书从正向、广域与跨代传播三个方面全面分析了中华传统
文化对推动人类命运共同体思想传播的有效媒介。中华传统文化在人类命运

共同体思想传播中发挥作用的方式是怎样的,有必要引起人们的关注。本书为解答这一问题,从理论传播、形象传播以及价值传播三个方面进行了求索。

第四章,中华传统文化对人类命运共同体思想认同的作用。构建人类命运共同体的关键是各行为体的认同。本书认为构建人类命运共同体思想认同大体要经历认知认同、情感认同以及行为认同三个阶段。中华传统文化对于促进人类命运共同体思想认同而言,好似一座富矿。本书分别从中华传统文化对构建人类命运共同体思想认知认同、情感认同以及行为认同三个方面进行了探析。中华传统文化对构建人类命运共同体思想认同发挥作用的深层次动因是什么,是一个值得深思的问题。本书从中华传统文化对推动人类命运共同体思想认知认同发挥解释作用、对推动人类命运共同体思想情感认同发挥催化作用以及对推动人类命运共同体思想行为认同发挥示范作用三个方面提出了自己的见解。

第五章,中华传统文化对人类命运共同体思想实施的作用。构建人类命运共同体思想贵在实施也难在实施。研究中华传统文化对构建人类命运共同体思想形成、思想传播以及思想认同的目的在于推动该思想的落地。美好的思想如果仅停留在头脑中,既无助于思想价值的彰显也无助于社会现实的改变。本书依循人类命运共同体的思想实施"向何处去""去的动力何在"以及"怎样去"的研究思路,就中华传统文化对构建人类命运共同体思想指明方向、增添动力以及提供方法提出了自己的看法。

第六章,中华传统文化对构建人类命运共同体发挥作用的规律。中华传统文化对构建人类命运共同体发挥作用是有规律可循的。本书依循规律研究的可能性、必要性以及原则性的研究思路,对中华传统文化对构建人类命运共同体发挥作用的规律进行了概述。中华传统文化对构建人类命运共同体发挥作用形成了一个规律系统,其中最为基本、最为一般、最为普遍的规律是基本规律,本书将之归纳为人类社会发展适应律。在规律系统中,具体规律是对基本规律的进一步阐释。本书依据中华传统文化对构建人类命运共同体发挥作用过程中诸要素之间的本质联系及其具体矛盾,将之总结为过程运行充分满足律、影响要素相互协同律以及内化与外化辩证统一律。

第七章,充分发挥中华传统文化对构建人类命运共同体作用的路径选择。

中华传统文化对构建人类命运共同体发挥作用有必要从消除思想偏见、创新话语体系以及优化整体环境等几个方面探寻实现路径。中华传统文化是立足于华夏大地而形成的精神瑰宝，其对覆盖全球的整个人类社会产生影响，需要消除"中华传统文化仅是中国人民精神财富"的文化属地偏见；中华传统文化主要形成于"过去"，其要对当下提出的构建人类命运共同体发挥作用，需要消除"传统就是过时"的偏见；中华传统文化既存在精华，也存在糟粕，不能以存在糟粕就掩盖甚至否定精华，将之统统斥为是落后的，中华传统文化对构建人类命运共同体发挥作用，要消除"传统就是落后"的偏见。构建人类命运共同体涵盖政治、安全、经济、文化、生态等方面，为此中华传统文化话语表达有必要依照不同领域有针对性地进行设计；构建人类命运共同体是一项长期且艰巨的历史任务，为此中华传统文化话语表达有必要依据不同发展阶段有针对性地进行设计；中华传统文化对构建人类命运共同体发挥作用，我们应考虑不同地区对中华传统文化的接受与理解程度，为此中华传统文化话语表达有必要根据不同地区有针对性地进行设计。中华传统文化对构建人类命运共同体发挥作用，不能忽视环境的因素。我们大体可以从提高国人的"文化主体性"、扩大我国的"国际朋友圈"、提升我国的"全球影响力"等方面，不断优化中华传统文化对构建人类命运共同体发挥作用的国内外环境。

四、研究重难点、创新之处和主要不足

本书拟突破的重点主要有阐明中华传统文化与人类命运共同体的本质内容及其相互关系、探究中华传统文化对构建人类命运共同体发挥作用的关键要素及其联结机理、探索中华传统文化对构建人类命运共同体发挥作用的实现路径；本书拟突破的难点集中表现在理性认识中华传统文化、深刻把握中华传统文化对人类命运共同体发挥作用有助于中国发展、世界进步的道理以及科学总结中华传统文化对构建人类命运共同体发挥作用的规律。本书力求在选题、研究视角以及具体观点上有所创新。对中华传统文化的思想资源开掘还有待进一步深化，对人类命运共同体的构建内容把握还有待进一步深入，对

借助中华传统文化促进人类命运共同体思想落地的路径探求还有待进一步拓展,是本书存在的不足之处。

（一）研究重难点

1. 研究重点

本书的研究重点集中体现在以下三个方面:

一是阐明中华传统文化与人类命运共同体的本质内容及其相互关系。研究中华传统文化对构建人类命运共同体的作用,所面临和解决的一大重要问题是讲清楚中华传统文化与人类命运共同体的本质内容及其相互关系。中华传统文化包含的意蕴极其丰富,精华与糟粕并存于其中。并非所有的中华传统文化都能够促使人类命运共同体的有效构建。促使中华传统文化对人类命运共同体构建发挥积极作用,我们需要对中华传统文化有科学的认识与正确的理解。中华传统文化博大精深,将最能体现民族精神的内核萃取出来,有助于促使其更好地服务于人类命运共同体的有效构建。研究中华传统文化对人类命运共同体构建所发挥的作用,我们还要搞清楚该怎样理解人类命运共同体、构建人类命运共同体的框架是什么等问题。无论是中华传统文化还是构建人类命运共同体思想,均展现了中国智慧,所不同的是前者主要植根于我国农业社会,后者是我国在现时代主张的治世思想。牛顿第三定律强调力的作用是相互的。中华传统文化与人类命运共同体构建之间所施加的影响,同样也不可能是单向度的。前者能否跨越时间界限对后者发挥作用,后者的发展与落地能否助推前者在新的时代条件下继续保持生命活力。搞清楚二者的相互关系,是本书所要解决的一大重点。

二是探究中华传统文化对构建人类命运共同体发挥作用的关键要素及其联结机理。中华传统文化对构建人类命运共同体发挥作用,需要具备一些关键性要素。中华传统文化对构建人类命运共同体发挥作用的四大关键性要素,是思想形成、思想传播、思想认同以及思想实施。中华传统文化对人类命运共同体发挥作用的四大关键要素相互联结,形成了一个具有整体性的系统。不同要素相互联结所形成的整体性系统,存在三种可能性:一种是整体功能大于部分之和,一种是整体功能等于部分之和,还有一种是整体功能小于部分之和。中华传统文化对人类命运共同体发挥作用的四大关键要素相互联结,所形成的系统整体功能小于部分之和,是我们最不愿看到的;所形成的系统整体功能等于部分之和,是差强人意的。本书的重中之重,是探寻中华传统文化对构建人类命运共同体发挥作用的四大关键性要素相互联结,所形成的系统整体功能大于部分之和。我国古人说"善学者尽其理"①。为探寻系统整体功能大于部分之和的最优解,我们就应深入探究中华传统文化为什么以及怎样对人类命运共同体思想形成、思想传播、思想认同以及思想实施发挥作用,就应主动把握各大关键性要素相互联结的内在机理。因此,下功夫探究中华传统文化对构建人类命运共同体发挥作用的四大关键性要素及其联结机理,是本研究拟攻克的又一重点。

三是探索中华传统文化对构建人类命运共同体发挥作用的实现路径。构建人类命运共同体是我国为人类社会贡献的全球治理方案,该方案是作为观念性的存在而存在的。习近平总书记强调"一分部署,九分落实"②。推动全球治理的中国方案已经有了,关键是如何落实作为观念性存在的中国方案。构建人类命运共同体光靠"想"是不行的,而是需要"实干""苦干"。我们需要思考的是怎样将事情干得更好。干事情离不开智慧养料。中华优秀传统文化是中华民族的"根"和"魂"。从中华优秀传统文化中汲取智慧养料,有助于促使作为观念性存在的人类命运共同体向事实性的存在。中华优秀传统文化对构建人类命运共同体充分发挥作用,促使全球治理的中国方案由观念性存在转化为事实性存在,有赖于探寻出具体而可行的实现路径。实现路径探索的具体性与可行性,直接关系到构建人类命运共同体这一全球治理方案的落地。倘若探索不出具体而可行的实现路径,再弥足珍贵的中华优秀传统文化都可能无法助力人类命运共同一体的有效构建;再理想的全球治理方案都可能会落空。为促使中华传统文化对构建人类命运共同体发挥积极作用,本研究从思想、话语以及环境等层面,致力于探索出具体而可行的实现路径。因此,本书拟解决的一大重点,是积极探索中华传统文化对构建人类命运共同体发挥作用的实现路径。

---

① 杜占明:《中国古训辞典》,北京燕山出版社 1992 年版,第 217 页。
② 《习近平谈治国理政》第二卷,外文出版社 2017 年版,第 261 页。

2. 研究难点

本书的研究难点集中体现在以下三个方面：

一是理性认识中华传统文化。构建人类命运共同体是一项复杂的系统性工程,促使中华传统文化对该工程的有效构建贡献力量,摆在我们面前的一大难点问题,是理性认识中华传统文化。理性认识中华传统文化所覆盖的群体范围既包括我们自身,也包括其他国家、其他地区的人民。从我们自身的角度来讲,促使中华传统文化对人类命运共同体有效构建发挥作用,需要破除文化自大与文化自卑等负性心理。在我国历史上,这两种极端的文化心理均在不同程度上存在过。促使国民正确认识属于本民族的原创性精神成果,我们尚需投入相当的时间与精力。从其他国家、其他地区人民的角度来讲,构建人类命运共同体是伴随着中国"强起来"以后提出的治世思想。国际社会存在种种"噪音",为其他国家、其他地区人民理性认识中华传统文化平添了障碍。构建人类命运共同体关系到世界各国人民的利益福祉,促使中华传统文化对关系各国人民利益福祉的伟业贡献力量,有必要调动各国人民认识中华传统文化的积极性。在全球化时代,各国人民在文化认识上,享有高度的自主选择权。如何调动各国人民认识中华传统文化的积极性,使之更好地服务于人类命运共同体的有效构建,不是一件容易的事情。理性认识中华传统文化的前提,是对之有必要的了解。而原汁原味地了解中华传统文化的最佳途径,莫过于接触原典。无论是对国人自身还是对其他国家、其他地区的人民而言,深耕承载中华传统文化的经典原文,均不是件轻松的事情。因此,促使各行为体对中华传统文化形成理性认识,是本研究拟突破的一大难点。

二是深刻把握中华传统文化对人类命运共同体发挥作用有助于中国发展、世界进步的道理。促使中华传统文化对构建人类命运共同体思想发挥作用,既是"为中国谋",也是"为世界谋"。然而,正确把握并妥善处理二者之间的关系,并不是轻而易举就能够做到的事情。中华传统文化是植根于华夏大地形成的原创性精神成果,人类命运共同体思想是我国为推动全球治理作出的原创性贡献。在"中国威胁论""中国渗透论""国强必霸论"等种种错误论调甚嚣尘上的国际环境下,促使中华传统文化对构建人类命运共同体发挥作用，一些行为体会片面地认为其仅仅是为"中国谋"。我国的和平发展需要一个良好的国际环境。促使中华传统文化对构建人类命运共同体发挥作用，固然有"为中国谋"的一面，但与此同时，其"为世界谋"的一面也绝不能忽视。促使世人深刻把握中华传统文化对构建人类命运共同体发挥作用有助于中国发展、世界进步的道理，我们尚有诸多工作要完成。比如说，中华传统文化是人类命运共同体思想形成的重要基石，我们有必向世人讲清楚"和"是中华传统文化中从未改变过的优良基因。再比如说，构建人类命运共同体是以天下为己任的中国共产党提出的新思想，我们有必要向世人讲清楚中国共产党是什么？要干什么？能干什么以及怎样干？凡此种种问题搞不明白，中华传统文化对构建人类命运共同体思想发挥作用既是"为中国谋"也是"为世界谋"的道理就不容易讲清楚。因此，搞明白、讲清楚中华传统文化对人类命运共同体发挥作用有助于中国发展、世界进步的道理，是本研究的一大难点。

三是科学总结中华传统文化对构建人类命运共同体发挥作用的规律。构建人类命运共同体为世界各国人民共筑美好生活指明了一条新路。这条新路尽管是光明但并非一路坦途。中华传统文化能够为世界各国人民走好这条新路提供智慧养料。在中华传统文化对构建人类命运共同体思想形成、思想传播、思想认同以及思想实施发挥作用的问题上形成规律性认识并按客观规律办事，有助于避免因主观上违背规律而受到不必要的惩罚。总结中华传统文化对构建人类命运共同体发挥作用的规律是必要的，但这并不是一件容易做到的事情。中华传统文化对构建人类命运共同体发挥作用的规律具有普遍性，也即我们总结出的规律应该适用于中华传统文化对人类命运共同体构建的各个发展阶段。构建人类命运共同体存在实然状态与应然状态。实然状态的人类命运共同体是"地球村"。人类社会进入联系日益紧密的"地球村"，受益于由西方开启的全球化。然而，当前某些西方国家出现了强劲的反全球化声浪。在全球化到了新拐点之际探讨中华传统文化对实然状态人类命运共同体发挥作用的规律，无疑具有不小的困难。应然状态的人类命运共同体是"大家庭"。梁漱溟说，"无论东方人还是西方人，都从未品尝过人生的真味"①。世界

---

① 梁漱溟：《中国文化的命运》，中信出版社 2016 年版，第 4 页。

各国人民紧密联结在一起,共建一个充满温度的地球"大家庭",是一个无限美好的图景。但人类自诞生至今,从未真正建立起这样一个地球"大家庭",我们也从未品尝到应该可以品尝的人生真味。连这种人生真味是怎样的都从未品尝过的我们,只能从探索的角度总结中华传统文化对应然状态人类命运共同体发挥作用的规律。因此,科学总结中华传统文化对构建人类命运共同体发挥作用的规律是本书拟突破的一大难点。

(二)创新之处

本书的创新之处集中体现在以下几个方面:

1. 选题创新

中华传统文化主要是近代以前中华民族原创性的精神成果,构建人类命运共同体是党在新时代提出的宝贵思想,超越时间范围研究中华传统文化对构建人类命运共同体思想的作用,是本书在选题上的创新;构建人类命运共同体所覆盖的空间范围是全世界,中华传统文化是植根于华夏大地形成的原创性精神成果,超越空间界限研究植根于华夏大地的中华传统文化对覆盖全世界的人类命运共同体发挥的作用,是本书在选题上的又一大创新。也就是说,超越时空范围研究中华传统文化对构建人类命运共同体所发挥的作用,是本书在选题上的创新之处。

2. 研究视角创新

从系统论的视角研究中华传统文化对构建人类命运共同体发挥的作用。以往中华传统文化对构建人类命运共同体发挥作用的研究主要集中于思想形成、思想传播、思想认同、思想实施的某一个方面。中华传统文化对构建人类命运共同体发挥作用是一个系统工程,内含多个要素。要促使中华传统文化对构建人类命运共同体发挥积极作用,需要不同要素之间的有机结合。本书从系统论的视角研究中华传统文化对构建人类命运共同体发挥作用的问题,是研究视角的一大创新。

3. 观点创新

本书在借鉴以往研究成果的基础上,对相关问题深入思考,力求在具体观点上有所创新。如本书依据"剥洋葱"的问题分析方式,层层剖析什么是文化、怎样认识传统文化、如何理解中华传统文化,对中华传统文化的内涵进行了阐释;在分析中华传统文化是人类命运共同体思想形成重要基石的问题上,分别从思维层面的创新发展、思想层面的提炼升华以及话语层面的借词赋意等维度,提出了自己的观点;在如何充分发挥中华传统文化对构建人类命运共同体作用的路径选择问题上,从消除中华传统文化对构建人类命运共同体发挥作用的偏见、结合人类命运共同体构建创新中华传统文化话语体系、优化中华传统文化对构建人类命运共同体发挥作用的环境等层面,进行了思考并提出了建议。

(三)主要不足

本书的研究尽管倾注了大量的时间与精力,在中华传统文化对构建人类命运共同体发挥作用与路径选择的问题上有了一些粗浅想法与大体思路,但仍然存在一定的不足。主要表现在以下三个方面:

1. 对中华传统文化的思想资源开掘还有待进一步深化。中华传统文化对于促进人类命运共同体的有效构建而言,是一座取之不尽、用之不竭的"富矿"。为浇灌人类命运共同体这朵思想之花,本书从中华传统文化中提炼、萃取了"贵和""重义""执中"等思想精华。但对相关思想资源的挖掘,还有待进一步的深化。此外,构建人类命运共同体是一项动态发展的系统性工程,建设好这一工程,会遇到新问题、新挑战。结合人类命运共同体构建所需,从中华传统文化中开掘出新的思想资源,对可能遇到的挑战提出相应的应对策略,本研究对相关问题还存在层次上有待提升的情况。

2. 对人类命运共同体的构建内容把握还有待进一步深入。人类命运共同体的构建内容十分丰富,包括人类利益共同体、人类责任共同体、人类价值共同体等等,涵盖政治、安全、经济、文化、生态等方方面面。这在客观上要求研究者占有丰富的知识材料。本书充分吸收并借鉴了外交学、传播学、文化学、政治学、社会学、思想政治教育学等多个学科的理论知识,但囿于多学科的知识储备还有待增加,在论及某些特定问题时,尚存在理论深度不够的现象。

3. 对借助中华传统文化促进人类命运共同体思想落地的路径探求还有待进一步拓展。本书从消除思想偏见、创新话语体系以及优化整体环境等方面探寻了中华传统文化对促进人类命运共同体思想落地的具体路径。但思想偏见的消除绝非朝夕之功、话语体系的创新殊非易事、整体环境的优化需要攻克重重难关。对这些路径的探求尚需进行更深层次的研讨。此外,探寻借助中华传统文化促进人类命运共同体思想落地的路径绝非仅限于这三个方面,对相关问题的研究还需要进一步加强。

第一章　中华传统文化与人类命运共同体的内在关系解读

中华传统文化是中华民族的精神瑰宝,人类命运共同体是中国共产党为破解全球治理困局开出的中国"药方",二者有着紧密的内在逻辑关联。马克思指出:"语言是思想的直接实现。"①讲清楚中华传统文化与人类命运共同体的内在关系,需要想明白中华传统文化与人类命运共同体的概念,阐明中华传统文化的核心、人类命运共同体的逻辑框架并分析二者固有的效用与功能。定义的过程就是理解的过程。有多少种对概念的定义,就存在多少种不同的理解。② 结合前人对文化、传统文化、中华传统文化的界说,本书将中华传统文化定义为中华各民族"过去"创造的、适用于当前社会发展的各种精神成果。结合前人对共同体、命运共同体、人类命运共同体的认识,本书将人类命运共同体界定为人类在命运大致相同条件下,以共同利益与共同价值为纽带结成的具有依存性、平等性、互惠性等为特点的集体。中华传统文化博大精深,其核心是"和"。人类命运共同体意蕴极为丰富,其逻辑框架是建设持久和平、普遍安全、共同繁荣、开放包容、清洁美丽的世界。传扬中华传统文化对个体发展而言,具有提升道德修养的效用;对于民族赓续而言,具有守卫精神家园的效用;对于人类进步而言,具有化解发展难题的效用。构建人类命运共同体思想的提出,对推动我国外交事业发展、提升全球治理水平以及促进我国与世界深度互动,具有重大意义。中华传统文化与构建人类命运共同体相互

---

① 《马克思恩格斯全集》第3卷,人民出版社1956年版,第525页。
② 邹振东:《弱传播:舆论世界的哲学》,国家行政学院出版社2018年版,第11页。

影响,二者是同生共变的关系。本书重点探讨中华传统文化对构建人类命运共同体发挥的作用。有四大关键性要素影响着中华传统文化对人类命运共同体能否发挥作用以及作用发挥的大小与强弱,分别是思想形成、思想传播、思想认同以及思想实施。这四大关键要素的联结使得中华传统文化在人类命运共同体建构中形成了一个作用系统。

第一节　中华传统文化的界说、内核及价值

深入研究与阐释中华传统文化,我们有必要对什么是"文化"、如何认识"传统文化"以及怎样理解"中华传统文化"进行界说;对文化的内核、传统文化的内核以及中华传统文化的内核进行探究;对中华各民族过去创造并"活"在当下的传统文化所具有的价值进行分析。

一、中华传统文化的界说

通过从词源的角度分析什么是"文化",从创生者与创生时间的角度探讨如何认识"传统文化"、怎样理解中华传统文化,对相关重要概念进行了界说。

1. 什么是"文化"

"文化"在我国古代汉语中,是由"文"与"化"两个字构成的。"文"最早见于我国殷商时期的甲骨文中,其是一个象形字,写作✦。从字形上来看,是一个胸前饰有花纹、挺身而立的人。《易·系辞下》记载,"物相杂,故曰文"。也就是不同的颜色相互交错而形成的纹理。"纹理"是"文"的本义。在此基础上,后人将之引申为礼乐、文字、文德等等。从文字形成的时间上来看,"化"的出现较之于"文"要稍晚。① "化"是一个会意字,写作⟆。从字形上来看,"化"从"人"从"匕",其由一偏倒与一正立的人组成。《说文解字》指出,"化者,教行也"。"化"的本义是生成、改易、造化。引申为人受感化、教化而在言行上有所转变。"文"与"化"并联使用,较早见于战国时期儒生编辑的《易·贲卦》:"观乎人文,以化成天下"。这里的"人文",指的是社会生活中

---

① 梁国楹、王守栋:《中国传统文化精要》,人民出版社 2011 年版,第 2 页。

人与人之间建立起的、具有复杂纹理表象的关系网络。将"人文"与"化成天下"相联系,"以文教化"的思想已经非常明确。将"文"与"化"合成一个词,在我国始于西汉以后。① 刘向在其所著的《说苑》中指出,"圣人之治天下也,先文德而后武功。凡武之兴,为不服也,文化不改,然后加诛"。他认为圣人治理天下不会动辄诉诸武力,借此手段征服天下者,并不会使被征服对象心服。治理天下能先诉诸文德教化时,就不要轻易动用武力。先用文德教化了但却无效时,就可以考虑使用诛伐的手段了。这里的"文化",是与"武功"相对举的。

　　我们今天所理解的"文化"概念,始于 19 世纪末,是由日语从西方转译而来的。"文化"的英文是"Culture",德文是"Kultuie",其均源于拉丁文"Cultuia"。从词性上来看,原为动词,含有农业生产活动的耕耘、栽培、种植之意。在此基础上引申为对人的品德的教养、性情的陶冶。从词源上进行追溯,中西方对于文化的理解是存在明显区别的。国学大师钱穆曾指出,西方的"文化"概念,其意义所指不免偏重在"物质"方面②。中国传统的"文化"概念,从起源上来看偏重人的精神领域。湖北大学中国文化史研究所副所长何晓明教授也认为,中国的"文化"一开始就专注于精神领域,而西方的"文化"却是从人类的物质生产活动生发,继而才引申到精神活动领域的。③ 不管是从人的精神领域还是从人的物质生产活动出发看待"文化"概念的起源,文化的实质性含义就是"人化"④。也就是说,文化必须是由人创造的。非经人类创造的自然存在物不是文化。诚如梁漱溟在《中国文化要义》中对文化所下的定义"文化就是吾人所创造的一切"。人所创造的一切都可归入文化的范畴。从时间层面来看,文化与人类本身拥有同样久远的历史。从空间层面来看,文化无所不在,只要有人的地方就有文化⑤。人类在漫长的历史发展进程中,在各地所开展的实践活动是极为丰富的。人的实践活动既包括物质生产

　　① 关世杰:《中华文化国际影响力调查研究》,北京大学出版社 2016 年版,第 43 页。
　　② 钱穆:《中华文化十二讲》,九州出版社 2012 年版,第 3 页。
　　③ 张岱年、方克立:《中国文化概论》(修订版),北京师范大学出版社 2004 年版,《绪论》第 2 页。
　　④ 陈先达:《文化自信中的传统与当代》,北京师范大学出版社 2017 年版,第 4 页。
　　⑤ 许嘉璐:《中华文化的前途和使命》,中华书局 2017 年版,第 17 页。

实践也包括精神生产实践。

文化是人的实践活动对象化的结果。人的物质实践活动对象化的结果，是创造了物质成果。人的精神生产实践对象化的结果，是创造了精神成果。从狭义的角度理解"文化"的内涵，其专指人类所创造的精神成果。广义的"文化"从人之所以为人的意义上立论，因而将人类创造的所有物质成果与精神成果统摄入定义域。美国哈佛大学塞缪尔·亨廷顿教授指出，"文化若是无所不包，就什么也说明不了"①。将人类开展的一切活动及创造的所有成果都归结为"文化"的范畴，对于本研究而言，涵盖面过于宽泛。何晓明教授认为，"文化"概念广义与狭义的确定，应由研究者的课题、内容而定。② 本书重在探讨精神创造领域的文化对人类发展与进步的影响，因而是从狭义层面界定并使用文化概念的。

2. 如何认识传统文化

传统文化的全称是传统的文化（Traditional Culture）。"传统"（Traditional）是相对于"外来"（Foreign）与"现代"（Modern）而言的。认识传统文化，我们有必要搞清楚传统文化与外来文化的关系、传统文化在现代社会是否仍然具有生命力的问题。

从创生者的角度来看，传统文化与外来文化有着显著的不同。传统文化的创生者是本民族的祖先。而外来文化的创生者是其他民族的前人或者今人。楼宇烈教授认为，传统是民族国家的原创。③ 传统文化被打上了鲜明的民族烙印，其包含着一个民族特有的价值理念、精神品质以及思维方式等。楼宇烈教授指出，在经济全球化趋势下，文化也在向全球化发展。④ 在全球化背景下，具有民族特色的传统文化与各种外来文化相互交流，本来是一件好事，其有助于推动世界文化在相互借鉴中走向大发展、大繁荣。然而，传统文化在与强势的外来文化相互交流的过程中，可能面临着被同化、被解体的风险。传

---

① ［美］塞缪尔·亨廷顿，劳伦斯·哈里森：《文化的重要作用：价值观如何影响人类进步》，新华出版社2018年版，前言第4页。

② 张岱年、方克立：《中国文化概论》（修订版），北京师范大学出版社2004年版，绪论第5页。

③ 楼宇烈：《中国文化的根本精神》，中华书局2016年版，第5—6页。

④ 楼宇烈：《中国的品格》，四川人民出版社2015年版，第13页。

统文化与外来文化相互交流的前提,是确保文化自身能够存在下去。传统文化如果被强势的外来文化所同化、所消解,其自身都不复存在,那么也就谈不上平等的文化交流与积极的文化借鉴了。楼宇烈教授特别指出,当一个民族失去文化主体性以后,国家的独立性也就丧失了。① 加强传统文化的保护与弘扬,是凸显民族文化主体性的表现,这已经引起了各民族国家的普遍重视。科学认识传统文化,涉及怎样看待并处理与外来文化的关系。确保传统文化不受强势外来文化的侵蚀,保持本民族文化的主体性,我们不能对外来文化持有一种完全排斥、彻底抵制的态度。完全不与之交流,看似是在保护传统文化,实则在全球化进程已经势不可挡的今天并不可行。正确认识传统文化与外来文化的关系,我们要在与外来文化的交流中,保持一种强烈的文化自觉精神,在不丧失民族文化主体意识的同时,积极汲取外来文化的长处为我所用。

钱穆认为,文化是一"存在",而存在则必然有"时间性"。② 从创生时间的角度来看,传统文化形成于"过去"。现代人如何认识形成于"过去"的传统文化,是值得我们重点关注的另一大问题。北京大学楼宇烈教授认为,我们对传统文化存在偏颇的看法,很多人在认识传统上有障碍。③ 有的人看见传统二字就生厌④;有的人认为传统文化主要形成于农业社会,否认其在现代社会仍然具有生命力⑤。针对此种观点,中央党校刘余莉教授指出,传统文化在古代适用,在今天也适用。⑥ 传统文化在"今天"是否仍然具有生命力,我们需要客观地加以分析。传统有积极、消极之分,传统文化亦有进步、落后之别。积极的、进步的传统文化,对社会发展具有促进作用,消极的、落后的传统文化,对社会发展具有阻碍作用。承认传统、传统文化对社会发展可以发挥作用,也就是肯定了其在"今天"仍然具有生命力。区别在于传统文化的生命力是以何种方式展现出来。在"今天"适用的传统文化,指的是对社会发展施加"建设力"、具有进步意义的传统文化。在"今天"不适用的传统文化,指的是对社

---

① 楼宇烈:《中国的品格》,四川人民出版社 2015 年版,第 14 页。
② 钱穆:《中国文化精神》(新校本),九州出版社 2012 年版,第 4 页。
③ 楼宇烈:《中国文化的根本精神》,中华书局 2016 年版,第 3 页。
④ 钱穆:《中国文化精神》(新校本),九州出版社 2012 年版,第 4 页。
⑤ 刘余莉:《刘余莉传统文化十二讲》,九州出版社 2020 年版,第 4 页。
⑥ 刘余莉:《刘余莉传统文化十二讲》,九州出版社 2020 年版,第 4 页。

会发展施加"破坏力"、具有落后意义的传统文化。判断形成于"古代"的传统文化在"今天"适用与否,也即衡量其生命力展现形式的标尺,在于考察其是推动还是阻碍社会发展。本书所使用的传统文化概念,特指对社会发展施加"建设力",在"今天"仍然适用的传统文化。从生命体征来看,这样的传统文化是"活"在当下的。结合以上两个方面的分析,我们可以将本书使用的传统文化概念界定为,各民族创造的形成于"过去"并"活"在当下的精神成果。

3. 怎样理解中华传统文化

传统文化具有民族性与生命性。中华传统文化同样具有这两大特性。从创生者的角度来看,中华传统文化的创生者是中华各民族。钱穆认为,讲到中国文化,首先就联想到中国民族。由民族产生出文化,没有中国民族,便没有中国文化。① 西北大学张岂之教授指出,中国辽阔的疆域,是各民族共同开发的;中华文化也是各民族共同创造的。② 中华传统文化是中华文化的重要组成部分。没有中国民族,便没有中华传统文化。中华传统文化是由中华各民族共同创造的。在我国,最早创造并使用"中华民族"概念者,是近代著名思想家梁启超。他在1902年发表的《中国学术思想之变迁之大势》中,正式提出"中华民族"这一概念。梁启超当时所指称的"中华民族",指的是汉族,即汉人。汉族作为中华民族的主体民族,为中华传统文化的形成贡献了巨大力量。但并不能因此而忽视在我国境内生活的其他少数民族对中华传统文化所作出的贡献。1905年,梁启超在所撰的《历史上中国民族之观察》一文中,对中华民族的主体范围进行了新的、更为科学严谨地界定。他指出,"中华民族自始本非一族,实由多民族混合而成"。这是说,在我国境内生活的主体民族汉族以及55个少数民族,共同组成了中华民族。由此,从创生者的角度来看,在我国境内生活的56个民族,是中华传统文化的共同创生者。

从创生时间的角度来看,中华传统文化形成于"过去"。形成于"过去"的中华传统文化并非在"今天"都能够适用。中华传统文化博大精深,但其并不全都是精华,其中也存在着糟粕。胡锦涛同志强调"要全面认识祖国传统文

---

① 钱穆:《中国文化十二讲》(新校本),九州出版社2012年版,第56页。
② 张岂之:《张岂之谈中华优秀传统文化》,江苏人民出版社2019年版,第25页。

化,取其精华,去其糟粕"。对待形成于"过去"的中华传统文化,我们应该采取全面认识、批判继承的科学态度。诚如习近平总书记所言,对我国传统文化,要"坚持古为今用","经过科学的扬弃后使之为我所用"。对于形成于"过去"的中华传统文化的精华,我们应该倍加珍惜。而对于其中存在的糟粕,我们要积极地加以弃除。将中华传统文化不加区分地统统视为珍宝,或将之不加鉴别地全部斥为糟粕,都是失之偏颇的。无论是形成于"过去"的中华传统文化中的精华还是糟粕,在"今天"均可能有生命力。能够支撑一个国家实现富强、一个民族实现复兴的传统文化,绝非是其中存在的糟粕而只能是精华。复旦大学葛剑雄教授提醒我们,对待中华传统文化,切忌混淆精华与糟粕。①误将中华传统文化中的糟粕视为精华或误将中华传统文化中的精华视为糟粕,都是不妥当的。

本书所研究的中华传统文化,特指中华传统文化中的精华,也即中华优秀传统文化。我们特别需要加以注意的是,即便是优秀的中华传统文化也并不尽然完全适用于当前的社会。原因在于中华传统文化主要形成于我国农业社会,其从总体上来看是适应农业社会发展的。中华传统文化要适应于当前社会的发展,有必要结合我国的实际情况,对之进行创造性转化与创新性发展。比如,我国的传统启蒙教材《三字经》《弟子规》等,尽管蕴含有大量的思想精华,但其部分内容存在局限性,并不适合于今人。在对待中华传统文化中存在的精华与糟粕,我们应本着是否有助于推动社会发展的原则加以分析、判断与取舍。

推动中华传统文化创造性转化与创新性发展,我们需要萃取的是中华传统文化中的精华,以使之更好地服务于当前我国乃至人类社会的发展。比如说,我国古人所强调的"孝",其本质在于家庭、家族的绵延。在农业社会,一个人倘若丧失劳动能力,就只能依靠亲人养活。对于幼者而言,需要依靠长者;对于长者而言,需要依靠幼者。葛剑雄教授认为,今人将"孝"简单地理解为"尊老爱幼",是肤浅且不符合农业社会生产实际的。② 古人讲"不孝有三,

---

① 刘迪、王绍濛:《继承传统文化,切忌混淆"精华"与"糟粕"》,《文汇报》2014 年 9 月 1 日。

② 刘迪、王绍濛:《继承传统文化,切忌混淆"精华"与"糟粕"》,《文汇报》2014 年 9 月 1 日。

无后为大"，是为了靠生育确保农业生产活动拥有充足的劳动力，从而使得家族可以发达绵延。家国是一体的，家族兴旺，国家自然兴盛。中央党校刘余莉教授指出，中华传统文化要从"根"救起。而这个"根"就是"孝"。[①] 但我们今天所强调的"孝"，如果仅仅停留在养儿防老、确保家族的农业生产活动得以延续等层面，就显得过于苍白与狭隘。在社会保障已经渐趋完善的今天，养老已经逐渐不再成为人们生育后代所主要考虑的问题。在新的时代条件下，我们有必要赋予中华传统文化"孝道"观以新的思想意涵，促使育龄期的人们认识到生育子女不仅仅事关个人，还是一个人对家庭、社会与国家应尽的责任。从这个意义上来看，经过创造性转化与创新性发展的中华传统文化中的"孝道"观，对我国乃至人类社会发展能够发挥促进性作用。由此观之，对中华传统文化进行创造性转化与创新性发展的基础，是使之适用于当前社会的发展。中华传统文化同样有广狭之分，广义的中华传统文化，指的是中华各民族"过去"创造的、适用于当前社会发展的各种物质成果与精神成果的总和。狭义的中华传统文化，指的是中华各民族"过去"创造的、适用于当前社会发展的各种精神成果。本书基于研究的需要，是从狭义层面界定并使用中华传统文化概念的。

二、中华传统文化的内核

中华传统文化是中华民族共有的精神财富，其所包含的内容极为丰富。传承并弘扬这笔宝贵的精神财富，我们有必要逐层探寻并深入把握文化、传统文化以及中华传统文化的内核是什么。

1. 文化的内核

文化的内核指的是人类创造的所有精神成果中最为主要的存在物。钱穆将文化称为人类生活的一个复多且连绵的整全体，并将文化区分为三阶层。[②] 通过对文化三阶层进行分析，有助于我们探寻并把握文化的内核。在钱穆看来，文化的第一阶层是物质的人生，文化的第二阶层是社会的人生，文化的第

---

① 刘余莉：《刘余莉传统文化十二讲》，九州出版社 2020 年版，第 217 页。
② 钱穆：《历史与文化论丛》，贵州人民出版社 2019 年版，第 6 页。

三阶层是精神的人生。① 文化既有阶层之分,那么我们首先需要回应的问题是该向哪一阶层探寻文化的内核。物质的人生是人类生活最先必经的一个阶段,其包括人的衣食住行等等。许嘉璐教授认为,衣食住行所用的物质本身不是文化,真正的文化,不是物化,而是精神的。② 物质的人生含有诸多精神的成分。离开人的精神活动,也就不可能有人的衣食住行等方面的物质创造。钱穆指出,"只要我们称之为人生的,便已归属到人文界与精神界"③,"一切物世界里,早有人类心世界之融入"④。在文化第一阶层里,人面对着的是"物世界"。因而文化的内核不应在第一阶层探求。文化的第二阶层是社会的人生。人在这一阶层里,面对着的是人。在此阶层中,人开始在人世界里过生活,诸如政治、社会、法律、习惯、风俗等皆属此类。文化的第三阶层是精神的人生。精神的人生是一种可以长久保留、长期存在的人生,此种人生具有超时代性。钱穆举例称,孔子、耶稣时代一切物质生活,一切政治、法律、风俗等,到今天已全归消失,不存在了,但孔子、耶稣对人生的理想与信仰,观念与教训,凡属其内心精神方面者,却依然存留不灭,而且千古常新。⑤ 人在文化第三阶层中,面对的是心世界。

在文化的三阶层中,第一阶层的物质人生,在于求生命之存在;第二阶层的社会人生,在于求存在之安乐;第三阶层的精神人生,在于求安乐之崇高。⑥文化的第三阶层虽孕育于第一、第二阶层,却已超越了前两个阶层。文化阶层越高,人生意义与价值也就越能够得到彰显。钱穆强调,下一阶层之目的,只成为上一阶层之手段。只有目的决定手段,不能由手段决定目的。⑦ 由此观之,在文化第一阶层中的人求存在不一定安乐,在文化第二阶层中的人求安乐不一定崇高,而唯有在文化第三阶层中的人求崇高,不仅必然存在而且必然安乐。有了文化的第一阶层,不一定有文化的第二阶层;有了文化的第二阶层,

① 钱穆:《历史与文化论丛》,贵州人民出版社 2019 年版,第 6—7 页。
② 许嘉璐:《中华文化的前途与使命》,中华书局 2017 年版,第 227 页。
③ 钱穆:《历史与文化论丛》,贵州人民出版社 2019 年版,第 7 页。
④ 钱穆:《历史与文化论丛》,贵州人民出版社 2019 年版,第 7 页。
⑤ 钱穆:《历史与文化论丛》,贵州人民出版社 2019 年版,第 8 页。
⑥ 钱穆:《历史与文化论丛》,贵州人民出版社 2019 年版,第 9—12 页。
⑦ 钱穆:《历史与文化论丛》,贵州人民出版社 2019 年版,第 12 页。

也不一定有文化的第三阶层。但有了文化的第二阶层,则必然融摄文化的第一阶层;有了文化的第三阶层,必然融摄文化的第二阶层。① 从这个意义上来看,探究文化的内核是什么,不应到文化的第一、第二阶层而应到文化的第三阶层中寻找答案。如果我们进一步追问,人的精神世界中最为主要的存在物是什么,那么回答应该是思想。思想包括思维方式与价值取向两个方面。② 不同的思维方式与价值取向可以对人的精神世界产生持久而深刻的影响。将思想视为文化的内核得到了学界多数知名学者的认可。比如,我国现代著名思想家马一浮认为,"文化根本在思想"。南京大学徐小跃教授指出,文化的范围极其广泛,但其最为内核与基础的是思想。③ 综合以上分析,我们可以将文化的内核归结为思想。

2. 传统文化的内核

本书所使用的传统文化概念,指的是各民族创造的形成于"过去"并"活"在当下的精神成果。文化的内核是思想。传统文化的内核是形成于"过去"并"活"在当下、有民族特性的思想。

从历时态的角度来看,传统文化是各民族"过去"创造的精神成果。各民族"过去"创造的精神成果,并不尽然都能够引起今人的重视。有些尽管引起了今人的注意,但对其理解尚停留在表层。传统文化是民族之根。传统文化的内核,是民族之根中最重要、最不容割断的部分,其具有延续性与深层次性。漠视传统文化,对之缺乏必要的了解,在世界各种文化相互激荡程度日甚的今天,人们很可能会迷失方向。把握最能反映一个民族精神、气质与风格的思想,也就是在找寻民族之根。只有找寻到了民族之根,人们立身处世才不至沦为行无依归的"浮萍"。费孝通为避免人们在文化上陷入"无处状态",大力倡导实现"文化自觉"。在他看来,文化自觉是全世界每个国家和民族在文化上共同面临的大问题。④ 关于什么是"文化自觉",费孝通将之解释为"生活在

---

① 钱穆:《历史与文化论丛》,贵州人民出版社 2019 年版,第 13—17 页。
② 徐小跃:《中国传统文化与儒道佛》,江苏人民出版社 2016 年版,第 6 页。
③ 徐小跃:《中国传统文化与儒道佛》,江苏人民出版社 2016 年版,第 6 页。
④ 费孝通:《文化与文化自觉》,群言出版社 2010 年版,第 357 页。

既定文化中的人对其文化有'自知之明'"①。试想各个国家和民族连自己传统文化的内核是什么都不甚了了,又何谈对本民族创造的传统文化有"自知之明"。费孝通认为,文化像一张网,它们的发展是相互渗透和相互影响的,要把它们相互联系起来考虑。② 传统文化是相对于现代文化与外来文化而言的。传统文化要走出历史并"活"在当下,就不可能不与现代文化与外来文化相联系。而如果我们无法把握住传统文化的内核,仅仅是停留在表层对之进行认识,在分析文化问题时就可能被文化表象遮蔽双眸,闯入以偏概全的认识误区,从而片面地认为但凡外来的、现代的都是先进的、积极的,传统的都是落后的、消极的。一个民族在"过去"创造的各种精神成果,不可能全部是精华。但在这些精神成果中,可以支撑起一个民族世代延续且具有相对稳定性的核心思想,一定是可贵的。从这个意义来看,把握传统文化的内核是各民族在世界各种文化相互激荡中站稳脚跟最为重要的精神根基。为此,我们应对传统文化的内核予以高度关注。

从共时态的角度来看,传统文化是一个民族经过长期历史演化而形成的,反映民族精神、气质与风格的精神成果。③ 从更为严谨的意义上界定传统文化的内核,其指的是形成于"过去"并"活"在当下、最能凸显一个民族精神、气质与风格的思想。这是说,并不是所有能够反映民族精神、气质与风格的思想,都能够称为传统文化的内核。内核应当是最主要、最具代表性的部分。因此本书将传统文化的内核界定为最能凸显一个民族精神、气质与风格的思想。人类当前一共有 2500 多个民族。不同的民族有着不同的精神、气质与风格。这些不同的民族精神、气质与风格,不是一朝一夕形成的,而是经过长时期文化和产物。费孝通在炎黄文化研究会召开的国际学术研讨会上,提出了一个发人深省的问题,即当今世界正处于全球化的转型时期,世界经济开始走向全球化,那么世界文化是不是也要全球化?④ 世界文化如果也迈向全球化,那么各民族创造的传统文化该何去何从? 各个民族倘若不能坚守自身的传统文

---

① 费孝通:《文化与文化自觉》,群言出版社 2010 年版,第 249 页。
② 费孝通:《文化与文化自觉》,群言出版社 2010 年版,第 256 页。
③ 王天彤:《弘扬中华优秀传统文化的三个层面》,《人民论坛》2019 年第 10 期,第 140 页。
④ 费孝通:《文化与文化自觉》,群言出版社 2010 年版,第 357 页。

化,其在强势文化的冲击上都被分解、被改造、被同化了,不同民族相互区别的独特标识都变得"清一色"了,那么人类文化的发展与进步也就停止了。各民族传承传统文化,把握最能反映民族精神、气质与风格的思想,才能确保世界文化的百花园始终姹紫嫣红、生机盎然。

3. 中华传统文化的内核

探究中华传统文化的内核是什么,选择一个好的认识视角至关重要。吉林大学邴正教授指出,中国传统文化是一种典型的农业文化。这种文化依赖于两个基础:一个是土地,另一个是家庭。前者为人民的生存提供自然基础,后者为人民的生存提供社会基础。他将土地与家庭称为中华传统文化的两大基本生长点,并认为中华传统文化就是土地的文化、家庭的文化。① 邴正教授的相关分析,为我们探究中华传统文化的内核,提供了极好的认识视角。

作为土地的文化,我国古人极为看重处理人与自然的关系。在人与自然的关系问题上,具有代表性的观点主要有三种:分别是人与自然和谐说、道法自然说以及征服自然说。学者杨文霞认为,道法自然说与征服自然说,在我国皆属于少数派,历史影响有限。在我国古代众多思想流派中,居于主导地位的是人与自然和谐说。② 徐小跃教授指出,从思想的角度来看,中国传统文化所包含的内容主要是儒道佛三家思想。③ 儒家认为人是自然界的一部分,提倡要尊重自然、保护自然。比如,孔子曾提出"唯天为大"的思想,孟子讲过"揠苗助长"的寓言,董仲舒阐发过"天人相类"的主张,等等。道家将自然之天视为天道的象征。比如,庄子就反对人为地干预自然,倡导"与天为一"。佛家认为"万物有灵",强调人要从内心深处生发出一种慈悲之心,自觉地关爱众生、怜惜万物。比如,佛家经典《大智度论》将放生视为第一功德,而认为"杀业"在诸余罪中是最严重的。通过以上分析可知,我国古人笃信天地自然,认为人的一切都源于天地所赐,人类要维护自身的代际和谐,就应努力寻求人的世界与自然世界的和谐一致。

---

① 邴正:《马克思主义文化哲学》,吉林人民出版社 2007 年版,第 173 页。
② 杨文霞:《中国传统"和"文化研究》,中央编译出版社 2014 年版,第 105 页。
③ 徐小跃:《中国传统文化与儒道佛》,江苏人民出版社 2016 年版,第 6 页。

作为家庭的文化,我国古人极为看中"家和万事兴"。邴正教授指出,在中国人眼里,"家"是最高的社会存在,一切社会关系几乎都是家庭关系。① 这种分析是有道理的。比如,我国古人将最高统治者称为天之子,并强调"天子作民父母,以为天下王"②,将得民心的官员亲切地称为"父母官",还有的将百姓称为"衣食父母"。关于什么是"家"? 刘余莉教授认为应当从广义的角度进行理解,她指出"有爱的地方就是家"③。父母与孩子相处,应该心中有爱,做到"父慈子孝"。"慈"字的写法,上面是一个"念兹在兹"的"兹",下面是一个"心"。这是说,为人父母应该无时不刻记挂着自己的儿女。"孝"是由一个"老"字与一个"子"字组合而成的。意思是说,上一代与下一代不是两个独立的个体,而是有机统一的整体。④ 我国古人强调"修身齐家治国平天下"。家与国是一体的。小家庭洒满爱的阳光,家庭成员做到"父慈子孝",也就实现了家庭和睦。国作为一个放大了的家,统治者心中始终想着、系着老百姓,国家也就实现了政通人和。中华传统文化形成于我国传统农业社会,维系我国传统农业社会封建伦理关系的基本准则是"三纲五常",其关涉的也是一种家长权力。从夫为妻纲的角度来看,丈夫是家长,因而妻子要服从丈夫;从父为子纲的角度来看,父亲是家长,因而儿子要服从父亲;从君为臣纲的角度来看,君主是国家的大家长,因而臣子要服从君主。"三纲五常"反映了封建家长专制,带有明显的历史局限性,但从其提出的背景来看,是为了追求"和"。我国古人还强调将对家人的关爱推而广之,提出"四海之内皆兄弟",倡导不同地区的人民都应该携起手来,建设一个和谐的大家庭。为了优化人际关系,我国古人强调"和而不同"、推崇"以和为贵"、倡导"爱人不亲,反其仁""行有不得,反求诸己"等等。可以说,无论是从作为土地的文化还是从作为家庭的文化认识中华传统文化,"和"均是一以贯之的思想。因此,我们可以将中华传统文化的内核概括为"和"。

---

① 邴正:《马克思主义文化哲学》,吉林人民出版社 2007 年版,第 174 页。
② 《尚书》。
③ 刘余莉:《刘余莉传统文化十二讲》,九州出版社 2020 年版,第 33 页。
④ 刘余莉:《中华文化五讲》,中国书店出版社 2017 年版,第 72—73 页。

三、中华传统文化的价值

传扬中华各民族过去创造并"活"在当下的传统文化所具有的价值是多方面的。从个体发展的角度来看,其有助于提升道德修养;从民族赓续的角度来看,其有助于守卫精神家园;从人类进步的角度来看,其有助于化解发展难题等等。

1. 传扬中华传统文化有助于提升个体道德修养

中华传统文化对于个体提升自身的道德修养而言,犹如一座取之不尽、用之不竭的"富矿"。我国古人向往君子人格,集中表现在对修身尤为看重。比如,《论语·宪问》记载,子路曾求教于孔子,怎样做才能算得上是一名真正的君子,得到的答复是"修己以敬""修己以安人""修己以安百姓"。意思是说,成为君子,要不断地修养自己,全身心地投入到工作之中、使周围人都得到安心、使老百姓都得到安乐。在我国古人看来,加强自我的道德修养不是某一部分人的事情,而是全体社会成员都应该有的作为。《大学》有言:"自天子以至于庶人,壹是皆以修身为本"。《大学》中讲"八条目"①"三纲领"②。武汉大学郭齐勇教授认为,修身是八条目的枢纽,向外推,修齐治平;向内做功夫,格致诚正。"八条目"往上走,有"三纲领","三纲领"之间是递进关系。"明明德"就是修己,"亲民"就是安人,"至善"就是尽善尽美。③ 由此可以看出,中华传统文化具有锤炼个体人格、升华精神境界的价值。注重加强自身的道德修养,是渴望成为君子的人都应该具备的必要条件。在山东大学葛荃教授看来,修身是对于所有社会成员的要求,慎独则是对于士人——君子的特别要求。④ 这是说,人们要成为君子,在注重修身的基础上,还要努力做到慎独。我们可以将慎独视为修身以成君子的具体要求。进一步来讲,就是不管旁边是否有人在观察自己、审视自己、监督自己,君子都应全身心的投入到工作之

---

① "八条目"指的是格物、致知、诚意、正心、修身、齐家、治国、平天下。

② "三纲领"指的是明明德、亲民、止于至善。

③ "文汇讲堂"复旦大学上海儒学院:《大国厚土:中国传统文化的承继与复兴》,北京大学出版社 2018 年版,第 28 页。

④ "文汇讲堂"复旦大学上海儒学院:《大国厚土:中国传统文化的承继与复兴》,北京大学出版社 2018 年版,第 103 页。

中。做到有人在与无人在一个样,是君子人格的体现。这对于今人提升自身的道德修养所发挥的作用是巨大的,其对避免人们成为人前一套、人后一套的"两面人"有教导、规劝的价值。

我国古圣先贤立身处世谨守君子之风。比如,被后世尊奉为"宗圣"的曾参就提出"三省吾身",每天都多次反省自己受人之托,有没有讲忠信? 与朋友交往有没有不守诚信? 老师传授于己的学问有没有实践? 由此可以看出,我国古人格外强调勤于"内观",也即极为重视进行自我反省。清华大学彭林教授指出,人性有弱点。人跟动物一样,是从动物界来的。动物性与人性,有很多相通的地方,许多从动物身上看到的那种不好的动物性,比如说贪婪、残暴、争斗、不守秩序等等,这些东西人身上也有。① 人性中有不足之处并不可怕,可怕的是对缺点不能及时发现并加以改正。孔子教导我们,要"见贤思齐,见不贤而内自省也"。这就是说,看到别人做得比我们好,应该积极地向对方学习,而不是心生嫉妒;看到别人做得不好的地方,应该反观自己有没有存在同样的缺陷,而不是心生傲慢。在日常修身中,我们受到中华传统文化的熏染,既学会迁善,又勤于改过,个体的道德修养势将有所提升。关于如何提升个体的道德修养,我国古人劝导我们要读好书、交好友。比如,北宋著名文学家黄庭坚提出"三日不读书,面目可憎"。这里所说的"书",指的是我国古圣先贤所撰写的经典书籍。我国古圣贤人在如何立身处世上有诸多精妙、高深的见解。这些见解很多都浓缩于圣贤书之中。现代人不管是中国人还是外国人,通过阅读我国古圣先贤的书籍,在思想境界上会得到升华、在道德水准上会有所提升、在面貌神情上会不再鄙陋可憎。我国古人说"亲附善友,如雾露中行,虽不湿衣,时时有润"。人们与善友为伍,其善行会对自身道德境界的提升产生潜移默化的积极影响。因此,传扬中华传统文化对于个体发展而言,具有提升道德修养的价值。

2. 传扬中华传统文化有助于守卫民族精神家园

中华民族当前正站在"强起来"的历史起点上,"强起来"从内容层面来看,所涵盖的范围是广泛的,既包括文化层面,也包括经济层面、政治层面、外

① 彭林:《礼乐人生》,上海文艺出版社 2015 年版,第 8 页。

交层面、军事层面、科技层面等等。诚如新加坡国立大学郑永年教授所言,没有文化的崛起,单一的经济等层面的崛起并不能说是真正的崛起。[1] "强起来"从时态层面来看,是一个正在进行时。中华民族当前要在文化层面真正强起来,就要高度重视对自身民族文化的传承与弘扬。传统文化是民族的精神根脉。中华传统文化是中华民族共有的精神家园。身为中华民族的一份子,不管置身何地,都拥有着同一方精神家园。海内外中华儿女要在文化层面促使伟大的祖国不断走向强盛,就不能忽视对中华传统文化的传承与弘扬,就不能离开文化根脉赖以维系的精神家园。西北大学张岂之教授认为,"继往"同"开来"相互联系,"推陈"与"出新"是辩证的统一。[2] 不懂"继往"则无法"开来",轻视"推陈"则难谈"创新"。传扬中华传统文化与我们当前推进社会主义文化强国建设,是"既往"与"开来"、"推陈"与"出新"的关系。我们只有守卫好民族共有的精神家园,结合社会主义文化强国的战略安排传扬好中华传统文化,勇于并善于在"既往"中"开来"、在"推陈"中"出新",才能将我们的精神家园建设得更加美好。

费孝通教授认为,中华民族作为一个自在的民族实体是几千年的历史过程中所形成的,但其作为一个自觉的民族实体,是近百年来中国和西方列强对抗中出现的。[3] 鸦片战争后,我国近百年的屈辱史,让"受苦受难"的中华民族更加认识到守卫家园的可贵。守卫家园,不单单指的是确保安放肉体生命的国土免遭外来势力的践踏,还指的是要守卫好安放中华民族精神生命的家园。许嘉璐教授谈到,近年来,随着西方剩余资本、技术、产品的大量涌入,我国悠久、优秀的文化传统受到强烈的冲击。他不无隐忧地指出,视中国为敌的势力相互勾结,通过明的、暗的、物质的、精神的手段,把西方的价值观向中国大举渗透。但是,有些国人在这些方面还显得懵懵懂懂,甚至把别人给的毒药当糖果吃。[4] 对于民族精神家园受侵袭的问题,我们不能不引起应有的重视。安放精神生命的家园受侵袭与安放肉体生命的家园遭践踏,尽管在本质上是一

---

① 郑永年:《中国的文明复兴》,东方出版社 2018 年版,第 174 页。
② 张岂之:《张岂之谈中华优秀传统文化》,江苏人民出版社 2019 年版,第 23—24 页。
③ 费孝通:《文化与文化自觉》,群言出版社 2010 年版,第 52 页。
④ 许嘉璐:《中华文化的前途与使命》,中华书局 2017 年版,第 15—16 页。

致的,但在形式上有所不同。安放肉体生命的家园遭践踏,常常是有形的、可感知的。而安放精神生命的家园受侵袭,却往往是无形的、不容易感知的。作为一个自觉的民族实体,中华民族有必要自觉抵制西方价值观的恶意渗透。被西方价值观包裹着"糖衣"的果实表面上看有吸引力,实则是窒息民族精神生命的毒药。避免误食毒药,自觉抵制敌对势力借恶意渗透西方价值观对我们的精神家园进行破坏,是每一位中华儿女义不容辞的时代使命。守卫民族精神家园的基础,是从传统中自觉延续民族文化基因,增强文化自信心、培养民族自豪感。

当前,中华民族伟大复兴呈现出无比光明的前景。我们正阔步走近世界舞台的中央。国防大学戴旭教授指出,值得所有中国人警惕的是,每当一个地区成为战略的焦点,就很可能会面临外部势力侵袭的威胁。① 越是在这个时候,我们越要在世界文化激荡中站稳脚跟,越要重视民族精神血脉的赓续,越要重视守卫好民族共有的精神家园。习近平总书记指出,"博大精深的中华优秀传统文化是我们在世界文化激荡中站稳脚跟的根基"②。延续民族精神命脉,在世界文化激荡中不至迷失本原,我们就要大力传承并弘扬中华传统文化。守卫家园靠的是实力,靠的是发挥出自身应有的优势。实力存在软硬之分。张国祚教授认为,"软实力"是无形、难以量化、表现为精神力量的实力,其与有形、可量化、表现为物质力量的"硬实力",同为综合国力的重要组成部分。他特别指出,文化在软实力中处于灵魂和经纬的地位。③ 习近平总书记指出,"中华优秀传统文化是中华民族的突出优势,是我们最深厚的文化软实力"④。将中华民族的突出优势发挥出来、将我们最深厚的文化软实力展现出来,确保中华民族的精神血脉世代赓续、确保中华民族的精神家园免遭破坏,我们就要传扬好作为民族精神命脉的中华传统文化。因此,传扬中华传统文化对于民族赓续而言,具有守卫精神家园的效用。

3. 传扬中华传统文化有助于化解人类发展难题

和平与发展作为当今世界的时代主题尽管没有改变,但一些与时代主题

---

① 戴旭:《C 型包围》,长江文艺出版社 2017 年版,第 35 页。

② 《习近平谈治国理政》,外文出版社 2014 年版,第 164 页。

③ 张国祚:《理论思维与文化软实力》,湖南大学出版社 2016 年版,"总序"第 1—2 页。

④ 《习近平谈治国理政》,外文出版社 2014 年版,第 155 页。

不相符合的现象仍不断涌现,这些现象涉及经济、政治、文化、安全、军事、科技、生态、外交等方方面面。[①] 诸如世界经济低迷、新冠肺炎疫情肆虐、恐怖主义猖獗、极端势力抬头、保护主义盛行、科学技术封锁、全球气候变暖等问题,给人类发展带来了不小的挑战。在各种挑战面前,任何国家都不能独善其身。靠什么来解决制约人类发展的各种难题,成为世界有识之士共同关注的重要议题。早在 20 世纪 80 年代,75 位诺贝尔奖的获得者齐聚巴黎,共同呼吁"人类要在二十一世纪生存下去,就必须从两千五百年前中国的孔夫子那里去汲取智慧"。这些来自不同领域的行业翘楚,对中华传统文化中所蕴含的治世智慧予以了高度评价。从中华传统文化中可以汲取化解人类发展难题的智慧养料,在世界范围内已经得到越来越多有识之士的认同。

刘余莉教授指出,"我们要实现中华民族的伟大复兴,不仅仅是使中国的经济强大,更是要把中国优秀的传统文化带给世界,为解决诸多难题提供启示"[②]。从我国古人创造的众多精神成果中寻找为解决人类发展难题提供启示的思想资源,我们需要明确中华传统文化中最为核心的思想是什么。在中华传统文化中,最为核心的思想是"和"。我国古人常将之与"中"联系起来。"中"是调节主体与客体关系的一种方法论原则。[③] "和"可以由"中"而达致。中国人民大学张立文教授指出,不同国家之间的发展越来越不平衡、贫富差距不断拉大,是诱发世界动乱的重要原因之一。[④] 不同国家之间因发展不平衡、贫富差距越拉越大而引发国际纷争,是一种失"和"的状态。要实现"和",可以采取一种持中的方法。我国古人提出"立己达人""兼济天下"。也正是通过采取一种"执两用中""中正不偏""恰到好处"的方法进入到一种"和"的境界。先发型国家帮助后发型国家,前者以"立己""达己"之心对待后者,以使之在利益分配、资源占有等方面获得均等化的机会,既不偏也不倚、既无过又无不及,其彼此之间也就更容易实现共存共荣。

---

① 马俊峰、马乔恩:《构建人类命运共同体的历史性研究》,人民出版社 2019 年版,第 136 页。

② 刘余莉:《中华文化五讲》,中国书店出版社 2017 年版,第 7 页。

③ 杨明、吴翠丽:《中国传统文化中的"中和"思想及其现代价值》,《哲学研究》2006 年第 2 期,第 22 页。

④ 张立文:《中国传统文化与人类命运共同体》,中国人民大学出版社 2018 年版,第 59 页。

我国古人尤为强调一体化的观念。在全球化时代,不同国家是一个相互联系的有机整体。协调国与国之间存在的矛盾与纷争,可以由"中"达"和"。整个人类与天地自然之间同样是一个圆通统一的有机体。北宋思想家张载指出"天人之本无二"。北宋理学家程颢将人与天地万物相合,视为"仁"的主要特征,提出"仁者浑然与物同体"。当前,大自然频繁地对人类施以"报复",源于人类在开发与利用自然上过于盲目,从而使得二者之间处于一种"失和"的状态。我国古人高度重视生态环境保护,在开发、利用自然的问题上,既反对"过",也反对"不及"。比如《论语》就记载,"子钓而不纲,弋不射宿"。孔子反对用大网捕鱼、反对射杀归巢之鸟,正是强调对自然资源的利用要取之以时、取之有度。我国古人为保护生态环境而提出的宝贵思想,为化解人类当前面临的生态环境危机提供了有益借鉴。因此,传扬中华传统文化对于人类进步而言,具有化解各种发展难题,也即将人类从各种危机中拯救出来的价值。

第二节　人类命运共同体的含义、框架及意义

因循什么是"共同体"——何谓"命运共同体"——怎样理解"人类命运共同体"的逻辑脉络,把握人类命运共同体的含义;从政治、安全、经济、文化、生态五个方面,阐明人类命运共同体的逻辑架构;从推动中国特色大国外交、完善全球治理格局以及促进中国与世界互动等角度,分析构建人类命运共同体的现实意义。

一、人类命运共同体的含义

"共同体"指的是以共同利益与价值为纽带结合在一起的集体;"命运共同体"是指以共同利益、共同价值为纽带结合在一起的,具有大致相同命运的集体;"人类命运共同体"指的是人类在命运大致相同条件下,以共同利益与价值为纽带结成的具有依存性、平等性、互惠性等为特点的集体。

1. 什么是"共同体"

"共同体"作为一个重要的学术概念,已经被应用于多个学术领域,如哲学、政治学、社会学等等。这一概念在不同的学术领域,有不同的用法。理解

"共同体"的含义,我们有必要对代表性的观点有所了解。共同体既可以被置于空间范围内进行讨论,也可以用来指称特定的社会关系。不管从哪个角度、在何种语境下对"共同体"的概念进行界定,有一个要素是相同的,这个要素就是人。

"共同体"一词出自古希腊语,本意指的是群体、集体以及联系等。古希腊哲学家谈论的城邦,就是共同体的一种。比如亚里士多德指出,城邦"是公民人数足以维持自足生活的公民组合体"①。公民实现联合,是为了更好地实现自身的发展。从这个意义上来看,城邦共同体并不仅仅是一个简单的地理性概念,其还关涉公民的生存与发展。古罗马哲学家更为偏重从法律的角度理解共同体。比如西塞罗在代表作《论法律》中,将共同体称为人和神一起构成的"社会"。在他看来,二者在该共同体中共享法律的同时也必须共担正义②。及至近代社会,人们更为关注从契约层面论述共同体。比如霍布斯笔下的"利维坦"、卢梭口中的"公意"都强调共同体在规范公民行为、维护社会秩序等方面的工具性价值。滕尼斯将人类群体划分为两类,其中一类是温情脉脉的共同体,另一类是冰冷无情的社会。前者是基于亲缘关系和邻里关系也即自然本质结成的,适用于人的自然群体;后者是基于法律关系与契约关系也即社会选择本质结成的,适用于现代国家与现代城市。③

针对窄化共同体范围的现象,有学者表达了不同的看法,指出人们参与塑造的更大群体,共同体比社会在用词上更为准确。④ 人类社会发展史上诸多思想家对"共同体"概念进行阐发,背后折射的是人类对共同体的需要从未因时代的改变而改变。关于人类社会最理想的共同体是什么样的,何时能够看到这一共同体的建立? 马克思给出了答案。在他看来,当人类消除异化状态、

① [古希腊]亚里士多德:《尼各马科伦理学》,苗力田译,中国人民大学出版社 2003 年版,第 10—11 页。

② [英]J.H.伯恩斯:《剑桥中世纪政治思想史(下)》,生活·读书·新知三联书店 2009 年版,第 712 页。

③ [德]斐迪南·滕尼斯:《共同体与社会》,张巍卓译,商务印书馆 2019 年版,第 76—196 页。

④ [美]赫尔曼·E.达利、小约翰·B.柯布:《为了共同的福祉:重塑面向共同体,环境和和持续未来的经济》,王俊、韩冬筠译,中央编译出版社 2017 年版,第 157—163 页。

实现人的本质的复归、最终迈入共产主义时,一个最为理想、最值得期待的"真正共同体"也就到来了。

"共同体"是一个外延极为宽泛的概念,具有共同性的群体所结成的统一体,都可以视为共同体。比如文化共同体、利益共同体、安全共同体、经济共同体、军事共同体、政治共同体等等。如果我们单纯地将共同体视为具有共同性的集体,那么该如何理解不同个体相互交往的行为取向? 这里指称的"集体",是社会生活集体。共同生活是共同体之所以能够形成的一大基本特征。早期人类受到交往工具等交往手段的局限,只能在有限地范围内共同生活。随着时代的发展,交往工具越来越发达,人类共同生活的地域范围不断扩大。从身体性感受来讲,交往手段的改进拉近了人们的物理距离。但并不意味着人们的心理距离也因此而拉近了。邻里关系非但没有更加亲近,反而可能更加生疏。共同性除了表现在共同生活以外,还反映在思想观念层面,也即要有情感上的交流、思想上的共鸣、价值上的认同。共同生活的质量,不仅要评价人的身体性感受,还不能不考虑人的精神性感受。共同体成员生活的共同性还体现在成员彼此有共同的利益。共同体成员的共同利益不是你增我减、你有我无的关系,而是荣辱相生、休戚与共的。① 因此,我们可以将"共同体"的概念界定为:以共同利益与价值为纽带结合在一起的集体。

2. 何谓"命运共同体"

"命运共同体"由两个关键词组成:一个是"共同体",另一个是"命运"。理解这一概念的深层次含义有必要对"命运"进行重点解析。"命运"由两个字组成:分别是"命"与"运"。"命"指的是生命。这种生命既可以是肉体上的,也可以是精神上的。但我们更为偏重从物质生命的角度,对"命"进行分析。"命"具有受限性。人类个体的"命"受限于特定的历史阶段和现实基础。人类个体肉体生命的易受伤害性,使得其在自然力、突发事件等面前,能够发挥的力量是有限的。中华传统文化在强调"命"时,常与"天"相关联。也即说,人的命是由"天"(自然)决定的,自我无法改变。人的肉体生命是有限度

---

① 胡寅寅:《走向"真正的共同体"——马克思共同体思想的致思逻辑研究》,哈尔滨工程大学出版社 2016 年版,第 10—16 页。

的。这种限度最集中地体现在生命的长度上。人类个体能够尽量延长生命的长度，但一个再健康、再乐观的人，也终究会走向生命的终点，这是一个不能违背的自然规律。人类肉体生命尽管受到自然规律支配，主体的选择性受到限制，但人类可以能动地选择并自主地改变"运"，也即生命轨迹。如果说"命"对于人类个体而言具有实然性，那么"运"则具有或然性。"命由天定，运由己生。"人类个体的命运，既具有不以自身意志为转移的受动性，同时又具有可以选择生命历程的能动性。人类个体在社会生活中可以结合自身的实际情况，探索出一条适合自身的发展道路。但绝不意味着，人类个体可以为所欲为。人类个体选择自身的生命历程，要受到"命"也即肉体性存在的制约。肉体性存在是人类个体生命轨迹得以伸展的前提。失去了肉体性存在，也就无所谓"运"。人类个体生命轨迹的伸展一旦违背自然发展规律与社会客观规律可承受的限度，其自身势必走向灭亡。也就是说，"运"的开展，必须遵循自然发展规律与社会客观规律。

人类的肉体生命具有软弱性。在人类社会发展早期，为了能在强大的自然力面前"活下去"，也即保住自身的性命，人类个体必须相互合作。"运"的开展有两种可能性：一种是好运，另一种是厄运。好运与厄运尽管具有偶然性、不确定性，但人类个体可以自主选择将生命轨迹尽量沿着好的方向延伸。人类渴望认识命运、把握命运进而改变命运。人类个体的力量纵使再强大，也总是有限的。要改变命运，就要获取其他个体性力量的支持与帮助。不同个体性力量结合在一起有程度之分。人类个体不仅有"活下去"的要求，还有"活得更好"的愿望。当具有大致相同命运的个体性力量，以共同利益与价值为纽带结合在一起时，也就形成了命运共同体。特别值得注意的是，命运共同体的各成员之间不仅具有利益相关性，而且会在价值观等方面上达成共识。人类个体将自身命运与其他个体命运相关联并系于一体，通常都是主动选择的行为。而行为背后深层次的动因，是精神上具有共通感。① 结成共同体的不同人类个体，其命运大致是相同的。即便在现实中存在某种程度的差异性，

---

① 强东红：《命运共同体的现实基础及其美学意义》，《西南民族大学学报（人文社会科学版）》2018年第11期，第174—176页。

其能够在思想与情感上认同彼此命运具有相通性与一致性。命运共同体指称的个体,既可以是人,也可以是人格化的民族与国家。用来指称民族国家的命运共同体,在种类上是多样的。从不同国家交往的对象来看,存在周边国家命运共同体、双边国家命运共同体、多边国家命运共同体等等;从覆盖的区域范围来看,包括国家命运共同体、地区命运共同体以及人类命运共同体等等。①因此,"命运共同体"指的是以共同利益、共同价值为纽带结合在一起的,具有大致相同命运的集体。

3. 怎样理解"人类命运共同体"

"人类命运共同体"是中国共产党站在关心人类利益福祉的高度提出的全新外交思想。这一思想在党的十八大报告中被明确提出。"人类命运共同体"思想的含义极为丰富。习近平总书记在莫斯科国际关系学院演讲时,将实然存在的人类共同体称为"地球村";在中国共产党与世界政党高层对话会的演讲中,将应然存在的人类命运共同体称为"大家庭"。我们从对实然存在与应然存在人类共同体的分析中,阐明这一思想的含义。

人类命运共同体是不同个体相互依存结合而成的集体。詹姆逊指出,全球化"无论如何是不可避免的"。随着全球化的演进,人类已经结成了一个共同体。推动全球化发展的,是诸如技术革新、资本流通、认知交流等结构性的社会力量。②全球化让人类能够突破空间范围的限制,共处于同一个"地球村"中。全球化的核心是经济全球化。人类在全球化背景下,结成的首先是一个利益共同体。然而,不同国家、民族之间在具体利益上是不同的,甚至存在冲突与对立。由此所建立的共同体,具有脆弱性。不同个体单纯地因利益纽带而相互依存,潜伏着共同体解体的危机。从严格意义上来讲,其也不能称为命运共同体。应然存在的人类命运共同体,是"大家庭"。家庭成员相互依存,依靠的绝不仅仅是利益纽带,还有共同记忆、文化纽带等。利益可以拿来交换,但共同的记忆只能分享、彼此的文化只能交流。不同国家不仅要在经济层面,还要在政治、安全、经济、文化、生态等层面相互依存,才能结成真正意义

---

① 卢黎歌:《新时代推进构建人类命运共同体研究》,人民出版社 2019 年版,第 113 页。
② 任裕海:《全球化、身份认同与超文化能力》,南京大学出版社 2015 年版,第 1 页。

上的人类命运共同体。

人类命运共同体是不同个体平等相待结合而成的集体。人类命运共同体的基本行为主体,是各主权国家。各主权国家在国力对比上有强弱、在国民人数上有众寡、在社会发展上有先后。从法理上讲,各主权国家在地位上是平等的。但从实际上来看,仍有国家在国际事务中未被平等对待。不同国家相互尊重,在发展关系时才可能结成命运共同体。如果交往国一方的主权不被尊重,自身的"命"都处在被剥夺、受威胁的状况,结成命运共同体将是不可想象的事情。应然存在的人类命运共同体是"大家庭",家庭成员尽管有贫富、强弱之别,但绝不能因此成为不相互尊重的理由。① 不同国家在平等相待的基础上,共建和谐温馨的"大家庭",才能将人类命运共同体建立得坚实而稳固。

人类命运共同体是不同个体互惠共赢结合而成的集体。尤瓦尔·赫拉利在讨论人类命运议题时指出,科技颠覆、生态崩溃、核战争是所有人类个体都要应对的挑战。② 任何一个国家,均不可能仅依靠自身的力量,解决所有的全球性问题。应然存在的人类命运共同体,是"大家庭"。家庭成员在面对威胁与挑战时,尽管也会存在利益与意见分歧,但命运已经紧紧地联系在了一起。不同家庭成员要在相互包容、彼此信任的基础上,做到富帮穷、强帮弱,与此同时贫穷与弱小的一方也要支持富裕、强大的一方。每位家庭成员都能为对方的发展着想、都能为家庭的兴旺贡献力量,人类未来的前景才会更加光明而美好

因此,"人类命运共同体"指的是人类在命运大致相同条件下,以共同利益与价值为纽带结成的具有依存性、平等性、互惠性等为特点的集体。

二、构建人类命运共同体的框架

构建人类命运共同体的逻辑框架,是由习近平总书记搭建起来的。2015年9月,习近平总书记出席第七十届联合国大会一般性辩论时发表重要讲话,从政治、安全、经济、文化、生态五个方面,对人类命运共同体的逻辑框架进行了系统阐发。这显示了以习近平同志为核心的党中央对人类前途命运的多角

---

① 刘建飞:《引领:推动构建人类命运共同体》,中共中央党校出版社 2018 年版,第 39 页。

② [以色列]尤瓦尔·赫拉利:《今日简史——人类命运大议题》,林俊宏译,中信出版社 2018 年版,第 2—6 页。

度分析与全方位思考。"五位一体"的人类命运共同体中,建设持久和平世界是基石、建设普遍安全世界是保障、建设共同繁荣世界是核心、建设开放包容世界是特征、建设清洁美丽世界是底色。这五个部分相辅相成、相互促进、缺一不可,共同形成了一个逻辑严密、思想严整的有机整体。

1. 建设持久和平世界

国家是构成人类命运共同体的行为主体。国家之间的交往状况,会影响到人类命运共同体的稳固程度。习近平总书记在联合国日内瓦总部演讲时指出:"国家和,则世界安;国家斗,则世界乱。"①维持世界的和平与安宁,是构建人类命运共同体的每一个行为主体不容推卸的责任。在国家之间"和"与"斗"的问题上,大国往往应负有更大的责任。最高烈度的争斗是战争。有专家分析了战争的主要特征,认为这种暴力活动的发动者,是"可确认身份的政治权威"。② 在国际社会,拥有这种政治权威的,基本上是一些强国、大国。大国之间相处,在核心利益问题上存在矛盾,就容易引发冲突与对抗。大国与小国相处,如果前者恃强凌弱,不给予小国以必要的尊重,国家之间的裂隙就可能越拉越大。当今世界,尽管国家间爆发高烈度、大范围争斗的概率在降低,但地区冲突与局部战争仍时有发生。Martin Dempsey③ 指出,我们生活的世界正面临着"从未有过的危险"④。这种危险既源于大国之间的博弈,也源于大国与小国的冲突。

"大国兴衰是世界历史的常态。"⑤新兴大国与守成大国的冲突不可避免,被视为绕不开的国际关系"铁律"。在习近平总书记看来,世界上本无"修昔底德陷阱"⑥。国家之间"只要坚持沟通、真诚相处"⑦,就一定能够打破所谓

① 《习近平谈治国理政》第二卷,外文出版社 2017 年版,第 541 页。
② [美]卡伦·明斯特、伊万·阿雷奎恩-托夫特:《国际关系精要》(第七版),潘忠岐译,上海人民出版社 2018 年版,第 259 页。
③ Martin Dempsey:(1952—),曾担任美国参谋长联席会议主席,主要负责美国国家安全事务。
④ [美]卡伦·明斯特、伊万·阿雷奎恩-托夫特:《国际关系精要》(第七版),潘忠岐译,上海人民出版社 2018 年版,第 1 页。
⑤ 张笑宇:《和平发展论》,中央编译出版社 2017 年版,第 53 页。
⑥ "修昔底德陷阱":由古希腊历史学家修昔底德提出,指的是新兴大国崛起必然会挑战守成大国,守成大国必然会回应威胁,二者之间的战争不可避免。
⑦ 《习近平谈治国理政》第二卷,外文出版社 2017 年版,第 541 页。

的"铁律"、跳出种种陷阱。霸权主义、强权政治、冷战思维会给世界带来不稳定性。大国与小国相处,应该平等相待、义利相兼。国家之间出现分歧,应在相互尊重的基础上,通过对话与协商解决。为构建一个结构稳固的人类命运共同体,各国应建立起具有包容性与建设性的伙伴关系。伙伴要相互尊重、彼此信任,要结伴同行、互惠互利。国与国之间走一条对话与结伴的新路,共筑一个持久和平的世界,为构建人类命运共同体奠定了基石。

2. 建设普遍安全世界

"在人类追求的各种价值中,安全排在第一位。"①人类命运共同体的构建,以安全为必要前提。安全之于生存与发展的重要性,早已为人类所认识。但纵观人类历史,"最低安全并不总是可以获得的"②。而最基本的安全与人类的命运紧密联系在一起,直接关系到人类的生死存亡。当人类自身安全都无从维系,发展也就成了奢谈。习近平总书记倡导建立一个普遍安全的世界。建设好这个世界,重在妥善处理"我"与"你"、"我"与"我们"、"我们"与"你们"的关系。

普遍安全的世界,是"我"与"你"都安全的世界,是包括"我"在内的"我们"都安全的世界,是"我们"与"你们"都安全的世界。这样一个世界,不是"我"安全了,而"你"不安全;不是"我们"安全了,而"你们"不安全。更不是"我"的安全要以牺牲"你"的安全为代价。"我"与"你"、"我们"与"你们"都共处于同一个世界,"我"也不是独立于"我们"的行为个体。人类社会是"无外"的,并没有所谓"我们"与"你们"的鸿沟。③ 在传统安全威胁尚未消除的情况下,非传统安全威胁愈益增多。安全问题的内涵与外延都在拓展。在各种安全威胁相互交织的世界,"我"的力量是有限的。但包括"我"在内的"我们",精诚团结形成的力量是无限的。这种力量会增强包括"我"在内的"我们"应对安全威胁与挑战的能力与信心。在应对各种安全威胁与挑战上,"我

---

① [美]卡伦·明斯特、伊万·阿雷奎恩-托夫特:《国际关系精要》(第七版),潘忠岐译,上海人民出版社 2018 年版,第 257 页。

② [美]卡伦·明斯特、伊万·阿雷奎恩-托夫特:《国际关系精要》(第七版),潘忠岐译,上海人民出版社 2018 年版,第 258 页。

③ 邓纯东:《人类命运共同体思想研究》,人民日报出版社 2018 年版,第 82 页。

们"与"你们"相互联系、彼此影响。"我们"与"你们"的任何一方想谋求所谓的绝对安全都不现实,"他国的威胁也可能成为本国的挑战"①。"我们"遇到安全威胁而"你们"幸灾乐祸,"你们"遇到安全挑战而"我们"袖手旁观,最终都会殃及自身。在利益交汇点不断增多的时代,任何一方奉行穷兵黩武的霸道做法,意图威胁另一方的安全,到头来只会给自身带来损害。尊重和照顾对方合理的安全关切,通力合作、共同发展,才会携手迈步洒满阳光的康庄大道。因此,营造公道正义、共建共享的安全格局,建设一个普遍安全的世界,为构建人类命运共同体提供了重要保障。

3. 建设共同繁荣的世界

应对各种传统与非传统安全威胁,谋和平、促发展是根本出路。习近平总书记指出:"大家一起发展才是真发展,可持续发展才是好发展。"②"真发展"意味着共同发展。一些国家发展得越来越好,而另外一些国家发展得越来越差。发展好的国家越来越富有,而发展差的国家越来越贫穷。这种不平衡、不充分的发展,是衍生矛盾与冲突的根源。让每一个国家都能够享有均等的发展机会,才是真正意义上的发展。"真发展"主要是从全球经济治理的角度而言的,并非单纯针对某一个或某几个国家。我们渴望建立一个共同繁荣的世界。欠发达国家的贫困化问题,是建设共同繁荣世界的最大短板。这个问题得不到有效解决,不仅难以实现世界的共同繁荣,就连世界的持久和平与普遍安全也会面临巨大阻碍。

"好发展"意味着可持续发展。先发展起来的国家帮助后发展起来的国家,是一份沉甸甸的国际责任。每一个先发展起来的国家都有必要将这份责任牢记在心并付诸行动。但后发展起来的国家,要真正摆脱自身贫穷、落后的状况,仅依靠外部力量的帮助是远远不够的。将摆脱国家、地区命运的希望完全寄托在他国的帮助上,并不具有可持续性。依靠自身的内源性力量改变国家、地区的面貌,才是具有可持续性的"好发展"。任何国家要获得发展,都要依靠自身的努力,不断增强发展能力。③

① 《习近平谈治国理政》第二卷,外文出版社 2017 年版,第 541—542 页。
② 《习近平谈治国理政》第二卷,外文出版社 2017 年版,第 524 页。
③ 王公龙:《构建人类命运共同体思想研究》,人民出版社 2019 年版,第 62 页。

各个国家通过自身的努力实现什么样的发展才称得上"好发展"？经济全球化是不以人的主观意志为转移的客观历史进程。① 任何国家要获得发展，均不能回避经济全球化的历史潮流。经济全球化之网已将各个国家紧密地联结在一起，每个国家都是网上的一个纽结。各个国家应秉承开放创新的精神结成命运共同体，努力消解经济全球化的负面影响，引导其朝着更好的方向发展，创建一个共同繁荣的世界，人类的未来才会更加光明而美好。因此，建设一个共同繁荣的世界，是构建人类命运共同体的核心。

4. 建设开放包容的世界

习近平总书记 2019 年 5 月 15 日在亚洲文明对话大会开幕式上指出："交流互鉴是文明发展的本质要求。"② 在人类社会发展的历史进程中，形成了六大原生性的古文明。不同古文明因其所承载的价值谱系有别，其历史境遇也不尽相同。在六大古文明中，唯一没有中断自然历史进程的是中华文明。其中所蕴含的独特价值是什么？引起了世人的广泛关注。中华文明虽几经沉浮起落，但仍能延续至今并耸立在世界东方，且所包含的内蕴越来越丰富、所涵养的人口越来越众多、所嘉惠的疆域越来越广大，③其奥秘就在于中华文明始终秉持和而不同、兼收并蓄的思想理念与价值追求。

冷战结束后，两大阵营在政治、意识形态等领域的尖锐对抗被减弱，不同国家与民族的文化交流在增强、文化磨合在加快。④ 面对越来越"文化化"的世界，有学者在感到喜悦的同时也表达了隐忧。比如有西方学者作出预测，"人的最大分歧和冲突的主导性根源将是文化上的"⑤。文明是人最高的文化归属。⑥ 拥有不同文明的国家与民族将会因文明之间的断裂导致冲突。⑦

纵观人类文明发展史，没有哪一种文明是在完全封闭的环境下发展起来

---

① 王帆、凌胜利：《人类命运共同体：全球治理的中国方案》，湖南人民出版社 2017 年版，第 24 页。

② 《习近平谈治国理政》第三卷，外文出版社 2020 年版，第 469 页。

③ 张岂之：《和而不同》，学习出版社 2014 年版，第 1 页。

④ 李智：《文化外交——一种传播学的解读》，北京大学出版社 2005 年版，第 5 页。

⑤ Samuel Huntington，"The Clash of Civilizations?"，*Foreign Affairs*，Summer 1993，22.

⑥ 韩啸：《"文明冲突论"的提出——北京大学教授乐黛云谈文明冲突及其未来（之一）》，《紫光阁》2004 年第 7 期，第 53 页。

⑦ Samuel Huntington，"The Clash of Civilizations?"，*Foreign Affairs*，Summer 1993，24.

的。任何文明要发展,都不能与其他文明相隔绝。人类世界的文明具有丰富性与多样性。不管哪一种文明,都"凝聚着一个国家、一个民族的非凡智慧和精神追求"①。其自身存在的价值都应该得到肯定与尊重。主观地认定一种文明优越于其他文明,在交流中相互排斥甚至相互取代,不同文明就不可能和谐共存、共同进步。将人类文明作为一个整体来考量,任何国家与民族均对其有特殊的贡献。和而不同、兼收并蓄是中华文明血脉悠长的独特奥秘,也是人类文明长盛不衰的不二法门。不同文明在地位与身份上是平等的,但仍存在优点与不足。取长补短、相互借鉴,是推动各国发展与丰富人类文明的重要途径。"文明因交流而多彩,因互鉴而丰富。"②不同文明交流互鉴,可以架起各国人民增进友谊的思想桥梁,能够拉紧各国人民构建命运共同体的精神纽带。因此,促进和而不同、兼收并蓄的文明交流,建设一个开放包容的世界,是构建人类命运共同体的鲜明特征。

5. 建设清洁美丽的世界

习近平总书记2019年4月在北京世界园艺博览会上的讲话中指出:"纵观人类文明发展史,生态兴则文明兴,生态衰则文明衰。"③任何国家要实现发展,均不可避免地要发展生产力、获取物质财富。资本具有惊人的生产力效应,能够帮助人们获取巨额的物质财富。资本的巨大成就让人们为之振奋。马克思指出,在现代性条件下"作为历史应然主体的人都被资本化了"④。资本缺少内在的价值与意义向度,其只关心现实的财富而不追求超越性的意义与价值。"以资本为最高原则的社会必然是异化的风险社会。"⑤无节制地放任资本逐利,甚至不惜以牺牲自然为代价,不仅会导致人与社会的全面异化,还将使人类社会陷入种种危机。而其中最严重的危机,莫过于生态环境持续恶化。资本逐利与生态环境恶化相交互,会形成恶性循环。长此以往,最终毁灭的将是整个人类社会。人类驾驭自然、利用自然的能力尽管在不断增强,但

---

① 《习近平谈治国理政》第三卷,外文出版社2020年版,第374页。

② 《习近平谈治国理政》,外文出版社2014年版,第258页。

③ 《习近平谈治国理政》第三卷,外文出版社2020年版,第374页。

④ 马克思:《资本论》第1卷,人民出版社2004年版,第198页。

⑤ 陈忠:《发展伦理研究》,北京师范大学出版社2013年版,第156—157页。

归根结底是自然的一部分。受控于资本逻辑的人类,一旦凌驾于自然之上,必然会受到自然的惩罚,最严厉的莫过于毁灭所创造的文明。如何应对资本的内在本体性不足,关乎我们能否有效开展全球生态治理,关乎人类文明的兴盛与衰败。

资本不关心也不追求超越性的生活,但人类不能不考虑自身生存与发展的意义。习近平总书记指出:"人类只有一个地球,各国共处一个世界。"[1]人类生活的地球,是一个不容分割的生态系统。任何国家在资本逻辑主导下,对生态环境进行破坏,都会对其他国家造成影响。环境问题攸关全人类的生存与发展,对其他国家的环境问题坐视不管甚至放任自流,是一种极不负责的表现。以牺牲生态环境为代价谋求本国经济增长,是一种极不道德的行为。人类社会需要增强命运共同体意识,共同为建设一个清洁美丽的世界而努力。

建设一个清洁美丽的世界,绝不是要否定资本,而是要科学地对待资本。"绿色是大自然的底色"[2],生态环境保护是民生事业。实现绿色发展是提高全人类民生福祉的重要保证。建设一个共同繁荣的世界,是构建人类命运共同体的思想核心。"良好生态本身蕴含着无穷的经济价值。"[3]我们应该也能够利用资本,但我们所需要的资本到底是什么样的?所应该利用的资本究竟是为了造福人类还是为了毁灭人类而服务的?造福而非毁灭人类的资本,应该是以绿色为底色的,是能够推动人类永续发展的。我们所追求的,是共同建设一个绿色繁荣的世界。绿色繁荣的世界,同时也是一个清洁美丽的世界。因此,建设一个清洁美丽的世界,是构建人类命运共同体的底色。

三、构建人类命运共同体的意义

构建人类命运共同体的提出,对推动我国外交事业发展、提升全球治理水平以及促进我国与世界深度互动,均有着重大而深远的意义。

1. 推动中国特色大国外交

中国特色大国外交,是在中国共产党的带领下开展的。人类命运共同体

---

① 《习近平谈治国理政》,外文出版社2014年版,第330页。
② 《习近平谈治国理政》第三卷,外文出版社2020年版,第374页。
③ 《习近平谈治国理政》第三卷,外文出版社2020年版,第375页。

思想的提出,对于推动中国特色大国外交具有重要的现实意义。中国共产党以追求人的本质的复归为己任,致力于实现人的自由而全面发展。时代赋予了中国共产党以新的使命。习近平总书记指出,人类"生活在历史和现实交汇的同一个时空里"①。在新的时代条件下追求建立"自由人联合体",需要有新的外交理念作指引。习近平总书记强调:"中国共产党是世界上最大的政党。大就要有大的样子。"②由世界最大政党提出的外交理念,必然要展现大国的责任与担当。人类命运共同体思想正是以习近平同志为核心的党中央,勇于并善于承担大国责任与担当提出的全新外交理念。当今,生活在历史与现实交汇于同一个时空里的人类,尽管整体上沐浴着和平的阳光,但仍有部分地区的人民被笼罩在战争的阴霾里。对于他们而言,不仅实现人的自由而全面发展是一个奢望,就连最起码的生存问题都面临挑战。新中国自成立以来,就始终奉行以"和平"为核心的外交理念。习近平总书记指出:"和平是人民的永恒期望。"③我国人民对战争的苦难有刻骨铭心的记忆。难以抚平的历史伤疤,让每位中国人都认识到和平的来之不易,都能感受到和平对于国家、民族以及个人发展的重要性。世界各国人民同样期待建立一个和平的世界,没有哪个国家的人民渴望生活在冲突与动荡之中。然而,当今的世界并不太平。各种安全威胁对人类社会的发展构成了不同程度的挑战。传统与非传统安全威胁相互交织,使得任何一个国家都不可能仅靠一己之力应对所有挑战。中国共产党提出的和平外交理念,会随着时代的变化,不断注入新的内涵。各国人民结成安危与共的整体,建设一个持久和平、普遍安全的世界,正是中国共产党为各国人民摆脱安全威胁给出的中国答案。

新中国成立以来的外交史,就是中国共产党秉持公平正义精神处理国际事务的实践史。中国共产党庄严地向世界人民承诺:"中国永远不称霸,永远不搞扩张。"④中国在国际社会始终是维护和平的正义力量。建立并维护公平的国际秩序,是中国特色大国外交追求的目标。为此,我国反对任何形式的霸

---

① 《习近平谈治国理政》,外文出版社 2014 年版,第 272 页。
② 《习近平谈治国理政》第三卷,外文出版社 2020 年版,第 436 页。
③ 《习近平谈治国理政》,外文出版社 2014 年版,第 331 页。
④ 《习近平谈治国理政》第三卷,外文出版社 2020 年版,第 46 页。

权主义和强权政治。随着时代的发展,霸权主义和强权政治被披上了形形色色的"外衣"。军事霸权、金融霸权、技术霸权、文化霸权等大行其道。一些国家奉行"强权即是公理",力图将自身攫取的权益合法化。走在"强起来"道路上的中国,始终坚定不移地站在维护发展中国家利益的一边。维护发展中国家利益的最典型表现,是充分尊重他国主权的独立与完整。各个主权国家选择何种发展模式,是由其结合本国的实际情况决定的。我国历来尊重各国自主选择道路的发展权。譬如说,习近平主席在非洲坦桑尼亚雷尔国际中心演讲时指出,"我们不把自己的意志强加给你们,你们也不把自己的意志强加给我们"①。各个国家在治国理政方面所汲取的经验可以相互交流,但不能将自身的意志强加于人。将自身意志强加于人的行为,严重背离了国际伦理。康德指出:"真正的政治不先向道德宣誓效忠,就会寸步难行。"②让各国公平享有参与国际事务的政治权力,是建立伙伴关系的前提。维护国际公平正义,不仅体现在政治层面,还体现在安全、经济、文化、生态等各个层面。安全上,反对以牺牲别国安全换取自身安全,既考虑本国安全又不忘他国安全,还顾及人类安全③;经济上,各国免于匮乏,公平享有发展的权利;文化上,避免文明隔阂、文明冲突、文明优越,不同文明都得到应有的尊重;生态上,避免人类凌驾于自然之上,构建人与自然和谐共生的关系,构建人类命运共同体才能够具备最为基本的行动前提。如果一个国家自身的和平与安全问题严峻、经济增长乏力、文明受到贬低歧视、生态环境遭到严重破坏,要促使其与非公平对待本国的行为体交互作用并结成命运共同体,不是一件容易做到的事情。

以和平的方式化解国际争端,走出一条互利共赢的道路,各国才能够从利益共同体发展为情感共同体,从情感共同体衍化为价值共同体,从价值共同体升华为命运共同体。④ 追求和平、维护公平、坚持互利是我国外交政策从未移易的原则立场,基于此提出的构建人类命运共同体思想,创新了我国的外交理

① 《习近平谈治国理政》,外文出版社 2014 年版,第 305 页。
② [德]康德:《历史理性批判文集》,何兆武译,商务印书馆 1990 年版,第 139 页。
③ 贾文山、王丽君、赵丽敏:《习近平普遍安全观及其对构建人类命运共同体的意义》,《中国人民大学学报》2019 年第 3 期,第 87 页。
④ 康健:《从利益共同体到命运共同体》,《北京大学学报(哲学社会科学版)》2018 年第 6 期,第 5—10 页。

念、推动了我国的外交实践。因此,构建人类命运共同体对推动中国特色大国外交有着重要的现实意义。

2. 完善全球治理格局

构建人类命运共同体的提出,为完善全球治理格局贡献了中国智慧。关心人类前途与命运的国家,普遍会思考两大问题:一是国家当前所处的"位置"在哪里? 二是自身与其他国家"怎样才能结成命运共同体"。人类命运共同体思想均对这些问题予以了很好的回应。

关于"我在哪儿"的问题,每个国家的自然地理环境、人文条件、经济发展状况都是不同的。其中有些要素是能够改变的,比如人文条件、经济发展状况等;但有些要素是既成的、较难控制的,比如自然地理环境。任何国家都处在这个世界的某一个特定位置上。拥有优越自然地理环境的国家,在很大程度上为其生存、发展提供了空间与机会。然而,处于恶劣自然地理条件下的国家,其生存、发展的机会与空间会受到一定程度的限制。对于不同国家而言,地理位置的差异是其生存与发展的先天条件。此外,经济、文化、社会等状况,各个国家也存在一定的差异。这些客观存在的差异,是其生存与发展的后天条件。先天与后天条件的不同,会决定各个国家在全球处于不同的"位置",这其中不仅包括自然地理方位的位置,还包括经济的位置、文化的位置、社会的位置等等。处在优越位置的国家,会吸引国家目光的集聚,从而形成向心性。这种向心性会强化国家的中心性与权威。集各方优势于一体的资本主义国家,有可能形成霸权主义和强权政治。人类命运共同体追求的是共同发展,但站在同一条起跑线上,拥有优越"位置"的国家显然会比处于不利"位置"的国家获得更多的发展机遇。共同发展才是真发展,构建人类命运共同体需要考虑到自然条件恶劣、经济发展滞后、文化发展程度不高、社会建设不到位国家的利益。

完善全球治理格局,需要各个国家在政治上相互尊重、平等相待;在经济上加强合作、同舟共济;在文化上取长补短、共同发展。大国、强国不尊重小国、弱国,甚至侵犯后者的主权,给世界带来的只会是冲突与动荡,给国与国带来的只会是裂痕越拉越大。建设一个持久和平、共同繁荣、开放包容的世界,各国人民要将霸权主义、强权政治视为人类公敌。各国发展的先天条件与后天条件均有所不同,均会遇到发展的困难与挑战。并非只有"位置"差的国家会面临发展的困惑,"位置"好的国家同样会存在发展的难题。习近平总书记指出:"机遇总比挑战大,办法总比困难多。"①在坚持走和平发展道路的基础上,各国结合自身特点制定发展战略,不断加强经济、文化等方面合作,从中汲取经验、智慧,结成紧密的命运共同体,不断完善全球治理格局,就能够摆脱各种困局。

可持续发展才是好发展。各国不断增强发展的内生动力、积极优化发展的外部环境,能够为可持续发展创造条件。我国倡导多边主义、反对单边主义。单边主义是滋生霸权主义和强权政治的温床。各国尤其是"位置"差的国家,主动从自然条件劣势中寻找相对优势,通过不懈努力与加强合作,切实提高自身在国际上的经济、政治、文化等地位,有助于增强多边主义的力量。多边主义在国际关系中占据主导性地位,会形成离散性扩张的权力结构。奉行霸权主义与强权政治国家的经济、政治、文化、社会等控制力会被减弱。全球文化权力、政治权力、经济权力等向均质分布的方向发展,有助于各国以平等的身份参与国际事务、结成命运共同体,从而完善全球文化、政治、经济等方面治理的格局。② 从空间范围上来讲,各国同处于一个世界。任何国家的生态环境出问题,都会威胁到其他国家。在生态环境保护的问题上,人类是一个命运与共的整体。各国在国际事务上拥有平等的表达权,有助于推动全球生态治理格局向着更为合理、有序、健康的方向发展。

关于"我与他怎样才能命运与共"的问题,打破霸权主义、强权政治,推动各国以平等的身份参与国际事务,为国家之间结成命运共同体创造了先决条件。命运关系到一个国家的生与死。将本国的命运与他国牵连在一起,需要基本的信任与包容。构建人类命运共同体思想,为增强包容互信贡献了力量。Waldo Tobler 指出,"相近的事物相互间的关联更为紧密"③。这一定理,也被称为"地理学第一定律"。距离,分为空间范围的地理距离与超越空间范围的心理距离。国家之间的交往,地理距离在当下已经不是问题。结成命运共同

---

① 《习近平谈治国理政》,外文出版社 2014 年版,第 309 页。
② 鲁西奇:《中国历史的空间结构》,广西师范大学出版社 2014 年版,第 2—5 页。
③ 《自然杂志》编辑部编选:《院士解读科学前沿》,上海大学出版社 2016 年版,第 48 页。

体更需要关注的,是心理距离。地理距离再远的国家,彼此的心连在一起,情感的纽带交织在一起,也能够结成命运共同体。纵使地理距离再近的国家,如果情感与心理上存在隔阂,不仅无法命运与共,正常交往也可能存在障碍。拉近国与国之前的情感与心理距离,首先要交往。老死不相往来的国家,不可能拥有共同的历史与文化记忆。以"一带一路"国际合作为平台,促使各国在政治、安全、经济、文化、生态等方面开展广泛合作,增强各国的利益交汇点,可以为国与国形成共同的历史与文化记忆提供契机、为彼此结成命运与共有机体奠定基础。文明交流互鉴可以架起各国人民增进友谊的桥梁。秉持开放包容精神,促进多元文明相生相长,不仅拉近了各国人民的心理距离,还推动了全球文化治理体系变革。不同国家交互作用能够命运与共,还在于其面临着共同的安全威胁。应对诸如人工智能、核武器扩散、全球生态环境破坏等问题,各国只有携起手来才能有效应对各种安全难题。不同国家为应对安全威胁结成命运与共的整体,能够有力提升全球安全治理水平。因此,构建人类命运共同体具有完善全球治理格局的现实意义。

3. 促进中国与世界深度互动

党的十八大以来,以习近平同志为核心的党中央积极倡导构建人类命运共同体,这是一个让世界人民都过上好日子的"世界梦"。人类命运共同体思想是中国共产党集体智慧的结晶,其源于中国,但属于世界。每个国家都有自己的梦想,梦想是美好愿望的表达。不同国家的梦想具有相通性,梦想与梦想相连可以推动心与心相接。习近平总书记指出:"联结我们的不仅是深厚的传统友谊、密切的利益纽带,还有我们各自的梦想。"[①]不同国家的人民无论地理距离有多远,只要有共同的愿望并一起努力将之化为现实,彼此的心就能够紧紧的连在一起。人类命运共同体思想传递的是世界各国人民对美好生活的共同愿望。共筑"世界梦",不仅能够助力"中国梦"的实现,还可以推动各国人民实现自身的梦想。习近平总书记指出:"世界好,中国才能好;中国好,世界才更好。"[②]中国的发展离不开良好的外部环境,离不开与他国的交流与合

---

① 《习近平谈治国理政》,外文出版社 2014 年版,第 310 页。
② 《习近平谈治国理政》第二卷,外文出版社 2017 年版,第 545 页。

作。与其他国家携手建立命运共同体,能够为我国的发展创造条件。我国的发展,会增进世界和平与正义的力量,可以推动人类命运共同体建设得更加稳固、坚实,从而助推其他国家实现自身的梦想。人类命运共同体思想的提出,促进了中国与他国在追求各自的梦想中,实现了深度互动。

国家治理是一门大学问,其中涉及政治、经济、文化、教育、外交、军事等方方面面。全球治理不仅涉及协调处理好国家内部的事务,还涉及处理纷繁复杂的国际事务。在挑战层出不穷、风险日益增多的当下,我国提出构建人类命运共同体的"世界梦",需要巨大的勇气和非凡的胆识。国家治理不易,全球治理更难。不同国家在自然禀赋、意识形态、社会制度、经济发展水平等方面均存在差异,促使整个人类命运与共,结成一个有机整体,需要解决的问题更多、面对的压力更大。敢于提出构建人类命运共同体的"世界梦",彰显了以习近平同志为核心的党中央宏大的气度与魄力。人类命运共同体的提出,是我国深度参与全球治理的表现,展现了大国的责任与担当。

构建人类命运共同体是我国为全球治理贡献的中国方案,但仅靠我国的一己之力是无法实现的。将这一"世界梦"化为现实,需要各国共同努力。习近平总书记告诫我们,不仅要"敢于有梦"还要"勇于追梦"。深度参与全球治理,需要解决诸多深层次问题。在全球化时代,无法回避的问题,是逆全球化、反全球化浪潮。我国深度参与全球化治理,需要克服诸如贸易保护主义、民粹主义抬头,经贸摩擦,地域壁垒等一系列问题。勇于维护国家正当权益,不屈服于非正义力量,是具有进步意识人民"勇于追梦"的行为选择。人类命运共同体思想的提出,反映了我国在逆全球化与反全球化思潮抬头的背景下,并没有置身事外,而是敢于担当、主动作为,积极为摆脱各种全球困局贡献中国方案。

将梦想化为现实,还要"勤于圆梦"。"圆梦"的立场对于梦想能否成真至关重要,其在某种程度上也能反映出国家参与世界互动的态度。在全球化与逆全球化、反全球化之间,我国深度参与世界互动的立场,是支持全球化。我国所支持的,绝不是传统的、由西方发达国家主导的全球化,绝不是以牺牲发展中国家利益为代价的全球化,而是符合各国人民利益期待,有助于结成命运共同体的全球化,是一个更加公平、公正、共赢的全球化。新型全球化的出现,有利于推动各国在成就自身梦想的同时,尊重并帮助他国追寻梦想。人类命运共同体克服了个别国家、民族只考虑自身利益的狭隘性。这一思想是站在整个人类社会发展的高度,提出的符合世界人民共同利益的中国方案。① 人类命运共同体不是为某个国家或某几个国家服务的,而是为"解放全人类"贡献的中国智慧。一个国家只有置身人类命运大局思考自身发展,才能获取更多的发展资源,才能在助力"世界梦"的同时早日成就自身的梦想。因此,构建人类命运共同体具有促进中国与世界深度互动的现实意义。

第三节　中华传统文化与构建人类命运共同体的内在关系

构建人类命运共同体是以中华传统文化的精髓为底蕴提出的新思想,该思想的提出促使人们对中华传统文化的认识提升到了一个新的高度,二者之间是同生共变的关系。我们在此重点探讨中华传统文化对人类命运共同体所发挥的作用。思想形成、思想传播、思想认同、思想实施这四个方面是中华传统文化对人类命运共同体能否发挥作用以及作用发挥的大小、强弱的关键要素。通过这四大关键要素的联结,使中华传统文化在人类命运共同体建构中形成了一个作用系统。

一、中华传统文化与构建人类命运共同体的关系

文化中存在精华与糟粕。与时代精神相适应的文化,可以对人类发展起到促进作用;与时代精神相背离的文化,会对人类进步产生消极影响。习近平总书记指出,当今人类社会"越来越成为你中有我、我中有你的命运共同体"②。人类已经命运与共,是现时代特有的普遍精神特质。文化的内核是思想。人类命运共同体是与时代精神相契合的新思想。反映时代精神、指导世界前景的人类命运共同体,是在中华传统文化浸润下形成的。其一经提出,就

---

① 卢黎歌:《新时代推进构建人类命运共同体研究》,人民出版社 2019 年版,第 178—181 页。

② 《习近平谈治国理政》,外文出版社 2014 年版,第 272 页。

对世界文化新秩序的构建产生了广泛而深刻的影响。中华传统文化与构建人类命运共同体存在作用与反作用的关系,二者是同生共变的。

1. 中华传统文化对构建人类命运共同体的作用

从狭义上来看,文化是由人类创造出来且具有传播属性的精神成果。文化既可以对人类发展产生积极影响,也可以对人类进步产生消极作用。评价文化对人类社会发展施加的影响是积极的还是消极的,标尺在于是否与时代精神相契合。与时代精神相契合的文化,可以对社会发展发挥正面作用。而与时代精神相背离的文化,能够对社会发展产生消极影响。时代精神是一种超越个人的共同的集体意识。随着世界历史进程的推进,"个体的人""群体的人"乃至"类的人"之间的交往呈现出了新的方式与图景。① 习近平总书记描述世界的当前状况时指出,"人类生活在同一个地球村里"②。人类的命运和世界的面貌因全球化的演进而被彻底改变。国家之间的共同利益越来越多、联系越来越紧密,生活在"地球村"的人们愈益形成了"你中有我、我中有你"的命运共同体③。

文化的内核是思想。任何思想的形成,都潜存着文化基因。习近平总书记于2015年在文艺工作座谈会上发表讲话时指出:"文化是民族的血脉。"④传统文化将民族的精神血脉深深地融入到民族的肌体中。传统文化的内核是经历史沉淀、有民族特性的思想。一个民族提出的上升到国家乃至国际层面的思想,会打下传统文化的烙印。透过思想,我们能够解读出民族固有的精神特性与价值追求。当前,人类面临诸多新困境、新挑战。人类的前途与命运,是每个民族都应该关心的课题。命运与人类的利益乃至生死息息相关。索解这样一个时代课题,有必要向前人汲取智慧。"抛弃传统、丢掉根本,就等于割断了自己的精神命脉。"⑤中华传统文化是一座思想宝库,蕴含着诸多化解困境、应对挑战的良方。中华传统文化的内核是"和"。在全球化时代,我国

① 卢黎歌:《新时代推进构建人类命运共同体研究》,人民出版社2019年版,第68页。
② 《习近平谈治国理政》,外文出版社2014年版,第272页。
③ 刘建飞:《引领:推动构建人类命运共同体》,中共中央党校出版社2018年版,第35页。
④ 习近平:《在文艺工作座谈会上的讲话》,人民出版社2015年版,第25页。
⑤ 《习近平谈治国理政》,外文出版社2014年版,第164页。

为治理全球问题贡献的中国方案,是在"和"文化影响下提出了构建人类命运共同体思想。

　　文化拥有力量。① 与时代精神相背离的文化同与时代精神相契合的文化,共同对构建人类命运共同体产生影响。对构建人类命运共同体施加消极影响的文化,有文化中心主义、个人主义、民主主义等等。独尊本民族文化、对其他民族文化存在偏见,会人为地制造隔阂。奉行文化中心主义会滋生文化优越感,认为所有的国家都要学习、接受自身的文化。不认可、接受自身的文化,就是开历史的倒车。在世界越来越趋向一体化的时代,各个国家都被包罗在全球化之网中。贬斥乃至否定其他文化,力图以自身的文化同化其他文化,已经与时代发展的要求相背离。个体主义文化有其合理性的一面,但这种文化一旦膨胀过度,对于构建人类命运共同体会施加严重的破坏性作用。构建人类命运共同体需要处理好部分利益与整体利益的关系。为了满足自身利益漠视乃至蚕食整体利益,容易激化矛盾、引发冲突。民主主义文化以民主与自由为准则。民主主义文化对构建人类命运共同体产生消极作用,并不是说我们反对真正意义上的民主。恰恰相反,我们所抵制的,是被某些利益集团作为驱使工具的虚假民主与形式民主。这种民主主义会对自由而独立的民主文化构成威胁,乃至造成民主危机。倡导包容性、开放性、利他性、共赢性的文化,对构建人类命运共同体可以施加积极影响。这种文化是与时代精神相契合的进步文化,不同文化得到应有的尊重,各个国家在谋取本国利益时兼顾他国合理利益关切,所有国家都能共享世界发展红利、拥有平等参与国际事务的权利。如此,人类才能够真正地命运与共。

　　中华传统文化对构建人类命运共同体所发挥的作用,取决于是否能够实现创造性转化与创新性发展,也即运用是否得当。运用中华传统文化对于其作用的发挥有着重要影响。对中华传统文化进行创造性转化,恰似荀子所强调的"择其善者而明用之"的"明用"。未经"明用"的中华传统文化,再精华的部分也可能变成糟粕。纵使一种中华传统文化是再好的精华,如果运用不

---

　　① 陆卫明、李红:《中国文化精神与现代社会》,中国社会科学出版社 2015 年版,第 1—2 页。

当,也可能与时代精神相背离,对构建人类命运共同体产生阻碍作用而沦为糟粕。我们需要注意的是,对于民族发展具有根源性、核心性的中华传统文化,如中华传统"和"文化,我们必须维护其神圣性,不容随意改变。① 中华传统文化是由中华各民族集体创造的智慧果实。"善用者无弃材"。善于运用中华各民族创造的文化成果,促使其对人类命运共同构建发挥建设性而非破坏性的作用,需要用心雕琢、妥善运用。

2. 构建人类命运共同体对中华传统文化的影响

植根于中华传统文化提出的人类命运共同体思想,促使我们以全新的视角认识中华传统文化并为之注入新的时代意涵。

构建人类命运共同体思想的提出,促使我们以全新的视角认识中华传统文化。当代学者詹姆斯·卡尔斯提出了有名的"有限游戏"与"无限游戏"理论。前一种游戏只能有一方获胜,是一种零和游戏。奉行个人主义、保守主义者会对这种游戏推崇备至。其容易将政治、安全、经济、文化、生态等各领域的事务,都当作有限游戏来对待。后一种游戏的参与者,致力于追求合作,倡导结成共同体一起分享游戏果实。这种游戏,是一种正和游戏。② 参与"无限游戏"的双方相互依赖,是一荣俱荣、一损俱损的关系。一旦游戏失败,就会衍化为双输的负和游戏。植根于中华传统文化提出的构建人类命运共同体思想,在对"有限游戏"的否定中,赋予了中华传统文化以国际合作、国际和平等新的时代意涵。人类共同体存在实然状态与应然状态之分。实然状态的人类共同体是"地球村",应然状态的人类命运共同体是"大家庭"。"大家庭"隐喻了将生活在世界上的所有个体视为家人。"家""国"在国人的思想深处始终密不可分,"家"是"国"的缩影。"大家庭"这一应然状态人类命运共同体的提出,极大地拓展了孔子在《礼记·礼运》篇中提出的"以天下为一家"的空间范围。有限游戏的特点是存在起始点也存在终结点,游戏最终会决出胜负。无限游戏的特点是没有起始点也不存在终结,游戏的结果要么是双赢、要么是双输。中华传统文化强调"以和为贵"、倡导"合则两利,斗则俱伤"。家庭成

---

① 楼宇烈:《中华文化的根本精神》,中华书局 2016 年版,第 163—165 页。
② [美]安乐哲:《安乐哲比较哲学著作选》,温海明编,孔学堂书局 2018 年版,第 378 页。

员的关系不会因地域、因时间而断绝,双方开展的合作会不断加强。人类命运共同体思想的提出,能够促使人们更深层次地思考为什么要"以和为贵"。面对已知与未知的挑战,家人们只有相互依赖,紧密团结在一起,才能让大家庭变得更加美好。家庭成员努力合作的结果有两个,要么共同走向成功,要么一起迈向失败。实然状态的人类共同体,是"地球村"的"村民",有些还未真正成为家人。中国人特别重视亲情。应然状态的人类命运共同体,也即我们所努力的方向,是让"村民"成为血脉相连的"家人"。家以情感为紧密相连的纽带。"家和"体现了中华传统文化中的和谐融合关系,人类命运共同体思想的提出,升华了我们对中华传统"以和为贵"等思想的认识。"家和"的首要前提,是确保"家人"的地位与身份都是平等的。中华传统文化有着反对唯我独尊、霸道主义的基因。对自己的"家人"不能予以应有的尊重,终将会被其他"家庭成员"所孤立。"家人"之间身份与地位上的平等,是多方面的。不仅包括经济地位的平等,还包括文化地位、政治地位等方面的平等。我们可将之视为对中华传统"和"文化领域范围的拓展。

　　人类命运共同体的提出,有助于建构更加科学、合理的世界新秩序,为中华传统文化注入新的时代意涵。人类社会是一个整体,任何家庭成员都有对家庭命运发表意见的权利。在"天下为公"的大同社会里,每个人的地位与身份都是平等的,都享有相同的话语权。"大家庭"的命运应该由所有家庭成员共同把握,而不能由某一个或某几个家庭成员单方面说了算。家庭成员拥有表达话语的权利,有助于展示真我、消除分歧、避免隔阂。构建人类命运共同体要求正确地表达自己的声音,清晰地聆听他人的声音。向世界传递好自己的声音,讲述好自己的故事,有助于让他人更好地了解自己。要想清晰地聆听他人的声音,需要确保他人发出的声音不会太过微弱乃至"失声"。不了解他人的真实意图,就可能带来不必要的误会,从而影响家庭关系和睦。应然状态的人类命运共同体,基于维持家庭内部和谐的视角,致力于实现普天下的最大和谐,将对中华传统文化的认识提升到了新的高度。庄子指出,"无动而不变,无时而不移"①。世界的一切事物无时不处于流动、变化之中。人类存在

————————

① 韦政通:《中国哲学辞典》,吉林出版集团有限责任公司 2009 年版,第 291 页。

的结构性矛盾也不是变动不居的。美国学者安乐哲将人类面临的种种困境形象地称为"全面风暴"①。面对不断变动与发展的结构性矛盾,倡导"有限游戏"的国际交往旧思维,很难让人类在"风暴"肆虐之时站稳脚跟,甚至有危及生命的风险。构建人类命运共同体思想的提出,旨在建立一个更加合理的世界新秩序,其极大地拓展了中华传统文化"和天下"的地域范围。化解人类社会面临的结构性矛盾,不仅要立足当下,还要着眼未来。构建人类命运共同体思想不单致力于改善人类当下的生活,还考虑到人类未来的发展,其从政治、安全、经济、文化、生态五个方面提出的新方案,在对世界新秩序的建构中升华人们对中华传统文化的认识。此外,植根于中华传统文化提出的构建人类命运共同体思想,多次获得国际组织肯定并被载入联合国决议,有助于中华传统文化更好地走向世界、更充分地展现其文化魅力。

3. 中华传统文化与构建人类命运共同体同生共变

构建人类命运共同体是在传承并弘扬中华传统文化的基础上提出的,其可视为中华传统文化的当代表达。人类命运共同体得到响应、深入人心,彰显了中华传统文化的建设性力量。这对中华传统文化走向世界能够起到推动作用。打造人类命运共同体是一个长期、复杂、系统的工程。整个工程的开展,都会伴随积极文化的推进与消极文化的阻碍。中华传统文化与构建人类命运共同体是相互影响的,二者存在作用与反作用的关系。

文化是活的有机体。传统文化必须不断适应变化了的世界,才会拥有生命活力。中华传统文化要能够继续存在并不断发展,需要对现实世界的问题作出回应。无法与时代精神相契合、不能回应现实世界问题的中华传统文化,其自身存在的合法性会被动摇。中华传统文化之为"传统",在于其具有可传承的价值理念。中华传统文化固有的价值理念一旦被中断,也即不再传承,就会面临失传的风险。这表明该种中华传统文化的价值理念,已经遇到了生存困境。陷入生存困境的中华传统文化并不一定都是不好的,有些是其部分价值理念未能很好地适应变化了的当下世界。妥善对待这部分中华传统文化,

---

① 《儒家文化可以为构建新的世界文化秩序作出巨大贡献》,http://www.wenming.cn/wmzh_pd/jj_wmzh/201811/t20181127_4911042.shtml。

其能够服务于现实世界的发展。任由这种状况发展下去这部分，中华传统文化就很可能会失传。而这种中华传统文化，是其所蕴含的价值理念全然无法适应变化了的世界而已经死去的文化。①

中华传统文化的发展需要创造。创造可以使面临生存困境的中华传统文化恢复生命活力，也可以使与时代精神相契合的中华传统文化继续展现生机。单纯地诠释中华传统文化，并不会在真正意义上推动中华传统文化的发展。"和"是中华传统文化的内核。继承中华传统"和"文化，需要阅读、诠释文化典籍，我们可以从中汲取智慧、获取养料。但我们不能为阅读而阅读、为诠释而诠释。中华传统"和"文化在当代世界的发展，同样要立足于时代与人民所需进行创造。为适应变化了的世界而提出的人类命运共同体思想，正是对中华传统"和"文化的一种创造。这种创造，不仅保有了中华传统"和"文化的生命活力，还使其生命活力进一步地得到释放。停滞不变的中华传统文化是不存在的，②不符合时代所需的中华传统文化是没有生命力的。中华传统文化唯有顺应时代发展潮流，不断注入新的时代元素，也即进行创造与建设，才能永葆生命活力。而创造与建设出的思想成果，又可以进一步增强中华传统文化的生命活力。从这个意义上来讲，受中华传统文化滋润的人类命运共同体思想，可以反过来更好地推动中华传统文化的传承与弘扬。

构建人类命运共同体是一个内涵极其丰富的理论体系，该体系是在动态中充实、发展、完善的，其既受到中华传统文化发展的影响，同时又反过来影响中华传统文化的发展。全球治理涉及领域多、覆盖范围广，在实践发展进程中遇到的种种问题，必须有针对性地提出解决方案。"人类命运"与"共同体"原本是两个概念，诸多专家学者曾就这些议题进行过专门研究，但二者首次结合是在党的十八大报告中，这是一次重大的理论创新。如果没有阔放旷达的气度、没有天下为公的胸怀、没有济世安民的愿景、没有和合天下的勇气，很难想象会提出这样一个令世人心神向往的概念。③ 透过人类命运共同体思想，我

① 陈先达：《文化自信中的传统与当代》，北京师范大学出版社 2017 年版，第 119 页。
② 陈先达：《文化自信中的传统与当代》，北京师范大学出版社 2017 年版，第 72 页。
③ 宋才发：《人类命运共同体本质解析及全球化治理探讨》，《党政研究》2019 年第 3 期，第 55 页。

们可以感受到中华传统文化强大而优秀的基因。人类命运共同体思想是由"五位一体"构成的。其从政治、安全、经济、文化、生态五个方面，对人类应然的文化价值追求进行探讨，推动了世界新秩序的建构。人类命运共同体并不是一个静态化的思想体系，其既是推进全球治理的思想武器，又是全球治理的奋斗目标。人类社会越来越成为一个相互依存的共同体，但人类个体该通过什么样的方式更为紧密的相互依存，如何确保相互依存结成的共同体更为稳固、可靠，凡此种种问题均需要我们去回应。人类命运共同体思想正是在对这些问题的回应中，充实了自身也丰富了中华传统文化。比如说，中华传统文化倡导包容精神、推崇平等意识，但在封建社会，专制主义盛行，国家一切行政权力集中在少数人的手中。这决定了传统的包容观、平等观具有不可避免的阶级和历史局限性。因应时代发展变化提出的构建人类命运共同体思想，极大地拓展了包容互惠、平等相待的对象，将之覆盖到所有人类个体，这对中华传统文化的发展，起到了巨大的推动作用。与此同时，构建人类命运共同体也在对时代问题的回应中、在中华传统文化的影响下实现了一次又一次的思想升华。因此，中华传统文化与构建人类命运共同体是同生共变的。

二、中华传统文化对构建人类命运共同体发挥作用的关键要素

中华传统文化与构建人类命运共同体相互影响、相互促进。我们在此重点探讨中华传统文化对构建人类命运共同体所发挥的作用。该作用的发挥需要具备一些关键性要素，具体包括以下几个方面的内容：

1. 思想形成

人类任何思想的形成都不会是无源之水、无本之木。如果将人类命运共同体比喻为思想之"流"，那么其思想之"源"在何处，有必要引起我们的思考。人类命运共同体思想绝不是凭空产生的，其是根植于厚重的中华传统文化沃土而提出的。博大精深的中华传统文化是人类命运共同体思想形成的基石。中华传统文化所包含的内蕴极为丰富，究竟是哪些思想精华培育出了构建人类命运共同体这一思想之花，是我们认识中华传统文化对构建人类命运共同体发挥作用首先需要解决的课题。中华传统文化对人类命运共同体思想形成所发挥的作用是多方面的，具体涵盖思维、思想以及话语等等。中华传统文化

所蕴含的思维方式渗透到中华民族的深层意识中。中华传统整体性、辩证性、调和性等思维方式,对人类命运共同体思想的形成产生了重要影响。中华传统文化与人类命运共同体思想具有同理性,从中华传统文化中提炼、萃取的"贵和""重义""执中"等思想精华,源源不断地浇灌着人类命运共同体这朵璀璨的思想之花。思想是通过语言来表达的。人类命运共同体是具有鲜明民族特色的中国话语。党是民族利益的代言人,是中华传统文化的忠实传承者和弘扬者。中华传统文化对我党形成"持久和平、普遍安全、共同繁荣、开放包容、清洁美丽世界"①的国际话语体系发挥了重要作用。万丈高楼平地起,人类命运共同体这座思想大厦的基石是中华传统文化。中华传统文化在人类命运共同体思想形成中发挥了重要作用。

2. 思想传播

人类命运共同体的有效建构,一刻也离不开传播。中国共产党是人类命运共同体思想的首倡者,也是主要传播者。但是人类命运共同体思想的传播者,并不限于我党,还有其他行为主体。不同行为主体对人类命运共同体思想要义的理解存在差异,其中不乏一些别有用心者恶意歪曲人类命运共同体思想。不恰当地传播人类命运共同体思想对受众产生了消极影响。人类命运共同体是中国共产党为消弭全球各种乱象贡献的中国智慧。中华传统文化蕴含的核心价值理念与人类命运共同体思想是一脉相承的。将中华传统文化中固有的"尚和""重义""执中"等思想提炼淬取出来,有助于传播受众正确理解人类命运共同体的理想要义。人类命运共同体思想的传播受众既有国内民众也有国外民众。中华传统文化倡导"变则通,通则久"②。主动求变的中华传统文化是人类命运共同体思想广泛传播的重要媒介。思想唯有具体化为可操作性的行动,才能证明思想得到了人们的认可与支持。构建人类命运共同体是一个系统工程,不仅需要一代人将这一理念具体化为可操作性的行动,还需要世代人的共同努力。我国先贤自古就将进入"大同社会"确立为奋斗目标,这一美好目标与人类命运共同体的发展愿景具有高度的契合性。中华传统文

①　习近平:《决胜全面建成小康社会 夺取新时代中国特色社会主义伟大胜利——在中国共产党第十九次全国代表大会上的报告》,人民出版社2017年版,第58—59页。

②　张葆全:《周易选译》(汉越对照),广西师范大学出版社2016年版,第282页。

化将大同视为人类终有一天可达到的理想世界,其在推动人类命运共同体思想传播中发挥了重要作用。

3. 思想认同

构建人类命运共同体关系到人类的整体利益,有必要得到全人类的广泛认同。增强思想认同是中华传统文化对人类命运共同体发挥作用的一大关键要素。认同过程包括认知认同、情感认同以及行为认同。这三个环节的内容是相互依赖、相互促进、依次递进的。认知认同是情感认同的前提。在理论上倘若连人类命运共同体"是什么"都不甚了了,也就谈不上情感认同。情感认同是行为认同的基础。在情感上不能真正认同人类命运共同体,也就很难将思想落实到行动上。中华传统文化作为一种精神性要素,影响着人类命运共同体认同过程的方方面面。中华传统文化对人类命运共同体的认知认同能够发挥解释作用,其既包括解释"是什么"也包括解释"为什么"。该作用的发挥有助于推动人类命运共同体思想"入脑"。中华传统文化对人类命运共同体的情感认同能够发挥催化作用,促使人们在情感上产生共鸣,推动人类命运共同体思想"入心"。中华传统文化对人类命运共同体的行为认同能够发挥示范作用,推动人类命运共同体思想"入行"。中华传统文化在促进人类命运共同体思想"入脑""入心""入行"的全过程和各环节均发挥着积极作用,其是增强人类命运共同体价值认同的有效载体。

4. 思想实施

推动思想实施是中华传统文化对构建人类命运共同体发挥作用的关键要素之一。再好的思想如果不能够落地只会停留在思想层面。推动人类命运共同体思想走深落实,需要采取实质性的行动。采取行动好似"寻路"。其中涉及路伸向何方、寻路如何获取给养以及怎样探索出新路等一系列现实问题。路选不好、走不好很可能会误入歧途,造成无法挽回的损失。由西方国家主导的世界格局存在诸多不合理的地方,沿着这条老路继续走下去,人类社会很难从当前面临的政治、安全、经济、文化、生态等困境中摆脱出来。中华传统文化倡导的核心价值理念与人类命运共同体思想一脉相成,其能够为人类社会摆脱各种困局、重塑新的世界格局指明前进方向。路走得远、走得有力量,离不开动力的支持。人类命运共同体走深落实,会面临诸多已知与未知的困难与挑战。源远流长的中华传统文化是一座智慧宝库。化解前行的困难与挑战，可以从中获取精神给养、智力支持，构建人类命运共同体是一个庞大而艰巨的系统工程，涵盖伙伴关系、安全格局、经济发展、文明交流以及生态建设等多维路径。从中华传统文化中汲取智慧养料，有助于为探索新路提供有益的方法借鉴。中华传统文化对推动人类命运共同体思想走深落实发挥了重要作用。

三、中华传统文化在人类命运共同体构建中形成作用系统

中华传统文化对人类命运共同体发挥作用的四大关键要素相互联结，形成了一个具有整体性的系统。人类命运共同体思想形成、思想传播、思想认同、思想实施，既可以看成是形成整体性作用系统的要素，也可以看成是具有整体性作用系统之下另外一个层次的子系统。也就是说，人类命运共同体思想形成系统、思想传播系统、思想认同系统、思想实施系统，既是构成总系统的要素，同时也可以自成系统。中华传统文化对构建人类命运共同体发挥作用的四大关键要素及其相互联系所形成的系统，如下页图所示：

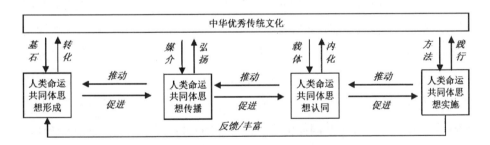

中华优秀传统文化在人类命运共同体建构中的作用系统

夯实思想基石，开展正向、广泛、跨代传播，增强认知、情感、行为认同以及推动思想走深落实之于具有整体性的作用系统，是组成与被组成的关系。一方面，四大关键要素的特征和功能决定着具有整体性作用系统的特征和功能。另一方面，具有整体性作用系统的发展也会反馈给各关键要素，对人类命运共同体思想形成、思想传播、思想认同以及思想实施产生影响。

中华传统文化在人类命运共同体构建中形成的作用系统，是一个综合复杂体。四大关键要素之间、四个关键要素与具有整体性的作用系统之间存在

着相互作用的关系。具体而言,中华传统文化是人类命运共同体思想形成的基石。这是形成具有整体性作用系统的首要关键要素。缺失这一要素,具有整体性的作用系统就无从形成。植根于中华传统文化形成的人类命运共同体思想,能够在创造性转化、创新性发展中华传统文化的过程中,赋予其以新的时代意涵。当人们知道人类命运共同体这一思想时,其已经开始传播甚至已经经历了几个传播周期。形成的思想如果不能得到传播,思想固有的价值就无法得到彰显。人类命运共同体思想传播有多种媒介,中华传统文化是其中尤为重要的一种。中华传统文化对人类命运共同体的正向、广泛、跨代传播均发挥了不可小觑的作用。中华传统文化积淀着中华民族最深厚的价值追求、最能够体现出中华民族的伟大精神,其从根本上保证了人类命运共同体传播的正确方向,拓展了人类命运共同体传播的空间与时间范围。传承中华传统文化而传播的人类命运共同体思想,反过来又可以进一步弘扬中华传统文化。人类命运共同体思想传播仅仅是手段,其目的在于增进传播受众的认知、情感与行为认同。从某种程度上来讲,是否能够增进传播受众的认知、情感与行为认同,是检验传播效果的重要标尺。从层次上来讲,人类命运共同体认知认同是最基本的认同,其基础是传播受众知道什么是人类命运共同体、为什么构建人类命运共同体。中华传统文化在人类命运共同体认知认同过程中能够发挥解释作用。理论上对人类命运共同体有正确的认知,是为了增强传播受众情感上的认同。中华传统文化是中华民族在数千年中集体智慧的结晶,其中蕴含了大量提升人类命运共同体情感认同的思想资源。中华传统文化能够对人类命运共同体思想认同发挥催化作用。人类命运共同体寄予了人类美好未来的憧憬与梦想。这一思想如果仅停留在思想层面,其终究只能是一个梦想。将人类命运共同体思想落到实处,要增进传播受众的行为认同。该认同有助于明确他者该作出什么样的行为选择,亦有利于他者理解我者当下的行为选择。为了搭建人类命运共同体的实践平台,中国共产党提出了"一带一路"合作倡议。在行为上认同人类命运共同体,有助于他国理解我国为什么要开展这项人类筑梦工程,亦有利于促使他国参与到这一工程的建设上来。中华传统文化蕴含着中华民族发展壮大的基因,潜移默化地影响着国人的行为方式。从中华传统文化中汲取智慧养料,能够促使各行为主体明确构建人类命运共同体该"做什么"以及"怎样做"。有着优质文明基因的中华传统文化对人类命运共同体行为认同能够产生示范作用。通过以上分析可知,中华传统文化是人类命运共同体的重要载体,增进人类命运共同体认同有助于传播受众更好地认识、吸收中华传统文化的思想精华。认同人类命运共同体最终要落实到行动上。中华传统文化可以为人类命运共同体思想实施指明前进方向,提供动力与方法。人类命运共同体思想是在中华传统文化滋养下形成的,该思想的实施也可以视为对中华传统文化的践行。

　　将中华传统文化在人类命运共同体构建中的作用视为一个系统,有助于我们以整体、综合、联系、动态的视角分析问题。人类命运共同体思想的形成促进了思想的传播,思想的传播促进了思想的认同,思想的认同促进了思想的践行。与此同时,人类命运共同体思想的传播又反过来推动了思想的形成,思想的认同又反过来推动了思想的传播,思想的践行又反过来推动了思想的践行。实践是检验真理的唯一标准。人类命运共同体思想实施会不断地验证思想的正确性、科学性,对于不适应时代要求、实际发展的思想内容进行调整,从而不断丰富人类命运共同体的思想内涵。中华传统文化对人类命运共同体发挥作用的四大关键要素相互制约,其中任何要素未能发挥应有的作用,都会影响其他要素甚至系统整体功能的发挥。将中华传统文化在人类命运共同体构建中的作用视为一个系统,我们有必要从整体上抓住各关键要素之间以及各要素与系统之间的联系。恩格斯指出:"如果我们抓不住整体的联系,就会纠缠在一个接一个的矛盾之中。"①要抓住这些联系、避免陷入矛盾之中,我们就要善于发现、认识、总结、掌握中华传统文化对人类命运共同体思想发挥作用的规律,自觉利用这些规律提出具体、可行的对策建议,借以优化中华传统文化在人类命运共同体构建中形成的作用系统。

---

① 《马克思恩格斯全集》第20卷,人民出版社1971年版,第506页。

第二章 中华传统文化对人类命运 共同体思想形成的作用

中华传统文化是人类命运共同体思想形成的重要基石,我们有必要从思想、话语以及思维等层面,对之进行剖析。中华传统文化之所以会对人类命运共同体思想形成产生作用,主要动因在于环境的发展变化、文化传承的内在诉求以及我党理论创新的内在需要。

第一节 中华传统文化是人类命运共同体 思想形成的重要基石

优秀传统文化是中华民族永远不能离别的精神家园。中华传统文化是人类命运共同体思想形成的重要基石,其在思维、思想以及话语层面,对人类命运共同体思想的形成发挥了极为重要的作用。

一、思维层面的创新发展

中华传统思维方式对于人类命运共同体思想的形成影响尤甚。中国共产党在继承中华传统整体性思维、辩证性思维、调和性思维方式的同时,又对之进行了创新与发展。

整体性思维对人类命运共同体思想形成的作用。中华传统思维方式一大显著特征,是注重整体性。老子推崇"圣人抱一为天下式"。也就是说,圣人持守着可以涵盖一切的根本之"道"作为天下的准则。这里的"道",并非零散的道理,而是一个涵盖所有范畴的整体。老子列举了诸多相互矛盾的对立体,认为其总要归于统一。居住在世界不同角落的人类,尽管在肤色上有差异、在信仰上有不同、在风俗上有分殊,但同样可以结为一个统一的整体。王阳明在《大学问》中倡导"视天下为一家,中国为一人"①。体现了将不同部分的人团结为一个整体的思想。中华传统文化在政治上推崇"大一统"的治世理念。这种理念可以增强不同个体结成统一整体的向心力。应对各种威胁与挑战,人类只有结成一个命运与共的整体,才能更好地生存下去。人类生存与发展所触及的领域是多方面的,构建人类命运共同体所覆盖的领域,同样是多位一体的。中华传统文化无论是道家还是儒家,都倡导"天人合一"。"天人合一"是较之于"天人相分"而言的。"天人相分"否定了自然与人类社会的联系,这种思维方式容易将自然视为一个外在于人的客体。"天人合一"则将整个人类社会与自然界视为一个有机统一的整体。人与自然不仅一气相通而且一理相同。人与自然之间并不存在绝对的界限,二者之间是可以相互融通的。这种思维方式对建设清洁美丽世界发挥了重要作用。较之于自然界,整个人类社会可以结为一个统一整体。建设一个清洁美丽的世界,关系到人类所有个体的福祉,任何人类个体都应该为其贡献力量。强调整体性思维方式的中华传统文化,有助于聚合起更多、更强的力量参与全球生态环境治理。注重整体性的思维方式,有助于我们看到事物各部分之间的联系。人类命运共同体是"五位一体"的。建设清洁美丽世界,并不仅仅与生态治理有关,其还涉及政治、安全、经济、文化等方面的治理。整体性思维方式有助于我们观察并认识到全球各领域治理的联动效应,进而提出更具针对性与有效性的治理措施。

对全球化浪潮下,中国共产党以整体性思维看待发展问题。全球化打破了各国的地域界限,世界各国的经济实现了深度融合。在这种时代背景下,党提出建设一个共同繁荣的世界。这源于我党看到了世界各国经济是高度依存的。作为全球化的"优等生",我国要顺应这一世界发展潮流就不能只追求自身的繁荣,而要将发展成果更多、更广地惠及各国人民。建设共同繁荣的世界有力地推动了中华传统整体性思维在全球经济治理中的创新发展。

从人类命运共同体这一命题的提出来看,其本身就是坚执中华传统整体

①　唐君毅:《唐君毅全集》第19卷,九州出版社2016年版,第52页。

性思维的体现。人类所有个体都是共同体的成员,其命运休戚相关、荣辱与共。共同体在不同时代有不同的核心追求。人类命运共同体从目标上来看,关心与追求的是整个人类的福祉,因而在所有坚持整体性思维形成的共同体中,其处于最高形态。从人类命运共同体所包含的内容范围上来看,其坚持并创新发展了中华传统整体性思维。人类命运共同体所包含的内蕴极为丰富,具体有生态共同体、安全共同体、利益共同体等等。通过以上分析可知,中华传统整体性思维对人类命运共同体思想形成发挥了显著作用。

辩证性思维对人类命运共同体思想形成的作用。辩证性是中华传统思维方式的重要特点,其对人类命运共同体思想的形成发挥了重要作用。构建人类命运共同体的重要内容之一,是处理好国家之间的利益关系。不同国家会因利益问题存在共识而合作,也会因利益问题存在冲突而争斗。利益关系具有复杂性,正确地看待国际交往的利益问题,需要从中华传统文化中汲取智慧养料。中华传统义利观强调妥善处理义与利的关系,当二者存在矛盾时,要行义去利、以义为先。在国际交往中,主权国家要捍卫自身的合法权利,需要维护国家利益。在全球化时代,同住"地球村"的国家之间的共同利益越来越多。各国在追求本国利益的同时,也要兼顾国际道义,维护人类的共同利益。为实现本国利益最大化而不惜侵害人类共同利益,是一种不"义"的行为表现。习近平总书记在党的十九大报告中指出:"我国绝不会放弃自己的正当权益。"[1]也就是说,在维护和追求本国利益的问题上,我党始终坚持原则性。与此同时,我们注重"扩大同各国的利益交汇点"[2]。其目的就在于更好地兼顾人类的共同利益。国家利益与人类共同利益是息息相关的。中国共产党倡导建立一个"持久和平、普遍安全、共同繁荣、开放包容、清洁美丽"的世界[3],就是要努力寻求各国利益与人类共同利益的有机统一。具体而言,就是在寻求本国政治利益、安全利益、经济利益、文化利益、生态利益的同时,兼顾他国

---

① 习近平:《决胜全面建成小康社会 夺取新时代中国特色社会主义伟大胜利——在中国共产党第十九次全国代表大会上的报告》,人民出版社 2017 年版,第 59 页。

② 习近平:《决胜全面建成小康社会 夺取新时代中国特色社会主义伟大胜利——在中国共产党第十九次全国代表大会上的报告》,人民出版社 2017 年版,第 59 页。

③ 习近平:《决胜全面建成小康社会 夺取新时代中国特色社会主义伟大胜利——在中国共产党第十九次全国代表大会上的报告》,人民出版社 2017 年版,第 58—59 页。

以及人类的共同利益。这一思想是基于中华传统义利观提出的,又创新发展了人们对义与利关系的认识。

中国共产党对增强辩证思维能力尤为看重,习近平总书记指出:"我们的事越是向纵深发展,就越要不断增强辩证思维能力。"①中华传统辩证性思维对人类命运共同体的形成发挥了重要作用,其集中表现在促使我们更深层次地思考人类怎样"活下去"。生存是整个人类需要认真思考的大问题。人类自身如果不能生存下去,构建命运共同体就成了奢谈。任何人类个体均不能脱离必要的生态环境而生存。工业文明后,人类的生存条件得到了极大的改善。然而,全球生态环境却持续恶化。《灵枢·岁露》篇记载:"人与天地相参也。"②人与自然界有着极为密切的关系。人类要更好地"活下去",就要妥善处理经济发展与生态环境保护的关系。辩证地看待经济发展与生态环境保护的关系,我们应该"算大账、算长远账、算整体账、算综合账"③。我国古人提出的"天人合一"思想,要求我们不要为追求眼前的经济利益而以牺牲生态环境为代价。人类长期重视发展经济忽视保护生态环境,已经严重破坏了全球的生态环境。人类未来该选择怎样的生存样态,关乎人类生活质量的高低。在中华传统辩证性思维作用下,我党提出了建设清洁美丽世界的目标要求。在处理保护生态环境与经济发展的问题上,我党提出"绿水青山就是金山银山"④的绿色发展理念。辩证地看待绿色与发展的关系,促使我党有效化解了保护生态环境与促进经济发展的矛盾。习近平总书记指出:"要像保护眼睛一样保护生态环境。"⑤眼睛是人类身体最为脆弱但也至关重要的一部分,用保护眼睛形容保护生态环境,意味着我党将人与自然视为了共生共荣的生命共同体。唐朝诗人白居易有言:"天育物有时,地生财有限,而人之欲无极。"⑥自然资源的有限与人类欲望的无限是一对矛盾体,辩证地看待二者的关系,人

---

① 《习近平关于全面建成小康社会论述摘编》,中央文献出版社 2016 年版,第 195 页。

② 周海平:《黄帝内经大词典》,中医古籍出版社 2008 年版,第 600 页。

③ 《习近平关于全面建成小康社会论述摘编》,中央文献出版社 2016 年版,第 176 页。

④ 《习近平谈治国理政》第二卷,外文出版社 2017 年版,第 559 页。

⑤ 《习近平谈治国理政》第二卷,外文出版社 2017 年版,第 395 页。

⑥ (唐)李白:《中国古代名家诗文集·白居易集》卷二,黑龙江人民出版社 2009 年版,第 587 页。

类对自然的利用应该取之有度、用之有节,在发展经济的同时保护好生态环境。宋代司马光称,"取之有度,用之有节,则常足"①。人与自然和谐共生,建设一个清洁美丽的世界,人类不仅能够"活下去",而且可以"活得好"。通过以上分析可知,中华传统辩证性思维对人类命运共同体思想形成发挥了巨大作用。

调和性思维对人类命运共同体思想形成的作用。矛盾双方既对立又统一,既存在区别又相互联系。老子提出"福祸相依",说明福与祸可以相互转化。程颢强调"物极必反",说明事物发展到极点,会走向自身的反面。任何事物都应控制在合理的范围内,做到不偏不倚。中华传统调和性思维重视在对立中求统一,反对将矛盾对立的一面绝对化。《中庸》指出:"中也者,天下之大本也。"②执两用中、讲求平衡主导着我们的思维方式。我党创造性继承并发展了中华传统调和性思维,在政治上倡导建立"对话不对抗,结伴不结盟"的伙伴关系。对抗与结盟是将矛盾的对立面与统一面推向极端。伙伴关系从总体上来看,秉持的是一种调和性思维。"对话"强调交往国在地位上是平等的,无论大小、强弱、贫富都应一视同仁。"结伴"推崇共建共享、共存共荣。与建立伙伴关系相对应的是搞唯我独尊的霸道,建立各种形式的同盟。从实质上来看,霸权主义与结盟均是在西方中心主义思维方式主导下形成的。奉行霸权主义的国家通常都不尊重弱国、小国的主权,更谈不上与之结伴同行。调和性思维有助于兼顾交往国利益、化解国际冲突,推动持久和平世界的建设。

中华传统调和性思维推崇恰如其分、恰到好处,该思维方式对建设开放包容世界发挥了重要作用。习近平总书记在亚洲文明对话大会上指出,要夯实共建"人类命运共同体的人文基础"③。人类命运共同体是多元文化凝聚而成的最大公约数。夯实其人文基础,要促进不同文明的交流与互鉴。文明交流互鉴的前提,是承认文明之间存在差异并尊重其多样性。秉执中华传统调和性思维,就不应把文明区分出高低优劣。无限制地抬高某一种文明或者无底

---

① (宋)司马光:《资治通鉴》。
② 张葆全:《大学中庸选译》,广西师范大学出版社 2016 年版,第 120 页。
③ 《习近平谈治国理政》第三卷,外文出版社 2020 年版,第 468 页。

线地贬损某一种文明。习近平总书记指出:"不要看到别人的文明与自己的文明有不同,就感到不顺眼,就要千方百计去改造、去同化、甚至企图以自己的文明取而代之。"①任何文明都有其自身所处的位置,力图用一种文明取代另一种文明的做法,是"唯我独尊"的霸道心态在作祟。我国古人称:"履不必同,期于适足。"②用一种尺度去评判、衡量其他乃至所有的文明,是非理性的。中华传统调和性思维有助于我们面临不同的文明,保有一种开放与包容的心态。霸权主义之所以不得人心,是因为其妄图用强制性的手段,消解文明之间存在的差异。这种做法非但不会成功,反而会给世界带来更大的不稳定性、不确定性。恰如其分、恰到好处地促进世界各文明之间的交流,我们可以从儒家倡导的"四绝"中汲取智慧。"勿意"要求不能武断地给其他文明贴上"落后""保守""僵化"等标签;"勿必"要求不要用线性思维分析不同文明的现状与未来,不应以静止的眼光对一种文明做出绝对肯定或绝对否定的判断;"勿固"要求用一种开放的心态面对各种文明,不要自我封闭、拘泥固执;"勿我"要求在文明交流中应具有包容性,切忌自以为是、妄自尊大。即便是在文明交流中存在隔阂、障碍,也应该注意调和自身的心态,以一种大度谦和的姿态对待不同的文明。儒家"四绝"为促进文明交流互鉴提供了行动准则。在中华传统调和性思维主导下促进文明交流互鉴,有助于融合不同文明应对共同挑战的价值理念、整合不同文明应对全球难题的方法手段③。应对全球性挑战,一种文明能够提供的智慧养料是有限的,各种文明交相辉映迸发的智慧与能量是无穷的。中华传统调和性思维对深化文明交流互鉴、推动跨文明行动开展、建设开放包容世界意义重大。通过以上分析可知,中华传统调和性思维对人类命运共同体思想形成发挥了重要作用。

二、思想层面的提炼升华

中华传统文化是一座思想养料极为丰富的宝库,人类命运共同体提炼升

①　《习近平谈治国理政》第二卷,外文出版社 2017 年版,第 544 页。
②　陆益军:《道光时代汉学研究》,上海人民出版社 2017 年版,第 370 页。
③　胡守勇:《习近平新时代文明交流互鉴思想的三维解读》,《中共福建省委党校学报》2018 年第 6 期,第 32—33 页。

华了其"贵和""重义""执中"等智慧精华。

人类命运共同体提炼升华了中华传统"贵和"思想。我党从中华传统文化中精粹出"贵和"思想并将之延伸到国际关系中,倡导构建人类命运共同体。思维方式对思想的形成发挥重要作用。注重整体性是中华传统思维方式的显著特征。我国古人提出"能群"思想,即便是个体具有异质性,也能够和睦相处、结成一个有机统一整体。"和"是事物存在多样性的事实状态。我国古人认为,和实生物,同则不继。① 个体存在异质性非但不是共同体无法形成的原因,反而是共同体得以形成的必要条件。不同社会制度、不同经济发展水平、不同文化背景的国家,可以"和而不同"的存在于这个世界上。我国古人强调以"和"为贵,具体以哪种"和"为贵,需要进一步地对中华传统"贵和"思想进行提炼升华。道家讲阴阳可以相生、相济、相克。各个国家相异相成结为共同体是"和",相辅相成结为共同体是"和",相反相成结为共同体也是"和"。构建人类命运共同体所承认的是相异相成,所追求的是相辅相成,所避免的是相反相成。人类命运共同体并不是要否定矛盾,而是强调在正视对立性的同时,更为看重同一性。中华传统调和性思维强调既要避免"过",又要防止"不及"。将矛盾对立性或同一性绝对化,都是构建人类命运共同体所不希望看到的。承认矛盾存在对立性,意味着会在一定的范围内开展斗争。但斗争之于构建人类命运共同体,仅仅是手段而绝非目的。为此,在任何时候我们都反对"仇必仇到底",强调"仇必和而解"。

以什么方式实现"和",也即通过什么途径构建命运共同体,考验了人类的智慧。党中央从中华传统文化中汲取养料,倡导通过互利共赢的方式构建人类命运共同体。交往国在合作中一方持续获得利益而另一方利益不断受损,不可能建立真正意义上的命运共同体。互惠互利是构建人类命运共同体的基础。实现"和",构建人类命运共同体需要各国共同努力。各国在利益上存在交集,必须开展合作。老死不相往来的国家,难以领悟"和"的真谛。为此,各国应摒弃意识形态差异,加强交流与合作。只要是合作,就会涉及付出与回报的问题。一味地索取利益,只知贪图回报而不愿付出,无助于命运共同

---

① 杨洲:《中国文化与中国精神》,光明日报出版社 2017 年版,第 28 页。

体的建构。我国古人参透了"和"的智慧,倡导"既以为人己愈有,既以予人己愈多"①。事实上,在人类命运共同体构建中,付出的越多,能够收获的回报也会越多。一国能够想他国之所想、急他国之所急,就容易争得更多的国际支持,获取更多、更长远的利益回报。各国都能够兼顾他国合理利益关切,人类的未来势必更加光明而美好。按照中华传统"贵和"的思想逻辑,矛盾会存在于人类命运共同体构建的始终。各国应尽全力管控分歧,避免矛盾的斗争性绝对化为不可调和的冲突与对抗。从这个意义上来讲,"贵和"思想贯穿于人类命运共同体构建的全过程和各阶段。

荀子指出:"四海之内若一家。"②在传统社会,国与国囿于山海的阻隔,交往范围与交往对象是有限度的。我党传承了中华传统"贵和"思想,提出了构建人类命运共同体。从实然的角度来看,生活在互联网时代的人类已经共处在一个"地球村",各国之间的联系已然越来越密切、依存的程度已然越来越高。中国共产党坚守"天下一家"的理念,憧憬应然状态的人类命运共同体是"大家庭"。在地球上生活的人类,无论身处何地,都是"大家庭"中的一员。家人不会因分歧而割断亲情、因交往有限而不再牵挂。纵使相隔万里,家人的心仍会紧紧地连在一起。世界各国人民都能像家人一样互相关爱、和睦相处、共同发展,是党殷切期盼的美好愿景。因此,我党提出的构建人类命运共同体是对中华传统"贵和"思想的提炼与升华。

人类命运共同体提炼升华了中华传统"重义"思想。中华传统"重义"思想是较之于"重利"而言的。我国古人将看重"道义"还是"私利",作为区分君子与小人的标准。《论语·里仁》记载:"君子喻于义,小人喻于利。"③思维方式会对思想的形成发挥作用。中华传统辩证性思维促使人们在"义"与"利"的取舍问题上进行深入思考,由此衍生出中华传统"重义"思想。这一思想尽管随着时代发展不断被注入了新的意涵,但始终倡导义重于利。构建人类命运共同体是在中华传统"重义"思想涵养下提出的,彰显了我党领导人谦谦的君子之风。习近平总书记指出:"以利相交,利尽则散;以势相交,势去则

---

① 马叙伦:《老子校诂》,上海古籍出版社1956年版,第216页。

② 《荀子·儒效第八》。

③ 虞劲松:《论语选译(汉马对照)》,广西师范大学出版社2016年版,第78页。

倾;惟以心相交,方成其久远。"①我党开展外交工作看重长期合作,而非短期
利益。构建人类命运共同体是一个具有长期性的系统工程。各国人民唯有以
心相交,才能共创人类命运共同体的美好未来。

"义"与"利"并不是一对不可调和的矛盾体,而是能够圆融统一的。墨子
提出:"义,利也。"义并不排斥利,二者在适当的条件下可以兼得。"利人""利
天下"的同时,也就是在"行义"。习近平总书记强调:"中国在合作中坚持义
利相兼,以义为先。"②我党强调"以义为先",但对"义"的尊崇程度不能超出
"度"的范围,否则就会出现"崇义斥利"的现象。习近平总书记倡导"在追求
本国利益时兼顾他国合理利益关切"③。就是要求我们妥善处理好"利"与
"义"的关系,将二者保持在"度"的范围内。在处理国家利益与人类共同利
益的问题上,我党同样强调要坚执中华传统"调和性"思维,既不能为了追
求一国私利而有损人类共同利益,也不应为了满足人类共同利益全然无视
国家利益。人类命运共同体的提出,提炼升华了中华传统"重义"思想。其
将人类个体的命运、国家民族的命运以及整个人类的命运,作为一个整体加
以考量,在尊崇国际道义的基础上,致力于打造一个共建共享、共赢共荣的
世界格局。我国古人强调"取利有道"。孟子指出:"羞恶之心,义之端。"④
为寻求国家的特殊利益而"不知羞耻""损人利己"甚至"为害天下",是为
"不义"。墨子认为:"仁人之所以为事者,必兴天下之利,除天下之害。"⑤
当前,我党在国际舞台上对奉行霸权主义、强权政治的国家大加挞伐,为维
护国际正义、减少国际贫困不遗余力,这些都是兴利除弊的表现,均是为构
建人类命运共同体作出的贡献。

人类命运共同体超越了中华传统"重义"思想。习近平总书记指出:"中

---

① 《共创中韩合作未来,同襄亚洲振兴繁荣——在韩国国立首尔大学的演讲》,《人民日
报》2014 年 7 月 5 日。
② 习近平:《坚持以新时代中国特色社会主义外交思想为指导 努力开创中国特色大国外
交新局面》,《人民日报》2018 年 6 月 24 日。
③ 《习近平谈治国理政》,外文出版社 2014 年版,第 331 页。
④ 吴迎君:《〈孟子〉名句》,天地出版社 2009 年版,第 42 页。
⑤ 《国学经典:党员干部国学必修》编写组:《国学经典 党员干部国学必修》,国家行政学
院出版社 2015 年版,第 420 页。

国在联合国的一票永远属于发展中国家。"①对广大发展中国家而言,发展既是经济问题也是政治问题。支持并帮助广大发展中国实现发展,是国际关系中最大的"义"。我国综合考虑发展中国家的实际情况,在具体的合作中强调"多予少取、先予后取、只予不取"②。这种兼顾他国合理利益关切的表现,较之于为寻求本国特殊利益而寡廉鲜耻的国家,形成了鲜明对比。作为一个负责任的发展中大国,我国坚守国际道义,欢迎各国搭乘我国发展的顺风车。人类命运共同体实现了对中华传统"重义"思想的升华,其将国家利益与人类整体利益紧密联系在一起,尽到了大国的责任与道义。因此,人类命运共同体提炼升华了中华传统"重义"思想。

　　人类命运共同体提炼升华了中华传统"执中"思想。张岱年先生在评价中国古典哲学的辩证法时指出:"中国比较强调对立的交参与和谐。"③孔子对舜的治世智慧予以高度评价,指出其能够"执其两端,用其中于民"。凡事多调和、少排斥的思维方式,影响了"执中"思想的形成。这一思想最鲜明的特征,是强调不走极端。构建人类命运共同体的人文基础是促进文明交流互鉴。习近平总书记指出:"文明之间要对话,不要排斥;要交流,不要取代。"④文明之间既有相同点又有不同点,各文明既有长处又有不足。夯实人类命运共同体的人文基础,不能因文明之间存在不同而相互排斥,也不能因文明存在不足而妄图取代。我党提出的促进文明交流互鉴,建设一个开放包容世界与中华传统"执中"思想是一脉相承的。人类文明具有多样性,是不可否认的事实。习近平总书记指出:"文明因多样而交流,因交流而互鉴,因互鉴而丰富。"⑤文明交流是推动世界文明大发展、大繁荣的动力。中华传统"执中"思想反对绝对化。推动文明交流既要反对"过",又要避免"不及"。文明交流需要保持文明自身的独立性。在全球化时代,文明交流愈益频繁。从其他文明中汲取于

　　①　习近平:《携手构建合作共赢新伙伴 同心打造人类命运共同体——在第七十届联合国大会一般性辩论时的讲话》,《人民日报》2015年9月29日。

　　②　习近平:《携手共命运 同心促发展:在2018年中非合作论坛北京峰会开幕式上的主旨讲话》,人民出版社2018年版,第3页。

　　③　张岱年、成中英等:《中国思维偏向》,中国社会科学出版社1991年版,第16页。

　　④　《习近平谈治国理政》第二卷,外文出版社2017年版,第524页。

　　⑤　《习近平谈治国理政》,外文出版社2014年版,第258页。

自身文明有益的部分是必要的,但因此而消解文明自身的独立性则是有害的。在人类文明一日千里的当下,任何国家都不可能退回到自我封闭的"孤岛",都不可能将自身与其他文明完全隔绝开来。《北史·吐谷浑传》记载:"单则易折,众则难摧。"文明生态圈与自然生态圈存在诸多相似之处。单一的文明具有脆弱性,而多样的文明具有稳定性。力图用一种文明主导全世界,不可避免地具有排他性、盲目性与极端性。① 亨廷顿认为文明冲突起源于文明的断层线之中。脆弱的文明容易造成文明地平的塌陷,排他、盲目、极端的文明容易造成断层线越拉越大。注重调和性的中华传统"执中"思想,为避免文明冲突、促进文明交流互鉴提供了智慧养料,其启示我们要建设一个开放包容的世界。

"执两用中"确立了人类命运共同体构建的思想原则。世界正处于大发展大变革大调整时期,各种利益矛盾相互交织,新的世界秩序亟待重构。建立让各方利益群体普遍满意的世界新秩序,需要进行利益整合。以"执中"作为建立世界新秩序的思想原则,容易为各方利益群体所接受。孔子倡导"无过无不及"②。程颐、程颢指出:"不偏之谓中。"③"中"本身就有平衡、协调、适当的意蕴。平衡各方利益,做到不偏不倚,有助于避免为争夺资源而处于失序状态。我国儒家思想对"中"推崇备至,强调"用中为常道"。在当今世界,只顾及本国利益而无视他国乃至人类利益的思想是与时代潮流背道而驰的。各国的利益纽带已经越织越密、越拉越紧。新世界需要新思维构筑新图景。中华传统"执中"思想倡导不走极端,但反对搞折中主义。孔子指出:"乡愿,德之贼也。"④调和各方利益,不能没有原则、不讲是非。"执中"要求我们不要固执于两个极端,但要对两个极端有充分了解。如果连两端是什么都不清楚,执中也就无从谈起。具体到整合国家利益,就是要了解各方的利益诉求。如果连各方最基本的利益诉求是什么都不甚了了,那么兼顾各方利益也就成了空谈。注重调和性的中华传统"执中"思想有助于在坚持原则的基础上寻找利

---

① 何星亮:《文明交流互鉴与人类命运共同体建设》,《人民论坛》2019年第21期,第8页。
② 钱逊:《师道师说(钱逊卷)》,东方出版社2018年版,第431页。
③ 蒋伯潜:《四书读本》,江西教育出版社2018年版,第30页。
④ 秦泉:《论语的智慧》,汕头大学出版社2014年版,第374页。

益共识、消弭各方分歧,构建"你中有我,我中有你"的人类命运共同体。从这个意义上来讲,构建人类命运共同体正是中国共产党继承、借鉴并超越中华传统"执中"思想而构筑的世界新图景。

三、话语层面的借词赋意

话语表达体系是逻辑思维体系和思想理论体系的外在表达形式。我党借助"协和万邦""和合共生""义利合一""兼收并蓄""天人合一"等中华传统文化智慧,在新的时代背景下,围绕建设一个"持久和平、普遍安全、共同繁荣、开放包容、清洁美丽的世界",赋予了其以新的意蕴。

"协和万邦"对建设持久和平世界的作用。建设持久和平世界是我党立足于世界发展提出的中国话语。中国话语是基于特定民族文化土壤形成的。习近平总书记指出:"当代中国是历史中国的延续和发展。"①我国自古以来就是一个"贵和"的国家。早在《尚书》中,我国古人就提出了"协和万邦"的治世之道。"和"在我国对外交往中,发挥着巨大作用。"贵和"是中华民族世代传承的优秀基因。如今,我党站在新的历史方位,延续和发展了"协和万邦"的治世智慧,提出了具有世界表达方式的中国话语。

实现万邦协和,不仅各邦国之间要和睦相处,邦国内也要协调和顺。管子倡导"和则能久"的治世理念②。不管本国内部还是国与国之间,如果能够进入一种"和"的境界,就能够实现长治久安。我国古人特别重视"外内均和",邦国内部的和顺与各邦国之间的和睦是相互促进的。纵观古今中外的思想理论家,在谈及邦国内部和顺与各邦国和睦共处问题时,基本上立足于自身的角度加以分析。我党不仅重视我国与他国建立良好的外交关系,还强调世界各国之间都应该友好相处。习近平总书记指出:"中国人始终认为,世界好,中国才能好;中国好,世界会更好。"③借助中华传统"和"文化,中国共产党提出了建设持久和平世界的目标要求。世界各国内部诸事务都协调和顺,整个世

---

①　习近平:《在纪念孔子诞辰 2565 周年国际学术研讨会暨国际儒学联合会第五届会员大会开幕会上的讲话》,人民出版社 2014 年版,第 12 页。

②　钟永圣:《管子选讲》,新华出版社 2017 年版,第 307 页。

③　《习近平谈治国理政》第二卷,外文出版社 2017 年版,第 545 页。

界才能和谐平安。世界持久和谐平安,各国能够在享有良好外部环境下协调自身事务。

万邦何以实现协和,我国古人强调要综合运用德治与法治。中华传统"和"文化强调以德服人,反对不义战争。《论语·季氏》指出:"远人不服,则修文德以来之。"①发扬文治教化而不是以武力相威胁,彰显了我国古人的治世智慧。中华传统"和"文化除了强调德治,还尤为重视法治。我国汉代董仲舒提出"德主刑辅"的治理方法。在解决全人类面临的共同问题上,国际法律与规则发挥了至关重要的作用。以西方国家为主导制定的国际法律与国际规则,存在不少缺陷表现尤其突出的是广大发展中国国家处于边缘地位。全人类面临的共同问题,事关每一个国家的命运与福祉,广大发展中国家不能没有话语权。完善国际法律与规则,使之契合各国的利益诉求,显得尤为紧要而迫切。随着中国的和平崛起,国际社会期待听到中国声音,看到中国方案。习近平总书记指出,要"在国际规则制定中发出更多中国声音、注入更多中国元素"②。人类命运共同体正是我党为重塑更加公正、合理、有序的国际政治经济秩序形成的中国话语、提出的中国方案。借助"协和万邦"的中华传统文化智慧,党围绕建设一个持久和平世界,赋予了其以国内和顺与各国和睦相统一、德治与法治相结合等时代意涵。一时的世界和平不难做到,但持久的世界和平需要良好国内与国际环境的支撑、国际文治教化的推进与良好全球秩序的维持。"小智治事,大智治制。""协和万邦"是推动世界持久和平的大智慧,其对人类命运共同体思想的形成产生了重要作用。

"和合共生"对建设普遍安全世界的作用。中华传统文化倡导"和合共生"。"和合"源自《国语》《管子》。"和"与"合"互通,指的是不同事物可以相互补充、和谐共进、协调统一。"共生"强调不同事物能够实现共同发展。前者重在揭示事物生成的规律,后者重在阐明事物存在的状态。和合与共生是相互促进的,国与国交往不能和睦同心,也就很难实现共同发展。我党借助中华传统文化中的"和合共生"理念,赋予了共存发展与安全交往以新的意

---

① 朱瑞玟:《中华成语探源》,中国华侨出版社 2016 年版,第 11 页。
② 《习近平谈治国理政》第二卷,外文出版社 2017 年版,第 100 页。

涵。习近平总书记于 2018 年 4 月 11 日在会见博鳌亚洲论坛理事时指出,世界大同,和合共生,这些都是中国几千年文明一直秉持的理念。倡导"和合共生"的中华传统文化蕴含着丰富的生存智慧与交往智慧。在全球化时代已经来临的今天,各国相互依存的程度较之于以往更为加深。习近平总书记从应然的角度指出,幸福不应该是一个独立单元的享受,而应该是全人类共同的感受。从实然的角度来看,"和合共生"的人类社会,不仅在追寻并感受幸福上是一个共同体,在应对破坏幸福的安全威胁上也是一个共同体。当今,各种传统安全与非传统安全相互交织,各国仅凭一己之力应对所有的安全威胁是不现实的。各国唯有协同合作,以和取利,才能够有效应对各种破坏幸福的安全威胁。坐视他国的安全受威胁而无所作为,最终也会毁灭自身的幸福。在已知的安全威胁中,破坏性最大的莫过于核战争。一旦核武器的使用超出理性的控制范围,整个世界都将被毁灭,届时摧毁的将是整个人类的幸福。在未知的安全威胁中,最令人担忧的是人工智能。强大的人工智能的兴起,一旦超出人类的控制范围,很可能对我们构成难以预想的威胁。整个人类是共生共荣的,各国的安全共处于同一个体系中,人类的命运已经更为紧密地交织在一起。以习近平同志为核心的党中央提出的构建人类命运共同体思想,契合了我国古人"和合共生"的生存智慧与交往智慧。"和合共生"需要具备一定的条件,构建人类命运共同体,建设一个普遍安全的世界,需要人们恪守新的安全原则、转变传统的安全理念。营造"公道正义、共建共享的安全格局",树立"共同、综合、合作、可持续的新安全观",建设一个普遍安全的世界,均是党从中华传统文化中汲取智慧养料构筑的中国话语体系。借助"和合共生"的中华传统文化智慧,围绕建设一个普遍安全的世界,党赋予了其以面对各种安全威胁同命运、共呼吸等时代意涵。"和合共生"是中华传统文化的重要内容,其对推动世界实现普遍安全,促进人类命运共同体思想形成发挥了重要作用。

"义利合一"对建设共同繁荣世界的作用。解决当今世界面临的一切问题,都要依靠发展。中华传统文化倡导"义利合一"的发展观。中国共产党秉持这一发展观,致力于建设一个共同繁荣的世界。建设共同繁荣世界是一个新的外交话语,其对义与利关系的认识,上升到了一个新的高度。发展对于世界任何国家而言,均是第一要务。我党强调在实现本国发展的过程中,要将义放在首位。任何时候都要做到"见利思义"。当义与利存在矛盾、冲突时,要能够行义去利。这些从中华传统文化中汲取的外交智慧,对建设共同繁荣世界大有裨益。实现本国发展,要考虑具体的国家利益。在这一问题上,我党予以了高度肯定。在追求本国利益的同时,我党强调要兼顾国际道义。邓小平同志指出:"考虑国与国之间的关系主要应该从国家自身的战略利益出发,着眼于自身长远的战略利益,同时也要尊重对方的利益。"①基于国家自身战略利益分析国际交往关系,本无可厚非。但只考虑本国利益,而不顾他国合理利益关切,就是一种"见利忘义"的表现。只考虑本国的长远利益,可以铸就自身的辉煌,实现一己的繁荣。一味追求自身的利益,全然不顾国际道义,不仅不会促进共同繁荣世界的建设,反而会给他国发展蒙上阴影。源远流长的中华传统义利文化,赋予了我党外交话语以新的内涵。我国古人强调:"君子爱财,取之有道。"以合乎国际道义的正当方式获取利益,是值得肯定的。"义利合一"的发展观在全球化不断加深的今天,对人类命运共同体的建构发挥了极为重要的作用。任何国家要获得可持续发展,均不可避免地要参与国际分工。各个国家的联动效应越来越明显,越来越成为你中有我、我中有你的命运共同体。固守"零和思维",幻想退回到自我封闭的"孤岛"等行为,均是与时代精神相悖逆、与历史要求相背离的。借助"义利合一"的中华传统文化智慧,我党以建设共同繁荣世界为主题,赋予了其以摒弃"零和思维"、增进国际交往等时代意蕴。"义利合一"是中华传统文化的重要内容,其对推动世界各国共繁荣、同发展,促进人类命运共同体思想的形成起到了助益作用。

"兼收并蓄"对建设开放包容世界的作用。我国古人反对"以同裨同",强调尊重事物的差异性。孟子指出:"物之不齐,物之情也。"②千差万别是事物存在的本然状态。万事万物都有其长处,同时也有不足。《楚辞》记载:"夫尺有所短,寸有所长。"③"执中"的中华传统文化告诫我们既不能只看到事物的长处,无节制地予以褒扬;也不能只看到事物的短处,无节制地加以贬损。韩愈在《进学解》中提出了"兼收并蓄"的思想,告诫我们要容纳不同的事

---

① 《邓小平文选》第三卷,人民出版社 1993 年版,第 330 页。
② 李季林:《四书金言》,安徽人民出版社 2012 年版,第 149 页。
③ 朱瑞玟:《中华成语探源》,中国华侨出版社 2016 年版,第 272 页。

物。任何文明,都是人类的精神瑰宝。彰显人类文明之美,我们要尊重世界
文明多样性。习近平总书记指出,我们共同居住在同一个地球上,搞清一色
是不可能的。人类文明不可能一枝独秀,而应该百花齐放、共绽光彩。"和
羹之美,在于合异。"人类文明之所以多姿多彩,就在于各种异质性文明可
以共存共荣。对待各种样态的文化,我们需要有一种"兼收并蓄"的胸怀。
共享世界文化盛宴的美味,我们要以更加积极的姿态促进不同文明的交流
互鉴。建设开放包容的世界,正是我党基于"兼收并蓄"思想提出的中国
话语。

话语体系在不同的历史时期,有着不同的表达方式并承担着不同的时代
使命。"兼收并蓄"的中华传统文化对建设开放包容世界的作用,集中体现在
破解"文明冲突论"。美国学者亨廷顿指出,人类在宗教、文化等方面的差异,
将是 21 世纪引起冲突的根本原因。文明之间存在差异,具有客观性。但其本
身并不会引发冲突。制造文明冲突的祸根,在于以"有色眼镜"看待不同文
明,对异质性文明缺乏包容性。也就是说,文明冲突是主观因素造成的。
习近平总书记告诫我们,对待不同文明应该少一点傲慢和偏见、多一些尊重和
包容。"贵和"的中华传统文化认为各种文明是平等的,始终能够以虚怀如谷
的姿态,借鉴、吸收人类各种文明成果,这也正是中华文明血脉悠长的奥秘
所在。

文明优越论、文明冲突论是西方的话语体系,其与中华传统"和"文化格
格不入。任何企图用强制手段解决文明差异的力量最终不仅不会成功,反而
会制造更多的纷争、动荡与仇怨。为解决世界文化领域存在的问题,我党不断
创新外交话语,提出了构建人类命运共同体思想。习近平总书记指出,"人类
文明因包容才有交流互鉴的动力"①,"对待不同文明,我们需要比天空更宽阔
的胸怀"②。借助"兼收并蓄"的中华传统文化智慧,围绕建设一个开放包容
的世界,我党赋予了其以文明交流互鉴超越文明冲突、以更加宽阔的胸怀对待
不同文明等时代意涵。

---

① 《习近平谈治国理政》,外文出版社 2014 年版,第 259 页。
② 《习近平谈治国理政》,外文出版社 2014 年版,第 262 页。

"天人合一"对建设清洁美丽世界的作用。"天人合一"的内涵极为丰富。关于"天",我们在此特指"自然之天";关于"人",我们在此特指"普泛的人"。我国古人强调:"天地与我并生,而万物与我为一。"人与自然是一种共生的关系。人类社会所有的人无不依赖自然界而存在。"天人合一"以实现人与自然和谐统一为最高理想,其将人与自然视为一个生命共同体。传统的"天人合一"思想带有一定的神秘主义色彩。"天"在我国夏商周时代亦被称为"帝"。"天人合一"也称之为"帝人合一"。这一思想强调自然界、人类社会均受到"帝"也即神灵的掌控。人类的行为如有不当,会受到"天"的惩罚。"天人合一"的中华传统文化智慧对我党提出构建人类命运共同体思想,发挥了重要作用。我党继承了"天人合一"思想,但在话语上扬弃了其神秘主义成份,提出了建设清洁美丽世界的新主张。

任何话语均是基于特定时代背景提出的。在农业文明时代,人与自然尽管也存在一定的矛盾,但并不突出。进入工业文明时代以后,人类征服自然、改造自然的能力不断增强,其更为深刻地认识到主宰自身命运的不是所谓的神灵,而是我们自身。人类过分陶醉于自然的胜利,衍生了愈益严重的生态危机。随着危机的加深,人类的生存与发展面临着极大的威胁。习近平总书记告诫我们,要像对待生命一样对待生态环境。这里蕴含着深刻的"天人合一"思想,人类的生命与自然的生命是合而为一的。事实上,自然界可以没有人类,而人类的生存与发展一刻也离不开自然界。人类应该充分发挥自身的主观能动性,尽可能地尊重自然、保护自然。我们当下所言的"天人合一",在话语体系上是工业文明以后的产物,带有鲜明的时代印记。我党提出的建设清洁美丽世界,是对传统"天人合一"思想的当代重构。面对日益严重的生态危机,为建设一个清洁美丽世界,我党从传统"天人合一"思想中汲取智慧养料,提出了"绿色发展"等新理念。发展经济和保护环境,似乎是一对矛盾体。任何国家都不可能为了保护环境而以牺牲发展为代价。不重视保护环境而实现的发展已被实践证实不具有可持续性。我党提出的"绿色发展"理念同时兼顾了经济发展与生态环境保护,有力调和了二者之间的矛盾。我党以建设一个清洁美丽的世界为目标,赋予了传统"天人合一"思想以"人与自然是生命共同体"、实现"绿色发展"等时代意涵。

"协和万邦""和合共生""义利合一""兼收并蓄""天人合一"是中华传统文化的重要组成部分,我党结合时代背景赋予了这些传统治世智慧以新的意蕴,其对推动人类命运共同体思想的形成发挥了重要作用。

第二节　中华传统文化对人类命运共同体思想形成产生作用的动因

中华传统文化对人类命运共同体思想形成产生了重要作用。中华传统文化对人类命运共同体思想形成产生作用的重要动因之一,在于环境的发展变化。我们有必要进一步追问,究竟哪些动因影响了作用的有效发挥?中华民族当今迎来了从"站起来""富起来"到"强起来"的伟大飞跃。与此同时,世界政治、安全、经济、文化、生态等环境也在发生着显著的变化。中华传统文化是我们取之不尽、用之不竭的精神养料。实现中华民族新的伟大飞跃,需要进一步从中华优秀传统文化中汲取养料并提出新的思想。中华优秀传统文化之所以具有旺盛的生命力,是在于其能够启迪人们的智慧、回应现实的问题。中华传统文化也在启智释疑中焕发新的生命活动,中华传统文化对人类命运共同体思想是形成产生作用的一大动因在于文化传承的内在诉求。中国共产党是一个勇于进行理论创新也善于进行理论创新的伟大政党。理论创新一刻也离不开文化根脉。习近平总书记指出:"抛弃传统、丢掉根本,就等于割断了自己的精神命脉。"①中华传统文化是我们党进行理论创新的文化沃土,党从中汲取精神养料,提出了构建人类命运共同体思想。

一、环境的发展变化

事物发展存在质变与量变两种状态。党的十八大以来,在以习近平同志为核心的党中央带领下,中华民族迎来了从"富起来"到"强起来"的伟大飞跃。"伟大飞跃"于中华民族的发展而言,是具有重大历史意义的质变。中华

---

① 《习近平谈治国理政》,外文出版社 2014 年版,第 164 页。

传统文化是中华民族的"根"与"魂",其为中华民族"强起来"提供了精神养料。

中华民族处在从"富起来"到"强起来"的时代关口,这是我国环境发生的最大变化。这一变化是我党带领人民征服了一个又一个"娄山关"、跨越了一个又一个"腊子口"取得的。"尚和""重义""执中"的中华传统文化,促使我们形成了磅礴的攻坚合力。一盘散沙、群龙无首,很难想象中华民族会取得当今如此丰硕的社会主义建设成就。中国共产党是一个使命型政党,致力于"为人民谋幸福、为民族谋复兴、为世界谋大同"。通俗地讲,中国共产党就是要让中国人民与世界人民都过上好日子。中华大地之所以能够发生翻天覆地的变化,中国人民的日子之所以能够越过越好,就在于我党重视从中华传统文化中汲取智慧养料,将各方社会主义建设力量有效凝聚在一起。擅长学习、借鉴他人长处,是中华民族的优良传统。孔子指出:"三人行,必有我师。"①一个人的智慧力量是有限的,众人的智慧相汇聚产生的力量是无穷的。中华民族迎来从"富起来"到"强起来"的伟大飞跃,是五十六个民族共同努力、齐心奋斗的结果。中华民族不仅重视汲取本国人民的智慧力量,还倡导世界各国人民相互汲取智慧力量。构建更加公正、合理、有序的世界新秩序,需要世界各国人民群策群力。基于我国与世界已经发生并将要发生的变化,我党从中华传统文化中汲取精神养料,提出了构建人类命运共同体思想。

中华传统文化对人类命运共同体思想形成产生作用的重要动因之一,在于环境的发展变化。当前的世界处于大发展、大变革、大调整时期,各种矛盾相互交织,各种风险与挑战相互叠加。该从哪几个方面构建人类命运共同体,同样要从中华传统文化中汲取智慧养料。世界政治环境面临的最大威胁,莫过于霸权主义、强权政治、零和思维的存在。这些负性因素严重阻碍了人类命运共同体的建构。我国先贤向往"君子人格"。对如何恪守君子之风,中华传统文化从礼、仁、克、智等层面,列出了详细条目。独揽所有利益而不知共享,横行霸道而不知羞耻是小人之行。为营造更加公正、平等的政治环境,我党在中华传统文化影响下,提出了建设持久和平世界的新主张。

---

① 张润秀:《中华国学经典·论语》,浙江少年儿童出版社 2017 年版,第 75 页。

世界安全环境面临的威胁是复杂的,仅凭一国之力确保自身的能源安全、经济安全、军事安全、文化安全、生态安全、政治安全等是不实际的。《周易》指出:"二人同心,其利断金。"①交往国同心协力,能够增强应对威胁的力量。全人类是一个一荣俱荣、一损俱损的命运共同体。为营造有利于各国发展的安全环境,我党在中华传统文化熏陶下,提出了建设普遍安全世界的新主张。

世界经济环境面临的最大威胁,是逆全球化、反全球化思潮的抬头。我国古人强调要顺应时代发展潮流。西汉刘向在《说苑》中写道,"万物得其本者生,百事得其道者成"②。保住根本,世间万物就能够生长。反之,则会给自身的发展带来损害。一切事情符合道义就能取得成功。反之,就一定会遭致失败。全球化是世界发展的大势所趋,是不以人的主观意志为转移的客观历史进程。任何国家都要顺应全球化的发展趋势。然而,如今的全球价值链、产业链、供应链,却存在一些不合理之处。一些国家长期得利,而另一些国家的利益持续受损,无助于链条的良性运转。一旦链条在某个环节被卡住,个别国家发出反对、抗议的声音并付诸行动,均会对全球化发展产生不利影响。给全球化发展链条添加"润滑剂",促使其更为畅通、有效地运转,期待新的解决方案。我党在中华传统文化浸染下,为营造更有利于各国发展的经济环境,提出了建设共同繁荣世界的新主张。

世界文化环境面临的显著威胁,是有些国家鼓吹文明优越论、奉行文化霸权主义。恪守这些行为的国家认为自身的文明高人一等,其他文明应该被改造甚至被取代。戴着"有色眼镜"看待其他文明,让世界文化环境笼罩在阴影下。我国古人指出:"和羹之美,在于合异。"人类文明不能只有一种色调,世界文明因具有多样性而异彩纷呈。任何文明都是人类的精神瑰宝。任何文明浩劫,都是人类的不幸。我党为打造各国文明都能够绽放光彩的"百花园",从中华传统文化中汲取智慧养料,提出了建设开放包容世界的新主张。

人类的生存与发展一刻也离不开生态环境。然而,当前全球性的生态危机正在不断加深。我国古人倡导建立和谐的天人关系。庄子指出,"畸人者,

---

① 朱瑞玟:《中华成语探源》,中国华侨出版社 2016 年版,第 89 页。
② 方勇:《说苑》,商务印书馆 2018 年版,第 723 页。

畸于人而侔于天"①。顺应自然的"畸人"不同于干预自然的俗人。脱俗的"畸人",是大自然的君子。全球性生态环境持续恶化,源于一些国家甘愿充当"世俗的小人"。为了人类能够摆脱生态环境危机,守护好人类地球,这一赖以生存的唯一家园,我党从中华传统文化中汲取养料,提出了建设清洁美丽世界的新主张。

世界政治、安全、经济、文化、生态等环境的发展变化,促使迈步在强国之路的中国共产党从中华传统文化中汲取智慧养料,提出了构建人类命运共同体思想。因此,环境的发展变化是中华传统文化对人类命运共同体思想形成产生作用的重要动因之一。

二、文化传承的内在诉求

文化传承与文化创造相伴生。任何文化创造出来以后,都要涉及传承。如果文化只有创造没有传承,每代人都要从一片白纸开始书写自身的文化,就无法进行文化积累,社会发展就会处于停滞状态。文化传承涉及对文化进行新的创造。以文化为根基,以现实问题为导向提出新的思想,是对文化进行新创造的重要方式。传承新创造的文化并进一步回应新的时代问题,促使文化得以生生不息、长久流传。历经 5000 多年的洗礼,中华传统文化积累了持久的力量。这种力量源于其能够结合时代所需而提出新的思想。促使其在当代迸发出新的生命力,需要进行新的文化创造,也即结合时代所需提出新的思想。

传承中华传统文化的必要性已经得到了认可。但怎样构建科学合理的中华传统文化传承动力机制,值得我们进行深刻反思。在中华民族发展史上,中华传统文化传承的动力机制曾一度出现问题,导致近代的我国曾长期处于积贫积弱的窘境。中华传统文化的主脉是积极的、进取的。但也存在消极、保守的因素。受这些负性因素影响,一些人思想的发展未能跟上变化了的世界。思想落后于时代,致使近代后的我国曾长期处于被动挨打的境地。审视历史,可以更好地做好当下、昭示未来。中国共产党提出要对中华传统文化进行创

---

① 《南怀瑾讲述·庄子南华》(下),上海人民出版社 2014 年版,第 620 页。

造性转化与创新性发展,就是要辩证、全面地区分与对待其中的积极因素与消极因素,构建合理高效的中华传统文化传承动力机制。

传承中华传统文化,绝不是外在于主体的自律性存在。人们根据时代所需为中华传统文化注入新的时代内涵,是文化传承动力机制得以构建的重要一环。不同历史时期的人们结合时代所需,从中华传统文化中汲取智慧形成解答时代之问的新思想,推动中华传统文化传承的相续不绝。从理论上来讲,传承中华传统文化的主体可以是全体中华儿女。但从所发挥作用的大小上来看,传承中华传统文化的中坚力量是作为时代先锋、民族脊梁的中国共产党。每代中国共产党人都重视从中华传统文化中汲取精神养料,助推中华民族攻克了一个又一个难关,迎来了从"站起来""富起来"到"强起来"的伟大飞跃。传承中华传统文化需要发挥主体的自主性、能动性、创造性。中国共产党是中华传统文化传承的重要主体。久经考验的中国共产党,深知思想发展与时代变化保持同步的重要性。文化对思想的形成发挥了极为重要的作用。在弘扬中华传统文化成为时代主旋律的今天,持续释放中华传统文化的生命力,我党有必要深入思考人类社会下一步该路向何方、中华民族应当有何作为。人类社会当前正面临一系列新困难、新挑战,身为世界第一大政党,我党对此不能无动于衷、无所作为。与此同时,国际社会也期待听到有着优秀历史文化传统的中国给出新的方案。为了给人类的未来指明方向,中国共产党从中华传统文化中汲取智慧养料,为解决世界难题开出了构建人类命运共同体这一治世"良方"。

传承中华传统文化展示了时代不断演进的足迹。中华传统文化蕴含着诸多有益于人类命运共同体建构的思想资源。建构中华传统文化传承动力机制的重要工作之一,就是要将这些思想资源充分挖掘出来,促使其更好地服务于时代的发展。先秦典籍《六亲五法》指出,要"以天下为天下……勿曰不同国,远者不从"[1]。古人强调按照治理天下的要求治理天下,劝诫不要因为不同国而听不进别国的主张。彼时的"国",指的是诸侯国。彼时的"远者",无外乎华夏大地。当下的"国",指的是主权国家。现在的"远者",已经涵盖了世界

---

[1]　牛力达:《管子哲学文选》,第9页。

上所有的地区。超越了国界的中华传统治世智慧,促使我们思考治理天下的要求究竟是什么,如何能够聆听世界各国发出的声音。传承中华传统"天下观""大同思想"等的过程,也是对世界认知程度不断加深的过程。在全球化时代,天下已经不是曾经的天下。各主权国家的联系越来越密切,依存的程度越来越高。人类社会在各种威胁面前,已经结成了一个利益攸关的共同体。实然状态的天下,是一个"地球村"。应然状态的天下,是"大家庭"。即便是国别不同,但能够以亲人相待,就可以听进去对方的声音,与之和睦共处。中华传统文化的底蕴极为深厚,结合时代所需对其进行传承创新,是其内在的发展诉求。我国古人强调"六经注我""我注六经"。我们既可以从中华传统文化中汲取营养形成回答时代问题的新思想,同样也可以透过这些新思想,进一步挖掘隐而不彰的中华传统文化资源,赋予其新的时代蕴涵。中华传统文化因传承而成为一个活的有机体。结合时代所需提出新的思想,确保思想发展不落后于时代变化,是中华传统文化"活起来"的重要因素。在中华传统文化濡化下提出的构建人类命运共同体思想,彰显了中华传统文化的时代魅力,展现了其强大的生命活力。因此,文化传承的内在诉求是中华传统文化对人类命运共同体思想形成产生作用的重要动因之一。

三、党理论创新的现实需要

勇于并善于结合变化了的世情与国情进行理论创新,是中国共产党的一大优势。理论创新既要"返本"又要"开新"。中华民族自我认定的历史凭证,是中华传统文化。"返本"就是要从中华传统文化中汲取智慧养料。中华传统文化是党进行理论创新的智慧之根与力量之源。习近平总书记告诫我们,要"认真汲取中华优秀传统文化的思想精华和道德精髓"①。从中华传统文化中汲取营养推进理论创新,是我党的优良传统。"开新"需要"以我们正在做的事情为中心"。迎来由"富起来"向"强起来"伟大飞跃的中华民族,致力于为人类社会贡献新的、更大的力量。问题是中国共产党进行理论创新的起点。为解决人类面临的共同问题,为人类未来发展指明方向,我党从中华传统文化

---

① 《习近平谈治国理政》,外文出版社 2004 年版,第 164 页。

沃土中汲取精神养料,提出了构建人类命运共同体思想。

中国共产党的理论创新有两个"前"至关重要。一个是"前提",另一个是"前沿"。① 理论创新不能凭空产生,其必须继承前人创造的成果。这些成果是我党开展理论创新工作的"前提"。中华传统文化正是我国前人创造的宝贵成果。思想是行动的先导。我党能否带领人民始终走在时代前列,很大程度上取决于能否提出具有先进性、前沿性的思想。理论创新工作的结晶,正是具有现实指导价值的思想。我党的理论创新工作之一,是在传承中华传统文化思想精华的基础上,提出具有前沿性的思想。前提和前沿,是我党开展理论创新工作需要面对、思考并加以解决的问题。习近平总书记指出,中华传统文化"根植在中国人内心,潜移默化影响着中国人的思想方式和行为方式"②。中华传统文化对我党提出构建人类命运共同体这一新理念,产生了潜移默化的影响。中华传统整体性、辩证性、调和性思维方式,"贵和""重义""执中"等中华传统智慧在构建持久和平、普遍安全、共同繁荣、开放包容、清洁美丽的世界中均发挥了重要作用。传承中华传统文化,是理论创新工作得以开展的重要前提。与此同时,我党清醒地认识到,中华传统文化在形成过程中,不可避免地要受到时代条件的制约、认知水平的限制。中华传统文化中既有精华,也有糟粕。确保理论创新成果从中华传统文化中汲取的是精华而非糟粕,促使其更好地契合时代所需,需要对之进行创造性转化与创新性发展。创新性发展中华传统文化形成的新思想,是我党理论创新成果的重要组成部分。构建人类命运共同体思想,正是我党创新性发展中华传统文化而形成且具有前沿性的重大理论创新成果。

中国共产党开展理论创新工作注重从我国古老智慧中汲取养料,但从不缺乏世界眼光。纵观我党在外交理论上的创新,一个显著的特点是具有一脉相承性。这种特性很大程度上源于中华传统文化对我党外交理论创新的影响。我国古人追求"公天下",推崇建立大同社会。我党提出的"和平共处五项原则""不结盟""不称霸""和谐世界"等富有成效的理论创新思想,均可以

---

① 郭湛:《思想理论创新:从前提走向前沿》,《江海学刊》2018年第6期,第13—14页。

② 《习近平谈治国理政》,外文出版社2004年版,第170页。

从不同侧面看到中华传统文化对外交理论创新的影响。法国作家维克多·雨果指出："世界上最宽阔的是海洋,比海洋更宽阔的是天空,比天空更宽阔的是人的胸怀。"①在新的时代条件下,我党以更宏阔的视野、更宽广的胸襟、更积极有为的姿态提出了构建人类命运共同体这一治世理念,折射出我党兼济天下的"人类情怀"。

　　理论创新是我党带领人民不断铸就辉煌的动力,绵延 5000 多年的中华传统文化让我党开展理论创新充满了自信。没有十足的文化自信、没有高度的国际责任感、没有高超的理论创新能力,很难想象会孕育出构建人类命运共同体这一新的外交词汇。中华传统文化源自中国,但其智慧之光映射全世界。中华传统文化是人类共有的精神财富。我党是将这一财富共享给世界的"播火者"。习近平总书记指出:"实践发展永无止境,我们认识真理、进行理论创新就永无止境。"②构建人类命运共同体是一个庞大、长期的系统工程。在工程竣工之前,我们可能会遇到新的困难、新的挑战。中华传统文化有着化解时代难题的优质基因。植根于中华传统文化沃土,我党势必能够为解答时代问题创生出更多的理论创新成果。理论创新是我党开展当下工作以及未来工作的需要。将中华传统文化中历久弥新的价值开掘出来,有赖于不断形成新的理论创新成果。构建人类命运共同体思想,是我党形成的重大理论创新成果之一,其充分彰显了中华传统文化中所蕴含宝贵外交智慧。从这个意义上来看,我党理论创新的现实需要是中华传统的文化对人类命运共同体思想形成产生作用的重要动因之一。

---

① ［法］维克多·雨果:《悲惨世界》,;李玉民译,中央编译出版社 2019 年版,第 296 页。
② 《习近平谈治国理政》第二卷,外文出版社 2017 年版,第 34 页。

第三章　中华传统文化对人类命运共同体思想传播的作用

传播对于人类命运共同体的有效构建具有重要意义,其是有关思想从正读走向正解、从正解走向共鸣、从共鸣转化为行动的必要环节。从方向的正反、横向的空间以及纵向的时间等维度来看,中华传统文化是人类命运共同体思想正向、广域、跨代传播的有效媒介。中华传统文化在人类命运共同体思想传播中发挥着重要作用。但其作用方式具体是怎样的,值得做更深层次的探讨。通过分析中华传统文化对人类命运共同体理论传播、形象传播以及价值传播所发挥的作用,可以深化我们对该问题的认识。

第一节　传播对于构建人类命运共同体的意义分析

传播有正向与反向之分。正向传播构建人类命运共同体思想,有助于确保源信息发送者的原初意旨不被曲解,其是信息接受者由正读走向正解,建立并扩大共通意义空间的必要环节;人类命运共同体的构建有必要凝聚世界各国人民的力量。广域传播有益于不断拓展人类命运共同体意义空间的范围,其是各行为体由正解走向共鸣的必要环节;构建人类命运共同体关键在行动,完成并守卫这一千秋伟业,需要世代人接续奋斗。跨代传播有助于各行为体在人类命运共同体的构建上一代接着一代干,其是各行为体由共鸣转化为行动的必要环节。

一、构建人类命运共同体思想从正读走向正解的必要环节

构建人类命运共同体是一项具有战略高度的伟大构想①,思想上未提升到一定高度,可能会对这一批判性重塑世界治理格局的理论命题产生误解。避免产生误解的最好方式莫过于正确地解读。正向传播是构建人类命运共同体的思想从正读走向正解的必要环节,其能够有效避免传播受众接收的信息失真、准确把握信息的本质要义。

正向传播能够有效避免人类命运共同体思想传播受众接收的信息失真。美国著名传播学家哈罗德·拉斯韦尔指出,"世人的注意框架各不相同"②。对同一个事物,不同知识结构、注意结构的人们会做出不同的评价。人类命运共同体思想造福的是全人类,其受益者是人类所有个体,理应得到世界各国人民的衷心拥护与鼎力支持,可我们仍然会听到一些非议甚至反对的声音。究其原因,是由于不恰当的传播造成的。有研究者指出:"人类90%以上的冲突,不是核心利益上的冲突,而都是不恰当的传播造成或放大的。"③

传播具有方向性。最先发送信息的主体,我们可以称其为"源发送者",其所传导的内容可视为"源信息"。接收源信息的传播客体,同时也可以成为信息传播的新主体。我们将其称为"源信息"的"次级发送者"。与"源发送者"主观意图一致的信息传播是正向传播,与"源发送者"主观意图相背离的信息传播是反向传播。无论是正向传播还是反向传播,均具有价值导向功能。这种功能的发挥源于"信息发送者"是信息传播的主体与核心,其具有价值选择的权利与能力。"次级发送者"在开展传播行为之前,会对"源信息"进行采集与编辑。在意识形态上存在偏见、在理解能力上存在不足以及在注意框架结构上存在不同,均可能造成"次级发送者"误读"源发送者"的主观意图,引致对"源信息"的编辑做出错误的价值选择。发送者之所以传播信息,是为了

---

① 刘同舫:《构建人类命运共同体对历史唯物主义的原创性贡献》,《中国社会科学》2018年第7期,第4页。

② [美]哈罗德·拉斯韦尔:《社会传播的结构与功能》,何道宽译,中国传媒大学出版社2017年版,第40页。

③ 邹振东:《弱传播:舆论世界的哲学》,国家行政学院出版社2018年版,第4页。

达成一定的目标。正向传播会促使人们不断汇聚助推目标达成的正能量。反向传播则会弱化"源发送者"具有正面意义的主观意图甚至完全改变信息的色彩,从而促使人们距离目标的实现渐行渐远。

拉斯韦尔指出,源于国外的传播使发送者和接受者互动信息。① 中国共产党是人类命运共同体思想的"源发送者"。习近平总书记对我国外交工作做出指示,强调要牢牢把握服务民族复兴、促进人类进步这条主线。② 传播信息发送者与接受者互动信息,一个至关重要的环节是接受者关注发送者传播的信息。一个信息即便已经被传播,但如若不能引起接受者的关注,也无法实现传播信息发送者与接受者的互动。构建人类命运共同体思想是在抓紧"促进人类进步"这条主线基础上提出的"源信息"。也可以说,"促进人类进步"是"源发送者"形成构建人类命运共同体思想的正向价值诉求。满足这一价值诉求与世界各个国家人民的切身利益息息相关,因而容易引起信息接受者的持续关注。

从人类命运共同体思想传播所反馈的声音来看,其中支持的声音居于主流,但也存在反对甚至否定的声音,说明由我党率先提出的这一外交思想,已经引起了世界各国人民的持续关注。关注的聚集,会形成意见气候。信息接受者对信息的关注,会因自身的知识结构与注意结构不同,形成具有差异性的注意框架。拉斯维尔形象地将信息传播比拟为一个链条,其传导要经过若干个中继站。注意框架不同的信息接受者,好似中继站的工作人员。每一个站点的工作人员均会对接收到的信息以自身注意框架为背景进行解码与编码。这些经过编辑的信息,会送达给下一个信息传播受众。形成与信息传播者意图相背离的意见气候,容易引致信息的反向传播。在信息传播中,不乏一些别有用心者在非科学知识结构与不合理注意结构的影响下,在对信息进行编辑的过程中添加负性因素,造成信息失真,引致反向传播。构建人类命运共同体关系到人类所有个体的福祉。可是,仍然有一些对人类前途与命运不负责任

---

① ［美］哈罗德·拉斯韦尔:《社会传播的结构与功能》,何道宽译,中国传媒大学出版社 2017 年版,第 40 页。

② 孟祥麟、黄发红、刘歌:《服务民族复兴,促进人类进步》,《人民日报》2019 年 12 月 25 日。

者,恶意抹黑、污蔑、歪曲人类命运共同体思想。经由这些宵小之徒编辑加工而传递给受众的信息,会促使公众误读信息,损害人类社会的整体利益。正向传播构建人类命运共同体思想,避免送达给受众的传播信息失真,是维护人类社会利益的关键。

正向传播有助于人类命运共同体思想传播受众把握信息本质要义。人类命运共同体所覆盖的群体范围广、所触及的构建领域多。世界上所有个体都是构建持久和平、普遍安全、共同繁荣、开放包容、清洁美丽的世界的参与者,但其通过自身直接获取有关构建人类命运共同体的信息是有限的。个体依靠直接感知获取的信息,与构建人类命运共同体所蕴含的信息总量相比是微乎其微的。受众接收本真的构建人类命运共同体思想,主要依靠正向传播。传播受众究竟能不能接收到全面、真实地反映构建人类命运共同体本质要义的信息,是我们重点关注的问题。正向传播对于构建人类命运共同体意义重大。我们有必要结合人类命运共同体的本质要义,解析其传播的向度。

关于人类命运共同体的本质要义,习近平总书记道出了真谛,他指出:"人类命运共同体,顾名思义,就是每个民族、每个国家的前途命运都紧紧联系在一起,应该风雨同舟,荣辱与共。"[1]不同国家在发展上有先后、在国力上有强弱、在规模上有大小。先发展起来的国家与后发展起来的国家,大国与小国,强国与弱国命运与共、和合共生,是人类命运共同体思想的本质要义。任何国家在全球化时代都不可能相互隔绝、独来独往,更不应恃强凌弱、以大欺小。正向传播构建人类命运共同体思想,就是要促使其与"共生"的本质要义相契合。习近平总书记倡导"努力把我们生于斯、长于斯的这个星球建成一个和睦的大家庭"[2]。在哈罗德·拉斯韦尔看来,唯有拥有全球参照符号的人,才能成为世界公众的成员。生活在世界各个角落的人类个体,是全球注意力集合体中的一员。但其要过渡为世界公众的一员,需要参与到全球公共事务的建设上来。[3] 以人类命运共同体为全球参照符号,世人不仅从注意力集

---

① 《习近平谈治国理政》第三卷,外文出版社 2020 年版,第 433 页。
② 《习近平谈治国理政》第三卷,外文出版社 2020 年版,第 433 页。
③ [美]哈罗德·拉斯韦尔:《社会传播的结构与功能》,何道宽译,中国传媒大学出版社 2017 年版,第 55 页。

合体的成员过渡为世界公众的成员,还拥有了一个新身份——"大家庭"成员。将"大家庭"这一实然状态的人类命运共同体作为新的全球参照符号,升华了世人的认识。共同建设美好家园,需要家庭成员一起协调行动,共同制定规则。"谁的胳膊粗、气力大谁就说了算","搞实用主义、双重标准"①绝不是家人应该有的作为,其严重背离了"共建"人类命运共同体的本质要义。

共享发展成果是人类命运共同体思想的本质要义。与共享人类发展成果相对立的是独享人类发展成果。一些国家富裕而另一些国家贫穷,前者越来越富有而后者越来越穷困,其彼此交互作用很难实现命运与共。马克思憧憬的人类社会美好未来是"生产将以所有的人富裕为目的"②。全人类共享社会发展成果是在国际范围"均贫富",最终通达马克思所憧憬美好社会的重要途径。正向传播人类命运共同体要与其"共享"的本质要义相契合。构建人类命运共同体的落脚点是建设人类美好未来。正向传播构建人类命运共同体思想与建设人类美好未来在方向上具有一致性。受众以是否契合"共生""共建""共享"的本质要义为标尺检验人类命运共同体思想传播的方向性,有助于廓清自身的思想迷雾,正确理解人类命运共同体伟大构想的现实指向。

二、构建人类命运共同体思想由正解走向共鸣的必要环节

某个或某几个国家理解人类命运共同体思想,对于创造人类美好未来而言是不够的。建造人类命运共同体这座大厦,需要世界各个国家为其添砖加瓦。各个国家不仅需要正确理解人类命运共同体这一伟大构想,还需要对之产生共鸣。广域传播构建人类命运共同体思想有助于拓展意义空间,推动这一思想从正解走向共鸣。

广域传播人类命运共同体有助于拓展意义空间。广域传播的"域",指的是地域疆界。任何形式的共同体,均是在一定地域范围内形成的。拓展信息传播的地理疆界,仅仅是广域传播的表层意思。传播的目的在于促使传受双方处于共通的意义空间,在思想上产生共鸣。广域传播更深层的意蕴在于拓

---

① 习近平:《同舟共济创造美好未来》,《人民日报》2018 年 11 月 18 日。

② 《马克思恩格斯文集》第 8 卷,人民出版社 2009 年版,第 200 页。

展传受双方处于共通意义空间的地理范围,更广泛地寻求思想共鸣。人类命运共同体造福的是全人类。所有人类个体均有责任与义务为建设这一宏大工程贡献力量。人类命运共同体思想传播有赖于不断拓展地域范围。处于不同地域范围的行为个体,正确理解人类命运共同体思想会促使其置于相同的频率。相同频率的音叉不断靠近,才能通过共振的作用而发声。声学将这一现象称之为"共鸣"。正确理解人类命运共同体思想,是不同行为体"共鸣"的前提。音叉处于不同的频率,无法形成声学中的共振现象。广域传播有助于不断拓展传受双方处于共通意义空间的地理范围。人类命运共同体工程的实施体量大、工期长、挑战多,需要工程参与者为产生共鸣、形成合力而不懈努力。探讨人类命运共同体工程参与者产生共鸣、形成合力的深层机理,对于工程的顺利推进有着重要的现实意义。

中国共产党作为人类命运共同体思想的"源发送者",始终致力于为人民谋幸福、为民族谋复兴、为世界谋大同。接受者正确理解"源发送者"思想的主观意旨,在心理上与之产生共鸣,首先需要在物理上能够接触、了解到这一思想。如果连构建人类命运共同体是什么都不甚了了,甚至接触到的是被曲解、被恶意加工后的信息,信息接受者与"源发送者"的思想不在一个频率上,将难以实现共鸣。中国共产党是构建人类命运共同体的首倡者,中国是推进这一宏大人类工程的积极贡献者。人类命运共同体仅仅依靠一国之力是无法构建起来的,其需要世界各国人民共同努力。人类命运共同体思想的广域传播,有助于不断拓展共通意义空间的地理范围,为这一人类工程的构建争取更多的建设性力量。信息接受者最大限度地理解、领会"源发送者"的主观意图,是广域传播的最佳状态。广域传播构建人类命运共同体思想,不断拓展该理念的共通意义空间,就是要是使世界人民更加清晰、更加完整、更加准确地认识中国共产党"为人民谋幸福、为民族谋复兴、为世界谋大同"的原初意旨。拓展信息传播的共通意义空间,并不意味着传受双方就必然能够形成思想共鸣。然而,经由广域传播拓展信息存在的共通意义空间,是形成思想共鸣的必要前提。没有广域传播所创设的共通意义空间,形成思想共鸣也就无从谈起。

广域传播人类命运共同体拓展了各行为体共生、共建、共享的意义空间。在全球化时代,各行为体是共生共在的关系。全球化将各国联系的利益纽带越织越密、越拉越紧,各行为体已经结成了"你中有我、我中有你"的命运共同体。不承认其他行为体存在的合法性,最终会伤及自身的存在。① 侵害其他行为体的正当权益,最终会使自身的正当权益遭受损失。广域传播构建人类命运共同体思想,拓展各行为体和合共生的意义空间。不同国家、不同民族、不同宗教、不同文明等,在广域传播构建人类命运共同体思想的影响下,能够彼此尊重、平等相待。

广域传播构建人类命运共同体思想,对于摒弃霸权主义和强权政治意义重大。霸权主义、强权政治是世界不安定的重要根源,是威胁人类命运共同体构建的巨大障碍。奉行霸权主义、强权政治的国家,最终会因损害其他国家的"自由"而令自身"不自由"。广域传播构建人类命运共同体思想,促使更多的行为体置身于共生的意义空间,共同为反对霸权主义和强权政治贡献建设性力量。营造人类美好未来需要排除各种难题。人类当前面临难题的最大特点之一,是带有"全球性"。仅凭一国之力应对所有的全球性难题,是不合乎实际的。人类的美好未来,需要世界各行为体通力合作、共同创造。

广域传播构建人类命运共同体思想,有助于共同治理世界的理念深入人心,有益于各行为体置身于共建的意义空间之中。共建是共生在意义空间上的延伸。各行为体在地位与身份上得不到应有的尊重,就很难平等地参与世界治理。广域传播构建人类命运共同体思想,促使更多的行为体置身于共建的意义空间,共同为打破各种国际垄断贡献建设性力量。基辛格指出,"一种肯定个人尊严和参与式治理、遵循一致同意的规则开展国际合作的世界秩序不失为一条出路"②。

广域传播构建人类命运共同体思想,有助于各行为体的尊严和世界治理权利得到应有的尊重,从而调动其重塑世界秩序的积极性与主动性。

广域传播构建人类命运共同体思想,有助于拓展各行为体共享的意义空间。所谓"共享的意义空间",指的是各行为体在和合共生的基础上,地位、身份与权利等均得到了应有的尊重,共同参与世界治理并公平的获取世界发展

---

① 王公龙:《构建人类命运共同体思想研究》,人民出版社 2019 年版,第 66 页。

② [美]亨利·基辛格:《世界秩序》,胡利平等译,中信出版社 2015 年版,第 487 页。

红利。共享可视为共生、共建在意义空间上的拓展。推动构建人类命运共同体的目标之一，在于促使参与构建者共同享有世界治理的果实。如果某一个或某几个行为体参与了世界治理，也即共建之后，并没有获取或没有公平地获取应分享的发展成果，必然会抑制、消解其进一步参与世界治理的积极性与主动性，而这对于人类命运共同体思想的广域传播势必产生不利的影响。拓展各行为体共享的意义空间，对于广域传播构建人类命运共同体思想至关重要。各行为体共享的意义空间被破坏，共生与共建的意义空间均可能遭致猛烈甚至致命的冲击。

共享并不是绝对均等化的分配世界发展成果，而是以各行为体在参与世界治理中的贡献为标尺，正当、公平地获取应得的收益。绝对均等化的分配世界发展成果，看似是维护了各行为体的平等性，实则加剧了各行为体事实上的不平等。广域传播构建人类命运共同体思想，促使各行为体置身于公平分配并合理享有世界发展成果的意义空间，共同为打破强者独占、赢者通吃、损人利己的不道德国际行为贡献建设性力量。广域传播人类命运共同体有助于各行为体从人类的高度来认识和分析世界问题，其极大地拓展了各行为体共生、共建、共享的意义空间。

广域传播是构建人类命运共同体思想从正解走向共鸣的必要途径。信息接受者领会源信息发送者的原初意旨，对于信息的有效传播意义重大。信息接受者在整个传播链条中，具有双重身份。其既是信息的接受者同时又是次级信息的发送者。信息接受者唯有正确理解源信息发送者所传导的信息，才能领会后者发送信息的原初意旨。传播会经历若干个中继站。每个站点的"工作人员"都能够正确理解源信息发送者的原初意旨，有益于拓展其处于共通意义空间范围，也即提升广域传播的覆盖面。置于共通意义空间的各行为体，为了促使目标的达成，会尽可能地寻求共通的意义空间最大化。

中国共产党是构建人类命运共同体思想的"源信息发送者"。"为人民谋幸福、为民族谋复兴、为世界谋大同"是我党提出构建人类命运共同体思想的原初意旨。广域传播构建人类命运共同体思想，有助于促使更多的行为体参与到"为世界谋大同"的历史进程中来。而要真正实现世界大同，不同行为体需要寻求共通的意义空间最大化。共通意义空间的最佳境界，是各行为体充分懂得并深切理解源信息发送者的原初意旨。各行为体懂得并理解我党提出构建人类命运共同体的原初意旨，也就容易处于共通的意义空间之中。可是，纵使各行为体处于最大化的共通意义空间，也仅仅是构建人类命运共同体的必要前提，还不是实现世界大同的充分条件。也就是说，有效构建人类命运共同体最终实现世界大同的美好愿景，需要各行为体处于共通的意义空间之中。但仅仅处于共通的意义空间之中是不够的，还需要各行为体从正解走向共鸣。

共鸣是两个或两个以上行为体在思想上同频共振而发声的结果。共鸣不是自然形成的，其离不开信息传播。共鸣是在信息传播中形成的。信息传播的目的与价值在于形成共鸣。无法形成共鸣的信息传播是没有价值的。广域传播的目的与价值在于拓展形成思想共鸣的群体范围，这有利于营造助推人类命运共同体构建的舆论氛围。离开广域传播的人类命运共同体是无法得到有效构建的。共鸣绝不意味着"千人一腔"，而是强调共处于相同意义空间的各行为体可以发出不同的声音。"绝对一致""毫无差别"的声音混合在一起，是单调、乏味甚至无从入耳的，这背离了广域传播本然的目的与价值。广域传播尤为看重求大同存小异。不同行为体均能够发出各自的声音，才能够谱就广域传播的华美乐章。罗尔斯在《正义论》中提出了一个著名的命题"重叠共识"①。其充分尊重各行为体发表自身意见的权利，但为了保证社会发展的稳定性，倡导搁置、排除不同行为体的意见分歧而达成具有一致性的认识。求大同存小异是广域传播的题中应有之义。不同行为体对同一个信息会持有不同的见解。求同存异的传播信息，才会不断拓展信息传播的地域范围。广域传播有助于拓展构建人类命运共同体各行为体处于共通意义空间的范围。

在如何理解构建人类命运共同体，怎样推进人类命运共同体的构建等问题上，不同的行为体会发出具有差异性的声音。各行为体处于共通的意义空间，有助于其所发出的声音不会背离信息源发送者的原初意旨，有利于这些声音均指向于共同建设人类美好未来。构建人类命运共同体需要各行为体群策群力，只允许一种构建声音存在，不允许其他行为体发表不同的看法，无助于

---

①　张祖辽：《罗尔斯政治哲学的建构主义政策策略及其困境研究》，东方出版中心2016年版，第106页。

构建人类命运共同体思想从正解走向共鸣,最终也将窄化思想传播的地域范围。人类命运共同体唯有从正解走向实质性的共鸣,才能够真正构建起来。处于共通意义空间的各行为体,不可能在构建人类命运共同体的所有问题上都形成一致性的意见。在某些具体问题上存在意见分歧乃至对立,不应视之为"洪水猛兽"。

广域传播构建人类命运共同体思想,需要冲决各种形式的傲慢与偏见。傲慢与偏见会在不同行为体的交往中架起一重又一重的心理高墙。习近平总书记于 2014 年在布鲁日欧洲学院演讲时援引了一位法国作家的话,指出"朋友看朋友是透明的,他们彼此交换生命"①。不允许相左意见存在而进行制裁与惩罚,纵使产生了思想共鸣,也仅仅具有形式上的意义。朋友之间交往,一定是心与心的告白,由此所形成的必然是具有实质意义的思想共鸣。个别行为体片面强调意见与声音的整齐划一,只会令与交往对象的心理高墙越筑越高。这无助于交往国以"朋友"的身份透明地看清彼此,不利于其结成命运与共、生死相依的共同体。

人类命运共同体的重要内容之一,是打造覆盖全球的"伙伴关系网络"。广域传播构建人类命运共同体思想的使命之一,是促使"求同存异、聚同化异"的理念深入人心。传播具有双向性。该理念日益深入人心,能够不断拓展国与国交往的"伙伴关系",为构建人类命运共同体思想从正解走向共鸣夯基垒石。

从总体上来讲,广域传播之于人类命运共同体的有效构建而言有着重要的现实意义。构建人类命运共同体的各行为体有没有普遍处于共通的意义空间之中,有没有最大限度地产生思想共鸣,都只有通过传播才能实现。传播的地域范围越广,各行为体处于共通意义空间的可能性越大。各行为体处于共通的意义空间越大,产生思想共鸣的可能性也就越多。因此,广域传播有助于人类命运共同体意义空间的拓展,其是该思想从正解走向共鸣的必要环节。

---

① 习近平:《出席第三届核安全峰会并访问欧洲四国和联合国教科文组织总部、欧盟总部时的演讲》,人民出版社 2014 年版,第 46 页。

三、构建人类命运共同体从思想转化为行动的必要环节

习近平总书记在联合国日内瓦总部演讲时指出："大道至简，实干为要。构建人类命运共同体，关键在行动。"①构建人类命运共同体是一项庞大而艰巨的系统工程，该工程的顺利推进有赖于各行为体形成思想共鸣并将之付诸行动。人类命运共同体的有效构建需要设定实现目标。从实然角度来看，人类各行为体尚未命运与共，因此近期目标是将各行为联结为命运与共的有机整体。从应然角度来看，人类最理想的发展愿景是建立"真正的共同体"，也即结成"自由人联合体"。这是构建人类命运共同体的远期目标。介于近期目标与远期目标之间的中期目标，是进一步升华什么样的命运对于人类"好"的认识。跨代传播构建人类命运共同体思想，促使不同行为体从思想共鸣转化为实际行动，是达成不同阶段性目标的必要环节。

构建人类命运共同体，关键在行动。各行为体在思想上有没有形成共鸣，直接决定了能否实现联合行动以及联合行动的效果。正向传播构建人类命运共同体思想，确保了信息接受者能够正确理解源信息发送者的原初意旨，促使各行为体在人类命运共同体的构建上同向同行。广域传播构建人类命运共同体思想拓展了不同行为体处于共通意义空间的范围，为其形成思想共鸣创造了可能。人类命运共同体思想传播的方向性是否与源信息发送者的原初意旨相一致，各行为体是否产生了实质意义上的思想共鸣，最终均可以通过实际行动的效果予以验证。行动特别是联合行动，是构建人类命运共同体的关键。纵使保证了人类命运共同体思想传播的方向性、拓展了思想传播的地域范围，如若没有付诸行动，思想传播的意义与价值也将无从彰显。

构建人类命运共同体是千秋伟业。完成并守卫这一伟大功业，需要世代人接续奋斗。接续奋斗形容的是行动的延续性与相对一致性。人类是一个具有生存意识与死亡自觉的物种。生态环境的恶化、恐怖主义的蔓延、大规模传染性疾病的扩散等等，无一不对人类的生存与发展构成威胁与挑战。这些威胁与挑战给人类生存与发展带上了不同重量的"枷锁"。人类既可以选择消

---

① 《习近平谈治国理政》第二卷，外文出版社 2017 年版，第 541 页。

极被动地顺从"枷锁",也可以选择积极主动地打碎"枷锁"。消极被动地顺从"枷锁",必将使人类长时期的负重前行并且步履蹒跚。积极主动地打碎"枷锁",是一种自为的人类行为。这种自为的行为,有实然与应然两种状态。实然的状态是人类正在为消除各种威胁而努力,但尚未结成命运共同体。应该的状态是人类结成紧密的命运共同体,携手应对各种挑战、共创人类美好未来。人类命运共同体的构建不能不考虑人类历史的绵延。确保人类历史的自然进程不会中断,需要各行为体通力合作,结成紧密的有机整体。

跨代传播构建人类命运共同体思想,是各行为体在创造人类美好未来上形成思想共鸣,并将之具体化为可操作行动的必要环节。在人类文明发展史上,并不是所有的思想都可以实现跨代传播。思想因其闪耀着人文光辉而具有可传承的价值。反人类、反社会、与时代潮流背向而行的思想和行为绝不会促使全人类产生思想共鸣,更不具有代际传递的价值。构建人类命运共同体反映了人类共同的利益诉求,因而具备跨代传播的必要条件。构建人类命运共同体思想实现跨代传播,促使各行为体形成思想共鸣并将之转化为可操作的实际行动,也在一定程度上彰显了人类命运共同体这一治世理念的伟大。

不同行为体在不同的历史时期,其具体的利益诉求是不同的。"趋利避害"是各行为体在人类命运共同体构建中形成思想共鸣并采取实际行动的原生动力。实现利益最大化,避免在已知与未知的挑战前面"孤军奋战",各行为体有必要妥善处理自身具体利益与人类整体利益之间的关系。传播构建人类命运共同体思想的目标之一,在于促使各行为体在人类共同利益上产生思想共鸣并在此基础上采取实际行动。

跨代传播构建人类命运共同体思想是站在人类历史绵延的高度,促使不同世代的行为体共同营造并协力守卫人类的美好未来。人类命运共同体思想跨代传播的价值集中表现在促使各行为体找到共同利益并为提升利益福祉而奋斗。在全球化时代,不同行为体的联系已然越来越密切。这种联系的紧密程度只会加深而不可能削弱。各行为体如若只考虑自身在特定历史阶段的具体利益,对人类的共同利益不能给予应有的关注与有效的协调,不仅无助于其可持续发展,其自身的生存也很可能会潜存危机。

跨代传播构建人类命运共同体思想所传达的重要理念之一,是促使各行为体在追求自身具体利益时,能够兼顾各方利益,如此才能够实现双赢、多赢乃至共赢。有了实质意义上的思想共鸣,才会采取有可操作性的具体行动。不同行为体在不同历史发展阶段,其具体的利益诉求呈现出差异性,彼此交互作用形成思想共鸣并将之转化为可操作的行动具有一定的难度。正是因为这种难度的存在,跨代传播构建人类命运共同体思想显得尤为必要。

无论是现世代还是跨世代传播构建人类命运共同体思想,其均是各行为体形成思想共鸣并将之转化为可操作行动的基础。人类命运共同体思想的现世代与跨时代传播,需要开展诸多现实而具体的工作。各行为体不会自发地形成思想共鸣,亦不会自然而然地将之转化为可操作的实际行动。各行为体正确理解人类命运共同体思想的原初意旨、形成思想共鸣并将之转化为具体行动的整个过程,都离不开构建人类命运共同体思想的有效传播。"构建人类命运共同体,关键在行动。"①这种行动内在地包含了人类命运共同体思想的现世代与跨时代传播。

跨代传播人类命运共同体思想能够助推各阶段构建目标达成。习近平总书记指出:"构建人类命运共同体是一个美好的目标,也是一个需要一代又一代人接力跑才能实现的目标。"②我们可以从实然与应然的角度来认识构建人类命运共同体这一美好的目标。

从实然的角度来讲,各行为体尽管在一定地域、领域范围内结成了命运共同体,但尚未结成覆盖整个人类的命运共同体。构建覆盖全人类的命运共同体,是现世代传播人类命运共同体思想的目标,我们也可以将之视为人类命运共同体构建的近期目标。近期目标不会自然地达成,其有赖于各行为体形成思想共鸣并采取实际行动。

从应然的角度来讲,人类命运共同体的构建具有层次之分。最为理想的人类命运共同体,是马克思和恩格斯向往的"真正的共同体",也即"自由人联合体"。人的本质力量被异化,是人之所以感到不幸的总根源。马克思和恩

---

① 《习近平谈治国理政》第二卷,外文出版社 2017 年版,第 541 页。
② 习近平:《论坚持推动构建人类命运共同体》,中央文献出版社 2018 年版,第 426 页。

格斯为追求人的本质力量的复归而不懈求索。关于何谓"人的本质",怎样实现人的全面发展等问题,马克思给出了答案。他指出:"人的真正的共同体,是人的本质。"①"人"是一个具有抽象性的共名。②"人的本质"指的是人之为人而具有的统一的类本质。人的本质力量的复归就是要把人作为一个"类"之统一的本质加以还原。"只有在集体中,个人才能获得全面发展其才能的手段。"③个人只有在共同体中才能实现自由而全面的发展,才能最终实现人的本质力量的复归。

人类迈入"真正的共同体",也即构建最高层次、最为理想的人类命运共同体,需要一代又一代人的接续奋斗。跨代传播是促使不同行为体在结成"自由人联合体"等问题上形成思想共鸣并将之转化为实际行动的必要环节。在人类已经结成命运共同体但尚未迈入"真正的共同体"之前,人类会进一步追问什么样的命运对于自身是"好"以及该如何将之落到实处。从层次性上来看,这一历史阶段所构建的人类命运共同体较之于前一历史阶段要高。

在人类已经结成命运共同体的基础上,构建更高层次的命运共同体,是我们所欲实现的中期目标。为达成这一目标,我们同样要坚持人类命运共同体思想的传播,促使各行为体进一步探寻助推人类过得更好的通约性价值。对通约性价值形成思想共鸣并将之转化为具体行动,可以不断拉近人类与"真正共同体"的距离。构建人类命运共同体是一个具有长期性的系统工程。不同的历史发展阶段,会提出不同的历史命题。实现构建人类命运共同体的近期、中期与远期目标,不仅要在现世代有效传播人类命运共同体思想,还要实现跨世代传播。

人类命运共同体的构建在不同世代具有不同的阶段性特征,跨代传播有助于结合不同世代各行为体的利益诉求,有针对性的促使其形成思想共鸣并将之转化为具体行动。

"自由人联合体"是构建人类命运共同体的远期目标。"自由人"是这一

① 《马克思恩格斯全集》第 3 卷,人民出版社 2002 年版,第 395 页。
② 毛崇杰:《人类命运共同体的必要与可能》,《甘肃社会科学》2019 年第 1 期,第 8 页。
③ 《马克思恩格斯文集》第 1 卷,人民出版社 2009 年版,第 571 页。

目标实现后的构成主体。① 建立"真正的共同体"以后,人类命运共同体思想的跨代传播,反映的将是"自由人"的利益诉求。在人类迈入"真正的共同体"之前,无论是人类命运共同体近期目标还是中期目标的构建主体,既包括作为个体存在的"现实的人"也包括作为群体存在的国家、地区与组织等等。② 构建人类命运共同体增进的是全人类的共同利益。各行为体均有自身的利益诉求,构建人类命运共同体近期目标与中期目标的实现,要能够求取最大的利益公约数,促使各行为体形成思想共鸣并采取现实行动。不同行为体形成思想共鸣,秉持的价值理念是"有事好商量,众人的事情由众人商量"。人类命运共同体的整个建构过程都充满了商讨,因此更容易产生思想共鸣,现实行动的采取也更为顺畅。

寻求各行为体利益的最大公约数,是跨代传播构建人类命运共同体思想不渝的价值追求。从总体上来讲,各行为体所求取的"最大公约数",是利益的最大化。从这个意义上来讲,构建人类命运共同体不应仅满足某个或某几个国家、地区、组织乃至作为个体"现实的人"的利益。构建人类命运共同体是世界各国人民共同的事业,任何行为体都有权从共同体的构建中获取与自身付出相当的利益。满足某个或某几个国家、地区、组织乃至作为个体"现实的人"的利益,能够调动其参与构建命运共同体的积极性与主动性,但这对于整个人类命运共同体的构建而言,所能发挥的作用只是杯水车薪。

"现实的人"是实现人类命运共同体近期与中期目标的基本单位,也是成为"自由人"的前提。离开"现实的人"的相互联系,人类命运共同体的远期目标也即"真正的共同体"就会失去赖以建立的基础。跨代传播构建人类命运共同体思想将尽可能多地反映"现实的人"的利益诉求。各行为体在思想上形成共鸣、在行动上保持一致,是由于求取到了利益的最大公约数。尽可能多地反映"现实的人"的利益诉求,指的是既要尊重并肯定绝大多数"现实的人"的利益诉求,也要倾听并反映少数"现实的人"的利益诉求。任何合理的利益

---

① 李秀敏:《"真正的共同体"与"人类命运共同体"关系之辨》,《马克思主义研究》2018 年第 1 期,第 137—138 页。
② 郝立新、周康林:《构建人类命运共同体——全球治理的中国方案》,《马克思主义与现实》2019 年第 1 期,第 2—3 页。

诉求都能够在人类命运共同体的构建中得到有效满足,势必能够产生更强烈的思想共鸣并转化为具有一致性的共同行动。

跨代传播构建人类命运共同体思想所欲构建的,是一个"有生命温度"的共同体。习近平总书记指出:"构建人类命运共同体是个美好的目标,需要一代又一代人的接力跑才能实现。"①构建人类命运共同体的近期目标、中期目标以及远期目标之所以能够依次实现,是因为跨代传播构建人类命运共同体思想具有延续性和连贯性。其能够将人类有共同利益与共同命运的价值理念被传播并被沿袭。"有生命温度"的人类命运共同体,能够最大限度地倾听、关注并满足不同行为体也即作为整体的各个国家、地区、组织以及作为个体的"现实的人"的利益诉求。构建人类命运共同体近期、中期、远期目标的实现,需要各行为体在关于人类前途与命运的问题上形成思想共鸣。人类命运共同体思想的跨代传播,可以促使各行为体在更长远的时间范围内产生更强烈的思想共鸣。不同行为体对利益的争夺,会在不同程度上引发矛盾与冲突。

在维护共同利益的同时实现自身利益是跨代传播构建人类命运共同体思想所传导的重要价值理念,其是消弭各行为体矛盾与冲突的有效途径。人类命运共同体思想的跨代传播,为思考人类的前途与命运提供了一个崭新视角。不同行为体在对共同利益的维护下,会最大限度地形成思想共鸣。为实现共同利益的最大化,各行为体需要将形成的思想共鸣转化为理性、可行的现实行动。因此,跨代传播构建人类命运共同体思想,能够助推人类命运共同体构建目标的达成,其是各行为体从共鸣转化为行动的必要环节。

第二节　中华传统文化是人类命运共同体思想传播的有效媒介

在"万物皆媒"的时代,传播人类命运共同体思想同样需要借助一定的媒介。构建人类命运共同体思想是植根于中华传统文化提出的。中华传统文化具有指引方向、跨越时空的价值,其是正向、广域、跨代传播构建人类命运共同

---

① 《习近平谈治国理政》第二卷,外文出版社2017年版,第548页。

体思想的有效媒介。

一、中华传统文化是正向传播构建人类命运共同体的有效媒介

构建人类命运共同体自提出以来,国际社会充斥着各种不同的论调,其中既有支持的声音,也不乏反对的声音。反对者很大程度上是因为对构建人类命运共同体持有偏见、存在误解。以中华传统文化为正确阐释构建人类命运共同体的思想媒介具有紧迫性,其能够有力地推动构建人类命运共同体的正向传播。

以中华传统文化为正确阐释构建人类命运共同体的思想媒介具有紧迫性。构建人类命运共同体是中国共产党在中华传统文化浸染下提出的,中华传统文化是促使各行为体正确理解该治世理念的思想媒介。马歇尔·麦克卢汉指出"媒介即讯息"①。中华传统文化作为构建人类命运共同体思想传播的有效媒介,能够将其蕴含的根本精神传递给各行为体。如果我们将人类命运共同体比拟为一棵参天大树,其茁壮成长一定有"根"。中华传统文化正是滋育人类命运共同体思想的"根"。欲正确理解人类命运共同体思想,就要认识并研究中华传统文化。不懂得中华传统文化的根本精神所在,也就难以从最本真的意义上理解人类命运共同体思想。

从文化发生学的角度来看,中华传统文化早在西周时期,就已经确立了以人为本的文化精神;而西方直到公元一世纪以后,才逐渐确立起以神为本的文化精神。② 以什么为本,背后折射出不同的精神追求。中华传统文化中不存在一个外在于人的神或造物主,中华民族不渝追求的是"现实的人"的幸福。伟大的中华民族不止于追求一城一域"现实的人"的幸福,而是追求天下苍生的幸福。

以天下人的幸福为本,是中华传统文化固有的精神追求。早在《礼记·礼运》中,我国古人就记载了对大同社会的向往。康有为于 1913 年就开始在

---

① ［加拿大］马歇尔·麦克卢汉:《理解媒介——论人的延伸》,何道宽译,凤凰出版传媒集团、译林出版社 2011 年版,第 16 页。

② 楼宇烈:《中国文化的根本精神》,中华书局 2016 年版,第 47 页。

《不忍》杂志刊出寄寓儒家理想社会的《大同书》①。中国共产党一经成立就将实现共产主义作为自身的奋斗目标。以习近平同志为核心的党中央提出构建人类命运共同体思想。中华民族在追求"天下人的幸福"上具有一脉相承性。

马歇尔·麦克卢汉在提出"媒介即信息"后不久,就在其前面加上了一个修饰语"从社会意义上看"。从社会意义上看中华传统文化作为媒介所传导的讯息,有益于向世界传递好"中国声音"。纵观整个中华文明史,谁能够拯救人民于水火,带给人民以幸福,就能够得到人民的衷心拥护与大力支持。我国第一个世袭制朝代夏朝,就发端于大禹治水。彼时天下苍生深受洪水泛滥之苦,可谓民不聊生。大禹治理好洪水,得到了人民的拥戴。夏桀、商纣王荒淫暴虐,与人民为敌,最终难逃灭亡的命运。

从社会意义上理解中华传统文化所传导的讯息,我们不难发现其所揭示的哲理是救人民于水火者,能够得到人民的支持;陷人民于水火者,必将遭致人民的反对。西方人敬天,尊崇的主要是虚幻的神与抽象的造物主。中国传统文化所指称的"天",所包含的意蕴极为丰富,其代表的重要内容之一是"民意"②。《韩诗外传》曾记载管仲与齐桓公的一段对话,当齐桓公发出"王者何贵"的问题时,管仲的回答是"王者以百姓为天"③。中华传统文化追求"内圣外王"。关于如何达"圣",孔子强调"博施于民,而能济众"。也即要广博地给人民施以恩惠,确保大众都能够得到周济。孔子认为社会贫富差距过大,必然会加剧社会成员之间的矛盾。为此,他强调"均无贫,和无寡,安无倾"④。孟子认为推行仁政,要从救济"天下之穷民而无告者"开始。关心百姓的幸福,是中华传统文化从未移易的精神追求。人类命运共同体思想的提出,将"百姓"的群体范围拓展到了全人类,将"关心百姓幸福"的内容扩展到了方方面面。读懂了中华传统文化,也就不难理解构建人类命运共同体所蕴含的价值理念。从这个角度来讲,以中华传统文化为正确阐释构建人类命运共同体的

①　汤志钧:《康有为的大同理想与〈大同书〉》,上海人民出版社 2016 年版,第 1 页。
②　楼宇烈:《中国文化的根本精神》,中华书局 2016 年版,第 50 页。
③　解文超:《先秦兵书研究》,上海古籍出版社 2007 年版,第 159 页。
④　刘毓庆:《论语绎解》,商务印书馆 2017 年版,第 317 页。

思想媒介具有紧迫性。

中西方因历史文化背景不同,在对同一思想的解读上会存在差异。理解这一思想的原初意旨,有必要以中华传统文化为媒介。欧洲文艺复兴运动以后,一批先进的西方人开始冲破以神为本的思想藩篱,逐渐从神的脚下站立起来。然而,过于高扬人的主体地位,衍生了个人至上等价值理念。自近代以来,在对幸福的追寻上,西方人更为强调"自助"。① 关于如何获取"天下人的幸福",我国古人历来重视合作、互助。人类命运共同体思想除强调自助外,还特别看重互助、他助。《北史·吐谷浑传》指出,单则易折,众则难摧。

为增进人类福祉而办大事、办好事、办长久事,不能仅仅依靠一个或几个行为体的力量。构建人类命运共同体思想内在地包含了"共生""共建""共享"等价值理念。只信奉自助、对互助合作抱有怀疑,很难真正领悟人类命运共同体的构建真谛。中西方在价值理念上存在差异具有客观性。消释对构建人类命运共同体的种种误解,需要以中华传统文化为媒介,响亮而清晰地发出"中国声音"。

中国古代以"和"为最高价值。② 西周太史伯阳父提出"和实生物,同则不继"。只有"和"才能产生新事物。用自己的文明来替代异己的文明,非但不是中华民族所追求的,反而是坚决反对的。我国古人推崇"泛爱众而亲仁"。肯定并尊重人类社会的一切文明是中华民族的优良传统。习近平总书记告诫我们要"加深对自身文明和其他文明差异性的认知,推动不同文明交流对话、和谐共生"③。"我们"与所谓的"各种他们"共处于同一个地球,都是人类大家庭的重要成员,妄图用自己的文明占领全球、漠视其他文明者是一种幼稚的蒙昧。秉持这种文明观,会让世界处于永无休止的斗争之中。那些认为中国崛起一定会对世界构成威胁,鼓吹构建人类命运共同体是颠覆现有世界秩序的想法,源自对中华传统文化缺乏最起码的了解,这也在一定程度上揭示了以中华传统文化为思想媒介正确阐释构建人类命运共同体的紧迫性。

---

① 何英:《大国外交:"人类命运共同体"解读》,上海大学出版社 2019 年版,第 105 页。

② 傅永聚、韩钟文:《二十世纪儒学研究大系》,中华书局 2003 年版,第 1 页。

③ 习近平:《深化文明交流互鉴,共建亚洲命运共同体——在亚洲文明对话大会开幕式上的主旨演讲》,人民出版社 2019 年版,第 6 页。

正向传播构建人类命运共同体需要以中华传统文化为有效思想媒介。就人类命运共同体的传播方向来看,其存在正向与反向的区别。反向传播曲解乃至背离了源信息发送者的原初意旨,对人类命运共同体的构建产生负面影响。构建人类命运共同体的思想传播并非一帆风顺、直线前进。这种螺旋式前进、波浪式上升的趋势表明,我们必须为构建人类命运共同体的正向传播寻找到一种有效的思想媒介。我们需要承认人类命运共同体思想反向传播存在的客观性。对曲解、背离源信息发送者原初意旨而发出的各种"噪音"充耳不闻,无助于人类命运共同体的有效建构。确保反向传播不会改变甚至扭转人类命运共同体构建的根本方向,我们亟须以中华传统文化为正向传播人类命运共同体的有效思想媒介。

中华传统文化与构建人类命运共同体是"源"与"流"、"根"与"树"的关系。江河万里总有源,树高千尺也有根。追溯有关构建人类命运共同体的思想之"源",厚植有关构建人类命运共同体的思想之"根",我们应高度重视中华传统文化所承担的思想媒介作用。中华传统文化之于各行为体对构建人类命运共同体进行正读与正解,犹如一座思想宝藏。以之为媒介,我们可以源源不断地从中汲取智慧养料。人类命运共同体是中国提出的新主张。以中华传统文化为思想媒介,各行为体就不难领会这一治世理念提出的深层动因。《孟子·尽心上》指出,"穷则独善其身,达则兼济天下"[1]。《孟子·梁惠王下》强调,"独乐乐不如众乐乐"[2]。中国愿意与世界各国人民共享发展果实,期盼为推进更加公正、合理、有序的国际秩序贡献更大的力量。英国哲学家罗素曾指出:"人生下来的时候只是无知,但并不愚蠢。愚蠢是由后天的教育造成的。"无知并不可怕,可怕的是愚蠢而不自知。对构建人类命运共同体存在偏见与误解,甚至认为这是要颠覆现在有的国际秩序,力图要称霸世界,这是愚蠢无知的表现。一些人秉持西方传统价值理念,追求你输我赢、我多你少、损人利己、赢者通吃。愚蠢化地理解人类命运共同体思想,正是被这些只强调自助,不相信互助、他助者教育出来的。促使这些行为体从无知和蒙昧中走出来,我

---

[1] 张祥斌:《古文名句分类解析》,岳麓书社2014年版,第35页。
[2] 项久雨、詹逸天:《中华圣贤经典——礼)》,长江文艺出版社2011年版,第207页。

们需要以中华传统文化为媒介,对之进行思想启迪。

任何国家均会存在"得志"与"不得志"的时候。孟子指出,"得志,泽加于民;不得志,修身见于世"①。在他看来,士人应该具有兼济天下的情怀。得志之时,应该与更多的民众分享利益。孟子还倡导"得志,与民由之;不得志,独行其道",也即得志的时候,与老百姓一道走。②在中国强大起来以前,我国坚持走好自己的路。我国在继续走好脚下路的同时,追求与更多的国家结伴同行,为开创更加美好的人类未来不懈奋斗。

习近平总书记指出:"中国将继续坚持正确义利观,深化同发展中国家务实合作,实现同呼吸、共命运、齐发展。"③我国作为最大的发展中国家,始终代表发展中国家的利益。日益走近世界舞台中心的中国,讲求"言必信、行必果"。人类命运共同体落地的平台载体,将投资的主要方向和重点领域,集中于最不发达国家的基础设施建设,这些举措旨在为这些国家的经济腾飞打下基础。不以中华传统文化为媒介,就难以正确理解构建人类命运共同体为什么要最大限度地照顾发展中国家特别是欠发达国家的利益,为什么要将投资重点放在这些国家的基础设施项目上,这些项目建设周期长、短期回报率低,凡此种种行为的背后是不是"别有用心"。面对民生疾苦,士人不能无动于衷。

中华民族是一个"心忧天下、济助苍生"的优秀民族,在与发展中国家交往上,我国自身不以获取最大利益为目标,而是充分照顾对方利益。构建人类命运共同体这一治世理念具有深厚的中华传统文化底蕴④。对中华传统文化感到陌生甚至无知者,对于我国力主构建人类命运共同体的善行壮举可能会存在认知上的偏差。强起来的中国,更加强调"自胜""自强"。尚柔的老子在《道德经》中提出"自胜者强",主张非攻的墨子在《墨子·非命下》中指出"强必贵,不强必贱;强必荣,不强必辱"。构建人类命运共同体是我国为世界贡

① 《孟子》,李晨森编,煤炭工业出版社 2017 年版,第 169 页。
② 顾作义、钟永宁:《守望中国价值:中国传统文化理念二十六讲》,南方出版传媒、广东人民出版社 2019 年版,第 129 页。
③ 《习近平谈治国理政》第二卷,外文出版社 2017 年版,第 547 页。
④ 何英:《大国外交:"人类命运共同体"解读》,上海大学出版社 2019 年版,第 115 页。

献的中国方案。这一方案得以落地最坚实的基础,是雄厚的实力。在强国之路的漫漫征程上,中华民族始终以生生不息的自强精神为统领。这绝不是要谋取所谓的"世界霸权",而是要为世界贡献新的、更大的建设性力量。因此,以中华传统文化为思想媒介能够有力推动构建人类命运共同体的正向传播。

二、中华传统文化是广域传播构建人类命运共同体的有效媒介

习近平总书记指出:"要推动全球治理理念创新发展,积极发掘中华文化中积极的处世之道和治理理念同当今时代的共鸣点,继续丰富打造人类命运共同体等主张,弘扬共商共建共享的全球治理理念。"[1]以中华传统文化为媒介能够建立并扩大共通的意义空间,其可以有力推动构建人类命运共同体在思想上的广域传播。

以中华传统文化为媒介建立并扩大共通的意义空间。事物发展是前进性与曲折性的统一。人类命运共同体的构建也不会一路坦途。构建人类命运共同体关系到世界各国人民的共同利益,有赖于共商共建。习近平总书记强调,"现在,世界上的事情越来越需要各国共同商量着办"[2]。共商才能共建,共建才能共享。共商的前提是各行为体的思想处在同一个频道上。各行为体的思想如若处在不同的频道上,很难实现共振,更无法通过共振而发声。误解乃至歪曲人类命运共同体思想,会促使各行为体处在不同的思想频道上,这非但不利于思想共鸣的形成,反而会使思想的裂痕越拉越大。宋代苏洵指出:"事有必至,理有固然。"[3]构建人类命运共同体思想的提出不是偶然的。这棵思想之"树"是从中华传统文化中汲取营养并成长壮大的。有学者指出,"文化是民族的身份证"[4]。中华民族是一个热爱和平,有着天下情怀与济世精神的伟大民族。"中华优秀传统文化是中华民族的精神命脉",其是促使各行为体正确理解人类命运共同体思想并产生思想共鸣的重要媒介。中华传统文化对人

---

① 习近平:《论坚持推动构建人类命运共同体》,中央文献出版社 2018 年版,第 101 页。
② 习近平:《论坚持推动构建人类命运共同体》,中央文献出版社 2018 年版,第 259 页。
③ 曾枣庄:《三苏选集》,巴蜀书社 2018 年版,第 426 页。
④ 欧阳康,栗志刚:《文化反思与价值建构——全球化与民族精神》,人民出版社 2009 年版,第 3 页。

类命运共同体思想传播所发挥的作用,也可谓"无时不有,无时不在"。人类命运共同体思想从形成到落地的全过程,中华传统文化均发挥着不可小觑的作用。以中华传统文化为媒介,有助于各行为体建立并扩大共通的意义空间,提升人类命运共同体思想传播的有效性。

以中华传统文化为媒介有助于各行为体处于共通的意义空间之中。中华传统文化尤为重视整体性。我国自古就强调"四海一家""万物一体"。庄子指出:"彼出于是,是亦因彼。"①人类社会的各行为体是一个有机统一的整体,其彼此之间相互联系、不可分割。从中华传统文化中汲取智慧,有助于各行为体找准自身的身份定位,建立共通的意义空间。《论语·颜渊》指出:"君子敬而无失,与人恭而有礼,四海之内,皆兄弟也。"②同处一个地球家园的各行为体,本然的身份是"手足"。"亲人"之间应该恭敬友爱、崇德重礼。

从科技发展的角度来看,各行为体结为紧密的命运共同体也是势所必然。马歇尔·麦克卢汉指出,在电子时代"人类大家庭再不是被分割肢解、残缺不全的大家庭"③。各行为体以"家人"的身份联结在一起,不仅仅是因为技术的发展,还有满足自身生存的现实需要。习近平总书记于 2017 年在"一带一路"国际合作高峰论坛上指出,"和平赤字、发展赤字、治理赤字,是摆在全人类面前的严峻挑战"④。2019 年在中法全球治理论坛开幕式上,习近平总书记在"三大赤字"的基础上,加入了"信任赤字",将之拓展为"四大赤字"。"四大赤字"的存在,已经对人类的生存与发展构成了严峻威胁。全球各种乱象交替上演,很多都能够找到这"四大赤字"的身影。中华传统文化强调"万物一体"。

如果将人类社会比喻为人的身体,如今其正在承受病痛的折磨。为了破解全球治理赤字,我党从中华传统文化中汲取智慧,开出了构建人类命运共同体这一"良方"。构建人类命运共同体思想的形成,是对时代呼声的回应。摆

---

① 《南怀瑾讲述·庄子南华》(下),上海人民出版社 2014 年版,第 138 页。

② 虞劲松:《论语选译》,广西师范大学出版社 2016 年版,第 172 页。

③ [加拿大]马歇尔·麦克卢汉:《理解媒介——论人的延伸》,何道宽译,凤凰出版传媒集团、译林出版社 2011 年版,第 17 页。

④ 《习近平谈治国理政》第二卷,外文出版社 2017 年版,第 509 页。

脱"四大赤字"的困扰,是各行为体共同的利益诉求。中华传统文化重视辨证施治。辨证施治的前提是将人类社会视为一个有机统一的整体。如果头痛仅仅医头,脚痛仅仅医脚,很可能治标不治本。摆脱"治理赤字"、消弭全球各种乱象,脚痛可能医头,头痛可能医脚。将人类社会当前所承受的病痛作为一个整体来诊治,有助于从根本上化解治理难题。以中华传统文化为媒介,各行为宜以"家人"的身份参与到全球治理中来。

人类命运共同体是一个"活的有机体",这一机体是动态、变化而非静止、停顿的。庄子指出,"物之生也,若骤若驰,无动而不变,无时而不移"①。消弭全球赤字,在将人类社会视为一个整体的同时,还要认识到其始终处于运动、发展之中。《周易》指出,"不可为典要,唯变所适"②。全球治理的推进会在新的历史条件下呈现出新的阶段性特点。动态地推进全球治理,必须不断顺应变化了的形势。唯其如此,才能从根本上保证人类命运共同体的肌体健康。

以中华传统文化为媒介有助于各行为体能动的看待不断变化的世界。大千世界有形形色色的事物,唯有透过现象抓住本质,才能真正把握事物的本然面目。中华传统文化强调"道通为一"。从道的意义上来讲,各种形态的事物是相通而为一的。事物从较浅的层次看具有互异性,而从较深的层次上看则具有同一性。人类有肤色上的不同、信仰上的差异、习俗上的分别。凡此种种的区别,仅仅是浅层次上的。在最深层次上,人类都是地球大家庭中的一员。任何行为体都不能否认自身"家庭成员"的身份。

以中华传统文化为媒介,有助于各行为体对事物的认识不停留于表层而触及本质性的那一度。《诗经·小雅·棠棣》有言:"兄弟阋于墙,外御其辱。"③从表层来看,人类大家庭的成员之间具有互异性,会因存在分歧而争吵。从深层来看,兄弟一体,都是一家人,在处理外部事务上应该团结起来、精诚一心。以中华传统文化为媒介,有助于建立并扩大共通意义空间,推动人类命运共同体思想的广域传播。

广域传播构建人类命运共同体思想需要以中华传统文化为有效媒介。人

---

①　韩忠:《庄子读解》,上海书店出版社 2018 年版,第 152 页。

②　张葆全:《周易选译》,广西师范大学出版社 2016 年版,第 302 页。

③　姜光辉、于光明:《中华成语词海》,长春出版社 1994 年版,第 393 页。

类命运共同体思想尽管是由我国率先提出的,但在地域范围上,其所涉及的国家分布范围很广。构建人类命运共同体需要最大限度地集合各行为体的力量。广域传播构建人类命运共同体思想,促使各行为体产生思想共鸣是人类命运共同体得以构建的重要一环。习近平总书记指出:"传播力等于影响力,话语权决定主动权。"①借助何种媒介提升构建人类命运共同体这一治世理念在思想上的传播力,拓展其产生积极影响的覆盖范围,是一个有着重要现实意义的课题。

　　构建人类命运共同体这一治世理念可以借助多种媒介实现广域传播,其中既可以是诸如电影、广播之类的热媒介,也可以是诸如电视、通信设备之类的冷媒介。判别热媒介与冷媒介的重要标尺在于"清晰度"。

　　中华传统文化作为广域传播构建人类命运共同体思想的媒介,能够触及人的心灵。用心感受到的信息,往往比用眼睛看、靠耳朵听、凭嘴巴说获取的信息更真实、更可靠、更准确。从这个意义上来讲,中华传统文化作为信息传播的媒介具有"高清晰度"。以中华传统文化作为广域传播构建人类命运共同体思想的媒介之所以有具有可能性,源于其具有一种跨越千年而不歇的重民思想,这种思想具有直抵人心、催生共鸣的力量。老子指出,"圣人无常心,以百姓心为心"②。关心民生疾苦,是中华传统文化自始至今未曾改变的精神追求。之所以要关心民生疾苦,是因为中华民族是一个尚善的民族。在孟子看来,人性本来就是善良的,每个人皆有"恻隐、羞恶、恭敬、是非"之心。我国思想史上尽管存在人性本善与人性本恶的争论。但经过历史的洗练,人性本善的价值理念早已深入到中华民族的骨髓中。③ "诉诸天良"已然是中华传统文化的显著特点之一。老子讲"能婴儿乎",也即告诫人们要不忘初心。"为天下苍生谋幸福"是构建人类命运共同体的"初心"。以中华传统文化为传播人类命运共同体的思想媒介,不仅可以促使信息接受者深入理解并准确把握源信息发送者的"初心",还有助于拓展信息广域传播的范围。在数字化时

---

　　① 《习近平谈治国理政》第二卷,外文出版社 2017 年版,第 509 页。

　　② 杜占明:《中国古训辞典》,北京燕山出版社 1992 年版,第 10 页。

　　③ 王蒙:《道通为一:从传统经典看中华文化的特点》,https://www.360kuai.com/pc/975813401c287d0e9? cota＝4&tj_url＝so_rec&sign＝360_57c3bbd1&refer_scene＝so_1。

代,所有行为体在人类命运共同体思想传播中均扮演着双重角色,其既可以是信息接受者同时也可以是信息传播者。借助中华传统文化这一媒介工具,信息接受者与源信息发送者共处于相通的意义空间之中。构建人类命运共同体惠及的是全人类,各行为体从人类命运共同体的构建中获益,会助推其以信息传播者的身份,向更多的传播受众正向传播人类命运共同体思想。

以中华传统文化为媒介,对各行为体广域传播构建人类命运共同体这一治世理念均产生重要影响,其中也包括源信息发送者。以民为重的中华传统文化已经深深地融入中华民族的精神血液中,源信息发送者以之为媒介,可以促使其在"造福天下苍生"的使命引领下做到"所欲与之聚之,所恶勿施"①。也即尽可能地给予天下苍生所需要的,尽最大努力去除天下苍生所厌恶的。这有助于最大限度地争得民心,助推各行为体在人类命运共同体思想传播中形成强烈的共鸣。合格的信息发送者扮演着"信息把关人"角色。什么样的传播信息与源发送者的原初意旨相契合,哪些信息内容应该被重点传播,对哪些对象进行信息传播等等,"信息把关人"享有自主选择权。

中华传统文化经过历史长河的淘洗,释放出穿透时代的璀璨光芒。各行为体以之为媒介,不致迷失在形形色色的信息洪流中。构建人类命运共同体植根于中华传统文化。以中华传统文化为媒介,有助于信息发送者过滤、排除、筛选掉不利于人类命运共同体思想广域传播的负性内容。信息传播者有权对所接收的信息进行评价。从理论上讲,所有行为体均是构建人类命运共同体的受益者,这有助于其作为信息传播者对人类命运共同体给出正面的评论。可从实际上看,不同行为体对构建人类命运共同体所发表的评论是不尽一致的。以中华传统文化为媒介,有助于促使各行为体实现身份上的转换,即由"信息把关人"转换为"信息领航员"。

构建人类命运共同体需要得到各方建设性力量的支持。以中华传统文化为媒介工具促使各行为体扮演好广域传播人类命运共同体"信息把关人"的角色是不够的,各行为体形成强烈的思想共鸣还有赖于将这一角色推向"信息领航员"。"信息把关人"深入理解并准确把握中华传统文化的核心要义,

① 《孟子》,李晨森编,煤炭工业出版社 2017 年版,第 109 页。

能够更深刻地认识人类命运共同体思想的原初意旨。这部分群体有责任也有义务完成引领人类命运共同体思想广域传播的工作。这项工作不仅可以消除误解、歪曲构建人类命运共同体思想的声音，还能够扩大正确阐释、正面宣传构建人类命运共同体思想的声音。正确阐释、正面宣传构建人类命运共同体思想的声音合鸣共奏，必然会从空间上拓展该思想的影响范围。声音合鸣共奏才能铺就华美的乐章。构建人类命运共同体会面对诸多问题与挑战。回避问题、惧怕接受挑战、拒绝批评的声音，既无助于从根本上化解问题、应对挑战，也不利于不同声音合奏出动听的乐曲。以中华传统文化为媒介，可以促使各行为体更好地理解人类命运共同体提出的意图与渴望实现的目标。傅莹认为，"传播说到底是做人的工作"①。中华传统文化蕴含着无穷的智慧，以之为媒介工具，促使各行为体实现由"信息把关人"向"信息领航员"的身份转换，能够切实推动构建人类命运共同体这一治世理念的广域传播，拓展其产生积极影响的覆盖范围。因此，中华传统文化是广域传播构建人类命运共同体这一治世理念的有效媒介。

三、中华传统文化是跨代传播构建人类命运共同体的有效媒介

构建人类命运共同体反映了人类共同的发展诉求。实现这一千秋伟业，关键在行动。人类命运共同体的构建绝非朝夕之功，其需要一代又一代人接续奋斗。在构建人类命运共同体的康庄大道上"只有进行时，没有完成时"。思想是行动的引领，铸就人类命运共同体构建伟业，离不开思想的跨代传播。命运关乎生死。英国历史学家汤因比曾对中华民族创造的灿烂文化给予了高度评价。他指出："避免人类自杀之路，在这点上现在各民族中具有最充分准备的，是两千年来培育了独特思维方式的中华民族。"②伟大的中华民族创造的中华传统文化，具有跨越时空的永恒价值，其是跨代传播构建人类命运共同体这一治世理念的有效媒介。

中华传统文化具有跨越时空的永恒价值。灿若星河的中华传统文化，不

---

① 栗卫斌：《第六届全国对外传播理论研讨会在银川召开》，http://m.china.com.cn/news/doc_1_3_1352399.html。

② ［英］汤因比、［日］池田大作：《展望二十一世纪——汤因比与池田大作对话录》，荀春生、朱继征、陈国梁译，国际文化出版公司1985年版，第1页。

仅是中华民族宝贵的精神财富,亦是世界各民族可以从中受益的精神瑰宝。从时间维度来看,中华传统文化尽管主要产生于农业文明时代,但其所蕴含的精神特质、生存智慧等等,却具有一种跨越时空的永恒价值。习近平总书记于2014年五四青年节在会见北京大学青年学生时指出,中华文明绵延数千年,有其独特的价值体系。"贵和""尚义""执中"是中华传统文化的思想精华,其潜移默化的影响着国人的思想方式和行为方式。近代以来,受西方外侵性文化的影响,霸权主义和强权政治大行其道。

当前国际社会尽管总体上保持着稳定,但局部地区的冲突与动荡从未止息。我国自古以来就强调"以和为贵""重义去利""执两用中"。凡此种种的价值理念传承至今,对消弭国际冲突、化解国际矛盾发挥着积极作用。在谈及中华传统文化的名言警句时,习近平总书记特别指出,"像这样的思想和理念,不论过去还是现在,都有其鲜明的民族特色,都有其永不退色的时代价值"①。中华传统文化历久而弥新,主动拥抱中华传统文化,自觉从中调动有益资源,我们才能知所趋附、行有所归。为了让中华传统文化"活起来",我党倡导对之进行创造性转化与创新性发展。实现"双创"的中华传统文化,能够在现实生活中发挥新的、更大的建设性作用。

习近平总书记访欧期间曾指出,要"推动中华文明创造性转化和创新性发展,激活其生命力,把跨越时空、超越国度、富有永恒魅力、具有当代价值的文化精神弘扬起来"②。中华传统文化能够"为人类提供正确的精神指引和强大的精神动力",但其价值能否得到彰显以及彰显的程度大小,取决于能否准确地理解并正确地对待。准确地理解中华传统文化,需要下一番苦功夫。中华传统文化是我们的"家底"。"家底"的厚度,决定于挖掘中华传统文化的深度、耕耘中华传统文化的精度。正确地对待中华传统文化,我们不能将之视为"过时了"的东西不予理睬,也不应对之绝对肯定无条件地加以继承。中华传统文化具有超越时空的永恒价值,但这种价值的彰显必须做到"返本开新"。

习近平总书记于2013年在全国宣传思想工作会议上,围绕中华传统文化

---

① 《习近平谈治国理政》,外文出版社2014年版,第170—171页。
② 习近平:《出席第三届核安全峰会并访问欧洲四国和联合国教科文组织总部、欧盟总部时的演讲》,人民出版社2014年版,第17页。

提出了"四个讲清楚"。而后,在次年中央政治局第十三次集体学习时,又补充了"两个讲清楚"。习近平总书记之所以要就中华传统文化提出"讲清楚"的具体要求,是因为在这些问题上我们有些还不清楚。中华传统文化博大精深,但究竟哪些是思想精髓,哪些有传承弘扬价值,怎样更好地推动其实现国际传播等等,有些我们还没有完全想清楚。想不清楚就讲不清楚。① 而想清楚的基础,是要做到"返本"。回归中华传统文化典籍,原汁原味地对之进行解读,是我们"想清楚"并"讲清楚"的"基本功"。解读中华传统文化典籍是手段,目的在于为当下以及未来的现实生活服务。每个时代都有每个时代需要回应的问题,中华传统文化并不会地给予我们解决问题现成的"钥匙"。中华传统文化在"返本"的同时还要"开新"。创造性转化、创新性发展中华优秀传统文化,使之思想精华和道德精髓服务于现时代。如此,我们才能够真正找到并用好解决时代之问的"钥匙"。

跨代传播构建人类命运共同体思想需要以中华传统文化为有效媒介。构建人类命运共同体是一个具有长期性的系统工程。习近平总书记援引邓小平同志的话称:"巩固和发展社会主义制度,还需要一个很长的历史阶段,需要我们几代人、十几代人,甚至几十代人坚持不懈地努力奋斗。"②构建人类命运共同体的工程量,不亚于社会主义制度的巩固和发展。构建人类命运共同体所需要投入的时间,可能比社会主义制度的巩固和发展还要长。③ 认识到构建人类命运共同体的长期性与艰巨性,我们就要做好打攻坚战、持久战的准备。习近平总书记告诫我们:"不能因现实复杂而放弃梦想,也不能因理想遥远而放弃追求。"④构建人类命运共同体,关乎建设人类的美好未来,需要一代又一代人接续努力。随着中国日益走近世界舞台的中央,作为中华民族精神命脉的中华传统文化也受到了日益广泛的关注。习近平总书记指出,我们的民族是伟大的民族。在五千多年的文明发展历程中,中华民族为人类文明进

---

① 郭齐勇:《中华文化超越时空的价值》,《人民论坛》2014 年第 24 期,第 32 页。

② 《十八大以来重要文献选编》(上),中央文献出版社 2014 年版,第 115 页。

③ 李慎明:《正确理解和准确把握构建人类命运共同体的科学内涵》,http://sky.cssn.cn/dzyx/dzyx_tt/201909/t20190910_4969749.shtml。

④ 习近平:《携手建设更加美好的世界——在中国共产党与世界政党高层对话会上的主旨讲话》,人民出版社 2017 年版,第 8 页。

步作出了不可磨灭的贡献。在构建人类命运共同体的伟大征程中,心系天下的中华民族,势必作出新的、更的贡献。最能让中华民族引以为傲的,是我们有着长达五千年之久的传统文化。中华传统文化与构建人类命运共同体思想在精神特质上具有相通性。以之为媒介工具,有助于推动人类命运共同体思想的跨代传播。

人类命运共同体在不同的历史时期具有不同的构建目标。有学者指出,"每一事物都在与他者的关系中显现自己的存在和价值"①。我者与他者保持什么样的利益关系,直接关涉到人类命运共同体近期、中期以及远期构建目标的达成。恩格斯在论及利益问题时曾指出:"在利益仍然保持着彻头彻尾的主观性和纯粹的利己性的时候,把利益提升为人类的纽带,就必然会造成普遍的分散状态,必然会使人们只管自己,彼此隔绝,使人类变成一堆互相排斥的原子。"②不同行为体相互排斥,很难结成命运与共的统一整体。

构建人类命运共同体的近期目标,是将各行为体有机联结在一起。在此基础上,将打造依存性更强、联结度更高的命运共同体作为中期目标。在世代人的接续努力下,人类终有一天会结成"自由人的联合体",也即实现构建人类命运共同体的远期目标。

利益是将不同行为体联结在一起的纽带,人类命运共同体近期、中期以及远期构建目标的达成,都不能忽视对利益问题的关注。只强调自身的利益而无视乃至牺牲他者的利益,不可避免地造成各行为体的隔绝,即便这种隔绝在全球化时代不表现在物理层面上,也会在心理层面被呈现。强调利他的中华传统文化,有助于各行为体相互吸引、相互依附,结为命运与共的有机整体。对利益问题的关注具有跨时代性,以具有利他性的中华传统文化作为跨时代传播人类命运共同体思想的媒介工具,有益于近期、中期以及远期构建目标的达成。中华传统文化不是专指一家一派的学说,而是各家各派学说的集合。有研究者指出,将儒家学说和整个中华传统文化完全等同起来,实则是一种误读。他强

① 陈来:《中华文明的核心价值:国学流变与传统价值观》,生活·读书·新知三联书店2015年版,第4页。
② 《马克思恩格斯全集》第1卷,人民出版社1956年版,第663页。

调:"几千年的中国传统思想文化,不是单独哪一家哪一派的天下。"①

儒家学说是中华传统文化的主流。儒家学说以仁爱为本,以之为跨代传播构建人类命运共同体思想的媒介工具,有助于阶段性构建目标的达成。关于何谓"仁",孔子给出的答案是"爱人"。关于如何达到"仁",孔子指出"己欲立而立人,己欲达而达人";"己所不欲,勿施于人"。以儒家"仁爱"思想为媒介工具,有助于各行为体在成就自己的同时尽可能地成人之美;对自己做不到的事情,亦不强加给别人。以"仁爱"为跨代传播构建人类命运共同体思想的媒介工具,可以最大限度地协调各行为体的利益关系,拉近其结为命运共同体的心理距离并促使其向构建"真正的共同体"努力。构建人类命运共同体重视集体利益,但绝不意味着因此而轻视乃至牺牲个体利益。整体与部分的利益如若协调不好,也很难真正将各行为体联结为一个命运与共的有机体。儒家"仁爱"思想在倡导利益他人的同时,亦不反对利益"自己"。但强调在利益"自己"的过程中,不断地向外扩展仁爱行为,尽可能地扩展利益"他人"的范围。这种范围不仅是空间层面的,还包含时间层面的。意即不仅要利益"天下人",还要利益"后代人"。"仁爱"与跨代传播构建人类命运共同体这一治世理念在本质要求上高度契合,因而以其为媒介工具具有现实性与必要性。

跨代传播构建人类命运共同体这一治世理念,不可避免地要协调、处理各行为体的利益关系。不同行为体出现分歧与隔阂的裂度与人类命运共同体构建的效果呈正比例关系。也即不同行为体的分歧与隔阂越大,越不利于人类命运共同体的构建。儒家"仁爱"思想为弥合不同行为体的分歧与隔阂提供了智慧力量。仁与义是一体的。当各行为体的义与利存在矛盾时,儒家倡导先义后利、行义去利。儒家以利他为精神特质的"仁爱"思想与构建人类命运共同体的本质要求是相融相通的。以仁爱为本的儒家学说具有一种跨越时空的精神魅力,以其为媒介工具,不仅有助于现世代的各行为体相亲相爱、将心比心、重义轻利,还有利于将之拓展到不同的世代,助推人类最终实现构建"自由人联合体"的目标。也就是说,以仁爱为本的儒家学说是构建人类命运

---

① 刘梦溪:《中国文化的张力:传统解放》,中信出版社2019年版,第12—14页。

共同体这一治世理念实现跨代传播、助推各阶段构建目标达成的有效媒介。

道家学说在中华传统文化中占据着重要地位。构建人类命运共同体是为"人类策"、为"万世谋"。道家学说崇尚自然、追求天道。在老子看来,"天之道,损有余而补不足;人之道则不然,损不足以奉有余。"①道家尊崇天道而反对人道。减损有余以补充不足是自然的法则,反映在各行为体对利益的追求上,富者应该乐善好施、扶危济困。在道家看来,能够奉行天道者,是"有道"的行为体。构建人类命运共同体的近期目标,是促使各行为体结成紧密的命运共同体。尊崇天道的道家学说,能够对人类命运共同体在思想上的传播以及近期目标的达成发挥积极影响。共处于同一个地球的各行为体本是一家,将矛盾与隔阂印记在脑海里,不仅有碍于同代人的和谐相处,还可能将仇恨的"种子"延续到下一代。构建人类命运共同体的中期目标是各世代的行为体都能够命运与共,远期目标是各行为体结成"真正的共同体"(也即"自由人联合体")。思想是行动的先导。构建人类命运共同体近期、中期以及远期目标的达成,均离不开思想的引领。道家学说反对人道、谴责为富不仁,这有助于各行为体消除矛盾与隔阂,促使其彼此联结所建立的友谊之树万古长青。从这个意义上来看,尊崇天道而反对人道的道家学说对实现人类命运共同体在思想上的跨代传播影响甚大。综上分析,中华传统文化中的儒家、佛家以及道家等学说,均能够对构建人类命运共同体这一治世理念实现跨代传播发挥持久而深刻的影响力,以之作为工具媒介具有有效性。

第三节　中华传统文化在人类命运共同体思想传播中的作用方式

习近平总书记指出:"中国优秀传统文化的丰富哲学思想、人文精神、教化思想、道德理念等,可以为人们认识世界和改造世界提供有益启迪。"②以中华传统文化为媒介,能够有力推动构建人类命运共同体这一治世理念正向、广

---

① 孙文鹏:《〈道德经〉解玄》,九州出版社 2018 年版,第 224 页。

② 习近平:《在纪念孔子诞辰 2565 周年国际学术研讨会暨国际儒学联合会第五届会员大会开幕上的讲话》,人民出版社 2014 年版,第 7 页。

域、跨代传播。我们有必要进一步追问,中华传统文化在人类命运共同体思想传播中是怎样发挥作用的? 通过分析中华传统文化对人类命运共同体理论传播、形象传播以及价值传播所发挥的作用,可以深化我们对该问题的认识。

一、中华传统文化对构建人类命运共同体理论传播的作用

人类命运共同体是一个内涵极其丰富的思想理论体系。从理论上讲清楚构建人类命运共同体"是什么",对于促进其在国际社会的传播至关重要。构建人类命运共同体的理论传播需要借助一定的媒介工具。中华传统文化对确保理论传播的方向性、拓展理论传播的时空范围发挥着重要作用。

以中华传统文化为媒介确保了理论传播的方向性。构建人类命运共同体关乎人类美好未来。促进该思想在国际社会的传播,首先需要让各行为体正确理解该思想的基本内涵、核心要义以及价值理念等等。各行为体正确理解构建人类命运共同体的思想基础,是对之进行正确解读。中华传统文化能够为构建人类命运共同体思想的国际传播提供有益启迪,但其本身并不能直接解决传播的实际问题。我们需要以之为媒介工具,从中吸纳智慧结晶来为思想的正读与正解服务。

"贵和""重义""执中"等是中华传统文化中的精华成分,其对确保人类命运共同体理论传播的方向性发挥了重要作用。构建人类命运共同体是由崛起后的我国首倡的,该思想从提出以来就伴随着种种质疑声音。构建人类命运共同体思想的提出,植根于源远流长的中华传统文化。对中华传统文化缺乏必要的了解,就可能会出现无法正确解读、不能正确理解构建人类命运共同体这一治世理念的现象。"和"是中华传统文化的核心。"尚和"的中华民族尤为看重"以和为贵""多元共存"。构建人类命运共同体的提出绝不是要颠覆现有的国际秩序,更是要塑造更加公正、合理、有序的世界秩序;绝不是要谋取新的世界霸权,更是要为世界贡献新的、更大的力量。习近平总书记指出:"如今中国这头狮子已经醒了,但这是一只和平的、可亲的、文明的狮子。"①在

---

① 习近平:《出席第三届核安全峰会并访问欧洲四国和联合国教科文组织总部、欧盟总部时的演讲》,人民出版社2014年版,第25页。

中华民族发展史上,我国从没有入侵他国的记录。中国人民热爱和平、珍视和平,对战争的苦难有着真切的体悟。我国坚守维护国家利益的底线,但绝不会为了谋取国家利益的扩大化而无视乃至牺牲别国的利益,更不会因此而主动与别国爆发军事冲突。我国古人历来强调谦和礼让、重义去利、互相包容、和合共生。构建人类命运共同体这一治世理念从中华传统文化中汲取了丰富的精神滋养。中华传统文化与构建人类命运共同体这一治世理念具有高度的相通性。正确解读构建人类命运共同体,就要理性看待中华传统文化。对中华传统文化的无知,对零和博弈、你输我赢、你多我少思维的迷信,对构建人类命运共同体的偏见,是不同行为体命运与共、携手共建人类美好未来的"最大敌人"。

以中华传统文化为媒介推动构建人类命运共同体这一治世理念的理论传播,能够帮助各行为体从无知、迷信与偏见的束缚中摆脱出来。"今天的受众已不再是单纯的信息接受者"①,任何行为体均既可以扮演人类命运共同体理论传播接受者的角色,同时也可以扮演信息发送者的角色。丹尼斯·麦奎尔指出:"信息发送者和接受者之间的关系,对于任何有关媒介受众概念的考察来说都是一个核心问题。"②受众因存在无知、迷信与偏见而错误传导源发送者的信息,对于目标达成将产生严重的消极影响。对于这一问题,我们需要高度重视。

中华民族是一个有着强烈天下情怀、时代担当精神的伟大民族。中国共产党作为中华民族的先锋队,为解决人类面临的共同问题,率先提出了构建人类命运共同体思想。为世界谋大同、共创人类美好未来,是我党作为构建人类命运共同体思想"源信息发送者"的原初意旨。中华传统文化蕴含着中华民族最深沉的精神追求,以之作为正确解读构建人类命运共同体思想的媒介具有可靠性,其能够有效保证受众所接受的人类命运共同体信息不偏离源发送者的原初意旨,也即确保理论传播的方向性。

---

① [英]丹尼斯·麦奎尔:《受众分析》,刘燕南、李颖、杨振荣译,中国人民大学出版社2006年版,第1页。
② [英]丹尼斯·麦奎尔:《受众分析》,刘燕南、李颖、杨振荣译,中国人民大学出版社2006年版,第134页。

　　以中华传统文化为媒介拓展理论传播的空间范围。人类命运共同体绝非依靠一个或几个行为体的力量就能够构建起来,其有赖于各行为体共同的参与和支持。各行为体唯有在理论上对构建人类命运共同体的基本内涵、核心要义与价值理念等有基本认识,才有可能真心实意的参与并支持此项宏大工程的建设。构建人类命运共同体在思想上的传播应该具有广域性。从横向的空间维度来看,不断拓展人类命运共同体理论辐射的地域范围,对于携手共建美好家园而言显得尤为必要与迫切。作为构建人类命运共同体的发起者,我国对于拓展人类命运共同体理论传播的空间范围有着强烈的责任意识与担当精神。近年来,随着我国综合国力不断提升,在国际上的影响力不断增强,越来越多的行为体渴望更深层次地了解中国。中华传统文化是中华民族的"根"与"魂"。不能把握住中华传统文化的精神精华,就很难真正地读懂中国。渴望更深层次地了解中国,就包括了期待认识博大精深、源远流长的中华传统文化。这在客观上为以中华传统文化为媒介,拓展人类命运共同体理论传播的空间范围提供了良好契机。

　　中国越走向世界舞台的中心,就越容易引起各行为体注目中华民族创造的中华传统文化。各行为体越将关注的目光聚焦在中华传统文化上,就越有助于我国增强以之为媒介拓展人类命运共同体理论辐射空间范围的能力。构建人类命运共同体尽管是由我国首倡的,但绝不仅仅是我们一个国家的事。在尊重源信息发送者主观意旨的基础上对信息进行加工并传播,是每一位传播受众应该具备的媒介素养。各行为体正读、正解并正向传播构建人类命运共同体思想的有效媒介之一,是认识并把握中华传统文化的精神实质。

　　正读、正解并正向传播构建人类命运共同体思想,同样需要各行为体提升自身的媒介素养。在全球化时代,任何行为体均可以成为构建人类命运共同体的传播受众,其亦有权对该思想进行再加工并进行次级传播。传导与源发送者主观意旨相背离的信息,是一种极不负责任的表现。这既是对源信息发送者的不尊重,更是对下一层级信息接受者的误导。各行为体妥善行使身为传播者的权力,有必要以中华传统文化为媒介,对构建人类命运共同体作出正确的解读并进行正向的传播。对于构建人类命运共同体的理论传播而言,各行为体认识并把握中华传统文化是一种有效提升自身媒介素养的途径。

提升自身的媒介素养涵盖了所有的行为体,其中也包括我们自身。中华传统文化博大精深,其中蕴含的思想宝藏还有太多留待我们去开掘、去利用。中华传统文化是一条流淌着的河流,其能够为我们提供给养,但并非所有的水都适合浇灌人类命运共同体这棵思想之树。有学者指出,"中国文化中当然有年积日久的消极的东西,特别是当西方进入资本主义、中国封建社会开始衰落、接踵而来又沦入半封建半殖民地社会的时期"①。

对待中华传统文化,我们应该坚持有鉴别地对待、有扬弃地继承的原则,从中汲取出有益于而非有碍于人类命运共同体思想传播的精神精华。有益于人类命运共同体思想传播的中华传统文化,以之为媒介可以不断拓展理论传播的空间范围。比如"尚和""重义""执中"的中华传统文化与人类命运共同体思想的核心要义相契合,以之为媒介可以促使各行为体看清思想底色,提升理论的影响力和传播力。有碍于人类命运共同体思想传播的中华传统文化,如若以之为媒介,非但无助还很可能会有害于理论传播范围的拓展。正确认识并理性把握中华传统文化,以之为媒介拓展人类命运共同体理论传播的空间范围,同样是我们需要具备的基本媒介素养。从认知层面来看,以中华传统文化为理论传播的媒介,可以促使各行为体走向对构建人类命运共同体的正读并进而求得正解,这为拓展理论影响的辐射区域铺设了条件。

以中华传统文化为媒介延伸理论传播的时间范围。构建人类命运共同体之所以被提出,源于回应世界发展难题、共创世界美好未来的现实需要。人类社会历史发展是前进性与曲折性的统一。从总体上来看,人类社会进步的阶梯是在不断上升的,但不可能一帆风顺。世界发展难题的存在好似一个又一个的"绊脚石"。现有的世界发展难题得到破解,又会产生新的难题。人类迈向一个又一个的进步阶梯,遇到"绊脚石"并不可怕,可怕的是不知道如何应对抑或是应对方式不当。在已知与未知的挑战面前,任何行为体都不可能独善其身。选择何种行为模式,既事关各行为体的生死,更事关整个人类的未来。人类命运共同体正是我党为破解世界发展难题、展望人类美好未来而提出的新思想。构建人类命运共同体之于人类的生存与发展而言是千秋伟业。

---

① 陈先达:《文化自信中的传统与当代》,北京师范大学出版社 2017 年版,第 161 页。

思想是行动的指挥棒。

从历史纵向维度来看,铸就人类命运共同体这一千秋伟业,人类社会发展的各个历史阶段均要做到思想先行。构建人类命运共同体思想的跨代传播对于各行为体携手应对世界发展难题、共创世界美好未来而言意义深远。中华传统文化具有一种穿透时光的精神魅力,以之为媒介能够不断延伸人类命运共同体理论传播的时间范围。构建人类命运共同体需要吸纳各行为体的智慧力量,各行为体在历史上所创造的文化,都是铸就人类伟业的精神财富。中华传统文化之所以可以充当延伸理论传播时间范围的有效媒介,是由其固有的精神特质所决定的。

从人类文明比较的角度来看,唯有中华文明延绵至今、从未断绝。其背后的奥秘就在于中华传统文化从本质上来讲是一种"尚和"的文化。倡导"和而不同"的中华传统文化,能够最大限度地尊重并保留世界各民族文化的差异性并寻求统一性。中华传统文化具有极强的消化力与融摄力①,以之作为人类命运共同体理论传播的媒介工具,有助于"和而不同""以和为贵""家和万事兴"等价值理念深入人心,这有助于跨世代汇聚各行为体所固有的智慧力量,并在此基础上将之整合为新的、更强大的建设性力量。

各行为体摆脱各种挑战、寻求共同发展,不仅在横向的空间范围内一荣俱荣、一损俱损,而且在纵向的时间范围上也是环环相扣、休戚相关。不同世代的行为体从理论上认知人类命运共同体思想的核心价值理念至关重要。应对跨越民族、跨越时空的各种挑战,核心价值理念需要世代传承。核心价值理念传承链条的断裂,很可能意味着人类命运与共有机整体的破裂。以中华传统文化为媒介能够核心价值理念传承链条的持续转动提供不竭动力并增添"润滑剂"。以中华传统文化为媒介延伸人类命运共同体理论传播的时间范围是有理据的。宋代程颐与程颢提出了一个重要命题,"公则同,私则异"②。一个行为体是秉持"公心"还是持有"私心",其分水岭在于"求同"还是"求异"。③"求同"还是"求异"还往往被视为能否"为圣"的重要标尺。二程子指出:"圣

---

① 郭齐勇:《中国文化精神的特质》,生活·读书·新知三联书店 2018 年版,第 2 页。
② (宋)程颐、程颢:《二程集》(下),中华书局 2004 年版,第 1256 页。
③ 刘梦溪:《中国文化的张力:传统解放》,中信出版社 2019 年版,第 119 页。

贤之处世,莫大于大同之中有不同焉,不能大同者,是乱常拂理而已。"①尊重并肯定差异性的存在,是圣人所为。在中华传统文化看来,没有哪位圣人会追求无差别的同一。牟宗三曾指出:"照中国的文化讲,人人皆可为圣人。而依基督教的文化系统,则只有耶稣是圣子。"在"分解的尽理之精神"的影响下,受基督教文化系统影响的各行为体催生出了一种隔离的意识,②这无异于为构建人类命运共同体筑起了重重"精神高墙"。牟宗三认为按照西方文化的理解,如果人人皆可以"为圣",那么也就不需要所谓的"上帝",人类社会将因此而混乱不堪。以中华传统文化为人类命运共同体理论传播的媒介,不仅有助于各行为体行圣人之道,还有助于其世代为圣。

构建人类命运共同体与我国古人追求的大同之境有诸多的相似性。通达这一境界不能妄图消除各行为体固有的差异性,这其中内在地包含了要尊重各行为在政治、经济、文化等方面的特殊性。不能求大同者,在二程看来是"乱常拂理",也即违背了人类社会发展的客观规律。而要"求大同",就要尊重并肯定各行为体固有的差异性。"求大同"是我国儒家的至高理想。这一理想的实现是一个长期的历史过程。宋代思想家陆九渊指出:"圣人虽生异世,其心意同一也。"中华传统文化蕴藏着无穷的智慧宝藏,以之为媒介,有助于生于异世的各行为体守持着一颗"公心",将构建人类命运共同体所需要遵循的思想义理代代相传。因此,以中华传统文化为媒介工具,有助于延伸人类命运共同体理论传播的时间范围。

二、中华传统文化对构建人类命运共同体形象传播的作用

正读、正解、正向传播构建人类命运共同体这一理念,有助于塑造并维护其良好形象。反之,误读、曲解、反向传播构建人类命运共同体思想,则会损毁其形象。塑造并维护构建人类命运共同体这一治世理念的良好形象,是一笔无形的宝贵资产。以中华传统文化为媒介,有助于拓展该无形资产实现价值增值的空间范围并延伸其实现价值增值的时间范围。

---

① (宋)程颐、程颢:《二程集》(下),中华书局 2004 年版,第 1264 页。

② 杨泽波:《贡献与终结:牟宗三儒学思想研究》第一卷,上海人民出版社 2014 年版,第262 页。

塑造并维护人类命运共同体的良好形象是人类社会的无形资产。构建人类命运共同体的现实指向是破解全球性治理难题,其本然面目是为世界人民谋幸福。构建人类命运共同体的未来指向是共建人类美好明天,其应然面目是为世界人民谋大同。"形象可以与事物本身打破相关性。"①也就是说,人类命运共同体的实际形象、目标形象与传播形象会存在一定的差异性,而差异性的存在会在一定程度上妨碍各行为体形成思想共鸣,阻碍人类命运共同体的有效构建。

"传递真实"是人类命运共同体形象传播的本质要求。从某种意义上来看,存在误解和歪曲、离开"真实"的形象传播也很难有力地推动人类命运共同体的实质性构建。命运关乎生死。脱离事物本然面目、扭曲事物应然面目的形象传播,很可能加重各行为体结成命运共同体的担忧与疑虑,进而对人类命运共同体的有效建构产生消极影响。合理的形象传播有助于促使各行为体从正读走向正解、从正解走向共鸣。人类命运共同体旨在对世界范围内不合理的利益关系进行革命性重塑。而重塑世界利益关系,有赖于各行为体在事关人类命运的核心问题上产生思想共鸣。人类当前已经进入全球化时代,但由资本逻辑主导的全球化,尽管在形式上宣称各行为体是平等的在事实上却存在着等级差别。这种差别反映在经济层面,造成了落后与发达的发展格局;反映在文化层面,造成了野蛮与先进的文明史观;反映在政治层面,造成了霸权主义、强权政治的国际格局。②

发展是当今国际社会的核心议题,可当前各行为体的发展却是不平衡、不充分的。拥有"资本"、享有"霸权"的行为体最大限度地满足了自身发展的需要,可欠发达国家与地区的发展却受到了极大的限制。构建人类命运共同体以满足所有行为体的主体需要为目标追求,该思想的提出让广大行为体尤其是新兴市场国家、欠发达国家为之振奋。为构建更加公正、合理、有序的国际新秩序,不断增进世界各行为体的利益福祉,中国共产党提出了构建人类命运共同体的新思想。人类命运共同体形象传播能够影响到各行为对共同命运的

---

① 刘鹏:《中国形象传播:历史与变革》,经济科学出版社 2012 年版,第 5 页。
② 卢黎歌:《新时代推进构建人类命运共同体研究》,人民出版社 2019 年版,第 6—10 页。

关注、共同意识的形成、共同身份的确立、共同责任的坚守等。不同行为体关注共同命运、形成共同意识、确立共同身份、坚守共同责任等等虽然看似是无形的，①但因此而凝聚起的共同力量、所采取的共同行动对人类社会发展所施加的影响却是有形的。从这个意义上来看，塑造并维护人类命运共同体的良好形象，于人类社会的发展而言，是一笔宝贵的无形资产。从长远来看，这笔资产往往比看得见、摸得着的有形资产更有价值、更值得人们珍视。

以中华传统文化为媒介塑造并维护人类命运共同体的良好形象，实现无形资产的价值增值。研究人类命运共同体的形象传播，有必要先搞清楚形象塑造者的问题。构建人类命运共同体这一治世理念，源于中国，属于世界。我国是构建人类命运共同体思想的提出者也是主要塑造者，但并非是唯一塑造者。属于世界的人类命运共同体，其形象塑造者可以也应当是所有的行为体。各行为体塑造人类命运共同体的形象，需要借助一定的媒介工具。中华传统文化是我国塑造人类命运共同体良好形象的重要媒介工具。我们需要特别指出的是，中华传统文化并不是我国塑造人类命运共同体良好形象的唯一媒介工具，亦不是除我国以外的其他行为体认清人类命运共同体实际形象的独有媒介工具。从归根结底的意义上来讲，塑造并维护人类命运共同体的良好形象，关键要依靠其自身的实质性建设。

中华传统文化是人类命运共同体形象传播有效的媒介工具，但绝不能因单纯强调并片面夸大媒介工具的使用而忽视了建设本身。理性的人类命运共同体形象传播思路，是在不断提升工程建设质量的同时，高度重视以中华传统文化为媒介实现传播形象的提升。构建人类命运共同体的目的在于增进人民的利益福祉。"改善民生"是提升人类命运共同体建设质量、树立人类命运共同体良好形象的重中之重。

中华传统文化与构建人类命运共同体的本质要义存在诸多相融通之处。以之为人类命运共同体形象传播的媒介工具，可以极大地拓展各行为体的理论视野，促使其从正读走向正解、从正解走向共鸣，助力该无形资产在空间与时间范围内实现价值增值。塑造并维护人类命运共同体的形象，实现无形资

---

① 张战：《构建人类命运共同体思想研究》，时事出版社 2019 年版，第 3 页。

产的价值增值是相对于价值贬值而言的。运用好中华传统文化这一媒介工具,我们要在深耕经典文本、把握本质要义的基础上对之进行创造性转化与创新性发展。妥善运用中华传统文化这一媒介工具,可以塑造正面的人类命运共同体形象,实现无形资产的价值增值。而这一媒介工具如若使用不当,也可能会塑造反面的人类命运共同体形象,造成无形资产的价值贬值。中华传统文化中蕴藏着无穷的智慧宝藏,其留待我们投入更多的时间与精力去开掘。本书从中华传统文化中提炼、萃取了"贵和""重义""执中"等思想精华,这些成份与构建人类命运共同体思想存在高度的契合性。以之为媒介工具,能够助力人类命运共同体良好形象的塑造与维护,实现无形资产的价值增值。

以中华传统文化为媒介拓展无形资产价值增值的空间范围。构建人类命运共同体是一个具有开放性的系统工程。任何行为体均享有人类命运共同体的形象传播权。我国作为人类命运共同体的首创者,应该充分行使好这一权力。塑造并维护人类命运共同体的良好形象,于人类社会的发展而言,是一笔宝贵的无形资产。人类命运共同体植根于中华传统文化。以中华传统文化为人类命运共同体理论传播的媒介工具,对于拓展无形资产价值增值的空间范围极为有利。中国传统文化是儒、释、道三家互融互补的文化。[①]

人类命运共同体是一个"活的有机体",中华传统文化对该有机体的构建有诸多启示意义。倡导"以佛治心,以道治身,以儒治世"的中华传统文化,有助于永葆该有机体的生命活力。从这个意义上来讲,在中华传统文化的滋养下,人类命运共同体能够以饱满的精神状态存在于世。中华传统文化固有的根本特点,决定了以之为媒介可以不断拓展人类命运共同体形象传播的空间范围。中华传统文化强调"观念上的'和而不同'和实践中的'整体会通'"[②]。构建人类命运共同体的各行为体,对同一事物会存在不同的理解。尚"和"而卑"同"是中华传统文化的重要观念之一,我国古人历来反对单一附和,强调"同则不济"。行为体对事物发表意见与看法的声音如若被压制,长此以往会影响其参与国际事务的积极性与主动性。以中华传统文化为媒介工具,有益

---

① 楼宇烈:《中国文化的根本精神》,中华书局 2016 年版,第 184 页。
② 楼宇烈:《中国文化的根本精神》,中华书局 2016 年版,第 220 页。

于集合各行为体的智慧力量协力构建人类命运共同体,综合会通可赋予其以一种不断发展、勇于创新的良好形象。构建人类命运共同体是一个统一整体,但绝不意味着只允许发出一种声音。一味求同所形成的声音必然是单调、乏味的。只允许一种文明存在、只允许走相同的政治与经济发展道路,最终会造成命运共同体的萎缩甚至死亡。诚如周末史官史伯所言,"若以同裨同,尽乃弃矣。"独立个体的智慧力量是有限的,可无数分散的个体所集合起的智慧力量是无穷的,其对社会发展所能施加的影响也势必更加广泛。荀子指出:"君子生非异也,善假于物也。"①运用好中华传统文化这一媒介工具,能够有效拓展人类命运共同体形象传播的地域范围。"登高而招,臂非加长也,而见者远;顺风而呼,声非加疾也,而闻者彰。"②集合众行为体的智慧力量,站在更高的视角看问题,构建人类命运共同体就能望得更远;允许不同行为体发出自己的声音,尽可能满足其合理利益诉求,构建人类命运共同体的原初意旨、目标追求就容易更清晰地被听见。这可以有效避免人类命运共同体实际形象、目标形象与传播形象存在差异。其均可视为塑造并维护人类命运共同体良好形象,也即实现无形资产价值增值的"加分项"。因此,以中华传统文化为媒介,能够有力拓展人类命运共同体良好形象这一无形资产实现价值增值的空间范围。

以中华传统文化为媒介延伸无形资产价值增值的时间范围。人类命运共同体的良好形象,是需要倍加珍惜的无形资产。这一无形资产要在时间范围内不断实现价值增值,有赖于持续输出正面的人类命运共同体形象。人类命运共同体的实际形象、目标形象与经由传播所输出的形象会存在一定的差距。这种差距的裂度越大,越不利于人类命运共同体的跨代构建。"构建人类命运共同体,关键在行动。"③受人类命运共同体负面形象的影响,各行为体很难凝心聚力、开展联合行动。这种负面影响在下一个世代得不到消除,会持续消解各行为体共建人类命运共同体的积极性与主动性。

为人类命运共同体正面形象传播寻找到一个超越时空的有效媒介,是一

---

① 黄荣华:《君子之言〈荀子〉选读》,上海教育出版社 2017 年版,第 18 页。

② 刘高杰:《国学经典集锦》,光明日报出版社 2015 年版,第 47 页。

③ 《习近平谈治国理政》第二卷,外文出版社 2017 年版,第 541 页。

项刻不容缓的时代使命。绵延五千多年且至今仍在发挥重要作用的中华传统文化，有资格担负起这一历史重任。中华传统文化蕴含着诸多与人类命运共同体跨代构建相融通的思想内容。比如，北宋大思想家张载提出了著名的"横渠四句"："为天地立心，为生民立命，为往圣继绝学，为万世开太平"①。天地本没有心，有心的是人，能够辨识、追求人所持有的仁者之心和圣人之心，也就做到了为天地立心。人的生命尽管有长有短，但如若能够保持性体全德，个体就可以做到安身立命。张载立命的对象是"民吾同胞"，也即将人类社会的所有个体都视为同胞兄弟。"为往圣继绝学"指为学者应该继承并弘扬孔孟先儒之道统。"为万世开太平"是众多儒士崇高的政治、文化理想，其期待全体归仁，共筑率性诚明的美好人类家园。

人作为"类存在物"，本应结为一个紧密的命运共同体，建立共存共荣的"大家庭"。然而，各行为体却因为缺少仁者与圣人之心，人为地割裂了本应血脉相连的情感纽带。以"为天地立心"作为形象传播的媒介，有助于各行为体减少矛盾与纠纷，有利于维护人类命运共同体"仁爱和睦"的良好形象。生民的命，有理命与气命之分。"为生命立命"能够为构建人类命运共同体开显出"安身立命"之道。构建人类命运共同体作为一个整体，其理命与气命均不可伤害。各行为体作为人类命运共同体的重要组成部分，其理命与气命同样不能偏废。以之为媒介，有助于维护人类命运共同体"护持生命"的良好形象。"为往圣继绝学"与构建人类命运共同体相关联，能够拓展"往圣"的主体外延。但凡人类历史上作出重大贡献者，均有必要善续其学脉。以之为媒介，有助于维护人类命运共同体"积极吸纳前人思想成果"的良好形象。开出太平盛世不止于一时，而是要历经万世。这一宏愿与人类命运共同体的构建高度契合。从时态上来看，构建人类命运共同体"只有进行时，没有完成时"。以"为万世开太平"作为人类命运共同体形象传播的媒介，有助于维护其"和合天下"的良好形象。以中华传统文化为媒介，能够为优化人类命运共同体形象提供源源不断的智慧养料，其有益于持续延伸无形资产实现价值增值的时间范围。

---

① 仝建平：《经史子集 中国古代的文化典籍》，希望出版社 2012 年版，第 157 页。

三、中华传统文化对构建人类命运共同体价值传播的作用

德国哲学家哈贝马斯指出,避免系统出现动因危机,要促使其不断生产出"意义"资源①。人类命运共同体理论传播与形象传播尽管能够不断输出相应的"意义"资源,但并不具有稳定性与持久性。构建人类命运共同体是一个长期的系统性工程。调动各行为体的参与动机并使之付诸的行动具有可持续性,需要建构起必要的价值系统,也即在价值分析的基础上形成具有共通性的价值判断与价值选择。

构建人类命运共同体这一治世理念的价值传播,在整个传播链条中是不可或缺的一个环节。美国夏威夷大学终身教授成中英指出,中国文化是"人类进行群体生命整合的示范准则,具有价值的理想性与价值的规范性"②。这里的中国文化内在地包含了中华传统文化。中华传统文化对人类未来理想社会的构建与人类共同命运的规范中,发挥着极为重要的作用。以之为媒介有助于为价值传播指明方向并拓展价值传播的时空范围。

以中华传统文化为媒介指明价值传播的方向。价值传播指的是人类命运共同体思想传播过程中的价值体现。人类命运共同体理论传播与形象传播的应然目的,均是促使各行为体建构起相应的价值认知体系,从理论层面对人类命运共同体的认识,从形象层面对人类命运共同体的感知,并不一定会将之转化为行动。价值认知体系具有较强的稳定性,其是由感性认识上升到理性认识的产物。行动的开展以及行动开展后所保持的持久性,取决于能否形成相对稳定的价值认知体系。这一体系具体包括诸如认清"为什么要构建人类命运共同体""怎样构建人类命运共同体"等内容。对相关内容的思考与回应,均涉及价值分析、价值判断以及价值选择问题。价值分析是否客观、价值判断是否得当、价值选择是否准确,直接与人类命运共同体思想的传播效度相关联。从这个意义上来讲,价值传播是构建人类命运共同体思想的生命与灵魂。

---

① [德]尤尔根·哈贝马斯:《合法化危机》,刘北成、曹卫东译,上海人民出版社2009年版,第104页。

② 成中英:《中国文化与世界文化的共同价值》,《山东省社会主义学院学报》2017年第2期,第5页。

价值传播需要借助一定的媒介。人类命运共同体价值传播赖以借助的媒介是多样化的,中华传统文化是其中不可忽视的一种。中华传统文化尽管发源于历史深处,但至今仍然具有强大而旺盛的生命力。经过历史长河的淘洗,中华传统文化形成了独具特色的价值理念。以中华传统文化为媒介,能够指明人类命运共同体价值传播的方向。有学者认为:"'大同思想'是我国传统文化的核心理念。"①关于什么是"大",中华传统文化典籍有诸多解释,比如《庄子·天地》记载,"不同同之之谓大"②。在承认差异性的基础上,我国古人重视其彼此之间的共通性。构建人类命运共同体的不同行为体具有差异性,从中华传统文化中汲取智慧养料,我们同样应该对之予以承认与尊重。承认"不同"是前提,能够"同之"是目的。在承认并尊重差异性的基础上,我们要致力于寻求不同行为体之间的共通性。由此观之,构建人类命运共同体思想与中华传统文化在价值追求上存在高度的契合性。"求大同"是我国儒家矢志不移的价值目标。人人亲亲相慕、互帮互助,没有冲突、没有隔阂、没有战争,是古往今来仁人志士的不懈渴求。"求大同"不是仅仅止于一个行为体内部的价值追求,而是致力于实现天下所有行为体的多元共存。不同行为体多元共存应该突出哪些价值理念,中华传统文化亦指明了方向。"讲仁爱""守诚信""崇正义""重民本""尚和合"的中华传统文化③,在人类命运共同体的价值传播中能够不断催生出具有正向性的"意义"与价值资源。从这个角度来讲,以中华传统文化为媒介,能够为人类命运共同体的价值传播指明方向。

以中华传统文化为媒介拓展价值传播的空间范围。人类命运共同体价值传播中的"价值",究竟是谁的价值?值得我们进一步去追问。人类所有个体均是构建命运共同体的主体,价值传播所传导的,必然是全人类的共同价值。构建人类命运共同体致力于打造一个属于所有行为体的精神家园。而共同价

---

① 郭齐勇、刘依平:《大国声音:中华优秀传统文化与时代精神》,长江出版传媒、湖北教育出版社 2016 年版,第 194 页。

② 蔡希勤:《庄子说》,华语教学出版社 2006 年版,第 147 页。

③ 郭齐勇、刘依平:《大国声音:中华优秀传统文化与时代精神》,长江出版传媒、湖北教育出版社 2016 年版,第 3—8 页。

值正是各行为体得以安放灵魂、不再流离失所的精神栖息地。从这个意义上来看,广域性是人类命运共同体价值传播所具有的基本特征。人类命运共同体价值传播不仅应该实现国际化,还应该实现全球化。以何为媒介工具拓展人类命运共同体价值传播的空间范围,既是一个重大的理论问题,也是一个迫切需要回应的现实问题。英国哲学家维特根斯坦在对"命运"问题进行分析时,曾提醒我们要对未来负有责任,要对未来进行深入思考。① 人类命运共同体价值传播的媒介工具,其资格一定是基于对人类前途与命运做出深入思考基础上而获取的。

卡尔·霍夫兰、欧文·贾尼斯、哈罗德·凯利在合著的《传播与劝服》中指出:"信息的效果有赖于其传播的方式或传播渠道。"②他们充分肯定了媒介在信息传播中的重要性并将之归为"信源"范畴。借助不同的媒介工具,往往会产生不同的信息传播效果。价值传播在空间范围的拓展广度,可视为检验信息传播效果的重要标尺之一。

人类历史上对自身前途与命运做出深入思考的优秀文化成果,原则上均具有作为价值传播媒介的资格。中华传统文化是中华民族几千年集体智慧的结晶,其中蕴含着大量有关"对人类前途与命运"进行深入思考的内容。以之作为媒介工具,有助于极大地拓展人类命运共同体价值传播的空间范围。

人类命运共同体首先需要解决的问题,是如何"活下去"。不同行为体的具体利益是有差别的,但在诸如"活下去"等关乎人类共同利益的问题上是相同的。人类工具理性的无限制膨胀,已经对生态环境造成了严重破坏。自然界可以离开人类继续存在,而人类的存在一刻也离不开生态环境。有学者坦言,"人类未来的命运在很大程度上取决于自然而不是人类自己"③。中华传统文化倡导"天人合一",该思想认为人与自然是一个有机统一的整体。以这

---

① [英]路德维希·维特根斯坦:《文化和价值》,黄正东、唐少杰译,译林出版社 2014 年版,第 86 页。

② [美]卡尔·霍夫兰、欧文·贾尼斯、哈罗德·凯利:《传播与劝服:关于态度转变的心理学研究》,张建中、李雪晴、曾苑译,中国人民大学出版社 2015 年版,第 15 页。

③ 顾作义、钟永宁:《守望中国价值:中国传统文化理念二十六讲》,南方出版传媒、广东人民出版社 2019 年版,第 13 页。

种人与自然和谐共生的智慧作为媒介工具,有助于极大地拓展人类命运共同体价值传播的空间范围。

关于人类如何能够"过得好",中华传统文化也给予了价值启迪。比如,程颢曾指出,"天下之事,唯义利而已"①。如何处理"义"与"利"的关系,是中华传统文化中的一个重要命题,也是人类命运共同体价值传播涉及的一个现实问题。从根源上来讲,各行为体之所以会陷入无休止的争斗,在于其对利益的盲目追逐。中华传统文化肯定各行为体对正当利益的追求。比如孔子指出:"富与贵,是人之所欲也。"②然而,当"义"与"利"存在矛盾与冲突时,我国儒家思想主张"见利思义""先义后利""重义轻利"。"义"是儒家的核心价值理念,其主要的作用是用来克制自己。行"义"有助于化解人类社会的种种问题。孔子将"见到利就要思义"作为一个真正"成人"的重要准则。荀子将"先义"还是"先利"与"荣""辱"相关联,指出"先义而后利者荣,先利而后义者辱"。董仲舒在"三纲五常"中将"义"单独列出,指出"正其义不谋其利"。儒家对不遵循道义原则而追求利益的行为极为反对。孔子指出:"不义而富且贵,于我如浮云。"各行为体如若均将中华传统文化所倡导的"义"作为参与构建人类命运共同体的价值追求,必然会对全球发展红利进行更加公平、更为合理的分配,而这在客观上势必会对拓展价值传播地域范围产生积极影响。因此,以中华传统文化为媒介,能够有力拓展人类命运共同体价值传播的空间范围。

以中华传统文化为媒介延伸价值传播的时间范围。习近平总书记2017年在联合国日内瓦总部演讲时指出:"让和平的薪火代代相传,让发展的动力源源不断,让文明的光芒熠熠生辉,是各国人民的期待。"③中国对此给出的方案是构建人类命运共同体。构建人类命运共同体,满足各国人民的共同期待。人类命运共同体价值传播中的"价值",既是历史的,也是现实的,同样也是未来的。司马云杰指出:"自从人类意识到自己的存在,就不仅想摆脱外部世界对自己前途的安排,而且幻想一种美好的理想王国境界以达到自

---

① 张岱年:《中国哲学大纲》,商务印书馆2015年版,第580页。
② 蔡希勤:《孔子说》,华语教学出版社2006年版,第38页。
③ 《习近平谈治国理政》第二卷,外文出版社2017年版,第539页。

己的价值实现。"①构建人类命运共同体,是人类憧憬的理想王国中的至美境界。有研究者称:"受传者中的每个成员特别注意选择那些同他的兴趣有关、同他的立场一致、同他的信仰吻合并且支持他的价值观念的信息。"②不同世代的行为体参与并支持人类命运共同体的跨代建构,不能脱离对共同价值的确认与坚守。关于人类需要坚守的共同价值是什么,习近平总书记在第七十届联合国大会一般性辩论上的讲话中给出了答案。他指出:"和平、发展、公平、正义、民主、自由,是全人类的共同价值。"③这些凝结着几千年中华传统文化思想精华的共同价值,有必要被人类社会世代传承。

全人类共同价值与人类命运共同体紧密相连。共同价值就是共同地认为什么好。确立人类命运共同体的共同价值,就是要促使各行为体对构建人类命运共同体之于人类社会发展的益处产生思想共鸣并付诸实际行动。构建人类命运共同体是一个具有长期性的系统工程。各行为体采取实际行动不能止于一个世代,而是要在对共同价值的坚守下,世世代代采取联合行动。习近平总书记倡导我们要"把跨越时空、超越国度、富有永恒魅力、具有当代价值的文化精神弘扬起来"④。凡是体现全人类共同价值的文化精神,均可以作为人类命运共同体价值传播的媒介。习近平总书记提出的全人类共同价值,是中华传统文化不可或缺的构成要素。以之为媒介,有助于不断延伸人类命运共同体价值传播的时间范围。

构建人类命运共同体所应该坚守的共同价值,与中华传统文化中的优良基因紧密相连。⑤ 中华文明之所以历经数千年而不衰,源于其具有一种强大的"和"基因。以中华传统文化的主导价值理念儒家思想为例,其内部就蕴含着大量与"和"有关的思想资源。比如"人心和善""和而不同""以和为贵""以和邦国""天人合一"等等。杜维明指出,儒家"不只是中华民族的集体记

① 司马云杰:《价值实现论:关于人的文化主体性及其价值实现的研究》,时代出版传媒股份有限公司、安徽教育出版社 2011 年版,第 417 页。

② 段京肃:《大众传播学:媒介与人和社会的关系》,北京大学出版社 2011 年版,第 277 页。

③ 《习近平谈治国理政》第二卷,外文出版社 2017 年版,第 522 页。

④ 《习近平谈治国理政》,外文出版社 2014 年版,第 161 页。

⑤ 陈建秋、韦绍福:《共同价值引论》,中共中央党校出版社 2017 年版,第 1 页。

忆……它是人类共同的精神资源"①。除了儒家,其他各家各派与"和"有关的论述也是俯拾皆是。习近平总书记指出,在五千多年的文化发展中,中华民族一直追求和传承着和平、和睦、和谐的坚定理念。将这种"尚和"的文化价值理念世代传承下去,可以从纵向维度延伸人类命运共同体价值传播的时间范围。

著名人类学家费孝通在思考社会结构的问题时提出了"差序格局"这一概念。诸多研究者围绕该概念进行了深层次的学术探讨。有学者依据人际关系的亲疏程度,将之划分为生人关系、熟人关系以及家人关系。在不同的关系网络中,个体所对应的行为模式是不同的。在生人关系中,各行为体依照实际利害而行事,往往会斤斤计较,社会交换预期最高。在熟人关系中,各行为体因有储存的人情作为基础,但因无血缘上的联系,期望得到对方的回报,故而社会交换预期中等。在家人关系中,各行为体在交往中遵循责任原则,其社会交换预期最低。② 如果我们将这种人际关系拓展至国际关系,不同行为体同样也存在着生人、熟人以及家人关系。在习近平总书记看来,应然状态的人类命运共同体是"大家庭"。国际范围的不同行为体最理想的交往状态,是以"家人"的身份和睦共处。"家人"之间要讲责任,对利益不应斤斤计较。命运关系到生死。任何行为体均很难将自身的生死托付给一个"生人"并与之结为牢不可破的共同体。

在一定地域范围、特定历史时期内,不同行为体结为命运共同体不难。但整个人类结为一个长久的命运共同体则不是一件容易的事情,其需要世代人接续努力。中华民族是一个重情义、讲道义的民族。这在中华民族集体创造的中华传统文化中有淋漓尽致的体现。以诸如"凡人所以为人者,礼义也""同利共财"③"不患寡而患不均""达则兼济天下"④等中华传统"重义"思想为媒介,可以不断拉近、缩短各行为体命运与共、携手共建人类命运共同体"大家庭"的时间距离。换而言之,中华传统"重义"思想可以助推国际社会道

---

① ［美］杜维明:《儒家精神取向的当代价值》,北京大学出版社 2016 年版,第 8—9 页。
② 李友梅:《文化主体性与历史的主人》,上海人民出版社 2010 年版,第 11 页。
③ 《六韬》。
④ 《论语·子罕》。

义秩序的建立,其有益于人类命运共同体价值传播在时间范围上的延伸。

个体的生命是有限度的,可作为"类"存在物的人类命运共同体,其生命的长度是可以无限延伸的。但这并非意味着不附加任何条件。比如说,人类如若对大自然只知索取而不讲回报,如若陷入无休无止的争斗而不能自拔,终有一天会缩短甚至终结人类自身的生命。为人类命运共同体输入"长寿"基因,我们可以从中华传统文化中汲取智慧养料。中华传统"执中"思想既反对过,亦防止不及。以之作为媒介工具,可以有效延伸人类命运共同体价值传播的时间范围。人类要发展,不可能不汲取必要的自然资源。但对自然的开发与利用,要做到"执其两端,而用其中",也即在"过"与"不及"的两端间找到一个适当点。以往,在工具理性的影响下,我们将这样一个点有意地往"过"的方向偏移,地球"母亲"因此而受到了不小的伤害。再无限制地偏移下去,人类自身将付出难以估量的生命代价。一旦人类生命因资源枯竭而走向终结,再奢谈构建人类命运共同体将失去意义。

从历史纵向维度来看,破坏生态环境而"饿肚子"的对象不仅可能是我们自身,更有可能是子孙后代。可为了保护生态环境而不再寻求经济发展,我们同样也会"饿肚子"。避免人类自身受到伤害,确保人类命运共同体生命之树常青,我们有必要对"过"与"不及"对立的两面都有全面、清醒、理性地认识。人与自然的相处如此,不同行为体之间的交往亦然。不同行为体老死不相往来,无法结成命运共同体。不同行为体交往不能把握好分寸,甚至将"仇恨"代代延续,同样会有损人类命运共同体的肌体健康。崇尚"中道"、坚持"不偏不倚"、做到"无过无不及",是构建人类命运共同体永恒的价值准则,在任何时候、任何条件下都不应移易。用历史的眼光审视中华传统"执中"思想,其有利于延伸人类命运共同体价值传播的时间范围。

第四章　中华传统文化对人类命运
共同体思想认同的作用

构建人类命运共同体的关键是各行为体的认同。对人类命运共同体的思想认同一般要经历认知认同、情感认同、行为认同三个阶段。这三个阶段是互为条件、相互衔接、依次递进的关系。中华传统文化是促进人类命运共同体思想认同的一座富矿，从中开掘出的思想、精神资源有助于推动各行为体对构建人类命运共同体在思想上的认知认同、情感认同以及行为认同。中华传统文化能够对增进人类命运共同体认知认同发挥解释作用、对增进情感认同发挥催化作用、对增进行为认同发挥示范作用。也就是说，中华传统文化是促进人类命运共同体思想认同的有效载体。我们为什么能够从中华传统文化这座富矿中开掘出促进人类命运共同体认同的思想、精神资源，是我们需要进一步追问的问题。从总体上来看，中华传统文化内在地具有"求真""求善""求美"的优良基因，这是以之为载体可以有效推动人类命运共同体认同的深层次动因。

第一节　人类命运共同体思想认同的过程分析

构建人类命运共同体是一个集体行为，各行为体需要在一些基本问题上达成倾向性共识。倾向性共识的形成具有过程性。用动态的、发展的眼光认识人类命运共同体思想的认同过程，其主要包括认知认同、情感认同以及行为认同三个互为条件、相互衔接、依次递进的环节。

一、人类命运共同体的认知认同

认知认同是促使各行为体完整理解并准确把握构建人类命运共同体这一治世理念。认知认同是人类命运共同体思想认同的逻辑起点,我们可以从逻辑与事实层面对其进行分析。

从逻辑层面看人类命运共同体的认知认同。从逻辑的层面上来看,没有对人类命运共同体这一治世理念在思想上的认知认同,就谈不上情感认同、行为认同,也即谈不上人类命运共同体的实质性建构。对人类命运共同体这一治世理念在思想上的认知认同,需要经历一个由"无知"到"知"再到"认知认同"的过程。

增强人类命运共同体认知认同,需要解决一系列与人类前途与命运息息相关的问题。而首要问题,也可称为"源问题",是回答人在现实性上是以什么样的形式存在。人在现实性上究竟是以独立个体的形式而存在还是以"类"整体的形式而存在?哪种形式更有利于其享受美好的生命历程?这些问题如若形不成倾向性共识,构建人类命运共同体也就成了奢谈。人类力量的强大,是作为整体而非独立个体的强大。人类个体在整个宇宙中是极为渺小的,渺小到近乎一个微粒或者尘埃。

在茹毛饮血的时代,为抵抗野兽的攻击、应对难以预知的各种自然灾害,弱小的人类为了能够"活下去",逐渐形成了"与更多人结为一体才能过得更好"的认识。马克思指出,追溯人类历史的时间越向前,"进行生产的个人,就越表现为不独立,从属于一个较大的整体。"①舒展整个人类历史的画卷,我们不难发现,人的活动得以展开的基本前提,是结成共同体。从属于特定共同体的人类,依靠高度的相互协作,不仅将人的"类生命"延续至今,还成为了地球的主宰者。

从人类历史发展的趋向上来讲,尽管在前行的道路上布满荆棘,但总体而言是不断进步的,这是整个人类作为一个共同体的胜利。这种胜利来源于人作为"类存在物"对共同体身份的确认,来源于共同体成员对人类利益

---

① 《马克思恩格斯文集》第8卷,人民出版社2009年版,第6页。

福祉的共同关切,来源于人类作为一个整体为过上好日子而采取具体而实际的联合行动。任何人类个体离开共同体,均无法生存下去,更谈不上过得更好。人类个体在具体问题的理解上可能会存在差别,但在根本问题的认识上常常具有高度的同一性。比如说,关于什么是幸福,不同的人类个体会做出不同的评价。可关于寻找并追求人类的幸福,任何人类个体都不能否定唯有结成整体才能使之成为可能的必要性。人类个体的力量是分散的、有限的。从理论上讲,集合在一起、形成有机整体的人数范围越多,力量就会越加强大。人类最大限度地集合起满足自身生存与发展需要的力量,是作为"类存在物"的所有人结成命运共同体。这是人类作为一个整体享受美好生命历程的最佳状态。没有哪个人类个体不对自身的命运有足够的关注。但对作为整体的人类的命运,我们的认知程度还有较大的提升空间。所有人类个体对于"人类作为整体享受生命历程"均有必要形成最为基本的认知认同。这种认同对于人类走向强大而言绝不是可有可无的事情,而是人类创造新的辉煌必须在思想上跨越的关键一步。这一精彩一跃一旦实现,人类必将迎来一个无可限量、无限美好的未来。而一旦跨不过去甚至走向反面,迎接人类的很可能是暗淡无光的前途。

从逻辑上来讲,各行为体要在情感上认同人类命运共同体思想,首先要对关乎人类前途与命运的一些基本问题有相应的认知与了解。人类依靠团结协作改变了自己的命运。人类改变未来命运的机会仍然把握在自己手中,关键在于如何做出选择并采取什么样的行动。英国作家狄更斯曾指出:"这是一个最好的时代,也是一个最坏的时代。"人类作为一个整体享受美好生命历程的机遇可谓前所未有。美国学者斯蒂芬·平克将这一历史时期称之为"新和平"。他指出:"你也许会认为,人类历史上最险恶的威胁已经消除,这让国际问题评论家感到释然……可以肯定,专家在几十年前就该认识到世界的命运开始变好了。"[1]1948年《世界人权宣言》签订以来,各行为体对侵犯行为越来

---

① [美]斯蒂芬·平克:《人性中的善良天使:暴力为什么会减少》(上),安雯译,中信出版社2019年版,第349页。

越反感①,国际社会确实有向着更美好方向发展的可能性。可是斯蒂芬·平克提醒我们,"事实并非如此。权威评论家比以往更悲观了。"②他列举了约翰·格雷、斯坦利·霍夫曼、诺曼·波德霍雷茨、弗兰克·里奇等世界知名评论人士对世界环境的分析,阐明"我们生活的世界真成为了一个相当危险的地方"③。这些危险既有已知的,也存在未知的。可以说,人类作为一个整体享受美好生命历程所面临的挑战是空前的。

习近平总书记指出:"当今世界,各国相互联系、相互依存,全球命运与共、休戚与共。"④人类联系和依存的程度从未有如今这般紧密。人类要抓住共同机遇、迎接共同挑战、共创美好明天,就要集合起各行为体的智慧力量,构建起"你中有我、我中有你"的命运共同体。各行为体参与构建人类命运共同体,既是对自己负责,也是对整个人类负责。因此,从逻辑上讲,认知认同是人类命运共同体思想认同的逻辑起点。各行为体唯有对诸如人作为一个"类"整体而存在等基本性问题达成倾向性共识,才能认清自身肩上的使命与责任,才能具备推动人类命运共同体实质性建构的基础。

从事实层面看人类命运共同体的认知认同。所谓"事实层面的认知认同",指的是各行为体在对构建人类命运共同体基本性问题有所认知和理解的基础上,所形成的外显认知与内隐认知、感性认知与理性认知的统一形式。各行为体对人类命运共同体的认知,首先是通过外显认知、感性认知获得的。这一认知过程至少应该包括以下几个方面的内容:

一是对构建人类命运共同体提出背景的认知。马克思将资本比喻为"普照的光"。西方资本主义国家借此裹挟着人类社会进入到了全球化时代。然而,在资本增殖本性的诱使下,一些行为体贪婪无度的野心不断膨胀,人作为"类存在物"本然具有的道德良善被肆意践踏、本应遵守的法度秩序被随意践

---

① [美]斯蒂芬·平克:《人性中的善良天使:暴力为什么会减少》(上),安雯译,中信出版社 2019 年版,第 5 页。

② [美]斯蒂芬·平克:《人性中的善良天使:暴力为什么会减少》(上),安雯译,中信出版社 2019 年版,第 350 页。

③ [美]斯蒂芬·平克:《人性中的善良天使:暴力为什么会减少》(上),安雯译,中信出版社 2019 年版,第 350 页。

④ 习近平:《论坚持推动构建人类命运共同体》,中央文献出版社 2018 年版,第 483 页。

踏。人类面对世界性的危机与困境,陷入了痛苦甚至绝望之中,这亟待建立起一种新的世界秩序,急切呼唤符合人类本性文明形态的出现。① 构建人类命运共同体正是在这样的时代背景下应运而生。外显认知通常是有目的、有意识的。各行为体对构建人类命运共同体出场背景的了解和把握,需要借助一定的外力进行灌输。

二是对构建人类命运共同体思想形成过程的认知。各行为体了解和把握人类命运共同体思想,对其提出者和提出过程应该有必要的了解。该思想是以习近平同志为核心的党中央提出的,这一思想的提出不是一蹴而就的,其经历了萌芽、形成以及发展完善等历史阶段。以党的十八大为界,在此之前可视为构建人类命运共同体思想的萌芽期;党的十八大提出构建人类命运共同体思想,标志着其进入形成阶段;党的十八大召开至今,构建人类命运共同体思想不断地被注入新的时代意涵,可视为思想的发展完善期。② 在外显认知、感性认知阶段,各行为体需要对构建人类命运共同体思想形成的渐进性与阶段性有必要的了解。

三是对构建人类命运共同体思想主要内容的认知。习近平总书记于2017 年在联合国日内瓦总部演讲时,从多个层面诠释了构建人类命运共同体的主要内容,倡导"国际社会要从伙伴关系、安全格局、经济发展、文明交流、生态建设等方面作出努力"③。也就是说,人类命运共同体是由"五位一体"构成的。各行为体在构建人类命运共同体外显认知、感性认知阶段,应对这五个方面有基本的了解。

各行为体对构建人类命运共同体形成了外显认知、感性认知。并不意味着能够形成内隐认知、理性认知。在现实中,不乏有个别行为体尽管了解、把握了构建人类命运共同体的提出背景、形成过程以及主要内容,但对其持有怀疑、排斥甚至否定的态度。从事实层面看待构建人类命运共同体的认知认同,

---

①　郝继松:《构建人类命运共同体成为广泛共识的四重维度》,《治理研究》2019 年第 2 期,第 60 页。

②　马俊峰、马乔恩:《构建人类命运共同体的历史性研究》,人民出版社 2019 年版,第 84 页。

③　习近平:《论坚持推动构建人类命运共同体》,中央文献出版社 2018 年版,第 418 页。

我们有必要推动外显认知向内隐认知转化、促进感性认知向理性认知升华。内隐认知是行为体在反复认知构建人类命运共同体相关内容的过程中,所沉淀、积蓄下来的一种影响与痕迹。这种影响与痕迹尽管还未上升到情感层面,但已经潜在地影响到行为体对构建人类命运共同体的情意表达与价值取向。理性认知是理性认同的基础。不能对构建人类命运共同体形成理性认知,也就很难建立起理性地情感认同与行为认同。内隐认知、理性认知至少应该包括以下几个方面的内容:

一是对构建人类命运共同体与现有世界秩序存在本质不同的认知。构建人类命运共同体是由中国共产党首倡的。我党是一个致力于为消除压迫与剥削而奋斗的使命型政党。我党带领中国人民推翻了压在头上的"三座大山",建立了新中国。

二是对构建人类命运共同体价值立场的认知。打破不合理的国际旧秩序、建立新的世界秩序,一个不能回避的问题是站在什么样的价值立场进行构建。现有世界秩序是站在维护某些西方发达国家利益立场上建立起来的。人是作为一个"类"整体而存在的。人类命运共同体是站在维护人类整体利益的立场上,致力于增进世界各国人民福祉而构建的世界新秩序。

三是对谱就人类命运共同体美好历史记忆的认知。纵观不同类型的命运共同体,"记忆是最深刻也最不可或缺的参照"①。无论是地缘型命运共同体,还是亲缘型命运共同体,抑或是义缘型命运共同体②,共同体成员无不都拥有着共同的历史记忆。在人类交往史上,既有值得珍存的美好记忆,也有不堪回首的痛苦回忆。集体记忆"既是人类生命的自我持存,也是一种历史书写的结果"③。过往的集体记忆已经形成,没有办法改变。可以改变的是书写新的集体记忆。没有哪一个行为体期盼书写令自身陷入痛苦泥淖的历史记忆。任何行为体都渴望感受到来自其他行为体的温暖与关爱,如若这种温暖与关爱之光可以洒向全世界,人类社会势将充满光明与美好。

---

① 赵静蓉:《文化记忆与身份认同》,生活·读书·新知三联书店 2015 年版,第 1 页。

② 马俊峰、马乔恩:《构建人类命运共同体的历史性研究》,人民出版社 2019 年版,第 91 页。

③ 赵静蓉:《文化记忆与身份认同》,生活·读书·新知三联书店 2015 年版,第 2 页。

人类迄今为止最为理想的共同体样态,是人类命运共同体。未来美好记忆的留存需要各行为体把握当下、共同绘就。人类命运共同体正是为谱就人类美好记忆而提出的伟大构想。人类的命运不是被注定的,而是可以被改写。改写者正是人类自己。人类的命运沿着哪个方向被改写,取决于各行为体能否从事实层面对我国首倡的构建人类命运共同体思想形成正确的认知。各行为体对构建人类命运共同体思想由外显认知转化为内隐认知、由感性认知上升为理性认知,是一个由外及内、由表及里,层层深入、依次递进,不断触及人类命运共同体构建本质的过程。这一过程,我们可称之为构建人类命运共同体的认知认同。

二、人类命运共同体的情感认同

在认知认同的基础上,各行为体根据自身的感受对构建人类命运共同体这一理念做出评价,所形成的积极情感体验称之为情感认同。情感认同是人类命运共同体思想认同的逻辑支撑,其是认知认同与行为认同的中间过渡阶段。我们可以从情感认同是将各行为体联系在一起的"心理黏合剂"、其标志着人类命运共同体思想内化过程的完成等角度对其进行分析。

情感认同是将各行为体联系在一起的"心理黏合剂"。认知认同是人类命运共同体思想认同的逻辑前提。各行为体如若在观念上不认同人类命运共同体思想,就很难在情感上建立起积极的体验。相反,稳定而持续的情感认同一定奠基于外显层面与内隐层面、感性层面与理性层面均高度认同的基础之上。情感认同较之于认知认同,更进一步地显现了各行为体对构建人类命运共同体的心理悦纳程度。人类共同体有实然与应然两种状态。实然状态的人类共同体是"地球村"。应然状态的人类共同体是"大家庭"。人类共同体的各行为体在"地球村"中的身份定位是"村民",在"大家庭"中的身份定位是"家人"。无论是"村民"还是"家人",其彼此之间的关系均需要情感纽带加以维系。从情感的亲疏、远近来看,"家人"间的心理距离显然更近于"村民"。命运关乎生死。严格意义上来讲,能够命运与共的行为体一定是其彼此之间拥有如家人般亲密的关系。一个行为体很难将自身的生死与另一个互不信任、相互猜疑甚至存在敌意的行为体相牵连。各行为体以"亲人"的身份和睦共处,建立命运与共的有机整体,前提是对营造"大家庭"的原因、深意以及重要性等有必要的认知。这种认知唯有由外显层面上升到内隐层面、由感性层面升华为理性层面,形成真正意义上的认知认同,才能够为情感认同做好准备。

列宁指出:"没有'人的感情',就从来没有也不可能有人对于真理的追求。"①在全球经济增长乏力的的时代条件,各行为体的发展鸿沟有越拉越大的趋势。一部分有识之士对此忧心忡忡,担心国际社会可能会出现"霍布斯化"的风险。② 霍布斯是16世纪英国著名政治家,他认为当人类置身于自然状态时,各行为体之间的关系是陌生且彼此孤立的。这种关系轻则会妨碍其增进感情,重则会引发冲突乃至战争。有研究者指出,当前个体化时代已经降临。这个时代最显著的特征是个体成为原子化而存在、社会呈现碎片化而存在。原子化的个体在运转加速的社会,愈发地感受到孤独与无助;呈现碎片化的社会,愈发地促使个体之间的交互失去黏性。③ 个体之间的离心力越强,就越显现出向心力的重要。人类社会愈是呈现出个体化,就愈加需要形成整体化。在全球化不可逆转的时代,任何行为体想要扩展自身的生存空间,在发展之路上行稳致远,就要与更多的行为体交互作用以至结成共同体。而覆盖人口范围与地域范围最广的共同体,是人类命运共同体。构建人类命运共同体,切中各行为体的利益诉求,符合各行为体的现实需要,其是时代所需、人心所向。

哈贝马斯指出:"认同以对可理解性、真理性、正当性、真诚性这些相应的有效性要求的认可为基础。"④各行为体之间的离心力越强,其形成合力的张力就越大。反之,其向心力越强,其形成合力的张力就越小。各行为体唯有团结一心、形成强大的合力,才能铸就人类美好而光明的未来,这是一条具有真理性的认识。对此各行为体普遍能够达成倾向性共识。在人类思想史上,最先提出"认同"这一概念的,是著名心理学家弗洛伊德。他指出:"认同是个体

---

① 《列宁全集》第25卷,人民出版社1988年版,第117页。
② 康健:《从利益共同体到命运共同体》,《北京大学学报(哲学社会科学版)》2018年第6期,第5页。
③ 康健:《从利益共同体到命运共同体》,《北京大学学报(哲学社会科学版)》2018年第6期,第6页。
④ [德]尤尔·哈贝马斯:《交往与社会进化》,张博树译,重庆出版社1989年版,第3页。

与他人有情感联系的原初形式。"①在认知层面达成倾向性共识对于构建人类命运共同体而言是远远不够的,对该思想的认同还要上升到情感层面。情感认同不是纯粹的主观产物,其根源于利益诉求的满足。

利益诉求的满足有两种结果:一种是各行为体的利益诉求得到了有效满足;另一种是各行为体的利益诉求未能得到有效满足。行为体利益诉求得到有效满足,更容易产生积极的情感体验。而行为体利益诉求得不到有效满足,很可能产生消极的情感体验。现有的国际秩序是个别行为体的利益诉求得到了最大化的满足,但另外一些行为体的利益诉求未能得到应有的满足。更有甚者,个别行为体为了满足一己私利不惜损害其他行为体的利益诉求。构建人类命运共同体意图打破这种传统的、不合理的国际秩序,其以满足各行为体合理地利益诉求为构建使命与价值追求。参与构建人类命运共同体各行为体的利益诉求是多方面的,涵盖经济、政治、文化、社会、生态等等。构建人类命运共同体追求各行为体在各个方面的共同发展与共同繁荣。对各行为体而言,其唯有结成紧密的命运共同体,才能不断扩大自身各方利益的耦合点与契合点,才会寻找到更多的合作增长点与利益交汇点。而其从中收获实实在在的利益福祉,就会在情感体验上切实感受到构建人类命运共同体的必要性与重要性,从而对构建人类命运共同体产生强烈的情感认同。人类命运共同体的构建使命与价值追求,决定了对这一思想的情感认同是将各行为体紧密联系在一起的"心理黏合剂"。合作增长点与利益交汇点好似"心理黏合剂"的一个又一个"胶点",点位越多,越有利于密切各行为体之间的联系。各行为体的利益诉求越能够得到有效满足,其情感体验越积极,"心理黏合剂"的粘度也就越高、牢固性也就越强。

情感认同标志着对人类命运共同体思想内化过程的完成。人类命运共同体情感认同,指的是各行为体在自身需要得到满足的基础上,对其所持有的一种积极、肯定的情绪体验。在人的精神世界中,情感是一种非理性的因素。②情感认同也往往是非理性的,但这种发自内心的认同却又常常建立在对人类

①　梁丽萍:《中国人的宗教心理》,社会科学文献出版社2004年版,第12页。
②　李建华:《道德情操论:当代中国道德建设的一种视角》,北京大学出版社2011年版,第73页。

命运共同体思想认知的基础之上。马克思指出："理论只要说服人，就能掌握群众，而理论只要彻底，就能说服人。"①人类命运共同体情感认同的主体，是所有行为体。任何一个行为体的合理利益诉求未能得到有效满足，均有可能促使其产生不良的情感体验。各行为体在情感上认可并接受人类命运共同体思想的情况，在一定程度上可以反映出各行为体对其内隐认知、理性认知的程度，可以检验出理论的彻底性。人类命运共同体情感认同的客体，是人类命运共同体本身。人类命运共同体思想是关系所有行为体利益福祉的思想体系，其覆盖的地域广泛、嘉惠的人口众多、蕴含的寓意深刻，其理论的深刻性与彻底性自不待言，因而能够说服并打动各行为体，促使其在人类命运共同体思想认知的基础之上形成情感认同。从另一个侧面来看，情感认同是对人类命运共同体认知认同的强化与巩固。各行为体对构建人类命运共同体产生肯定性的内心体验与价值体认，又会进一步深化构建人类命运共同体的认知认同。

"内化"是由法国社会学家迪尔凯姆提出的重要概念，其指的是个体将社会道德观、价值观转化为自身的行为习惯。② 中国现代哲学清华学派代表人冯契对内化的解释是"对象的心理化"③。各行为体从内心深处接受并认可构建人类命运共同体思想，是一个内化过程。构建人类命运共同体思想的内化是一个循序渐进的过程。在对人类命运共同体思想有了整体性认知的基础上，各行为体会依据自身的价值标准对其进行评价。构建人类命运共同体思想因其能够最大限度地满足各行为体的实际需要，因而能够促使其形成积极的情感体验。英国哲学家休谟指出："一切人的心灵在其感觉和作用方面都是类似的。凡能激动一个人的任何情感，也总是别人在一定程度内所能感到的。"④"共同感"是人与生俱来的一种能力。人类命运共同体隐喻了其是一个各行为体可以安放心灵，使之感受到温暖与关爱的所在。这是一个让所有行为体都心向往之的美好家园。对人类现实生存状况的关注与对美好未来的向往，会促使各行为体的"共同感"产生推移。普列汉诺夫指出："一切思想体

① 《马克思恩格斯文集》第1卷，人民出版社2009年版，第11页。
② 骆郁廷等：《现代思想政治教育学》，人民出版社2006年版，第334页。
③ 冯契：《哲学大辞典》（修订本），上海辞书出版社2011年版，第1050页。
④ ［英］休谟：《人性论》，关文运译，商务印书馆2016年版，第618页。

系都有一个共同的根源,即某一时代的心理。"①构建人类命运共同体代表了整个人类的利益诉求,反映了所有行为体的共同心声,因而其能够引起各行为体在情感上产生强烈而持久的共鸣。

情感共鸣在各行为的内在选择中具有重要作用。这种作用的发挥,离不开情感动力源的探寻与激发。所谓"情感动力源",指的是人类各行为体均能够认可与接受的共同价值。习近平总书记将全人类的共同价值总结、提炼、概括为和平、发展、公平、正义、民主、自由。这六个方面,可以说是促使各行为体产生深切情感共鸣的六大动力源。人类共同价值是从人类生存与发展的终极意义上进行界定的,其从根本上契合了所有行为体的实际需要。以之为动力源,必然能够有效激发各行为体的共同情感。共同价值是一种共识性价值、全球性价值②,遵循共同价值准则与遵循统一价值标准不能相混淆。我国国务院新闻办公室于2019年9月27日发布的《新时代的中国与世界》白皮书中指出,"推动构建人类命运共同体,不是倡导每个国家必须遵循统一的价值标准"③。我们充分尊重并肯定各行为体的价值选择。确立全人类的共同价值绝不意味着我们要为所有行为体制定一种无差别同一的、必须遵循的价值准则。人类命运共同体是由我国首倡的,全人类共同价值是由我国率先提出的。向世界各行为体阐明人类共识性价值与统一价值标准的关系,对于增进情感认同意义重大。戴着"有色眼镜"看待全球性价值、共识性价值,难免不会对人类命运共同体内化平添心理障碍。

最深层次的情感认同,是信念。信念是一种坚定不移的想法。确立信念就是坚定参与构建人类命运共同体的想法。信念不是一般意义上的情感认同,而是代表了各行为体在内心深处认可并接受构建人类命运共同体思想。信念融一往无前的意志、愈挫愈勇的斗志、积极昂扬的情感于一体,其对各行为体的定向行为具有强大的激励作用。信念是最高层次的情感认同,情感认同也可以理解为情感共识,情感共识可以解释为"一种在群体内普遍认可和

---

① 《普列汉诺夫哲学著作选集》第3卷,生活·读书·新知三联书店1962年版,第196页。
② 陈建秋、韦绍福:《共同价值引论》,中共中央党校出版社2017年版,第7页。
③ 《白皮书:构建人类命运共同体不是倡导遵循统一价值标准》,https://www.chinanews.com/gn/2019/09-27/8967093.shtml。

比较持久的'相信'"①。各行为体在内心深处普遍认可并接受构建人类命运共同体思想,容易将之转化为自觉的目标追求并使之呈现出高度的持久性和稳定性。信念的确立不易,信念的坚守更难。信念的确立代表了对构建人类命运共同体思想在情感上的深层次认同。信念的坚守延展了构建人类命运共同体思想在情感认同上的时间范围。各行为体一旦确立了为构建人类命运共同体而奋斗的信念,就会为奋力前行注入不竭地精神动力。真正意义上的"入行"必须以思想上的"入心"为逻辑支撑。思想上的"入心"过程,是一个内化过程。确立信念是构建人类命运共同体思想"入心"的最深层次,是思想"入行"的准备阶段。因此,信念作为最高层次的情感认同,其确立标志着构建人类命运共同体思想内化过程得以完成。

三、人类命运共同体的行为认同

在经历认知认同和情感认同的基础上,对构建人类命运共同体的思想认同最终要落实到行为认同上。所谓"构建人类命运共同体的行为认同",指的是各行为体将构建人类命运共同体作为行为准则与行为指南,自觉予以践行的行为活动。行为认同是构建人类命运共同体的逻辑归宿。我们可以从主体属性与形成过程等角度,对构建人类命运共同体的行为认同进行分析。

行为认同蕴含的"两个层面"。认知认同让各行为体在理智上产生了认同,情感认同让各行为体在情感上产生了依赖。认知认同是对构建人类命运共同体产生思想认同的出发点,情感认同是对构建人类命运共同体产生思想认同的中间环节,行为认同是对构建人类命运共同体产生思想认同的落脚点。思想认同的最终目的,在于各行为体将构建人类命运共同体作为自身的行为准则与行动指南。

从主体属性的角度来看,构建人类命运共同体的行为认同蕴含个体行为认同与群体行为认同两个层面。这两个层面既相互区别又相互融合、相互促

---

① 徐贲:《怀疑的时代需要怎样的信仰》,人民东方出版传媒、东方出版社 2013 年版,第 230 页。

进。习近平总书记指出,我们共同居住在同一个星球上,这个星球有 200 多个国家和地区、2500 多个民族。不同的国家与地区、不同的民族均是构建人类命运共同体的单个存在体,其在思想认同上均具有相对独立性。特别需要指出的是,构建人类命运共同体的单个存在体,可以依据不同的标准进行进一步地细分。但鉴于研究对象是考察整个人类行为认同的情况,过细的类别划分容易造成属从关系的交叉重叠,制造不必要的思想混乱。基于这个原因,本书将个体行为认同的单位设定为国家、地区、民族等。群体行为认同同样可以依据不同的标准,做出相应的类别划分。我们在此研究的群体,特指覆盖所有单个存在体的人类。不再对其他类别的群体进行细分,同样是为了避免引起思想上的含混。

认识人类命运共同体的行为认同,需要妥善处理好个体行为认同与群体行为认同的关系:一方面,二者之间存在差别,个体行为认同与群体行为认同尽管均是在构建人类命运共同体的视域下言说的,但其关注的侧重点有所不同。群体层面关注的是作为"类存在物"的人对命运共同体的行为认同,个体层面关注的是以国家、地区、民族等为单位的各行为体对人类命运共同体的行为认同。从所代表的意志和行为趋向上来看,二者也有所不同。群体行为认同代表的是整个人类的群体意志。该层面的认同代表了群体中大多数个体的意志和行为趋向。人类命运共同体的个体行为认同,代表的是以国家、地区、民族为单位的个体意志。该层面的认同不能完全代表其所属群体的意志和行为趋向。正是因为人类命运共同体的个体行为认同与群体行为认同存在差别,故而我们有必要将其加以区分。另一方面,二者之间相互融合、不可分割。人类命运共同体群体行为认同的"群体",是由无数独立的单个存在体组成的。同时,个体行为认同往往不会以纯粹、单独、孤立地形式出现,其普遍会被打上所属群体行为认同的烙印。再者,个体行为认同与群体行为认同相互促进。人类命运共同体的个体行为认同会促进群体行为认同。群体中具有领导地位的"个体"行为认同状况,会对群体行为认同产生示范带动作用。也就是说,人类命运共同体群体行为认同对个体行为认同会起到规范、约束等效应。

在对人类命运共同体行为认同的研究中,处理好个体行为认同与群体行为认同的关系,既是一个难点也是一个焦点。① 所谓"难点",指的是构建人类命运共同体的各行为体,在意识形态、发展水平、参与意愿等多方面具有差异性。促使无数具有差异性的行为体命运与共,结成为一个有机整体并促使其产生行为认同,具有一定的难度。所谓"焦点",指的是处理好个体行为认同与群体行为认同的关系,不仅仅是一个严肃的学术问题也是一个关乎人类命运共同体有效建构的重大实践问题。最高层次的群体类型是覆盖所有单个存在体的人类,在此之下,还存在若干次级类别的群体类型。个体行为认同与群体行为认同的关系极为复杂。这种复杂性源自个体与其所属的群体之间存在稳定且持久的关系,同时也与其无属从关系的群体之间存在偶然且不稳定的关系。个体对有属从关系的群体及其他个体产生行为认同是相对容易的,原因在于其彼此之间存在一定的利益关系。在共同利益一致的基础上,个体会对所属群体的其他个体以及群体本身产生行为认同。然而,个体与无属从关系群体的其他个体发生联系时,特别是那些意识形态分殊、发展水平各异、参与意愿有别的个体,因彼此之间并无固定的、必然的利益联系,因而其认同彼此的行为会存在一定的困难。在特定条件下,个体与无属从关系群体的其他行为体,唯有在为满足具体的需求发生联系时,才可能认同彼此的行为。② 个体与无属从群体的其他个体发生联系并产生行为认同,具有偶然性、临时性。一旦目的达到,双方的关系解除,行为认同也就宣告终结。此后,只有当双方有了新的利益吸引时,才有可能发生新的联系,产生新的行为认同。习近平总书记提出的实然状态的人类共同体与应然状态的人类命运共同体,极大地升华了我们对个体行为认同与群体行为认同及其关系的认识。个体置身于有属从关系的群体以及无属从关系的群体,其所产生的行为认同是不尽相同的。

通过以上分析可知,个体唯有与存在属从关系的群体相联系,才会产生持久而稳定的行为认同。③ 习近平总书记指出,"这个世界,各国相互联系、相互依存的程度空前加深,人类生活在同一个地球村里"④。实然状态的人类共同

---

① 陶富源:《陶富源文集》第3卷,安徽师范大学出版社2016年版,第27页。
② 汪旺山:《利益泛论》,江西人民出版社2015年版,第26—29页。
③ 汪旺山:《利益泛论》,江西人民出版社2015年版,第28页。
④ 《习近平谈治国理政》,外文出版社2014年版,第272页。

体,是"地球村"。应然状态的人类命运共同体是"大家庭"。无论是"地球村"还是"大家庭",个体均处在有属从关系的群体中,只不过其联系的紧密程度有所不同,反映在行为认同上会呈现出一定的差异性。"大家庭"中的"家人"较之于"地球村"的"村民",其相互联系、相互依存的程度显然会更深,心理上的距离明显会更近,其产生行为认同的可能性必然会更大。综上所述,人类命运共同体的行为认同蕴含个体行为认同与群体行为认同两个层面,将二者结合起来进行研究,有助于深化我们对相关问题的认识。

行为认同经历的"三个阶段"。人类命运共同体行为认同在不同发展阶段,所呈现出来的行为表现是不同的。从逻辑上对人类命运共同体的发展阶段进行推演,其大体要经历构建人类命运共同体行为体验阶段、构建人类命运共同体行为调整阶段以及构建人类命运共同体行为稳定阶段。这"三个阶段"在社会现实中并不一定顺次产生和依序发展,而是具有机动性与灵活性。

所谓"行为体验阶段",指的是行为体在各种行为驱动力的作用下,对构建人类命运共同体行动上的体验与尝试。这种尝试活动往往具有偶然性。这种具有偶然性的行为活动,可以进一步增强对构建人类命运共同体的认知认同、情感认同以及行为认同。各行为体在开展行为活动过程中,会产生不同的情感体验。情感体验在感受性上存在差别,其既可能是积极的,也可以是消极的。情感体验的理想结果,是参与构建人类命运共同体的各行为体收获到了积极的情感体验。这种良好的行为感受可以促使人类命运共同体认知认同、情感认同以及行为认同朝向更好的方向发展。相反,参与构建人类命运共同体的各行为体收获到的是消极的情感体验。这种不良的行为感受能够推动人类命运共同体认知认同、情感认同以及行为认同向着不利的方向发展。这意味着我们需要适当地对之进行调整。参与构建人类命运共同体各行为体的情感体验会面临诸多不确定性因素,比如各行为体是否会顺利完成参与构建人类命运共同体的行为体验;参与构建人类命运共同体的各行为体其行为体验是否理想;倘若参与构建人类命运共同体的各行为体的行为体验不够理想,其能否实现自我调节;参与构建人类命运共同体的各行为体自我调节的结果是否能够持续助力体验行为的推进等等。凡此种种的不确定性因素,均使得人类命运共同体的行为体验呈现出偶然性特征。习近平总书记于 2013 年博鳌亚洲论坛上发表主旨演讲时强调,要"在追求本国利益时兼顾他国合理关切,在谋求自身发展中促进各国共同发展,不断扩大共同利益汇合点"①。只顾追求本国利益,只为谋求自身发展,无助于提升各行为体参与构建人类命运共同体体验行为的发生率。唯有"不断扩大共同利益汇合点",才能有效促发各行为体参与构建人类命运共同体的行为驱动力。

各行为体参与构建人类命运共同体,我们会对其行为体验效果有一定的预期。一当参与构建人类命运共同体的行为体,其体验效果未能尽如人意,则需要进入自我行为调整阶段。人类命运共同体行为调整是一个复杂的过程。面对与预期存在差距的行为体验结果,行为体会产生一定的思想波动。这种思想上的波动,会影响到其是否再一次地对构建人类命运共同体进行行为体验。再一次地行为体验,其结果同样会是多样的。当再一次进行行为体验,其结果仍然与预期存在不小差距,则很可能会进入一个较长的调适期。人类命运共同体行为调整阶段,是一个自我顺服的过程。这个阶段在整个人类命运共同体行为认同中具有至关重要的地位。各行为体如果不能找到人类命运共同体行为体验效果不佳的原因,则很难在此基础上做出正确的行为选择。行为调整的对象并不仅仅局限于对人类命运共同体行为体验不佳的行为体,其还包括对人类命运共同体有着良好体验的行为体。通过积极的行为调整,坚定自身的行为意志,有助于推动人类命运共同体良好行为体验的重复与发展。

参与构建人类命运共同体的各行为体,其行为体验渐趋稳定并固化,可称其为进入行为稳定阶段。在这一阶段,经过对人类命运共同体的行为体验与行为调整,各行为体的行为驱动力会得到不同程度的强化。参与构建人类命运共同体的各行为体,如若能够进入行为稳定阶段,标志着人类命运共同体行为认同将进入良性发展的时期。各行为体参与构建人类命运共同体,不可避免地会形成新的行为体验。其中同样会产生积极的行为体验与消极的行为体验。积极的行为体验会进一步地促进人类命运共同体行为认同的发展。而面对消极的行为体验,参与构建人类命运共同体的各行为体因其已经有了前期的处理经验,故而负面体验所能产生的影响力已经大大减弱。纵使在这一时

---

① 习近平:《论坚持推动构建人类命运共同体》,中央文献出版社 2018 年版,第 30 页。

期各行为体仍然存在一定的消极行为体验,其也不足以对人类命运共同体行为认同的发展构成致命性的影响。人类命运共同体行为稳定的高级阶段,是行为习惯养成。养成构建人类命运共同体的行为习惯,具有更高的稳定性,这是人类命运共同体行为认同所欲达到的理想目标。

一般情况下,人类命运共同体的思想认同要经历认知认同、情感认同、行为认同三个阶段。其中每个阶段的认同环节又会经历若干个子阶段。影响、制约人类命运共同体思想认同的要素既有主观的也有客观的,既有历史的也有现实的,既有可以预知的也有不可预知的。构建人类命运共同体是一个具有长期性的系统工程。实际的认同过程,往往会呈现出较之于一般情况更为复杂的特征。因此,在人类命运共同体的思想认同过程中,我们需要积极培养各行为体的认知认同、切实增强各行为体的情感认同,最终使之达到人类命运共同体的行为认同。如此,才能不断优化人类命运共同体的认同过程。

第二节　中华传统文化是促进人类命运共同体思想认同的有效载体

人作为类存在物,每一个成员均有责任为人类的前途与命运着想。身为人类大家庭重要成员而且是尤为杰出的一员,中华民族创造了灿烂辉煌的中华传统文化。把为人类作出新的、更大的贡献作为使命,中华民族在新的历史起点上提出了构建人类命运共同体。该思想自提出后,已经得到了越来越多行为体的认可与接受。然而,这一思想要真正为所有行为体所认同,还有很长的路要走,其有必要借助一定的可靠载体。中华传统文化因其蕴含着优良的基因,可以对人类命运共同体认知认同、情感认同、行为认同分别发挥解释、催化、示范等作用。也就是说,中华传统文化是促进人类命运共同体思想认同的有效载体。

一、中华传统文化对人类命运共同体认知认同的解释作用

构建人类命运共同体自提出后,在国际社会已经赢得了越来越多行为体的拥护与支持,这从联合国已经多次将其载入相关决议就可以看出。可是,仍

然有个别行为体对其存在误解。构建人类命运共同体旨在营造更加合理、有序的世界新秩序，这是一项利益天下的"不朽"之业。可这被有些行为体视为意图挑战传统的国际旧秩序，误认为是要建立新的世界霸权。以中华传统文化为载体，有助于向各行为体讲清楚我们为什么会提出这一思想，进而推动其对人类命运共同体的认知认同。

以中华传统文化为载体，促使各行为体从逻辑层面推进对人类命运共同体的认知认同。任何认知行为，均不是主观自生的，而是要经历一个由"不知"到"知"、由"知少"到"知多"的发展过程。构建人类命运共同体是一个将"人类向何处去"的时代之问与中华传统文化相结合的产物。最适合担负阐明该思想载体角色的，莫过于中华传统文化。钱穆曾指出："要了解中国文化，必须站到更高来看到中国之心。"在他看来，中国的核心思想可以归结为"礼"。中华传统"贵和""重义""执中"思想，均与"重礼"息息相关。从逻辑层面上来讲，如果不了解"礼"，就无从真正理解中华传统文化。不能真正理解中华传统文化，也就无法从根本上把握构建人类命运共同体思想。不从根本上把握构建人类命运共同体思想也就谈不上人类命运共同体的认知认同。中华民族也称华夏民族。仅从字面上，我们就能感受到中华民族对"礼"的高度重视。关于什么是"夏"，有学者解释道："中国有礼仪之大，故称夏。"①中华民族是一个追求善良与美好的伟大民族，面对国际上种种失序乱象，有着强烈天下情怀的中华民族不能坐视不管、听之任之，正是在这种时代背景下，我国率先提出了构建人类命运共同体思想。

构建人类命运共同体是中华民族为塑造更加公正合理的世界秩序发出的中国声音，关于为什么要塑造新的世界秩序，如何塑造以及塑造的意义等问题，有些行为体还存在认知层面的困惑、不解甚至敌视。促使各行为体最大限度地对人类命运共同体产生认知认同，是我们需要认真思考并深入研究的时代课题。以中华传统文化为载体，能够有效提升人类命运共同体的认知认同度。我国自古就是一个礼仪之邦。明德重礼是中华民族的优良传统。荀子在《乐论》中指出："乐和同，礼别异。礼乐之统，管乎人心矣。"礼的作用在于制

---

① 冯琳、何志攀、杨娜：《华夏礼仪：亲近礼乐文明》，开明出版社 2018 年版，第 1 页。

定区分的规范,以及各行为体应当共同遵守的行为准则。"重礼"的意义绝不是要制造差异,而是在于追求各行为体关系的和顺。"别异"对于秩序的维持是必要的。荀子在《王制》中提出了能群的思想,他解释道:"人生不能无群,群而无分则争。争则乱,乱则离。离则弱,弱则不能胜物。"人类独立个体的力量是有限的,人类力量的强大是就其整体而言的。作为类存在物的人,其要最大限度地彰显自身的力量,莫过于将所有个体力量集合在一起。人生而具有一种能群的思想,任何个体脱离开群体,均无法存活下去。可是,人如果仅仅是合群但是没有区分,就一定会引起矛盾与纷争。而一旦出现矛盾与纷争势必会出现混乱、离析。这样的情势倘若得不到抑制,必然会削弱群体的力量进而不能战胜事物。

构建人类命运共同体力图建立一个新的世界秩序,这一秩序是相对于旧的世界秩序而言的。旧的世界秩序是在西方发达国家主导下建立的。人类本然意义上的最大力量,是将所有行为体的分力聚合在一起。然而,囿于一些西方国家搞双重标准,其在逻辑上是行不通的。一些西方国家将自身的利益置于其他行为体的利益之上,片面地认为自身应该享有优先权。对内搞一套,对外则是另外一套。明里是一套,暗里又是一套。表面上说一套,实际上的做法又是另外一套。建立在双重标准上的世界秩序,尽管标榜造福全人类,但真正受益者往往是规则制定者。

中华传统文化在谈及"礼"时,常常将其与"义"相关联。比如我国的伦理道德就是建立在"五伦十义"的基础之上的。中华传统文化也强调内外之别,但其能够认识到二者的融通。"五伦"所指称的是五种人际伦理关系。其中父子、兄弟、夫妇这三对关系,是针对一家之内而言的。父子之间要讲"孝",兄弟之间要重"悌",夫妇之间要行"义"。除了这三对关系,还有两对关系是针对踏出家门也即处在社会人群之中而言的,即君臣、朋友关系。君臣之间要讲"忠",朋友之间要重"信"。五伦在内外上尽管有别,但绝非不能协调。绝不是说在内尽了"孝"、重了"悌"、行了"义",对外就要以牺牲尽"忠"守"信"为代价。在我国古人看来,"孝""悌""义""忠""信"不但能够协调,其还是高度统一的。人伦关系是"天理"的体现。守人伦就是遵天理,悖人伦就是逆天理。用朱熹的话来解释"礼",就是"天理之节文"。

　　人伦关系反映在国际关系上也同样适用,我国之所以在国际社会始终能够做到"得道多助",其奥秘就在于得到了中华传统文化的助益。建立在双重标准之上的世界旧秩序,显然是违背礼之义理的,因而其不可能得到所有行为体的衷心拥护与鼎力支持,这也就意味着人类本然意义上的磅礴之力得不到应有的释放。双重标准不得人心,加之日益严重的恐怖主义、金融危机、大规模传染性疾病扩散等负性事件的影响,旧的国际秩序正在被撕裂。① 新世界秩序的建立,不是某一个行为体的事,是从其需要各行为体共同参与而言的;新世界秩序的建立,是所有行为体的事,是从其身为地球大家庭的一员,应该尽到的责任与义务而言的。美国学者基辛格洞悉到了国际旧秩序的弊端,他劝诫西方国家要对非西方国家的文化传统予以必要的尊重。② 也就是说,其已经认识到了西方国家奉行双重标准给国际社会带来的危害。然而,此番警世之言并未引起相关国家足够的重视。与某些奉行双重标准的西方国家不同的是,我国在"明"礼、"重"礼的基础上,致力于打破旧的、不合理的世界秩序,建立能够造福所有行为体的世界新秩序,构建人类命运共同体思想据此应运而生。从逻辑上来讲,人类命运共同体思想认同的出发点是各行为体形成认知认同,而以中华传统文化为载体,无疑会助力这一认同过程的完成。

　　以中华传统文化为载体,促使各行为体从事实层面推进对人类命运共同体的认知认同。构建人类命运共同体思想的认知认同,是一个逐步深化、依次递进的过程。从事实层面对其进行分析,需要经历一个由外显认知转化为内隐认知、由感性认知上升为理性认知的变化发展过程。我们可以从历史事实与叙述事实两个角度,对其进行分析。

　　促使各行为体从历史事实角度推进人类命运共同体思想的认知认同。关于历史,马克思曾有过精辟的论述。他指出:"历史是人的真正的自然史。"③ 构建人类命运共同体所涉及的人、事、物,从归根到底的意义上来讲,都与"人"紧密相连。以中华传统文化为载体,有助于促使各行为体从历史事实的角度,推动人类命运共同体思想认同过程的完成。历史事实是历史上真实发

---

① 张治江:《人类命运共同体的国际认同建构路径》,《理论学刊》2018 年第 4 期,第 81 页。

② [美]亨利·基辛格:《世界秩序》,胡利平等译,中信出版社 2015 年版,第 295 页。

③ 《马克思恩格斯文集》第 1 卷,人民出版社 2009 年版,第 211 页。

生的事物。

从历史事实的角度看问题,是一个求"真"的过程。探寻并揭示人之为人的历史真相,是任何行为体都关心并值得追问的问题。以中华传统文化为载体,我们不难发现,人之为人的奥秘在于懂得礼义。《礼记》记载:"凡人之所以为人者,礼义也。"①人是从猿进化而来的,其能够自别于禽兽,在于可以遵守道德礼仪,也可以说具有价值理性。人类之所以可以迈上一个又一个进步的阶梯,是因为可以在遵守道德礼仪也即在增强价值理性等问题上做得更好。欧洲启蒙运动开启了现代性发展的序幕。资本主义生产方式的出现,使得整个世界呈现出了明显有别于前现代的根本性变化。启蒙思想家推崇理性至上,坚信理性能够创造一个"属人"的现代社会。康德就曾指出,要"勇敢地运用你的理性"。资产阶级勇敢运用了自身的工具理性,但对价值理性极为漠视,这给人类社会带来了事实上的灾难。比如说,为寻求本国生态环境的清洁美丽,将有污染的企业分布在欠发达国家;为了推行强权政治,不惜借助谎言歪曲、捏造事实。《礼记》有言:"今人而无礼,虽能言,不亦禽兽之心乎。"②这些行为体认可"强权即公理",不断为自身不合理的行为寻找合理的解释。从中华传统礼乐文化的视角来看,其所怀着的是一颗与禽兽无异甚至不如禽兽的心。人类要想迈上新的文明进步阶梯,就要对僭越道德礼仪、漠视价值理性的行为说不,就要打破不合理的国际旧秩序、建立和平、稳定、公正、平等的世界新秩序。

从历史事实的角度来看,个别行为体之所以敢于僭越人类的道德礼仪,并非全然认识不到道德礼仪的重要性,而是被"物"的权力所支配,在无节制的欲望面前败下阵来。换而言之,其自身的价值理性被工具理性所淹没。人类要追寻自身的幸福,有必要借助于物。可一旦被外物所支配,就会沦丧为物的"奴隶"。以中华传统文化为载体,有助于赋予各行为体从"物"那里夺回本属于作为"类存在物"的人的权力。构建人类命运共同体是我党为改善人类命运提出的伟大构想。这一构想旨在将所有行为体的力量汇聚在一起,重新驾

---

① 《四书五经》(上),陈戊国点校,岳麓书社 2014 年版,第 665 页。

② 《四书五经精华本》,万卷出版公司 2016 年版,第 325 页。

驭宰制人类命运的物质力量。任何行为体不可能从诞生下来就是恶的,就有僭越人类道德礼仪的欲念。每个行为体均有其内在的善性。《礼记》记载:"道德仁义,非礼不成。"中华传统礼乐文化具有将各行为体自身善性调动起来的功能。该功能的发挥可以实现以理导欲、遏恶扬善。① 我国作为一个礼仪之邦,自古就重视礼仪道德建设。为更好地消弭世界之乱,我国强调在国际范围内推行礼治。可是,在资本触角已经延伸到人类社会每一个角落的背景下,仅仅依靠某一个或某几个行为体施行礼治,无法从根本上消弭世界之乱。② 从历史必然性的角度来看,人类要重新掌握支配"物"的权力、追寻更加美好的生活,就要在协力推行礼治、"联合支配"自身命运的问题上迈出实质性的一步。人类要真正摆脱物的依赖性,获得属于自身的自由,就要"在真正的共同体的条件下,各个人在自己的联合中并通过这种联合获得自己的自由"③。关于怎样摆脱物的依赖性,获得属于人的自由,我国古人早就给出了答案。比如孔子就曾指出,"货,恶其弃于地也,不必藏于己;力,恶其不出于身也,不必为己"④。构建人类命运共同体正是这样一种不受资本逻辑裹挟,人人争相出力而"大同"理想境界的"真正的共同体"。

马克思和恩格斯在《共产党宣言》中,提出了"两个必然"的思想,即资本主义必然灭亡、无产阶级必然胜利。生活在资本主义宰制的"虚幻的共同体"中,各行为体成了"单向度"的"陌生人"⑤。摆脱物的依赖性,实现人的自由的复归,从根本上符合世界无产阶级的利益期待,人类命运共同体的构建在世界各行为体的共同努力下,一定会成为现实。从历史事实的角度来看,构建人类命运共同体是历史的必然。中华传统文化是一座思想宝库,以之作为载体,可以促使各行为体廓清事实迷雾、看清历史真相,增强其对构建人类命运共同体思想的外显认知与感性认知,助推人类迈向进步阶梯更加稳健而有力。

促使各行为体从叙述事实角度推进人类命运共同体思想的认知认同。对

① 冯琳、何志攀、杨娜:《华夏礼仪:亲近礼乐文明》,开明出版社 2018 年版,第 5 页。
② 李梦云:《建设人类命运共同体的文化构想》,《哲学研究》2016 年第 3 期,第 24 页。
③ 《马克思恩格斯文集》第 1 卷,人民出版社 2009 年版,第 571 页。
④ 施忠连:《四书五经名句诵读》,上海辞书出版社 2013 年版,第 339 页。
⑤ 刘同舫:《全球现代性问题与人类命运共同体智慧》,《福建论坛·人文社会科学版》2019 年第 9 期,第 5—9 页。

历史上真实发生的事物进行描述与解释,称之为叙述事实。① 如果说从历史事实角度看待人类命运共同体思想的认知认同属于"求真"的问题,那么从叙述事实角度看待构建人类命运共同体的认知认同则属于"意义"的问题。以中华传统文化为载体,可以促使各行为体对构建人类命运共同体的外显认知转化为内隐认知、感性认知上升为理性认知。构建人类命运共同体具有历史必然性,其可以助推人类从"物"那里重新夺回本属于自身的权力。对这一造福人类社会的活动,各行为体本应形成高度的认知认同。可实际情况是不同行为体会对之做出不同甚至截然相反的描述与解释。在马尔库塞看来,人对事物会形成双向度认知,也即会形成具有肯定性的认知与否定性的认知。② 从外显、感性层面对构建人类命运共同体形成肯定性的认知或否定性的认知,会直接或间接地影响到其向内隐、理性认知转化。中华传统文化中的"礼",可引申为一种秩序、规范。构建人类命运共同体正是为了塑造更加公正、合理的国际秩序。孔子指出:"君子怀刑,小人怀惠。"③君子关心的是法制、规范,小人在乎的是恩惠、私利。从某种程度上来看,我们可以将之理解为价值理性与工具理性。"怀刑"是一种价值理性,而"怀惠"是一种工具理性。中华传统文化倡导的"贵和""重义""执中"等思想,均是具有君子人格的行为体所应该持守的。"贵和"是君子人格的价值追求,"重义"是君子人格的价值尺度,"执中"是君子人格的价值思维。

霍克海默、阿多诺对资产阶级的启蒙运动进行分析时曾指出,"任何不符合算计与实用规则的东西都是值得怀疑的"④。以此种价值准则为标尺去裁解、衡量人类命运共同体的构建,很难对其形成具有肯定性的认知,在此基础上形成认知认同可谓难上加难。一心想着算计、只在乎实用,在我国古人看来是一种小人人格。以中华传统文化为载体,能够帮助各行为体从叙述事实的

---

① 高兆明、洪峰:《"哲学的历史":事实与叙述、记忆、理解》,《探索与争鸣》2015 年第 8 期,第 42 页。

② 刘同舫:《全球现代性问题与人类命运共同体智慧》,《福建论坛・人文社会科学版》2019 年第 9 期,第 10 页。

③ 林定川:《孔子语录》,浙江工商大学出版社 2015 年版,第 280 页。

④ 〔德〕霍克海默、阿多诺:《启蒙辩证法:哲学断片》,渠敬东、曹卫东译,上海人民出版社 2006 年版,第 4—5 页。

角度正确认识人类命运共同体的构建意义。在孔子看来，要做到不违仁义，就要约之以礼。放眼世界，欲救价值理性被工具理性覆盖之困，就要构建更加公正、合理的新秩序。孔子还进一步的解释道，要做到约之以礼，还应"博学于文"。这里的"文"，包括人类一切有益于世界新秩序构建的精神养料，而这其中必不可少的是中华传统文化。中华传统文化对人类命运共同体这一旨在塑造世界新秩序的伟大构想，拥有着不容小视的解释力。孔子倡导"君子不器"，也即君子应该开阔视野。① 对各种有益于塑造世界新秩序的思想精华，各行为体均有必要兼收并蓄。在中华传统文化的滋养下，各行为体能够对构建人类命运共同体的原因、内容、意义有更加充分、清晰、全面、完整地认识，进而对其形成肯定性的认知，在此基础上实现由感性认知到理性认知、外显认知到内隐认知的转化。因此，从历史事实与叙述事实的角度来看，以中华传统文化为载体，有助于切实增强各行为体对构建人类命运共同体的认知认同。

二、中华传统文化对人类命运共同体情感认同的催化作用

情感认同在整个人类命运共同体认同链条中，是尤为重要的一环，其扮演着承上启下的角色。认知认同促使各行为体从知识层面对构建人类命运共同体有所了解，中华传统文化在这一认同环节可以发挥解释作用。在认知认同的基础上，各行为体会对构建人类命运共同体形成一定的评价，基于正向评价所产生的积极情感体验，称之为情感认同。情感认同是各行为体增进对人类命运共同体行为认同的关键。该认同环节是将各行为体联系在一起的"心理黏合剂"。中华传统文化可以有效增强"心理黏合剂"的黏性，促进构建人类命运共同体内化过程的完成。总体而言，中华传统文化对增进人类命运共同体情感认同能够发挥催化作用。

中华传统文化可以有效增强"心理黏合剂"的黏性。各行为体对构建人类命运共同体由感性认知上升到理性认知、由外显认知转化为内隐认知，仅仅是从知识层面客观、真实地把握了这一思想，但这并不意味着其必然会产生行为认同。各行为体由对人类命运共同体的认知认同过渡到行为认同，中间要

---

① 闫广芬：《君子之学：形成圣贤的教育传统》，江苏人民出版社2017年版，第13—14页。

经历一个情感认同阶段。各行为体唯有在对人类命运共同体形成认知认同的基础上,对之做出正向的评价并产生积极的情感体验,也即产生情感共鸣,才可能形成行为认同。从这个角度来看,人类命运共同体情感认同是将各行为体联系在一起的"心理黏合剂"。

靠什么来增强人类命运共同体"心理黏合剂"也即情感认同的黏性,是一个有必要引起我们高度重视的问题。有学者指出:"人是感受系统丰富的动物。"与人的心理、精神与思想密切相关的文化会对人的感受性施加影响。"人类已经与自身所创造的文化密不可分地'相处'了几千年了。"[1]从总体上来讲,凡是人类创造的优秀文化,都可以作为增进人类命运共同体情感认同这一"心理黏合剂"的载体。中华传统文化固有的良好基因,使之具备发挥增强"心理黏合剂"黏性的功能。

有研究者称,中华传统文化的主干是儒学,而儒学是一种"礼乐文化"。[2]儒家倡导的礼、乐,是由周文王的第四个儿子周公旦制定的。周公制定礼、乐,并非为一事一时谋,而是"出于万世治安之大计"。构建人类命运共同体事关整个人类千秋万代的利益福祉,以中华传统礼乐文化为载体,有助于有效增强各行为体情感认同这一"心理黏合剂"的黏性。《礼记》中指出:"礼也者,理也。"不合乎道德理性的规定,是一种失"礼"的表现。构建人类命运共同体的各行为体立身处世合乎道德理性,遵守国际公认的规范、准则,是其彼此交互作用形成情感认同的重要基础。

习近平总书记于2014年8月22日在蒙古国发表演讲时申明了我国的原则立场,指出中国将"同世界各国一道维护人类良知和国际公理"[3]。"人类良知"和"国际公理"即中华传统文化所崇尚的"礼"。《乐记》指出:"礼也者,理之不可易者也。""国际公理"是构建人类命运共同体各行为体共同遵守的有形的"礼";"人类良知"是构建人类命运共同体各行为体共同遵守的无形的"礼"。无论是作为有形的"礼"而存在的"国际公理"还是作为无形的"礼"而存在的"人类良知",在各行为体增进人类命运共同体情感认同中均具有不可

---

①　梁晓声:《中国文化的性格》,中国出版集团、现代出版社2018年版,第8页。

②　冯琳、何志攀、杨娜:《华夏礼仪:亲近礼乐文明》,开明出版社2018年版,第1页。

③　习近平:《论坚持推动构建人类命运共同体》,中央文献出版社2018年版,第152页。

替代性。《左传》对周公制礼进行分析时指出:"则以观德,德以处事,事以度动。"所谓的"则",指的是规范、准则,也可以理解为有形的"礼"。"德"可以理解为无形的"礼"。诸如"人类良知"这种"人类大德"具有抽象性,要使之融入各行为体的体内,就要将其细分为具体的国际规范与国际准则。通过考察各行为体对有形之"礼"的遵守状况,可以反衬出其是否在情感深处接受并认同了无形之"礼"。反对恃强凌弱、以大欺小,拒绝将自身的意旨强加于人,抵制以非和平的方式化解国际争端等等,均是构建人类命运共同体的各行为体需要遵循并恪守的"则"与"德"。"德以处事",是说构建人类命运共同体的各行为体在彼此交互作用的全过程和各阶段均要做到"用德",亦即合乎理性的规定。"事以度功",指的是说出的话,要尽可能兑现;想做的事,要尽可能争取成功。各行为体在彼此交互作用中说出的话不兑现、要做的事到头来不了了之,是无法从情感上深层次认同构建人类命运共同体的。春秋时期思想家叔向曾指出:"忠信,礼之器也。"礼的器物是"忠"与"信"。各行为体懂礼,就要切实做到"忠"与"信"。构建人类命运共同体是由我国率先提出的,深受中华传统礼乐文化影响的中国人民,在懂礼、守义、重信等方面堪称典范。习近平总书记指出:"中国人讲求言必信、行必果。中国说到的话、承诺的事,一定会做到、一定会兑现。"[1]各行为体在彼此交互作用中,有必要以"礼"规范自身的言行,做到言出必行、言行一致。看得见、摸得着的实际行动,对于促进各行为体对人类命运共同体的情感认同而言,最为直接也最为有效。各行为体如果无视人类良知、肆意践踏国际公理,在彼此交互作用中言不由衷、言行不一,非但不会结成命运与共的有机整体,还会使自身降格为与禽兽无异的物种。从这个意义上来看,尚"礼"的中华传统文化,有助于增强人类命运共同体情感认同这一"心理黏合剂"的黏性。

习近平总书记指出:"和而不同是一切事物发生发展的规律。"[2]构建人类命运共同体的各行为体,在各个方面均会呈现出差异性。借助何种渠道打通各种差别,将各行为体紧密地凝聚在一起,促使其在情感上真正认同构建人类

---

① 习近平:《论坚持推动构建人类命运共同体》,中央文献出版社 2018 年版,第 153 页。

② 习近平:《在纪念孔子诞辰 2565 周年国际学术研讨会暨国际儒学联合会第五届会员大会开幕会上的讲话》,人民出版社 2014 年版,第 8 页。

命运共同体这一治世理念，是一个值得人们认真思考的课题。荀子提出的"乐和同"理念，为人们提供了有益的思想启迪。各行为体在崇尚并遵从"礼"的同时，还要重视"乐"的教化作用。"礼乐皆得，谓之有德"①。各行为体欲成为一个"有德"的主体，有必要领悟"礼"和"乐"的真谛。反映诸如人类良知等人类大德的"乐"，会让各行为体从内心深处涌动出共同的情感。这种共同的情感，正是各行为体增进对人类命运共同体思想认同的重要基础。"礼"和"乐"对于增进人类命运共同体情感认同须臾不可离。礼乐文化是中华传统文化的重要组成部分。以之作为载体，有助于增强人类命运共同体情感认同这一"心理黏合剂"的黏性。

以中华传统文化为载体，有助于促进人类命运共同体思想内化过程的完成。人类命运共同体认知认同解决的是"求真"的问题。对于人类命运共同体的构建而言，仅仅停留在这一层面是远远不够的，还需要解决好"有效"的问题。从行为认同的角度，我们可以对构建人类命运共同体的有效性问题进行衡量。人类命运共同体的认知认同到行为认同，其间要经历一个不可逾越的发展阶段，即情感认同。情感认同的程度与构建人类命运共同体有效性的提升呈正比例关系。也就是说，各行为体对人类命运共同体情感认同的程度越深，越有利于提升人类命运共同体构建的有效性。反之，各行为体对人类命运共同体情感认同的程度越低，甚至无法形成情感认同，会降低人类命运共同体构建的有效性。各行为体唯有将构建人类命运共同体思想真正地予以内化，才可能外化于行。

以中华传统文化为载体，对于构建人类命运共同体这一治世理念内化过程的完成，能够起到促进作用。孔子曾说人不可以与鸟兽同群。② 人类之所以能够不同于禽兽，在于懂"礼"。孟子特别强调："人之所以异于禽兽者几希。"人与动物的区别是很微弱的。有"礼"而不知遵守，会将自身降格为禽兽甚至不如禽兽。有些国家热衷于搞对外侵略扩张，奉行开疆拓土的殖民主义，是故意抹杀人与动物区别的行为表现。在新的时代条件下，一些国家搞对外

---

① 彭林:《礼乐文明与中国文化精神》,中国人民大学出版社 2016 年版,第 58 页。
② 钱逊:《钱逊讲〈论语〉》,中国盲文出版社 2014 年版,第 107 页。

侵略扩张与推行殖民主义在形式上尽管有了新的变化,比如将传统的军事侵略转化为了经济扩张,将单纯的财富劫掠转化为了文化殖民等等,但从本质上来看却是相同的。这种伤害他国感情的价值理念与行为表现,会促使被侵略、受殖民对象产生消极、负面的情感体验。这种不良的情感体验会对人类命运共同体的情感认同产生阻碍作用,会造成其对构建人类命运共同体这一治世理念的理解停留在表层,无法顺利完成思想的内化。

中华传统文化对人类命运共同体情感认同能够产生催化作用。孟子指出,所有个体生命均有四个"善端",即仁、义、礼、智。人天生具备的这四个"善端"是禽兽所没有的。正是因为禽兽没有这些与生俱来的"善端",所以其是不可教育的。而人则不同,正是因为其持有这些"善端",故而是可以被教育的。仁、义、礼、智这四个"善端",是所有人类个体共同具有的,也是需要共同遵守的。如果在某一个方面存在缺陷,就要通过接受教育来补足。《周礼》对百姓存在不足该如何处理,做出了精当的解释。百姓存在不足,不能用酷刑进行恫吓。如果是初次犯错,就要教育。如果教育不行,就要施以"耻刑"。"耻",是人内心深处生发的一种情感,这种情感是与"荣"相对应的。列宁指出:"没有'人的感情',就从来没有也不可能有人对于真理的追求。"①构建人类命运共同体的各行为体,既要具有"荣感",同时又不能缺失"耻感"。不知道做什么事情是光荣的,做什么事情是该感到耻辱的,也就无法真正理解"四个善端"的真谛。《孟子·离娄下》记载:"君子所以异于人者,以其存心也。君子以仁存心,以礼存心。仁者爱人,有礼者敬人。"君子之所以区别于普通人,在于可以把"仁"常怀心中。有仁德的人能够关心、爱护他人,有礼之人能够赢得他人的尊重。常怀仁者人心,是光荣的;而持有不仁之心,则是可耻的。

中华传统儒家思想不反对利,但重视协调、处理好"利"与"义"的关系。《论语·阳货》提出"义以为上"。告诫人们要将"义"作为价值选择的最高目标。《论语·里仁》指出:"富与贵,是人之所欲也;不以其道得之,不处也。"也就是说,通过不义的方式获取利益是不恰当的。在"利"与"义"面前,我国古人倡导义利统一,追求先义后利、重视取利有道。做到了这些,是值得感到光

---

① 《列宁全集》第 25 卷,人民出版社 2017 年版,第 117 页。

荣的。反之,以利为先、唯利是图、见利忘义,则是应该感到耻辱的。孔子曾教导自己的儿子孔鲤"不学礼,无以立"。《礼记·哀公问》记载:"所以治礼,敬为大。"也就是说,礼来源于人的恭敬、辞让之心。孟子也指出,"辞让之心,礼之端也"。

关于该如何运用"礼",《论语·学而》指出,"礼之用,和为贵"。意即"礼"的应用,当以和谐为贵。做到恭敬谦让、以和为贵,是光荣的;而肆意倾轧、制造事端,则是可耻的。

"智"与"知"相通,其指的是要深明人世之理的"大智慧",而非"小聪明"。构建人类命运共同体事关整个人类的利益福祉,拥有"大智慧"是光荣的,而要"小聪明"则是可耻的。

董仲舒在四个"善端"的基础上加入了"信",将之扩展为"五伦"。《白虎通·性情》对"信"的解释为:"信者,诚也。专一不移也。"守"信"的人一诺千金,言行真实。讲信用、不虚伪是光荣的,不诚信、虚伪造作则是可耻的。明荣知耻可以促使各行为体在彼此交互作用中对形成命运与共的有机整体产生积极、正面的情感体验。《孝经》有言,"移风易俗莫善于乐"。我国古人除了重视礼教,还尤为看重乐教,即从众多的音乐中挑选出德音雅乐以教化民众、淳化民风。① 构建人类命运共同体,我们同样有责任从世界各地将有助于唤起"人类良知"、遵守"国际公理"的音乐挑选出来并予以传播,借此促使各行为体对构建人类命运共同体产生情感认同。因此,各行为体恪守"五常"、重视"乐"的教化功能,会对其形成人类命运共同体情感认同产生促进作用,助推其深入理解构建人类命运共同体的本质,从而顺利完成思想的内化。

三、中华传统文化对人类命运共同体行为认同的示范作用

行为认同是构建人类命运共同体思想认同不可或缺的组成部分,其是构建人类命运共同体的重要落脚点。各行为体对人类命运共同体的认同不仅要有正确的"认知"、挚热的"情感",更要有实际的"行动"。各行为体对构建人类命运共同体在行动上的尝试,会伴随着一定的情感反映。以中华传统文化

---

① 彭林:《礼乐文明与中国文化精神》,中国人民大学出版社 2016 年版,第 75 页。

为载体,有助于促使各行为体在行为体验中获得良好的情感感受,从而助推人类命运共同体行为认同的顺利发展。我们可以从主体属性与形成过程等角度,对中华传统文化在促进人类命运共同体行为认同中所发挥的示范作用进行剖析。

从主体属性角度分析中华传统文化对人类命运共同体行为认同的示范作用。美国学者哈罗德·伊罗生在《群氓之族》一书中,提出一个重要概念:"姆庇之家"。他借肯尼亚基库尤族认同的共同家园"姆庇",阐明世界上到处都有这样的"姆庇之家"。住在里面的人,比过去更紧密地靠在一起,更紧密地结成一体。① 面对纷繁复杂的国际现象,哈罗德·伊罗生感叹道:"人类离其他的行星越来越近,对自己这颗行星上的同类却越来越不能容忍。活在分裂之中,人类越来越得不到尊严越来越趋于分裂。"②人类越是趋于分裂,彼此之间越是陷入争斗不休的泥淖无法自拔,人类自身的尊严越是得不到应有的维护。在这个世界上,是否有着一个值得地球人共同守卫、共同呵护的"姆庇之家"?生活在这个大家庭中的成员,怎样才能相亲相爱、相扶相助,恢复人类应有的尊严?为索解这些难题,中国共产党人进行了长期、艰辛的求索。构建人类命运共同体,正是整个人类梦寐以求的"姆庇之家"。

我们可以从个体行为认同与群体行为认同的角度认识"姆庇之家"。从"姆庇之家"提出的原初背景来看,其关涉的是个体行为认同,亦即关系到本国、本地区、本民族范围内的认同。在特定群体范围内,各成员之间能够拥有"同胞之爱"。哈罗德·伊罗生认为,"今天的世界上,到处都有这样的姆庇之家"③。从实然的角度来看,属于本国、本地区、本民族的"姆庇之家"已经建立起来。只不过有些"家庭"的建设质量还不够理想。人作为"类存在物",理应具有一个值得整个人类共同守护的"姆庇之家"。这个"大家庭"是从应然的角度来看的,尽管现目前尚未存在,但终有一天其会在人类的努力下成为现

---

① [美]哈罗德·伊罗生:《群氓之族:群体认同与政治变迁》,邓伯宸译,广西师范大学出版社2015年版,第21页。

② [美]哈罗德·伊罗生:《群氓之族:群体认同与政治变迁》,邓伯宸译,广西师范大学出版社2015年版,第21页。

③ [美]哈罗德·伊罗生:《群氓之族:群体认同与政治变迁》,邓伯宸译,广西师范大学出版社2015年版,第21页。

实。在这个"大家庭"内部,所有的人类个体都能拥有"同胞之爱",都可以感受到其他同胞的温暖与照拂。然而,族群之间的紧张与拉锯造成的暴力事件却人为地割裂、疏离了人类的"同胞之爱",让营造"姆庇之家"的张力越拉越大。人类命运共同体的构建,既需要无数个体构建更紧密地靠在一起的"姆庇之家",也需要无数个体将自身的力量汇聚在一起,构筑属于整个人类的"姆庇之家"。

该依靠什么构建属于各个国家、地区、民族乃至整个人类的"姆庇之家"、该如何坚守并增进"同胞之爱",这是每一位关心人类前途与命运的人均应该认真思考的问题。人类历史上演的种种暴力冲突事件,绝大多数与某些行为体"不懂礼"有关。"礼"关乎规范、秩序。从总体上来看,但凡有益于塑造更加合理、公正、有序国际秩序的人类思想,均有促进"同胞之爱"、构建"姆庇之家"的价值。我国自古以来就是一个礼仪之邦,在遵守"礼仪"方面,我国古圣先贤堪称典范。行为认同是构建人类命运共同体的重要落脚点。这一认同环节的重要内容与根本目的就在于"行"。以"礼"引"行"、"行"不违"礼",才能不断巩固各行为体对人类命运共同体的认同效果。中华传统文化蕴含着丰富的劝诫人们"懂礼"的思想资源。比如说,《左传》记载了孟献子的一句至理名言:"礼,身之干也;敬,身之基也。"①学"礼"、遵"礼"、用"礼"之于人类共有"姆庇之家"的构建而言尤为重要。构建人类共有"姆庇之家"离不开"木料"。"礼"好似撑起人类共有"姆庇之家"的树干。人类命运共同体的构建不仅要促使各行为体形成认知认同、情感认同,更要付诸于"行"。各行为体如果不懂得"礼",无论是属于国家、地区、民族的"姆庇之家"还是属于整个人类"姆庇之家"的树干均无法茁壮成长。各行为体唯有懂得"礼"、对他者持有应有的"敬重",才能有效保证人类命运共同体行为认同的效果。我国古人将"懂礼"视为天经地义、所有行为体都应该恪守的事情。我国春秋时期著名思想家、政治家子产就曾指出:"夫礼,天之经也,地之义也,民之行也。"②借助中华传统文化,有益于撑起属于国家、地区、民族乃至人类的"姆庇之家",促进

---

① 《左传·成公十三年》。
② 《左传·昭公二十五年》。

人类命运共同体行为认同的形成。

我国古人在谈及"礼"时,常将其与"让"相关联。而"让"又与"争"相对应。各行为体"让"与"争"的焦点基本上是具体的"利",让利与争利直接关系到如何看待"义"的问题。各行为体在"懂礼"的基础上,处理好"让"与"争"的关系,从根本上来看,是在行为上对"利"与"义"做出取舍。人类命运共同体是由一个个相对独立的个体构建而成的,人类命运共同体的有效构建有赖于无数个体由对人类命运共同体的认知认同、情感认同转化为行为认同。我国古人在处理"让"与"争"、"利"与"义"的关系上高度重视"礼"。流传至今的"文王决虞芮之讼",就堪称"懂礼"的典范。我国殷末周初时期,虞国与芮国这两个小国在开疆拓土的过程中,遇到了一个难题。一块被称为"间原"的土地因归属未定,双方都想将之据为己有而争让不休。两国国君决定请有贤德美誉的周朝奠基者姬昌决断。在前往周朝的路上,两国国君看到了"耕者让畔""行者让路""仕者让贤"等景象,各自都深感惭愧。回到本国属地后,两国秉持以"让"为先、先"义"后"利"的行为准则,不仅通过互商互谅的方式解决了土地争端,还加深了两国人民的情谊。

构建人类命运共同体的各行为体,在意识形态、发展水平、参与意愿等多方面具有差异性,如果为了满足自身的利益不顾道义,就很可能加深彼此之间的隔阂,降低其在行为上参与构建人类命运共同体的意愿。人类命运共同体行为认同是情感认同的验证与升华。"以让为先"还是"以争为先","以义为先"还是"以利为先"直接关系到各行为体对人类命运共同体的情感认同能否向行为认同转化以及转化效果。

人类命运共同体的行为认同从主体属性的角度来看,存在个体行为认同与群体行为认同。无论是个体层面的行为认同还是群体层面的行为认同,对于人类命运共同体的有效构建而言都至关重要。中华传统文化对营造属于本国、本地区、本民族的"姆庇之家"具有示范作用,其有助于各行为体以"礼"引"行"、做到"行"不违"礼",从而助推情感认同向行为认同顺利转化并提升转化质量。各行为体尽管在意识形态、发展水平等方面存在差异性,但在"懂礼"上却应该具有高度的一致性。中华传统文化对规范、约束各行为体的言行具有示范作用,这有助于促使作为"类存在物"的人对结成命运共同体由情感认同升华为行为认同,继而不断巩固人类命运共同体的认同效果。因此,中华传统文化对于营造属于本国、本地区、本民族乃至全人类的"姆庇之家"具有示范作用。

从形成过程角度分析中华传统文化对人类命运共同体行为认同的示范作用。各行为体对构建人类命运共同体产生行为认同,大体要经历构建人类命运共同体的行为体验阶段、构建人类命运共同体的行为调整阶段以及构建人类命运共同体的行为稳定阶段。无论是促进人类命运共同体的个体行为认同还是群体行为认同,均存在经历这几个发展阶段的可能。

从人类命运共同体的行为体验阶段来看,各行为体对构建人类命运共同体采取行动上的尝试,会在行为体验中产生一定的情感反映。构建人类命运共同体行为体验的理想效果,是各行为体从参与构建的活动中均获得了良好的行为感受。这种积极的行为感受有助于推动人类命运共同体行为认同的正向发展。

中华民族是一个尤为重视"礼"的民族。从处世的角度来看中华传统文化中的"礼",其一定离不开"诚"。"礼"是为了表达真诚的情感①,营造"姆庇之家"的张力之所以越拉越大,各行为体之间之所以存在龃龉,很大程度上是源于不真诚、不诚信所引致的。各行为体在思想上认识到懂"礼"的重要性,在行为上也做到了"守礼",并不意味着在人类命运共同体的行为体验阶段就必然会获得良好的行为体验。倘若行为体看重并遵循的仅仅是形式上的"虚礼",在与其他行为体交互作用中不真诚、不诚信,也很难促使交往客体获得良好的情感体验。中华传统文化所崇尚的"礼",是实实在在的。以"礼"为载体,可以将内心真挚的情感表达出来。在怎样可以成长为一个真诚的行为体问题上,中华传统文化蕴含着宝贵的精神养料。《礼记》强调,"欲正其心者,先诚其意"②。各行为体真正做到了心志真诚,会不断增强构建人类命运共同体的行为驱动力,获得良好的行为感受。宋明理学倡导"不诚则无物"。倘若行为体虚情假意、不守诚信、巧言令色,与之交互作用的其他行为体获得的很可能是"不良"的情感体验。行为体验的结果不够理想,就需要进行相应的行

---

① 彭林:《礼乐文明与中国文化精神》,中国人民大学出版社 2016 年版,第 35 页。

② 《礼记·大学》。

为调整。如果这种调整不适当、不及时,势必会妨碍人类命运共同体行为认同的顺利发展。

我国古人强调:"礼者,履也。""礼"就好像穿鞋走路一样,最终要落实在各行为体的行为举止上。"尚和""重义""执中"是检验各行为体行为举止是否得当的重要标尺。当各行为体在彼此交互作用中,其行为体验未获得理想的效果时,就要积极地进行自我行为调整。我国古人向往并恪守君子人格。孔子指出,"君子求诸己,小人求诸人"①。在构建人类命运共同体的过程中,遇到行为体验效果不济,不应怨天尤人,将责任归咎于其他行为体,而是要多从自身的方面找原因,不断地进行反躬自省。"尚和""重义""执中"就好似穿在各行为体"脚"上的"鞋"一样。以中华传统文化为载体,有助于各行为体检视自身的行为是否违背了"尚和"的要求,是否妥善处理好了"利"与"义"的关系,是否真正做到了"执两用中""不偏不倚"。没有做到中华传统文化所倡导的这些要求,就说明"鞋子"还不合"脚",自身的行为距离遵守实质意义上的"礼"还有一定的差距,需要对自身的行为进行适当的调整。各行为体不断调整自身的行为,具有普遍适用性。在构建人类命运共同体的过程中,不仅没有获得良好情感体验的行为体需要适时调整自身的行为,即便是获得了良好行为体验效果的行为体也需要不断调整自身的行为。各行为体促使"脚"的大小与"鞋"的尺寸相匹配,离不开行为体的自我行为调整。重视自我行为调整,可以促使没有获得良好情感感受的行为体收获积极的行为体验;助推已经获得良好行为体验效果的行为体进一步强化自身的积极行为感受。

各行为体如何有效调整自身的行为,中华传统文化给出了有益的启示。《中庸》讲"诚之者,人之道也"②。各行为体按照"诚"的要求调整自身的行为。关于各行为体如何按照"诚"的要求调整自身的行为,我国古人给出了答案,即"诚之者,择善而固执之者也"③。"择善"可理解为要努力向"尚和""重义""执中"的行为体学习并与之群处在一起。看到某些行为体能够以和为贵、遵守道义、不偏不倚,而另一些行为体没有做到,就向前者择善而从之,并

---

①　《论语·卫灵公》。

②　《中庸》。

③　《中庸》。

且固执之。"尚和""重义""执中"等是人类应固守的道德觉醒,有些行为体觉醒得早些,有些行为体觉醒得晚些。孟子告诫人们,要"使先知觉后知,使先觉觉后觉"①。对"尚和""重义""执中"先学、先懂的行为体,对后学、后知的行为体有示范、引领作用。孟子倡导"人性本善"。"尚和""重义""执中"等德性不是外铄的,是各行为体本然固有的。这些人类本然固有的德性,尽管在先知、后知,先觉、后觉上有差异,但都可以通过"诚"被开掘出来。也就是说,各行为体只要做到了"诚",就容易明白"尚和""重义""执中"的道理,就容易懂得构建人类命运共同体的真谛,进而遵照"礼"的要求不断调整自身的行为。参与构建人类命运共同体的各行为体,其自身所具有的"尚和""重义""执中"等秉性是不同的。有的行为体会多一些,而有的行为体会少一些。与不讲和、不重义、有偏狭的行为体交互作用,很难在躬行践覆中产生积极的情感体验。以中华传统文化为载体,有益于促使各行为体在参与构建人类命运共同体的过程中,收获积极的行为体验。

中华传统文化讲求"自明诚",也即任何行为体均可以通过后天的努力,把参与构建人类命运共同体的道理弄明白,从而在与其他行为体的交互作用中不断规范自身的行为。《中庸》指出,"诚则明矣,明则诚矣"②。作为"类"存在物的人,做到了真诚也就会自然明白构建人类命运共同体的道理,而悟透构建人类命运共同体的道理也就会做到真诚。各行为体无论是出自天性还是通过后天努力,在参与构建人类命运共同体的过程中均能够做到为仁行善,达到至纯至美的境界,这势必能够促使与自身交互作用的行为体获得良好的行为感受,从而助推人类命运共同体行为认同的顺利发展。

各行为体行为体验的逐渐稳定,称之为构建人类命运共同体的行为稳定阶段。以中华传统文化为载体,有助于各行为体在经历行为调整后不断增强构建人类命运共同体的行为驱动力,提升人类命运共同体行为体验的效果。构建人类命运共同体行为稳定的发展方向是行为习惯。从稳定性的程度上来看,行为习惯具有更高、更可靠的稳定性。

---

① 《孟子》。
② 《中庸》。

将构建人类命运共同体作为一种行为习惯,是人类命运共同体行为认同发展的目标。借助中华传统文化,有助于推动各行为体将构建人类命运共同体作为一种行为习惯。构建人类命运共同体关乎各行为体的前途与命运,因此应力避做表面文章。孔子指出,"巧言令色,鲜矣仁"①。"巧言令色"就是做表面文章,这种行为不是由"诚"外发出来的。这样的行为体很难做到真正意义上的"尚和",即便是做到了"和",更多的也是"媾和"。当面对"义"与"利"的取舍时其往往会更看重后者。在处理与其他行为体的关系上,也不容易做到"执两用中"。各行为体将构建人类命运共同体作为一种行为习惯,尤为强调"真实",而"真实"正是中华传统文化大力倡导的真正有仁爱之心的行为体,应追求"真实",力避做华而不实的表面文章。各行为体将构建人类命运共同体作为一种行为习惯,应高度重视崇真知耻。孔子指出:"匿怨而友其人,左丘明耻之,丘亦耻之。"②对于参与构建人类命运共同体的各行为体而言,亦应以不真实、不真诚为耻。心怀怨艾而表面友好、专事做表面文章而务求虚功的行为体交互作用难以构建起真正意义上的人类命运共同体。我国古人有关处世要"诚"、待人以"礼"等提出了诸多有见地的思想,以中华传统文化为载体,有助于增强人类命运共同体行为认同的稳定性并促使其转化为行为习惯。因此,中华传统文化对增强人类命运共同体行为认同能够发挥示范作用。

第三节 中华传统文化对人类命运共同体思想认同产生作用的动因

中华传统文化对促进人类命运共同体认知认同、情感认同以及行为认同分别能够发挥解释、催化以及示范作用。这些作用得以发挥的深层次动因是什么,我们有必要进一步加以追问。从总体上来看,中华传统文化内在地具有"求真"基因,以之为载体有助于促使其对人类命运共同体认知认同

---

① 《论语·学而》。
② 《论语·学而》。

发挥解释作用;中华传统文化内在地具有"求善"基因,以之为载体有助于促使其对人类命运共同体情感认同产生催化作用;中华传统文化内在地具有"求美"基因,以之为载体有助于促使其对人类命运共同体行为认同起到示范作用。

一、对人类命运共同体认知认同发挥解释作用的动因分析

中华传统文化内在地具有一种"求真"的优良基因,这是以之为载体可以对人类命运共同体认知认同发挥解释作用的深层次动因。中国作为一个礼仪之邦,自古以来就格外推崇礼仪文化。西方社会也同样重视礼仪,但其侧重点与中华传统文化有所不同。有学者直言:"西方的礼仪没有'灵魂',只是教人怎样表演或者'作秀'。"①中华传统文化所推崇的"礼"与非常强调外在东西的西方礼仪不同,其尤为看中真诚情感的流露,在此基础上再辅之以各种礼节。通过对比中华传统文化所倡导的"礼"与西方社会所看重的"礼",有助于深化我们对中华传统文化"求真"基因的认识。

美国学者西蒙·道林指出:"真正的认同需要心甘情愿和充满热情的承诺。"②各行为体参与构建真正意义上的人类命运共同体,需要建立在其自愿选择和充满热情承诺的基础之上。构建人类命运共同体不仅关系到整个人类的前途与命运,还关系到参与构建者自身的前途与命运。各行为体不大可能只因关注外在的东西,就将自身的命运与其他行为体相牵连。有学者指出:"自打人类以族群的方式存在,建设和护持共同体就一直是一个正统、主流的理想。"③我国先哲尽管没有直接使用"共同体"这个词汇,但却表达出了与其内涵高度一致的思想,如大同社会、四海一家等。

西方思想理论家有关"共同体"的论述亦不乏真知灼见。如法国启蒙思想家卢梭就从遵守契约的角度对不同行为体的共生关系进行了考察。英国学者齐格蒙特·鲍曼将"共同体"比喻为一个"屋顶""壁炉",生活于其下、靠近

---

① 彭林:《礼乐文明与中国文化精神》,中国人民大学出版社 2016 年版,第 34 页。
② [美]西蒙·道林:《认同:开启高效协作的密码》,周鸣、周涛译,电子工业出版社 2017年版,第 8 页。
③ 胡百精:《说服与认同》,中国传媒大学出版社 2014 年版,第 36 页。

它的人们可以遮风避雨、感受温暖等。① 也就是说,中西方思想理论家普遍认同在共同条件下组建和维系的集体可以让其成员生活得更好。

能够让人类全体成员都感受到温暖与关爱的场所,是人类命运共同体。而该命运共同体得以建立的先决条件是交往。不同行为体之间相互交往,需要遵循一定的礼仪。在人类社会发展史,存在过不同形态的共同体。靠强制性手段、虚假承诺等方式也可以将不同行为体聚合在一起,各行为体从形式上也在遵循所谓的"礼",但以此为依托所构建的共同体,却不可避免是危脆与羸弱的。建设和护持共同体是人类正统、主流的理想,构建人类命运共同体造福的是全人类,理应得到各行为体的广泛认同与鼎力支持。认知认同是各行为体参与构建人类命运共同体的逻辑起点。中华传统文化内在地具有"求真"基因,这使得以之为载体,可以对促进人类命运共同体认知认同发挥解释作用。

各行为体参与构建人类命运共同体需要遵循一定的"礼",这种"礼"不能是虚礼。"求真"是中华传统文化内在具有的优良基因。我国儒家经典《中庸》就认为在这个世界上,除了真实的存在以外,没有其他的东西。我国古人之所以对天地推崇备至,就在于它们真实、不欺骗。天与地从来不会遮蔽起自己,意图隐藏些什么。天能照生万物,因而人们感念它的包容;地能普生万物,因而人们感念它的无私。② 天道与人道是相互融通的。不同行为体交互作用构建人类命运共同体,也应该做到真实、无欺、包容、无私。有学者指出:"人类命运共同体是一种范导性理念。"③一种从规范走向事实的理念要深入人心,首先一定要能够说服人,也即促使各行为体产生认知认同。中华传统文化所固有的"求真"基因,使得以之为载体,可以对促进人类命运共同体认知认同发挥具有正向性的解释作用。

人类命运共同体得以构建的基础性条件是利益。从根本上来看,人类

---

① [英]齐格蒙特·鲍曼:《共同体》,欧阳景根译,江苏人民出版社 2013 年版,引言第2 页。

② 彭林:《礼乐文明与中国文化精神》,中国人民大学出版社 2016 年版,第 35 页。

③ 马俊峰、马乔恩:《构建人类命运共同体的历史性研究》,人民出版社 2019 年版,第129 页。

命运共同体是一种利益共同体。对利益的关注与追求可以为人类命运共同体的构建提供持久的动力之源。在人类命运共同体的认知认同中，利益认同最为直观而切近。利益的生产、分配离不开一定的规范，也即要遵循必要的"礼"。

我国古人研究治世之道，很多都是从对自然的认识中体悟出来的。老子就曾指出："人法地，地法天，天法道，道法自然。"天与地之所以受到世人的崇拜，源于其追求的是一种大利与大义。在利益的生产与分配上，天与地能够做到真实、无欺、包容、无私。不同行为体之间交往，也应该像天与地那样表露出真实、真诚。各行为体对构建人类命运共同体产生了"兴趣"，也可以说其对人类命运共同体产生了认知认同。

在我国文言中，"兴"有"所好"的意思，"趣"同"趋"，有"靠近"的意思。① "所好"与"所恶"相对，"所趋"与"所离"相别。各行为体对所喜好的事物，会不断地接近它。而对所厌恶的事物，会逐渐地远离它。利益分配真实、得当，各行为体才会产生亲近人类命运共同体的意愿并激发起自身的参与兴趣，也即形成认知认同。反之，利益分享是虚幻、不公的，各行为体靠近人类命运共同体的意愿会被挤压，其参与兴趣也会被降低。就后一种情形来看，即便是个别行为体参与到人类命运共同体的构建中来，其也很可能不是心甘情愿的且很难充满热情。从归根到底的意义上来看，这是由于其并未在真正意义上对人类命运共同体产生认知认同。具有"求真"基因的中华传统文化对促进人类命运共同体认知认同能够较好地发挥解释作用。从天道中悟觉出人道，这种解释作用的发挥不仅直观而且形象。天在照生万物时是不分国界的，地在生长万物时是大公无私的，人在对利益的分配上也应该如天与地一样做到真实无欺、公平互惠。一些国家推行强权政治，肆意掠夺别国的财富与资源，是未能参悟天道从而不懂人道的行为表现。庄子认为"蔽于天而不知人"②，他告诫我们要通过观察天道以觉悟出人道。

"求真"是中华传统文化的优良基因，也是促进人类命运共同体认知认同

---

① 胡百精：《说服与认同》，中国传媒大学出版社2014年版，第37页。
② 张葆全等：《先秦诸子菁华》，广西师范大学出版社2017年版，第199页。

的根性。我国宋明理学强调"不诚则无物"。构建人类命运共同体作为一种"物",应该是真实的存在。真实存在的"物"不能仅有名字而没有实际内容。就好像天与地一样,正是因为其有实际内容,才能做到实至而名归。构建人类命运共同体同样要有实际的内容,抛开行为体的具体利益而谈人类命运共同体的构建,促发各行为体皆对之产生认知认同会存在不小的困难。真实、无欺地分配利益,构建人类命运共同体才能不会沦为虚名,人类命运共同体的认知认同才能得到有效促进。

从逻辑层面来看,人类命运共同体认知认同有一个从不知到知、从知少到知多、从知多到认同的发展过程。以"求真"的中华传统文化为载体,有助于促使各行为体认识到构建人类命运共同体首先是一个利益共同体,对利益的分配应该真实、无欺。利益的生产、分配以及公平互惠是人类命运共同体构建得以持续的动力之源。《中庸》指出:"诚者,天之道也。诚之者,人之道也。"[1]天向世人昭示的道理是要做到真诚无欺。人应该学习天道,天道是"真诚",将之贯彻到人类命运共同体的构建中,有助于对人类命运共同体认知认同发挥好解释作用。

从事实层面来看,以中华传统文化为载体,有助于实现人类命运共同体外显认知与内隐认知、感性认知与理性认知的统一。梁漱溟指出:"不在工夫上去验证,事实上去说话,只从符号上去讲求,终无头绪。最要紧的方法,是要把符号用事实去验证出来。"[2]如何促使人类命运共同体认知认同由外显认知转化为内隐认知、由感性认知上升为理性认知,我们也可以从中华传统文化中汲取精神养料。孔子指出:"克己复礼曰仁,一日克己复礼,天下归仁焉。"关于如何理解"克己"与"复礼"的关系,学界有不同的解释,有的学者认为二者是一种平行关系,还有的学者认为二者是一种前后相继的关系。[3] 笔者认同后一种观点,也即在"克己"的基础上"复礼"才称得上"仁"。费孝通将"扬己"与"克己"视为东西方文化相区别的关键要素。在对利益的追寻上,各行为体

---

① 《张葆全选释·大学中庸选译》,汉马对照,广西师范大学出版社 2016 年版,第 234 页。

② 梁漱溟:《梁漱溟先生讲孔孟》,李渊庭、阎秉华整理,商务印书馆 2011 年版,第 10 页。

③ 《中国文化与新世纪的社会学人类学——费孝通、李亦园对话录》,《北京大学学报(哲学社会科学版)》1998 年第 6 期,第 82 页。

唯有"克己",也即对自己的思想与行为有所要求,切实遵守国际社会的公约与规范,在对利益的分配上才能切实做到真实、无欺。营造"克己"的文化氛围,秉持一颗真诚、真实的"仁心",有助于促进人类命运共同体由外显认知转化为内隐认知、由感性认知上升为理性认知。反之,个别行为体在构建人类命运共同体的过程中一味地强调"扬己",把自身的利益看得高高在上,恣意践踏其他行为体的利益,无视世界公约与国际公理,①这种文化气候无助于人类命运共同体由外显认知转化为内隐认知、由感性认知上升为理性认知。因此,从总体上来看,中华传统文化内在地具有"求真"基因,以之为载体有助于促使其对人类命运共同体认知认同发挥较好地解释作用。

二、对人类命运共同体情感认同产生催化作用的动因分析

我国宋朝大思想家朱熹指出,一个人一生要做两件事情,一个是知,一个是守。② 认知认同是对构建人类命运共同体形成思想认同的逻辑起点。持守住构建人类命运共同体这一治世理念,需要在认知认同的基础上形成情感认同。靠什么持守住人类命运共同体思想,我国古人给出了有益启示。隋朝大儒王通指出"以利交者,利穷则散"③。利益的生产和分配为构建人类命运共同体提供了持续的动力之源。各行为体首先需要缔结为一个利益共同体,并对关系自身前途命运的利益问题达成倾向性共识。然而,要想持守住构建人类命运共同体思想,仅仅靠结成利益共同体是远远不够的。以利益作为准绳构建人类命运共同体,一旦利益穷尽了,各行为体之间的交情也就随之终结了。朱熹认为:"人生气禀,理有善恶。"人性中既有"善"的一面,也有"恶"的一面。人性中"恶"的一面,如自私、傲慢、狭隘、偏执等无疑会妨碍人类命运共同体情感认同的形成。人性中的"善"与"恶"并非不能调和。中华传统文化内在地具有一种"抑恶扬善"的优良基因,以之为载体有助于对增进人类命运共同体情感认同发挥催化作用。

《郭店楚简·性自命出》中提出了一个重要命题:"道始于情"。这里的

① 汤一介、乐黛云、杨浩:《中国传统文化的特质》,上海教育出版社2019年版,第35页。
② 梁启超:《梁启超修身三书·节本明儒学案》,上海古籍出版社2018年版,第27页。
③ 张文治:《国学治要·集部·子部》,北京理工大学出版社2014年版,第752页。

"道",指的是既和"天道"有联系又与"天道"相区别的"人道"。"真诚无欺"是"天道",大自然根据这一原则周流变化。西汉学者扬雄指出,"圣人……和同天人之际,使之无间"①。"人道"与"天道"是相互融通的。然而,"人道"也存在与"天道"不同的地方,即不同行为体关系的建立是由感情开始的。在利益生产与分配的过程中,不同行为体会建立起一定的情感联系。我国古人提出的诸多宝贵思想,对于促进人类命运共同体情感认同能够起到催化作用。比如庄子提出"为善至乐"②的思想。在他看来,人生在世最大的快乐,莫过于做好事。做好事就是要能够帮助他人,不断增进他人的利益福祉。"他人"具体包括哪些人? 我国儒者也进行了深入思考,《中庸》提出:"仁者,人也,亲亲为大。"爱自己的亲人是一个有仁德之心的人最起码需要做到的事情。与自己的亲人交往可以有物质利益的联系,但不能太过算计、太过计较,更不能心怀鬼胎、欺瞒行骗。舍此,既不符合以"诚者"为本的"天之道",亦背离了以"诚之者"为价值追求的"人之道"。

爱自己的亲人,是一种"小善"。其不足以显示出人之为人的伟大。多数动物同样懂得爱自己的孩子、父母。儒家所向往的"大善",是"人不独亲其亲,不独子其子"③。不止于爱自己的亲人,还可以爱护天下苍生,是儒家所追求的"大善"。以中华传统文化中"求善"的思想为载体,有助于对促进人类命运共同体情感认同产生催化作用。《郭店楚简》所载的"亲而笃之,爱也;爱父,其继之爱人,仁也"区分了"爱"与"仁"的区别与联系。各行为体爱本国、本地区的人民爱到极点,是一种"善",但这仅仅是停留于"小善"层面的"爱"。唯有将这种爱扩大到天下苍生,才是一种上升到"大善"层面的"仁"。各行为体爱本国、本地区的人民,是爱天下苍生的基础。《郭店楚简》指出,"爱亲则方其爱人"。如果连本国、本地区的人民都不亲爱,那么也就很难做到"推己及人"。

追求"推己及人"的"大善"并不容易,需要遵守并维护一定的伦理与秩

---

① 陈志坚编:《诸子集成》第5册,北京燕山出版社2008年版,第19页。
② 《庄子·至乐》。
③ 《礼记·礼运》。

序,也即"礼"。费孝通指出:"复礼是进入社会,成为一个社会人的必要条件。"①"复礼"内在地要求各行为体要做到"行善去恶"。我国古人通过厘析福、祸与善、恶的关系,规劝人们要"行善去恶"。如《颜氏家训》指出:"人为善,福虽未至,祸已远离;人为恶,祸虽未至,福已远离。"②《菜根谭》有言:"善有善报,恶有恶报。"③不管是行善还是作恶,最终都会有报应。这些劝人向善的箴言,对于促进人类命运共同体的情感认同有助于起到催化作用。

从某种意义上来讲,"人民心通意合"不仅是"求"来的,更多的是"善"来的。因此,为促进构建人类命运共同体思想由认知认同发展为情感认同各行为体均有必要多做好事、不做坏事。应然状态的人类命运共同体是"大家庭"。不同行为体应该以家人的身份和善相处,做到多"解家人之忧"、多"排家人之难"。在庄子看来,为亲人做好事不能光想着图回报、求声名。他提出"为善无近名"④,就是要告诫人们不要为了求名而做好事。然而,纵使是亲人,如果一味地付出而长久得不到回报,也无助于情感的维系与共同体的巩固。《礼记·曲礼上》指出:"来而不往非礼也。"⑤也就是说,对其他行为体施加给自身的善意,应当做出友好的反应。如此才能有力推动人类命运共同体情感认同的形成。

我国古人不仅申明了"为善去恶"的重要性,还探寻出了具体的方法。明朝理学家王阳明指出,"知善知恶是良知,为善去恶是格物"。在他看来,心在"未发之中"是无善无恶的。起心之后就有了善恶。当起心出现错误时,就无法正确地分辨善与恶。此时,行为体的良知会被蒙蔽或污染,这也正是后天之恶的来源所在。"复心"是发现自身本心的具体方式,也即"致良知"。"良知"虽然无善无恶,但却可以知善知恶。他劝诫人们要按照自己的良知规范自身的行为,切实做到"为善去恶"。"为善去恶"既是天道亦是人道。我国古

---

① 《中国文化与新世纪的社会学人类学——费孝通、李亦园对话录》,《北京大学学报(哲学社会科学版)》1998 年第 6 期,第 88。
② 《颜氏家训译注》,商务印书馆 2016 年版,第 152 页。
③ 洪应明:《菜根谭新解》,金盾出版社 2016 年版,第 116 页。
④ 朱祖延:《引用语大辞典》(增订本),武汉出版社 2010 年版,第 660 页。
⑤ 朱祖延:《引用语大辞典》(增订本),武汉出版社 2010 年版,第 327 页。

人指出:"万物并育而不相害。"①意即在自然界中,万物可以共同在一起生长而并不互相残害。有学者指出:"人和动物不一样,人是社会性动物,谁要离群索居就会难以生存。"②事实上,人类要想过得更好,不仅不应相互残害,还应更为紧密地结为一个有机联系的整体。在我国宋明理学家看来,个体所获取的知识是有限的,究竟哪些思想和行为对构建人类命运共同体有利、哪些不利,需要研究了才知道。王阳明将之称为"格物"。着眼于全人类的福祉进行研究,把对构建人类命运共同体有所助益的部分予以保留,将对构建人类命运共同体有所损益的部分予以弃除,也即"行善去恶",势将有助于人类命运共同体情感认同的形成。

此外,我国古人在利与义的关系问题上进行了广泛而深入地探讨。比如孔子并不反对人们通过正当、合理地手段获取物质利益,但他强调获取物质利益的正当性。《论语·述而》记载:"不义而富且贵,于我如浮云。"③在孔子看来,以非道义的手段攫取财富,是应该鄙弃的。《论语·季氏》也阐明了"见得思义"的理念,强调君子获取财利时要考虑是否合乎道义。不合乎道义而获利的行为是"恶"的,是小人之所为。合乎道义而获得的利益才是"善"的,是君子应该具有的操守。孟子指出:"君子所以异于人者,以其存心也。"④君子所潜存的,正是一颗不为物欲所遮蔽、知仁懂礼的"大善之心"。"君子"是中国人理想的人格。⑤ 致力于寻求"大善"的君子人格已经深深地融入中华传统文化之中,以之为载体有助于促使其对人类命运共同体情感认同发挥催化作用。

三、对人类命运共同体行为认同起到示范作用的动因分析

有学者指出,在全球化时代,文化之于社会发展的促进作用正在受到更多的重视⑥。人类历史上从来都不缺乏优秀文化,将其中有助于推动构建人类

① 《大学·中庸》,张志强编注,浙江古籍出版社 2013 年版,第 136 页。
② 彭林:《礼乐文明与中国文化精神》,中国人民大学出版社 2016 年版,第 42 页。
③ 虞劲松:《论语选译(汉英对照)》,广西师范大学出版社 2016 年版,第 128 页。
④ 方勇、高正伟:《孟子鉴赏辞典(文通版)》上海辞书出版社 2017 年版,第 239 页。
⑤ 闫广芬:《君子之学:形成圣贤的教育传统》,江苏人民出版社 2017 年版,第 8 页。
⑥ 俞楠:《文化认同的政治建构》,上海交通大学出版社 2018 年版,第 36 页。

命运共同体思想认同的部分挖掘出来，对于塑造人类美好未来意义重大。博大精深的中华传统文化之于促使人类命运共同体的思想认同而言，尤如一座精神宝库。蕴含着"求真"基因的中华传统文化，能够对促进人类命运共同体认知认同发挥解释作用；蕴含着"求善"基因的中华传统文化，能够对促进人类命运共同体情感认同发挥催化作用。对人类命运共同体的思想认同最终要落实到行为认同上来，蕴含着"求美"基因的中华传统文化，对促进人类命运共同体行为认同可以发挥示范、带动作用。

我国古人指出："礼也者，犹体也，体不备，君子谓之不成人。"①"礼"就像人的身体，礼仪规范做得不到位，就好似君子所说的人没有发育健全。"礼"作为一种行为规范，其被制定出来以后，是要各行为体遵守与践行的。汉代经学集大成者郑玄做注解称："礼者，体也，履也。……践而行之曰礼。"②对人类命运共同体的思想认同仅停留在认知、情感层面是不够的，还需要发展到行为层面。有论者称："寻求美是我们实现认同的终点……没有行动上的美，就无法表达我们思维上的真、意愿上的善。"③我国儒家追求一种"执两用中"的平衡之美、中和之美。两端指的是"过"与"不及"。这两个极端对于促进人类命运共同体认知认同、情感认同以及行为认同都是极为不利、应当加以避免的。朱熹告诫人们要做到"不偏不倚，无过无不及"④。在"过"与"不及"对立的两端中找到最适当的点，就是"执中"。"执中"的行事境界，最具有美感。

在追求平衡之美、中和之美上，我国古人堪称典范。博学的孔子在谈及自己是否有知识时，曾指出："我叩其两端而竭焉。"⑤也就是说，他致力于寻求处于两种极端中间最完美的点。儒家将"执中"作为一种至美的精神境界，一种行为体做到了至真至善，表现于外的言行就是中和、和美。儒家尤为看重"礼"在追求中和之美、平衡之美中的作用。孔子提出"以礼制中"的思想，将"礼"作为"执中"的规范准则。约之以礼的目的，是为了"执中"。各行为体

---

① 周殿富：《礼记新编六十篇》，北京时代华文书局2016年版，第83页。
② 耿天勤：《郑玄志》，山东人民出版社2009年版，第105页。
③ 刘辉：《认同理论》，知识产权出版社2017年版，第18页。
④ 张葆全：《大学中庸选译（汉马对照）》，广西师范大学出版社2016年版，第130页。
⑤ 虞劲松：《论语选译（汉英对照）》，广西师范大学出版社2016年版，第146页。

在交互作用中以礼来约束、规范自身的言行，切实做到中和，更容易促进人类命运共同体行为认同的形成。我国儒家倡导中道，反对"过"与"不及"，但这绝不意味着奉行折中主义，和稀泥、不作为。事实上，孔子对推行折中主义的行为极为反感并大加挞伐。他曾将"乡原"这一搞折中主义的原型斥之为"贼"。中和、中庸绝非要滑头、尚平庸。奉行折中主义非但无助于反而会有碍于人类命运共同体行为认同的形成。有论者称，成天下之事，全在"适度"二字。我国古人强调："极高明而道中庸。"在构建人类命运共同体的过程中做到不偏不倚、无过无不及，就是"适度"。

关于如何才能做到"适度"，我国儒者认为要不断地对行为进行调整。构建人类命运共同体好似盖高楼，每盖一层都可能出现个别行为体偏离构建目标、走弯路的情况。关键是偏离目标、走弯路以后要善于及时地做出调整，也就是儒家所倡导的"道中庸"。根据国际规则、世界秩序与基本伦理也即"礼"的要求，不断地将之调整到平衡状态，往上继续施工才能确保大厦的稳定、坚固。倘使大厦的某一部分已经发生了倾斜，还要继续加高，纵使其能够避免坍塌的厄运，构建起的建筑也有失平衡之美、中和之美。要做到"执两用中"，找到避免"过"与"不及"这个最适当的点并不容易，需要对二者都要有全面、深入、理性、客观的认识。究竟哪些行为对促进人类命运共同体的思想认同属于"过"的范畴，哪些属于"不及"的范畴，我们需要做具体的研究。受中华传统"执中"思想熏陶的中华民族，涌现了一批又一批拥有中正平和气韵的代表性人物，形成了大量闪耀着时代之光的宝贵思想。以融入了求"美"基因的中华传统文化为载体，有助于对促进人类命运共同体行为认同起到示范、带动作用。

第五章　中华传统文化对人类命运共同体思想实施的作用

习近平总书记指出:"大道至简,实干为要。构建人类命运共同体,关键在行动。"①人类命运共同体思想贵在实施、难在实施、构建成败在于实施。构建人类命运共同体是"干"出来的,如果我们不能将思想付诸行动,再美好的期待与憧憬都会悬设在空中。人类命运共同体的思想实施,需要回应"向何处去""去的动力何在"以及"怎样去"等问题。"向何处去"解决的是去的方向问题,"去的动力何在"解决的是去的"燃料"问题,"怎么去"解决的是去的方法问题。中华传统文化为人类命运共同体思想实施指明了方向、增添了动力、提供了方法。

第一节　中华传统文化为人类命运共同体思想实施指明方向

人类命运共同体的思想实施,首先需要解决的是"向何处去"的问题。习近平总书记在庆祝改革开放 40 周年大会上的讲话中指出,"方向决定前途"②。构建人类命运共同体的前途取决于沿着什么样的方向前进。改变不合理现实,作为一种强烈诉求内化于世人心中。有学者认为,大同理想,是中华传统文化的核心理念。③ 以结束不合理现实为价值追求的大同理想,为人

---

① 《习近平谈治国理政》第二卷,外文出版社 2017 年版,第 541 页。
② 《习近平谈治国理政》第三卷,外文出版社 2020 年版,第 184 页。
③ 郭齐勇:《大国声音:中华优秀传统文化与时代精神》,长江出版传媒、湖北教育出版社 2016 年版,第 194 页。

类命运共同体思想实施指明了方向。

一、改变不合理现实是内化于世人心中的强烈诉求

人类社会自产生以来,不合理的现实问题很多。我们在此所分析的不合理且重要的现实问题,以英国学者詹姆斯·菲尔格里夫对历史事件的划分为依据。他指出:"一个事件如果与人类的福祉息息相关,它就是重要的;而如果与人类的福祉关系不大,它就是不那么重要的。"①一个历史事实是不是具有合理性,站在不同的立场会做出不同的价值评判。一方主体基于自身的利益考量认为是合理且重要的历史事件,另一方主体站在不同的立场会得出相异甚至完全相反的结论。我们以是否有助于增进整个人类的利益福祉为评价标尺,重点对如下两个重要且不合理的现实问题进行分析:

开放而不包容。人类自进入文明社会以来,依据发祥地自然地理环境的不同,大致可划分为农耕文明与海洋文明两种类型。农耕文明也被称为大河文明。在适合农业耕作的大河流域中产生的中华文明、古巴比伦文明、古印度文明等,是农耕文明的典型代表。农耕文明具有稳定持重的特性,这与大河两岸人民农耕生活的相对稳定性有很大的关系。

海洋文明滥觞于古希腊,"古希腊人较少有思想上和精神上的束缚"②。古希腊人向往个性的张扬,这是海洋文明的一大典型特点。另一方面,海洋文明还有一大鲜明的特点,即开放性。这种开放是全方位的,人口、文化、思想、经济等各个方面均向外部敞开。受海洋文明影响的民族,普遍有着外向开拓精神。这些民族勇于也善于从异质文明中汲取养料。具有开放性的海洋文明理应具有包容性,可事实是享受海缘之便利先发展起来的一些国家,妄图将自身的意志强加于人,从而给人类社会带来了纷争与动荡。中国人民大学王义桅教授在对海洋文明这种开放而不包容的不合理现象进行分析时认为,这源于

---

① 〔美〕詹姆斯·费尔格里夫:《地理与世界霸权》,胡坚译,浙江人民出版社 2016 年版,第 2 页。

② 王义桅:《海殇?:欧洲文明启示录》,世纪出版集团、上海人民出版社 2013 年版,导论第 3 页。

海洋文明具有一种"二元对立思维"①。

北京师范大学许嘉璐教授对这一现象进行了深入分析。在他看来,海洋文明"二元对立思维"来源于宗教。宇宙中的一切都是由上帝创造出来的。"被创造物永远成不了创造物。"②作为造物主的上帝,其自身也永远不会成为被创造物。这种思维背后所折射的是对个性的过分张扬、对事物评价的过于绝对。西方的思维是"要么你和我一样,否则你就是在反对我"③。这种不包容性在表现上也是全方位的。对于与自身不同的意识形态、政治制度、经济体制等,以一种"有你无我""你死我活"的眼光去审视并对待。在政治、经济、文化等各个方面排他,正是开放而不包容的具体表现。"排他的结果是争吵,争吵的结果就是战争。"④这种战争并不一定要诉诸于真刀真枪的战场征伐,也会是没有硝烟但惨烈程度依旧很高的无形战争。在思想文化上,基督教禁锢理性,对大量科学家、医学家、思想家进行迫害,让人类思想文化事业蒙受巨大损失。张扬个性、摆脱精神上的束缚本无可厚非,但过度张扬个性、盲目自尊自大、排斥乃至否定其他文明却是极其不合理的。不包容意味着具有排他性,必然是不合理的。

开放本身不存在问题,但在什么样的环境下敞开国门,却存在合理与不合理之处。在全球化时代,"没有哪个国家能够退回到自我封闭的孤岛"⑤。任何国家要发展,都不可避免地要参与到全球化的进程中来。诺贝尔经济学奖得主斯蒂格利茨指出,在21世纪初他发表《全球化及其不满》时,对全球化的不满情绪集中表现在发展中国家身上。而如今对全球化的不满已经遍布全球。⑥ 在他看来,这种不满情绪之所以出现,源于"社会上的大部分人觉得他

---

① 王义桅:《海殇?:欧洲文明启示录》,世纪出版集团、上海人民出版社2013年版,导论第5页。

② 许嘉璐:《中华文化的前途和使命》,中华书局2017年版,第114页。

③ 王义桅:《海殇?:欧洲文明启示录》,世纪出版集团、上海人民出版社2013年版,第13页。

④ 许嘉璐:《中华文化的前途和使命》,中华书局2017年版,第114页。

⑤ 习近平:《决胜全面建成小康社会 夺取新时代中国特色社会主义伟大胜利——在中国共产党第十九次全国代表大会上的报告》,人民出版社2017年版,第58页。

⑥ [美]约瑟夫·E.斯蒂格利茨:《全球化逆潮》,李杨、唐克、章添香等译,机械工业出版社2019年版,第2页。

们的生活并没有随之改善。"①一个国家向外部敞开国门,参与并推动全球化进程,是为了人民生活过得更好,可事实并未全部如愿。造成这一结果的原因,并不是全球化本身存在问题,而是不同国家在全球化背景下敞开国门、参与国际事务的动机、手段与目的存在不合理之处。斯蒂格利茨认为,"我们生活在一个每个国家都相互高度依存的世界"②。全球化的规则理应由世界各国共同制定,可实际的状况却是"贫穷国家和其中的穷人只有微弱的力量来影响全球化。国家越穷,其影响力越小"③。在全球化规则制定权把控在少数发达国家手上的条件下敞开本国的国门,很难避免自身的利益不会受到损害。各个国家存在相互依存的关系,损人即意味着自损。只知道维护自身利益、不让其他国家人民过得好,到头来其自身利益也难以得到有效维护、本国人民也会过不好。

斯蒂格利茨之所以呼唤推出一个替代的全球化方案,正是因为其看到了一些国家尤其是发展中国家,在由西方发达国家主导全球化规则且规则不受制约的条件下敞开国门,非但没有增进反而有损本国人民的利益。由世界各个国家共同参与的全球化,其规则的制定与秩序的维护应该是一个共同行为。在全球化规则与秩序维护是由极少数强权国家主导的国际环境下敞开国门,对全球化的不满情绪很难彻底消除。没有哪个国家的人民不期待自身的利益得到有效维护与持续增进,改变这些不合理的现实问题,是内化于世人心中的强烈诉求。

二、大同理想以结束不合理现实为价值追求

"大同"一词,最早见于我国儒家的典籍《礼记》。该部典籍的第九篇《礼运》介绍了孔子与弟子言偃一次蜡祭后的交谈。"蜡祭"的内容是"合聚万物

---

① [美]约瑟夫·E.斯蒂格利茨:《全球化逆潮》,李杨、唐克、章添香等译,机械工业出版社2019年版,第4页。
② [美]约瑟夫·E.斯蒂格利茨:《全球化逆潮》,李杨、唐克、章添香等译,机械工业出版社2019年版,第64页。
③ [美]约瑟夫·E.斯蒂格利茨:《全球化逆潮》,李杨、唐克、章添香等译,机械工业出版社2019年版,第64—65页。

而索飨之"①。"蜡祭"的对象是与农业生产活动有关的神灵。在传统农业社会,举行这种祭祀仪式表达了人们对天地万物恩赐于己的感激。《礼记》指出,"古之君子,使之必报之"②。得到他人襄助,加倍予以报答,是我国先贤追求的君子人格。对于天地万物的滋养、对于他人的帮助,要发自内心地表示感激并予以回报,是孔子所看重的内容。"蜡祭"的一个核心环节是举行"乡饮酒礼",目的在于"献贤者能者于其君"③,也就是说在乡学之中选出有贤能的人。

这样的仪式一方面代表了儒家的尚贤思想,另一方面又贯穿着伦常礼仪秩序。④ 孔子是作为"宾"参加这次蜡祭活动的,当该活动最核心的环节"乡饮酒礼"结束后,孔子与弟子登上楼观,发出了亦喜亦悲的感叹。孔子欢喜的是,自己能以"宾"的身份参加这次年终祭祀活动,人人遵守的"礼"仍然存在,并没有消失。他悲伤的是,自己内心中有一个更高远的理想。这个理想以结束不合理现实为价值追求,孔子将其称之为"大同"。孔子悲叹的是现目前的社会现实仍存在不合理之处,自己未能赶上"大同"得以实现的那个时代。大同理想所致力于结束的不合理现实,集中体现在以下两个方面:

结束"为满足私欲而造成"的不合理现实。我国史书第一次提到"大同"这一概念,是在《礼记·礼运》,但有关将"天下"视为一个有机整体的大同思想,却古已有之。庄子认为,"'不同同之'之谓大"⑤。东汉许慎在《说文解字》中指出,"同,合会也"。"大同"有将各种分散的事物聚合在一起,归于一致的意思。我国儒家典籍《尚书》中有一篇《禹贡》,其中记载了大禹一面治水,一面根据山川分布划定"九州"的传说。据历史学家考证,九州制在现实中并未实行过⑥,但有关"天下一统"的设想,却久已有之。

《禹贡》还记载了一种"五服"制,从国都往外,依次分为甸服、侯服、绥服、

---

① 《礼记·郊特牲》。

② 《礼记·郊特牲》。

③ 《礼记·礼运》。

④ 郭齐勇:《大国声音:中华优秀传统文化与时代精神》,长江出版传媒、湖北教育出版社2016年版,第195—196页。

⑤ 《庄子·天地》。

⑥ 葛剑雄:《统一与分裂:中国历史的启示》,商务印书馆2013年版,第2页。

要服以及荒服。复旦大学葛剑雄教授认为:"五服制虽见于《禹贡》,却从来没有哪一个君主或政治家有意实行过,只能胎死腹中。"①他还指出,"九州制是对未来的设想,五服制却是对过去的理想化。"②无论是以传说相流传的九州制,还是并未有意实行的五服制,均是我国古人为将各个部分合成一个整体而进行的思想探索,这反映了我国古人期待万邦一统的"天下观"。

万邦一统的天下,究竟应该是为公还是为私。为回应这一问题,我国古人进行了不懈探求。孔子提出"大道之行也,天下为公"③。天下为公,就不应该在对内与对外的问题上奉行双重标准。孔子曾对春秋时期晋国大夫祁黄羊大加赞赏,认为其有一颗"公心"。当晋平公向祁黄羊询问谁适合当南阳县官时,他推荐了自己的杀父仇人解狐;当晋平公向祁黄羊询问谁堪当尉官时,他推荐了自己的亲生儿子。孔子对其评价为"外举不避仇,内举不避子。祁黄羊可谓公矣"④。为国、为民荐才,祁黄羊不避亲疏、唯才是举,赢得了世人的称赞。

我国儒家向往"天下为公"的大同社会。在我国儒家看来,天下既然是世人所公有的,就应该将有才德的人选拔出来为治理天下服务。世人均应讲求诚信而和睦共处。世人不应仅亲爱自己的亲人,还应将天下人视为亲人。举凡天下所有需要得到帮助的人,都可以得到应有的关心与爱护。对于财货,世人不要将之私藏于己;对于公众之事,世人应该竭尽所能,而不应为自己谋取私利。

大同是我国儒家殷殷期盼的理想境界。我国儒家之所以憧憬这样一个美好的社会愿景,正是因为其看到了现实中存在诸多不合理之处。在政治上,存在权力私相授受、有贤能的人得不到任用;在经济上,存在财富分配不均、人们生活不安定;在社会上,存在成员身份不平等、人们彼此之间不信任等问题。当子路询问孔子之志时,得到的回应是"老者安之,朋友信之,少者怀之"⑤。

---

① 葛剑雄:《统一与分裂:中国历史的启示》,商务印书馆 2013 年版,第 5 页。
② 葛剑雄:《统一与分裂:中国历史的启示》,商务印书馆 2013 年版,第 5 页。
③ 《礼记·礼运》。
④ 《吕氏春秋·去私》。
⑤ 《论语·公冶长》。

生活在"私天下"的孔子,看到了因私欲膨胀而造成的诸多不合理现实问题,提出"均无贫""和无寡""安无倾"等主张。小到一个家庭是这样,大到一个国家乃至全天下也是如此。

在春秋战国时期,列国为满足一己之私,不停地攻战征伐,百姓流离失所、苦不堪言。不仅儒家学派向往大同,其他学派也有类似的思想。如道家学派的代表老子就期待人民过上"甘其食,美其服,安其居,乐其俗"的理想生活,庄子就向往"同于禽兽居,族与万物并"的至德之世;法家学派的代表慎到指出:"立天子而贵之者,非以利一人也。曰:天下无一贵,则理无由通,通理以为天下也。"①天下苍生拥立天子,是为了让苍生过得更好,而不是让天子一个人获得私利。天下有了尊卑的君主,法令就行得通。法令行得通,天下就能够治理得好。秦国丞相吕不韦认为:"昔先圣王之治天下也,必先公,公则天下平。……其得之于公,其失之必以偏。"②他告诫为政者要做到公正无私,天下才能永享太平。荀子认为:"公生明,偏生暗。"③政治清明还是昏暗,取决于是公正还是偏私。纵观天下得失,奉公还是偏私与之有很大的关系。清代思想家龚自珍将由奉公或偏私所引发的不合理现实问题称为"浮不足"。他在《平等篇》中写道,"浮不足之数相去愈远,则亡愈速,去稍近,治亦稍速"④。任由"浮不足"长期分化下去,"其始不过贫富不相齐之为之尔,小不相齐渐至大不相齐,大不相齐即至丧天下"⑤。

为政者要做到大公无私对于天下治平至关重要,但要切实做到公私分明、先公后私甚至公而忘私却并非易事。英国学者理查德·道金斯写作了一本名为《自私的基因》的著作。他在书中强调:"虽然自私基因的自然选择偏爱基因间的合作,我们也必须承认,有一些基因并不这么做。相反,它们牺牲基因组中其他基因的利益。"⑥一个生命体内部存在自私的基因,尽管其有偏爱基

---

① 《慎子·威德》。
② 《吕氏春秋·孟春纪·贵公》。
③ 《荀子·不苟》。
④ (清)龚自珍:《龚自珍全集》,王佩诤校,上海古籍出版社2014年版,第78页。
⑤ (清)龚自珍:《龚自珍全集》,王佩诤校,上海古籍出版社2014年版,第78页。
⑥ [英]理查德·道金斯:《自私的基因》,卢允中、张岱云、陈复加等译,中信出版社2019年版,"序言"第18页。

因间合作的成份,但也有损害其他基因利益的部分。

理查德·道金斯在书中借用了特里弗斯提到了一个概念:"亲代投资"①。即便是同一个生命体内孕育出的子代,亲代在其身上投资时,资源的分配往往也是不均等的②。公私问题涉及对资源的分配是否合乎正义。"公"与"私"处理不当,会有碍正义的施行,引发诸多不合理的现实问题。然而,纵使是同一个生命体内孕育出的子代,也会受到自私基因中相害部分的影响,在资源分配上出现不均等的现象。如何节制私欲、确保资源的分配合乎正义,做到天下为公,是一个历史性难题。我国仁人志士为破解这一难题贡献了智慧力量。比如,周初时期的太公望指出:"天下非一人之天下,乃天下之天下也。……天有时,地有财,能与人共之者,仁也。仁之所在,天下归之。"③天下既然是所有人共同的天下,就应该共同分享天下利益。治世者能与民共享利益,就是仁爱。他为解决因公私问题导致的不合理现实开出的"药方",是以"仁爱"之心"同利共财"。明末清初思想家黄宗羲认为,"凡君之所毕世而经营者,为天下也"④。在他看来,治世者一生努力从事的事情,就是为天下人谋福利。为天下人谋福利,就不应将天下视为自己的私产。他主张回到三代去,以天下百姓为主人,节制自身不合理的欲望。这些向往大同的思想主张,为回应"因私欲膨胀"引发的诸多不合理现实问题提供了解决方案。

结束"将'礼'作为形式化仪节而非心底感情流露"的不合理现实。我国儒家所向往的大同理想并不空泛。"谋闭而不兴,盗窃乱贼而不作"⑤是针对不合理的现实问题提出的。拿现实社会与我国古人理想社会相对比,指出现实中存在诸多不合理现实问题。诸如搞阴谋、盗窃财物,作乱等等。不合理现实问题在理想社会将不复存在。儒家描述的理想社会,反映了我国古人对结

---

① "亲代投资",是由美国进化论学家特里弗斯提出的概念,是指亲代对子代个体进行的任何形式的投资,从而增加了该个体生存的机会(因而得以成功繁殖),但以牺牲亲代对子代其他个体进行投资的能力为代价。

② [英]理查德·道金斯:《自私的基因》,卢允中、张岱云、陈复加等译,中信出版社 2019 年版,"序言"第 143 页。

③ 《太公六韬》。

④ (清)黄宗羲:《明夷待访录》,段志强注,中华书局 2019 年版,第 73 页。

⑤ 《礼记·礼运》。

束不合理现实的幸福憧憬。

孔子渴望通过"礼"规范世人的言行,其以宾主身份参加的蜡祭,就是从上古传承下来的礼仪。"礼从形式到内容反映着一定的社会规范和道德规范。"①循礼是进入大同社会的前提。儒家强调:"往而不来,非礼也;来而不往,亦非礼也。"②"礼"崇尚相互往来。将利益施加于人却收不到回报、别人施加利益于自身却没有报答,都是不合"礼"的。开放而不包容正是一种有失仪节的不合理现实状况。孔子指出:"不知礼,无以立也。"③各个国家间相互往来,靠"礼"来维持良好的交往关系。孔子反对将"礼"简化成一种肤浅与表面的仪式化活动,徒具形式的"表演"往往是空泛且没有意义的。"礼"的精神实质在于恭敬。有学者指出:"作为仪式的礼是十分繁多的,但所有的形式都要反映同一个精神理念,那就是恭敬。"④恭敬就是要相互尊重,将自身的意志强加于人。不同国家交往,在政治上要相互尊重各自所选择的不同社会制度,在经济上要相互尊重各自所选择的不同经济发展模式,在文化上要相互尊重各自的文化传统与风俗习惯等等。在国际交往中无法做到相互尊重,很大程度上源于西方二元对立思维的影响。片面认为我的才是好的,有别于我的都是坏的;和我一样的才是应该存在的,有别于我的都是应该被否定的。以一种有你无我、你死我活的处世观进行国际交往,很难避免不引发矛盾与冲突。

孔子明确提出人的视、听、言、动都要遵循一定的行为规范,他提出"非礼勿视,非礼勿听,非礼勿言,非礼勿动"⑤。对于不利于国与国相互尊重、平等交往、互惠共利的内容不要看;对于不利于国与国相互尊重、平等交往、互惠共利的话语不要听;对于不利于国与国相互尊重、平等交往、互惠共利的话语不要说;对于不利于国与国相互尊重、平等交往、互惠共利的事情不要做。"对他国他人恭敬尊重了,对他国他人宽容大度了,国与国、人与人之间就会彼此尊重和友善了"⑥,进入国与国、人与人亲亲相慕的大同之境也就愈加切近了。

---

① 　徐小跃:《中国传统文化与儒释道》,江苏人民出版社 2016 年版,第 89 页。

② 　《礼记·曲礼上》。

③ 　《论语·尧曰》。

④ 　徐小跃:《中国传统文化与儒释道》,江苏人民出版社 2016 年版,第 89 页。

⑤ 　《论语·颜渊》。

⑥ 　徐小跃:《中国传统文化与儒释道》,江苏人民出版社 2016 年版,第 90—91 页。

有学者指出,孔子所强调的"礼之本",是"大同"的深意所在①。所谓"礼之本",指的是礼的"本意"或"本质"。《论语》记载了孔子与弟子林放的一段对话。当林放问及孔子什么是"礼之本"时,得到的答复是"礼,与其奢也,宁简;丧,与其易也,宁戚"②。以敬为体的"礼"讲究形式与内容的统一。但较之于形式,孔子更为看重具有实质性的内容。在他看来,就一般的礼仪而言,与其极尽铺张之能事,不如节约简朴;就丧葬而言,与其在仪式上面面俱到,不如哀恸悲伤。仪式究竟应该是奢侈铺张还是节约简朴,这些形式上的问题并不是孔子在此着重强调的要点。孔子借此是想告诉世人,"礼"绝非一套形式化的仪节,真正意义上的"礼"是人们发自内心的情感流露。外在的行为规范固然重要,但内心的情感流露更为可贵。我国儒家既强调"礼"的外在价值,同时也高度肯定"礼"的内在价值,"礼"是内在价值与外在价值的有机统一体。孔子之所以在蜡祭这一本该感到愉悦的年终祭典结束后发出长长的叹息,很重要的原因在于他看到了"礼之本"的丧失。

孔子向言偃描述的大同社会,是在劝诫后人"礼并非只是严谨的行为仪则,而在于相亲相慕的仁心"③。每个世人心中均普遍存在着含有至善至美善根的"仁心",我们将之找到并施加给我们的亲人、朋辈乃至没有血缘关系的陌生人,"大同"社会终有一天能够实现。从这个意义上来看,我国古人所向往的大同理想有助于结束"将'礼'作为形式化仪节而非心底感情流露"的不合理现实。通过以上分析可知,结束不合理现实是大同理想的重要价值追求。

三、以大同理想为核心理念的中华传统文化指明思想实施方向

习近平总书记指出:"中华民族历来讲求'天下一家',主张民胞物与、协和万邦、天下大同,憧憬'大道之行,天下为公'的美好世界。"④当前,世界上

①　郭齐勇:《大国声音:中华优秀传统文化与时代精神》,长江出版传媒、湖北教育出版社2016年版,第198页。
②　《论语》,晏子然编注,浙江古籍出版社2013年版,第36页。
③　郭齐勇:《大国声音:中华优秀传统文化与时代精神》,长江出版传媒、湖北教育出版社2016年版,第198页。
④　习近平:《携手建设更加美好的世界——在中国共产党与世界政党高层对话会上的主旨讲话》,人民出版社2017年版,第3页。

存在的各种不合理现实问题,对增进人民利益福祉构成了不同程度的威胁。习近平总书记从顺应历史潮流、增进人类福祉出发,倡导构建人类命运共同体①。以大同理想为核心理念的中华传统文化,以结束不合理现实为价值追求,其为人类命运共同体思想实施指明了方向。

中华传统文化从政治层面为人类命运共同体思想实施指明方向。习近平总书记在上合组织峰会发表讲话时指出,儒家倡导"大道之行,天下为公",主张"协和万邦,和衷共济,四海一家"。"协和万邦"一词出自我国儒家典籍《尚书·虞书·尧典》,原本是称赞上古帝王尧的伟大功业,他协调万邦诸侯,使之和睦共处。如今引申为妥善处理好各个国家之间的关系。不同国家所选择的政治制度模式是不一样的,该如何看待并处理这一问题,涉及各国能否和睦共处。在习近平总书记看来,"世界上没有完全相同的政治制度模式,政治制度不能脱离特定社会政治条件和历史文化传统来抽象评判,不能定于一尊。"②我国西周末年思想家史伯认为:"夫和实生物,同则不继。"③政治制度模式如果定于一尊,人类的政治文明建设就很难健康发展。庄子指出,"不同同之之谓大"④。"同"有会合之意。人人相互尊重、没有争斗,是"大同"的基本特征。"大同"思想内在地包含了不同政治制度模式可以共存共荣的价值理念。在"世界各国人民前途命运越来越紧密地联系在一起"⑤的时代条件下,各国人民基于特定社会政治条件和历史文化所选择的政治制度模式,应该得到充分尊重与平等对待,这是人类命运共同体思想实施在政治层面所应坚守的基本取向。

习近平总书记指出,"迈向命运共同体,必须坚持各国相互尊重、平等相待。……相互尊重、平等相待,首先要尊重各国自主选择的社会制度和发展道路"⑥。对于妄图将政治制度模式定于一尊的无道行径我们坚决加以抵制。

---

①　习近平:《携手建设更加美好的世界——在中国共产党与世界政党高层对话会上的主旨讲话》,人民出版社2017年版,第3页。

②　《习近平谈治国理政》第二卷,外文出版社2017年版,第28页。

③　《国语·郑语》。

④　《庄子·天地》。

⑤　习近平:《携手建设更加美好的世界——在中国共产党与世界政党高层对话会上的主旨讲话》,人民出版社2017年版,第2页。

⑥　习近平:《论坚持推动构建人类命运共同体》,中央文献出版社2018年版,第206—207页。

孟子主张:"天下有道,以道殉身;天下无道,以身殉道。"①当无道的霸权主义、强权政治行径横行于世时,有道义感的行为体应当视其为人类公敌、群起而攻之。全球治理关系到世界人民共同的利益福祉。该以什么样的姿态参与到全球治理中来,我国古圣先贤给出了相应的建议。孟子指出:"如欲平治天下,当今之世,舍我其谁也?"②这是说,各行为体应该以"舍我其谁"的负责任姿态参与到全球政治治理中来,勇于对霸权主义和强权政治说"不"。以一种看客心理对待霸权主义和强权政治,对国际政治的种种不合理事实保持缄默,实则是在姑息、纵容有碍世界和平因素的增长。政治文明成果是人类共有的宝贵财富,任何行为体都应该倍加珍惜并相互尊重。以一种开放而不包容的眼光审视与己相异的政治制度模式,是一种自大自负的表现。片面地认为自身的政治制度高人一等,妄图以之取代其他国家所选择的政治制度模式,实则是一种以同裨同、同而不和的"小人"作为。尊重各国选择的政治制度模式,以"平治天下""舍我其谁"的姿态对霸权主义和强权政治说"不",自觉抵制奉行双重标准国家的不合理行为,实则是在践行我国古人所倡导的君子之风。因此,向往"协和万邦"的大同理想,从政治层面为人类命运共同体思想实施指明了方向。

中华传统文化从安全层面为人类命运共同体思想实施指明方向。习近平总书记指出:"安全应该是普遍的。不能一个国家安全而其他国家不安全,一部分国家安全而另一部分国家不安全,更不能牺牲别国安全谋求自身所谓绝对安全。"③在全球化时代,人类面临的安全威胁越来越具有共同性。④ 2019年7月11日,《中国互联网发展报告2019》公布。报告称"网络安全风险日益复杂,网络安全风险进一步加大"⑤。360集团董事长周鸿祎提醒我们:"未来,网络安全的威胁不亚于核武器。"除了已知的威胁,人类还面临诸多未知的挑战,比如人工智能。人工智能可以被应用于各个领域,一旦个别主体因私

① 杜占明:《中国古训辞典》,北京燕山出版社1992年版,第90页。
② 方勇、高正伟:《孟子鉴赏辞典》文通版,上海辞书出版社2017年版,第226页。
③ 《习近平谈治国理政》,外文出版社2014年版,第354页。
④ 习近平:《论坚持推动构建人类命运共同体》,中央文献出版社2018年版,第326页。
⑤ 中国网络空间研究院:《中国互联网发展报告2019》,电子工业出版社2019年版,第7页。

欲膨胀恶意使用,制造人工智能恐怖主义,抑或人工智能的使用脱离人类有效控制,人类因此而承受的危害将是难以估量的。①

在面向整个人类的灾难面前,人类已经命运与共、安危与共、荣辱与共。为更好地应对威胁与挑战,人类结成紧密的命运共同体是历史发展的大势所趋。《礼记》将"讲信修睦"视为大同世界的理想境界,其从安全层面为人类命运共同体思想实施指明了方向。节制不合理地私欲,避免"礼"成为形式化仪节,要推崇"信礼"、涵养"信德"、重视"修睦"。"信"在《说文解字》中的解释是"诚也,从人从言"。这是说人的言行要一致、表里要如一。我国儒家将"信"作为"五德"也即五种基本道德准则之一。孔子对"信"极为看重,指出"人而无信,不知其可也"②。他将"信"比喻为车子的关键零部件,人丧失了"信"就无法立身;国丧失了"信"就没有前途。有学者认为,"当人们在做人上不讲信德,做事以及社会交往都没有信仪可循的时候,社会必然会出现混乱,甚至会造成大乱甚至祸乱"③。有些国家对内、对外奉行双重标准,导致国与国之间龃龉丛生,应有的建设性合力无法充分汇聚,很大程度上源于信德的丢失。管仲认为,"诚信者,天下之结也"④。他认为诚信可以集结人心,使天下统一。韩非子强调"小信成则大信立"⑤。

安全问题是攸关各行为体生死的大事。在小事上不搞对内对外的双重标准,于点滴之处建立起信誉,不同行为体在面对事关自身存亡的大事上才会更为紧密地结合为一个有机体。不是自发内心真情实感而仅在口头上言说信德,这样的信礼仅仅是形式化的仪节。

我国自古流传着"季札挂剑"的佳话。春秋时期延陵季子奉国君之命出使晋国,途遇徐国君主。宴席上徐国君主对季札的宝剑大加赞赏,流露喜爱之情。季札因有出使晋国任务在身,不便相赠宝剑,但在内心深处已经将之许给徐国君主。后徐国国君亡故,季札仍然遵照心中所诺,将宝剑挂在徐国国君坟

① 刘建飞:《引领:推动构建人类命运共同体》,中共中央党校出版社 2018 年版,第 37—38 页。
② 戴楠、任仲才:《论语》,西苑出版社 2011 年版,第 72 页。
③ 熊春锦:《中华传统五德修身文化·信》,中央编译出版社 2017 年版,第 59 页。
④ 《管子·枢言》。
⑤ 《韩非子》。

墓前的树上。信礼讲求的是内心感情的真实流露而非形式化仪节。

信德已经融入中华民族的文化血脉中。我国汉代季札对信誉极为重视，遂有"得黄金百，不如得季札一诺"的美谈。

我国南北朝时期的傅昭指出，"信则信人"①。意即讲信誉的人别人也会相信他。对于一个人如此，对于一个国家亦然。讲信誉的国家必然会赢得更多的国际支持。在应对攸关国家命运乃至人类命运的安全威胁时，没有哪个行为体愿将自身的存亡安危系于一个信誉度极差的国家身上。

携手应对各种安全威胁，要能够调整各行为体之间的关系，使之亲密和睦，也即我国儒家倡导的"修睦"。"现代社会，竞争是常态，处处是竞争的角逐场，但竞争也需要合作，合作离不开和谐。"②一个国家要发展，需要参与到全球竞争中来。但在竞争的角逐场中不应为满足私欲而罔顾信德、为所欲为。摒弃二元对立思维，以开放包容的姿态参与到全球竞争中来，合作应对各种已知与未知、传统与非传统的安全威胁，是所有行为都有必要锤炼的"修睦"功夫。因此，倡导"讲信修睦"的大同理想，从安全层面为人类命运共同体思想实施指明了方向。

中华传统文化从经济层面为人类命运共同体思想实施指明方向。我国儒家向往"货恶其弃于地也，不必私藏于己"的大同社会。对于财货，儒家不主张将之丢在地上，也即不反对追求正当的物质利益。马克思指出："'共同利益'在历史上任何时候都是由作为'私人'的个人所造成的。"③追求并满足合理化的个体性利益，是各行为体结合为一个有机整体并使之共同利益得到满足的基础。儒家所反对的，是将财货私藏于己，即为自己谋私利。中国社会科学院王伟光教授指出："不同的利益主体由于所追求的利益目标不同，处于自觉或不自觉的对立之中，从情绪对立发展到行为对立。"④这是说，利益关系如果协调不好难免会引发争夺与冲突。

---

① 《处世悬镜》。
② 顾作义、钟永宁:《守望中国价值:中国传统文化理念二十六讲》,南方出版传媒、广东人民出版社 2019 年版,第 255 页。
③ 《马克思恩格斯全集》第 3 卷,人民出版社 1960 年版,第 275—276 页。
④ 王伟光:《利益论》,中国社会科学出版社 2010 年版,第 165 页。

中国共产党在对外交往中尤为重视经济上的公平与正义。习近平总书记指出,我国"将坚持正确义利观,不搞我赢你输、我多你少,在一些具体项目上将照顾对方利益"①。开展国际经济合作,我国倡导"同利共财",这可以有效避免不必要的经济纠纷。这在我国古人看来,是持守住了一颗"仁心"。太公望认为:"天有时,地有财,能与人共之者,仁也。"②这是说,能与各行为体共同享用财货者,就是有仁爱之心的人。实施人类命运共同体思想,持守住这样一颗有财相分的"仁心"至为重要。在著名学者杜维明看来,人类自救的前提是包含着仁爱的文明能否延续③。从某种程度上可以说,轻视乃至舍弃仁爱的闭锁性行为,是人类自害的诱因。实施人类命运共同体思想,唯有在开放的国际环境才会具有可能性。然而,有些国家在"二元对立"思维影响下,在一些具体经济事务上只希望自身是获利者,不愿与其他国家共同分享全球化发展红利。这种开放而不包容的不合理现实问题,具体表现在保护主义政策的制定上。

习近平总书记指出:"保护主义政策如饮鸩止渴,看似短期内能缓解一国内部压力,但从长期看将给自身和世界经济造成难以弥补的伤害。"④实施人类命运共同体思想,需要世界各国共同努力。世界各国"既要做大蛋糕,更要分好蛋糕,着力解决公平公正问题"⑤。奉行保护主义政策的短视行为,是"有财不能相分"的思想在作祟,其不仅会妨碍经济全球化的健康发展,还会使自身遭受伤害。"分好"蛋糕的前提是"做大"蛋糕。蛋糕越做越小,非但不会让自身分到更多的蛋糕,反而会让公平正义问题越来越不容易解决。从这个角度来看,奉行保护主义政策的国家无异于喝下害人不利己的毒酒。追求"有财相分"的中华传统文化,无异于一剂解酒的良药。"有财相分"是一种强调经济平等主义的思想主张。孔子强调"均无贫,和无寡,安无

① 习近平:《论坚持推动构建人类命运共同体》,中央文献出版社 2018 年版,第 153 页。
② 《崇文国学经典普及文库 六韬 三略》,晓明译,崇文书局 2015 年版,第 7 页。
③ "文汇讲堂"复旦大学上海儒学院:《大国厚土:中国传统文化的承继与复兴》,北京大学出版社 2018 年版,第 164 页。
④ 习近平:《论坚持推动构建人类命运共同体》,中央文献出版社 2018 年版,第 380 页。
⑤ 《习近平谈治国理政》第二卷,外文出版社 2017 年版,第 543 页。

倾"①,对经济上的公平正义大加赞赏。董仲舒对"乘富贵之资力,以与民争利于下"②的不公正非正义行为大加挞伐。在财富占有和分配方面遵循公平原则,有助于各行为体共存共荣,共同为人类命运共同体思想落地贡献力量。因此,主张"有财相分"的大同理想,从经济层面为人类命运共同体思想实施指明了方向。

中华传统文化从文化层面为人类命运共同体思想实施指明方向。孟子指出:"物之不齐,物之情也。"③意即事物千差万别是一种自然规律。人类文明也正是因为具有多样性而异彩纷呈,正是因为具有差异性而不断进步。费孝通在 80 岁华诞时就人类文明问题提出了"各美其美,美人之美,美美与共,天下大同"④的十六字箴言。处理好不同文明之间的关系,是一个与实现大同理想密切相关的话题。文明的冲突会让人类处于混乱不安定的状态,从而距离大同理想的实现渐行渐远。我国唐代思想家韩愈在《劝学解》中提到"兼包并蓄",认为不同事物的东西也可以会通融合在一起。东晋史学家袁宏指出,"形器不存,方寸海纳"⑤。意指大海可以容纳下众多江河之水,喻指为人应心怀广、度量大。对待不同的文明,各个国家应该有一个开放包容、海纳百川的心胸。在费孝通看来,要达到"各美其美,美人之美"的境界并不容易⑥。在历史上,一些发展中国家受到过帝国主义的侵略,这导致其民族心理有可能被扭曲。对西方文明盲目崇拜者,对自身文明会妄自菲薄;对西方文明极端仇视者,会对之盲目抵制。一些西方发达国家片面认为自身的文明要优于其他文明,热衷于推销自身的文明,人为地将文明分出高低贵贱。针对这种情形,习近平总书记指出:"不同国家、不同民族的思想文化各有千秋,只有姹紫嫣红之别,而无高低优劣之分。"⑦文明在交流互鉴中绽放光彩。法学史学家费尔南·布罗代尔指出:"各个文明的历史实际上是许许多多个世纪不断地

---

① 《论语·季氏》。
② 《汉书·董仲舒传》。
③ 《孟子·滕文公上》。
④ 费孝通:《文化与文化自觉》,群言出版社 2010 年版,第 456 页。
⑤ 《袁宏·三国名臣序赞》。
⑥ 费孝通:《文化与文化自觉》,群言出版社 2010 年版,第 456 页。
⑦ 习近平:《论坚持推动构建人类命运共同体》,中央文献出版社 2018 年版,第 161 页。

相互借鉴的历史,尽管每个文明一直还保留着它们的原有特征。"①这是说,不同文明在相互借鉴的过程中也会保留自身的独立性。

费尔南·布罗代尔强调:"由西方输出的'工业文明'仅是整个西方文明的特征之一而已。世界接受了它,并非就是在接纳西方文明之整体。"②他提醒西方文明中心论的鼓噪者,不要因为世界接收了自身文明的某一个方面,就认为世界已经接收了自身文明的全部。以此判定自身文明较之于其他文明优越的想法是极其不恰当的。在文明交流中,任何傲慢与自大的文化心理都是应该被摒弃的。面对与自身不同的"异质文明",各国应该以一种稳健、理性的心态去欣赏。

文明没有高低优劣之分,并不意味着没有精华与糟粕之别。三国时期军事家诸葛亮指出,"欲思其利,必虑其害"③。他提醒人们,任何事物都有对立的两面,不要片面地看待问题。费孝通强调,"不论哪种文明,都不是完美无缺的,都有精华与糟粕"④。对待各种文明,我们要拥有一种"鉴赏力"。在看到其长处的同时,也认识到其不足。习近平总书记指出传统文化在其形成和发展过程中,"不可避免会存在陈旧过时或已成为糟粕性的东西"⑤。英国学者尼尔·弗格森也认为"西方文明并非完美,它也曾在历史上犯下过错误,从帝国主义的暴行到消费社会的陈腐"⑥。正视各种文明的不完美,善于"美人之美",不断从各种文明中汲取养料,才能实现双赢、多赢、共赢。费孝通告诫我们,"当今地球上的人类,应该比古代人具有更广阔的胸怀、更远大的目光,对于不同文化有更高的鉴赏力,拥有一个与不同文明和睦共处的良好心态"⑦。

---

① [法]费尔南·布罗代尔:《文明史》,常绍民、冯棠、张文英、王明毅译,中信出版社2017年版,第9页。
② [法]费尔南·布罗代尔:《文明史》,常绍民、冯棠、张文英、王明毅译,中信出版社2017年版,第8页。
③ 《诸葛亮·便宜十六策·思虑》。
④ 费孝通:《文化与文化自觉》,群言出版社2010年版,第457页。
⑤ 习近平:《在纪念孔子诞辰2565周年国际学术研讨会暨国际儒学联合会第五届会员大会开幕会上的讲话》,人民出版社2014年版,第11页。
⑥ [英]尼尔·弗格森:《文明》,曾贤明、唐颖华译,中信出版社2012年版,第303页。
⑦ 费孝通:《文化与文化自觉》,群言出版社2010年版,第457页。

任何国家在各种文明面前,都应该在秉持良好心态的基础上,做到"有鉴别的对待、有扬弃的继承"①。将中华传统文化中有关"兼包并蓄"的思想用于处理不同文明之间的关系,人们更容易以一种发现美、认识美、鉴别美、欣赏美的文化心态促进文明共存,从而进入到"美美与共"的大同之境。因此,强调"兼包并蓄"的大同理想,从文化层面为人类命运共同体思想实施指明了方向。

中华传统文化从生态层面为人类命运共同体思想实施指明方向。有学者指出:"大同归结到最终,就是要回归到根本且内在的仁心或人性中。"②实施人类命运共同体思想,有一个不能回避的问题,即人在与自然万物的相处中,应该以什么样的方式存在下去。回答这一问题,有必要分析一下我国古人所看重的"仁心"与"人性"是什么。我国大思想家孟子提出"仁民爱物"的主张,强调要将对人的关心与爱护推及到万物。我国北宋哲学家程颢指出:"仁者,以天地万物为一体,莫非己也。"③这是说,人与万物本来就是一个整体,并不存在你我之分。我们应该像爱护自己的身体一样爱护万物。张载也阐发过类似的观点。他指出,"民吾同胞,物吾与也"④。举凡天下所有的人,都是我的同胞兄弟;举凡天下所有的物,都是我的朋友。我国道家将万物与人视为一个有机统一的整体,并强调其不存在高低贵贱之分。庄子认为,"天地与我并生,而万物与我为一"⑤。这是说,自然万物与人是共存同生的关系。庄子还从道的角度阐发了自然万物不存在高低贵贱之分。他指出,"以道观之,物无贵贱"⑥。既然人与自然万物都生成于大道的自然演化,就没有理由将之区分为高低贵贱。从中可以看出,我国古人将对自然万物的仁爱之心推向了极致。人之为人最为根本且内在的"仁心"或"人性",在于将自然与自身视为一个完

---

① 习近平:《在纪念孔子诞辰 2565 周年国际学术研讨会暨国际儒学联合会第五届会员大会开幕会上的讲话》,人民出版社 2014 年版,第 11 页。

② 郭齐勇:《大国声音:中华优秀传统文化与时代精神》,长江出版传媒、湖北教育出版社2016 年版,第 223 页。

③ 《二程遗书》卷二上

④ 《西铭》。

⑤ 《庄子·齐物论》。

⑥ 《庄子·秋水》。

整的有机体,强调要像爱护自身一样关爱自然。

中华传统文化中有关"物吾共生"的思想,为人类命运共同体思想的实施提供了宝贵的生态智慧。习近平总书记指出:"到目前为止,地球是人类唯一赖以生存的家园,珍爱和呵护地球是人类的唯一选择。"①英国作家狄更斯在《双城记》开篇就发出了感慨:"这是一个最好的时代,也是一个最坏的时代。"②这样的感慨对于评价当前我们所生活的时代也同样适用。有论者认为:"好,是因为物质的极度发达;坏,是因为物欲的肆虐泛滥。"③工业化为人类提供了极大的物质财富,但在物欲的驱使下,人类无节制地开发、利用自然,人为地制造了人与自然的对立,给生态造成了难以弥补的创伤。习近平总书记强调:"人与自然共生共存,伤害自然最终将伤及人类。"④构建人类命运共同体,并不是一件仅与人类自身有关的事情。用破坏性的方式搞发展,人类自身最终也将难逃灭顶之灾。实施人类命运共同体思想,再也不能让这种"坏"持续存在下去,我们要沿着一个"好"的方向奋力前行。中华传统文化中有关"物吾共生"的思想,正是结束人类因滥用理性而妄作了强为而妄作强为,制造种种不合理现实的指路明灯。因此,奉行"物吾共生"的大同理想,从生态层面为人类命运共同体思想实施指明了方向。

第二节　中华传统文化为人类命运共同体思想实施增添动力

人类命运共同体思想实施离不开有效的动力支撑。中华传统文化中有关"重民"的思想,为人类命运共同体思想实施增添了根源性动力;中华传统文化中有关"仁爱"的思想,为人类命运共同体思想实施增添了激发性动力;中华传统文化中有关"礼义"的思想,为人类命运共同体思想实施增添了运行性动力。

---

① 《习近平谈治国理政》第二卷,外文出版社 2017 年版,第 538 页。

② [英]狄更斯:《双城记》,黄平译,北方文艺出版社 2016 年版,第 1 页。

③ 廖彬宇:《平心平天下:传统文化中的内圣外王之道与经世致用之学》,北京时代华文书局 2017 年版,第 193 页。

④ 习近平:《习近平主席在出席世界经济论坛 2017 年年会和访问联合国日内瓦总部时的演讲》,人民出版社 2017 年版,第 29 页。

一、"重民本"为人类命运共同体思想实施增添根源性动力

实施人类命运共同体思想,是基于满足人的现实性需要。不同的人有着不同的现实性需要,我们可从总体上将之区分为基于满足利益诉求的现实性需要与非基于满足利益诉求的现实性需要。构建人类命运共同体固然有满足利益诉求的因素,但各行为体交互作用并不单纯是利益关系。仅仅为了满足利益诉求所结成的共同体,是利益共同体。人类命运共同体在层次性上显然要更高、在牢固性上理应要更好。人类在非基于满足利益诉求的基础上结合为命运与共的统一体,一定是在根源性问题上形成了理性认识并达成高度共识。而促使人类理性认识形成与共识达成的相关思想,可视为推动人类命运共同体思想实施的根源性动力。中华传统文化中的"重民"思想,有助于解答构建人类命运共同体"为了谁""依靠谁"等问题,从而为该思想的实施提供动力支持。

中华传统文化中的"重民"思想,有助于解答构建人类命运共同体"为了谁"的问题。实施人类命运共同体思想,有必要搞清楚这个思想是为谁而提出的,思想服务的对象与思想的实施有什么关系。人类在种族、民族、信仰等方面会存在差异性,但对作为类存在物的人在身份认同上具有高度一致性。人类在具体利益上具有差异性,但在根本利益上具有高度一致性。对实施人类命运共同体思想究竟"为了谁"的分析,应该将人作为类存在物,站在整个人类的整体利益上加以认识。"重民"思想在我国由来已久。我国古人早在成书于公元前5世纪的《尚书》中,就提出了"民可近,不可下……怨其在明,不见是图"①的明训。以此告诫统治者人民是可以亲近但绝不能看轻的,要在民怨还没有形成之时就进行考察。世界各国人民具体的民生诉求是不同的,但在一些根本问题上具有一致性。诸如政治上摆脱霸权主义、强权政治的挑战,文化上避免陷入文明对立、文明冲突的困境,生态上免受气候恶化、能源枯竭的威胁等。对于这些与民生密切相关的问题,治世者不能听之任之、熟视无睹、置若罔闻。习近平总书记指出,"人类也正处在一个挑战层出不穷、风险

———————

① 《春秋左传译注》,鲁开泰译注,武汉出版社1998年版,第491页。

日益增多的时代"①。构建人类命运共同体正是基于让世界人民更好地迎接挑战、更有效地规避风险、更有力地改善民生而提出的治世思想。

人类面临的风险与挑战很多,习近平总书记指出,"人类遇到了什么问题,就用其中一个工具来解决它"②。应对诸如冷战思维和强权政治、恐怖主义、气候变化、重大传染性疾病等安全威胁,仅靠一个国家的力量是远远不够的。纵使一个国家实力再强大,也不可能仅靠自身力量解决所有的人类问题。打造这样一把精巧的、多功能的"瑞士军刀",需要世界各国结合为一个有机整体共同努力。构建人类命运共同体正是各国人民为打造这样一把"瑞士军刀"而作出的努力。世界各国人民明白这把"瑞士军刀"为谁打造,打造以后对自身有什么样的益处,就更容易为人类命运共同体思想实施增添动力。

我国春秋时期政治家管仲提出"令顺民心"的思想,他指出:"政之所兴,在顺民心;政之所废,在逆民心。"③旨在解决人类各种问题的"瑞士军刀",正是为了顺乎民心而打造的。所不同的是,管仲是站在齐国的立场看待政事的兴废,体察民心顺逆的对象是齐民。而人类命运共同体思想的提出,着眼点是世界的发展,体察民心顺逆的对象是天下苍生。我国春秋后期郑国卿大夫罕虎指出,"君子所虑大而远,小人所虑小而近"。他认为自己只看到了局部利益、具体利益,算不上君子④。从长远出发、站在整个人类利益高度而提出的构建人类命运共同体思想,彰显了提出者的君子人格与国际视野。

较之于物质利益,天下苍生的生命是否安全、生活是否美好更值得治世者的重视。我国古人就尤看重人的生命安全,比如,孔子有一天上朝,家中马厩失火,他归来后急切询问有没有人烧伤,并没有首先关心马匹等财物损失状况。

在人面临的各种安全威胁中,生命安全是第一位的。无论是人的生命安全,财产安全还是其他安全,都是相对的,诚如习近平总书记所言"世界上没

---

①　《习近平谈治国理政》第二卷,外文出版社 2017 年版,第 538 页。
②　《习近平谈治国理政》第二卷,外文出版社 2017 年版,第 544 页。
③　杜占明:《中国古训辞典》,北京燕山出版社 1992 年版,第 242 页。
④　冷金成:《王道:内圣外王的中国智慧》,重庆出版社 2015 年版,第 319 页。

有绝对安全的世外桃源。"①保护天下苍生免遭侵害的安全伞,需要世界各国人民共同撑起。构建人类命运共同体不止为同时代人撑起安全伞,保障其过上幸福的生活,还能为世代人的安全与幸福提供保证。习近平总书记强调,"我们要为当代人着想,还要为子孙后代负责"②。构建人类命运共同体思想不仅是为了增进同时代人的福祉,更是为了增进世世代代人的福祉而提出的。人类命运共同体思想的实施,与天下苍生所有个体的利益都息息相关。我国古人怀有博爱众生之心。比如墨子指出,"天下兼相爱则治"③。天下苍生相亲相爱,对待别人像对待自己一样,爱护别人如同爱护自己,世间祸患就可以很好地得到消除。人类命运共同体思想的实施,不仅有助于天下苍生携起手来消除同时代人的祸患,还有助于消除跨时代人的祸患。

在我国历史上,最早提出"以人为本"的是管子。他指出:"夫霸王之所始也,以人为本。本理则国固,本乱则国危。"④治理一个邦国要以人为本,治理世界同样要以天下苍生为根本。坚持以人为本,国家就巩固;背离以人为本,国家就会陷入危殆的境地。构建人类命运共同体,是我国为治理世界乱象开出的"药方"。这一"药方"与世界各国人民的利益息息相关。纵观国际大势,坚持还是背离以人为本,关系到世界的治与乱、兴与衰。习近平总书记指出,"从顺应历史潮流、增进人类福祉出发,我提出构建人类命运共同体的倡议"⑤。从中我们可以看出,人类命运共同体是为了增进人类福祉而提出的,人类命运共同体思想的实施与世界各国人民的切身利益紧密相连。我国西晋史学家陈寿认为:"能用众力,则无敌于天下矣。"⑥能够动员、组织并发挥世界各国人民的力量,就可以无往而不胜。构建人类命运共同体是为了造福世界人民而提出的,也势将得到世界人民的拥护与支持。个人的力量是有限的,世界人民大团结所形成的整体性力量是无穷的。以民为重的中华传统文化,有

---

① 《习近平谈治国理政》第二卷,外文出版社 2017 年版,第 541 页。
② 《习近平谈治国理政》第二卷,外文出版社 2017 年版,第 538 页。
③ 《墨子·兼爱上》。
④ 《管子·霸言》。
⑤ 习近平:《开放共创繁荣 创新引领未来:在博鳌亚洲论坛 2018 年年会开幕式上的主旨演讲》,人民出版社 2018 年版,第 7 页。
⑥ 《三国志·吴书》。

助于解答构建人类命运共同体"为了谁"的问题。对该问题的解答,可以有效激发亿万民众的智慧与创造力,进而从根本上为人类命运共同体思想实施提供不竭的动力支持。

中华传统文化中的"重民"思想,有助于解答构建人类命运共同体"依靠谁"的问题。构建人类命运共同体,终究要靠一定的主体性力量来推动。为此,我们需要解答构建人类命运共同体"依靠谁"的问题。要回应这一问题,需要明确我们是在什么样的时代背景下构建人类命运共同体的。当前,人类已经进入到了全球化时代,但这一时代拥有不同的版本。美国学者托马斯·弗里德曼在《世界是平的》一书中,将全球化分为1.0,2.0以及3.0三个版本,他认为全球化1.0版本的主要动力是国家,2.0版本的主要动力是公司,3.0版本的动力是个人。① 因应全球光纤网络与应用软件的发展,"地球村"的"村民"可以跨越空间和语言的障碍实现合作,其彼此之间的距离被拉近了。较之于前两个版本,全球化3.0阶段让世界变得越来越小、越来越平。

"在这个平坦的世界的每一个角落的人们都得到了新的力量。全球化使得人人都能够参与,不同人种的合作真正变得丰富多彩,犹如天边彩虹。"②处在全球化3.0阶段的人们,所有个体都可以参与到人类命运共同体的构建中来。从这个意义上来讲,构建人类命运共同体的依靠对象可以是生活在"地球村"的所有"村民"。中华传统文化中有关"重民"的思想,有助于在构建人类命运共同体"依靠谁"的问题上做出更好地解释。我国西汉思想家贾谊认识到人民是天下兴替的决定性力量,他提出"民者,万世之本"③的思想。世界历史是由各国人民共同来谱写的。习近平总书记对人民在历史上发挥的能动性作用予以高度评价,他指出,"人民是历史的创造者,人民是真的英雄"④。人类命运共同体的构建不能将依靠性力量完全寄托在某一个或某几个行为体身上,而是要凭借世界各国人民的共同努力来铸就。

---

① ［美］托马斯·弗里德曼:《世界是平的:21世纪简史:内容升级和扩充版》,何帆、肖莹莹、郝正非译,湖南科学技术出版社2018年版,第9页。
② ［美］托马斯·弗里德曼:《世界是平的:21世纪简史:内容升级和扩充版》,何帆、肖莹莹、郝正非译,湖南科学技术出版社2018年版,第8—9页。
③ 《贾谊集·新书·大政上》。
④ 《习近平谈治国理政》第三卷,外文出版社2020年版,第139页。

　　人类命运共同体是自有人类文明以来，覆盖地域范围最广、涵盖人口数量最多的共同体形态，其构建过程中存在一定的矛盾与摩擦是正常现象。如因是非不分导致矛盾激化、摩擦加剧，则是一种不正常现象。管子指出："夫民别而听之则愚，合而听之则圣。"①构建人类命运共同体关系到世界各国人民的前途与命运，充分汲取各方面的意见有助于更好地明白是非。单方面听取某一个或某几个行为体的不实之辞，有可能导致是非不明并加剧矛盾与摩擦。习近平总书记在党的十九大报告中指出，"有事好商量，众人的事情由众人商量"②。构建人类命运共同体是世界各国人民共同的事情。遇到事情，世界各国人民应该共同商量着办。既然世界各国人民均是构建人类命运共同体的依靠性力量，我们就要做到"多一些理解、少一些隔阂，多一些信任、少一些猜忌"③。

　　习近平总书记借用我国成语典故，指出不同行为体之间交互作用"要坚持以事实为依据，防止三人成虎，也不疑邻盗斧"④。作为构建人类命运共同体依靠性力量的世界各国人民，其彼此之间促进理解、增强信任对于汇聚起强大的建设合力至关重要。错把谣言当成事实，抱着主观成见看待客观事物，实质上是在戴着"有色眼镜"观察对方，这会人为地制造妨碍世界各国人民和睦共处的"沟壑"。只有将"有色眼镜"摘掉、将"沟壑"填平，构建人类命运共同体的依靠性力量才能更为紧密、更加有力地聚合在一起。人类命运共同体在迄今为止所有的共同体形态中，其层次性最高，相应的构建难度也最大。习近平总书记借用我国清代启蒙思想家魏源的词句"孤举者难起，众行者易趋"⑤，他告诫我们构建人类命运共同体仅仅依靠某一个或某几个行为体的力量很难乃至根本无从实现，但只要加强互利合作，促使世界各国人民共同参与到人类命运共同体的构建事业中来，就能产生"一加一大于二"的积极效应。习近平总书记在一次会议上引用荀子的一句话"以天下之目视，则无不见也；

---

　　①　《管子·君臣上》。

　　②　习近平：《决胜全面建成小康社会 夺取新时代中国特色社会主义伟大胜利——在中国共产党第十九次全国代表大会上的报告》，人民出版社 2017 年版，第 37—38 页。

　　③　习近平：《习近平在对美国进行国事访问时的讲话》，人民出版社 2015 年版，第 20 页。

　　④　习近平：《习近平在对美国进行国事访问时的讲话》，人民出版社 2015 年版，第 20 页。

　　⑤　《默觚·治篇八》。

以天下之耳听,则无不闻也;以天下之心虑,则无不知也"①。这是说,一个人的力量与眼界总是有限的,如果能从世界各国人民身上汲取智慧,就能够形成构建人类命运共同体的磅礴合力。

明朝大儒黄宗羲认为,"天下之治乱,不在一姓之兴亡,而在万民之忧乐"②。天下的治乱不取决于某一个行为体的兴旺,因此不能仅满足某一个行为体的利益诉求。为构建人类命运共同体提供源源不断动力的,是天下万民。促使这些动力充分涌流,就要不断增进天下万民的利益福祉。中华传统文化的重民思想,不仅体现在爱民、亲民、顺民,还体现在利民。只有充分考虑到天下万民生活的安乐与忧愁,才能有效调动起其为构建人类命运共同体贡献力量的积极性。

我国《尚书》记载了上古时期大思想家皋陶的一句格言,"安民则惠,黎民怀之"③。意即"利民"就是要让老百姓过上好日子,百姓日子过好了就会感激你、爱戴你、拥护你。构建人类命运共同体的价值旨归,正是为了让天下万民都过上好日子,而不仅仅满足于让一部分人过上安定、富足、喜乐的生活。旨在让天下万民都过上好日子的思想,其实施也势必赢得世界人民的理解与支持。因此,中华传统文化中所蕴含的"重民"思想,有助于帮助人们搞清楚构建人类命运共同体"依靠谁"的问题。搞清楚这一问题,有益于为人类命运共同体思想实施增添根源性动力。

二、"讲仁爱"为人类命运共同体思想实施增添激发性动力

人类命运共同体与以往的共同体不同之处在于,其以整个人类的利益福祉为价值追求。人类命运共同体思想是为了增进整个人类利益福祉而实施的,该思想实施的依靠性力量是世界各国人民。中华传统文化中的"重民"思想为人类命运共同体思想实施增添了根源性动力。知道了发"力"目的、"力"从何来,对于人类命运共同体思想实施而言是远远不够的。该思想的实施离不开必要的激发性要素,我们有必要解决"力"是靠什么促发的问题。中华传

---

① 《管子·九守》。
② 《明夷待访录·原臣》。
③ 《尚书·皋陶谟》。

统文化中的"仁爱"思想有助于激发世人的恻隐之心、涵养世人的济世情怀，其为人类命运共同体思想实施增添了激发性动力。

中华传统文化中的"仁爱"思想，有助于激发世人的恻隐之心。我国古人将"仁爱"作为一种崇高的价值追求，认为其具有真实性与普遍性。实施人类命运共同体思想有必要将世人内在具有的"仁爱"之心调动起来。调动内在具有的"仁者之心"，没有必要依靠他人。孔子弟子颜回在向他请教"仁"的问题时，孔子指出"为仁由己，而由人乎哉"。这是说，调动自己的"仁爱"之心并付诸行动，全凭自己，难道还要依靠别人吗？孟子也指出："仁义礼智，非由外铄我也，我固有之也。"①"仁"是内在于世人心中的，并不是外在因素施加给自身的，没有必要假以外求。构建人类命运共同体关系到人类的前途与命运，人人皆有参与的责任与义务，应该从我做起、从当下做起、从细节做起。"仁爱"蕴含着极为丰富的思想内涵，我们有必要从起源、开端的角度加以认识。

人人皆有的恻隐之心，是施行"仁爱"的开始。现代新儒家的早期代表梁漱溟指出，"仁是孔子的一个最重要观念"②。在"仁爱"思想的影响下，以孔子为代表的儒家学派向往建立一个"矜、寡、孤独、废疾者皆有所养"的大同社会。梁漱溟认为研究孔子的思想，一定要向"生活"这个方向去寻。③ 对底层人民尤其是生活没有依靠者表达出恻隐之心，是孔子"仁爱"思想的一大特征。在孟子看来，仁政的推行应当从救济"天下之穷民而无告者"开始。而"矜""寡""孤独""废疾"四民，是首先需要救济的对象。孟子还援引"孺子入井"的故事，说明每个人看到他人罹患灾祸时，都会升起"怵惕恻隐之心"。他将恻隐之心视为"仁之端"④，认为"仁爱"之心萌芽于人的同情与不忍。孟子将人有没有恻隐之心，视为人与动物相区别的标尺，他指出，"无恻隐之心，非人也"⑤。这是说，如果一个人面对他人的疾苦连最起码的恻隐之心都没有，与禽兽也就没有什么分别了。西汉刘向在其所编著的《逸周书·大聚解》指

---

① 《孟子·告子上》。
② 梁漱溟：《梁漱溟先生讲孔孟》，李渊庭、阎秉华整理，商务印书馆 2011 年版，第 23 页。
③ 梁漱溟：《梁漱溟先生讲孔孟》，李渊庭、阎秉华整理，商务印书馆 2011 年版，第 17 页。
④ 《孟子·公孙丑上》。
⑤ 《孟子·公孙丑上》。

出："振乏救穷。老弱疾病,孤子寡独,惟政所先。"意思是说,为政的先务是赈济贫乏,救助穷苦及老弱、残疾、孤儿、寡妇、独身者。凡此种种有着浓厚仁爱思想的治世主张,皆有助于唤起世人的恻隐之心。

习近平总书记2015年在减贫与发展高层论坛上援引东汉荀悦的名句"足寒伤心,民寒伤国"①,他"为八亿多人仍然在挨饿而深为忧虑"②,指出"消除贫困依然是当今世界面临的最大全球性挑战"③。百姓的生存问题解决不好,会影响到国力的强弱乃至世界的稳定。相反,百姓生存问题得到妥善解决,贫富悬殊得到改观、南北差距不断缩小,人们交互作用形成有效合力的概率就会增加,而其共同推动人类命运共同体思想实施的动力也会不断增强。

在和平共处五项原则发表六十周年纪念大会上,习近平总书记在讲话中称"不少国家的民众特别是儿童依然生活在战火硝烟中,不少发展中国家人民依然承受着饥寒的煎熬"④。把他人的痛苦与煎熬视同为自己的痛苦与煎熬,内心会升腾起恻隐之心、悲悯之情,而有"仁爱"思想者会自觉、主动地将之转化为济世之行。善为国者如此,善治世者亦然。看不得天下苍生日子过不好,面对饥寒、劳苦者由衷生发出一种恻隐之心,会激发起力图改变现实的精神动力。

《诗经》有言,"天生蒸民,有物有则"⑤。所谓"则",指的就是理。具有并持守一颗仁爱之心,就是人理。对于需要救济者承受的苦难无动于衷,甚至自身就是苦难的制造者,算不上一个真正意义上的"人",原因在于有失为人之理。相反,一旦恻隐之心得以生根发芽,就会如同泉水一般充分涌流。英国学者尼尔·弗格森在《战争的悲悯》一书中对一战进行评价时指出,这是一场"糟糕程度超越了悲剧"的战争。⑥ 纵观人类文明史,人类已经承受的不必要

① 《荀悦·申鉴》。
② 习近平:《携手消除贫困　促进共同发展:在2015减贫与发展高层论坛的主旨演讲》,人民出版社2015年版,第3页。
③ 习近平:《携手消除贫困　促进共同发展:在2015减贫与发展高层论坛的主旨演讲》,人民出版社2015年版,第7—8页。
④ 习近平:《弘扬和平共处五项原则　建设合作共赢美好世界——在和平共处五项原则发表60周年纪念大会上的讲话》,人民出版社2014年版,第6页。
⑤ 《诗经·大雅·蒸民》。
⑥ [英]尼尔·弗格森:《战争的悲悯》,董莹译,中信出版社2013年版,第364页。

苦难又何止限于军事斗争? 美国行为分析与博弈论专家罗伯特·阿克塞尔罗德指出:"大家都知道人不是天使,他们往往首先关心自己的利益。然而,合作现象四处可见,它是文明的基础。"①在这里,罗伯特·阿克塞尔罗德提出了一个重要命题"合作是文明的基础"。合作现象四处可见是本然状态,并不意味着世人在实然状态下已经在各方面加强了合作。世人皆希望人类的未来会更加美好,没有人期盼人类的明天会变得更糟。

人类要想避免重复历史的苦难、缔造更高的文明,理应拓展合作的空间范围、探寻更高层次的合作类型。人类命运共同体思想的提出,无异于是人类迈向文明进步的可靠阶梯。加固人类文明进步阶梯的有效方法,是在更大范围内寻求更多合作。人类纵然不是天使,但普遍有着天使般的"仁爱"之心。有学者指出:"人类因苦难而同情,因慈悲而同爱。"②关心他人疾苦的恻隐之心是"仁爱"的开端,将世人的恻隐之心开掘出来,容易促使世人达成更多的合作,从而为人类命运共同体思想的实施增添激发性动力。

中华传统文化中的"仁爱"思想,有助于涵养世人的济世情怀。我国儒家向往一种"人不独亲其亲,不独子其子"③的大同理想。人人不止亲爱自己的亲人,还应亲爱陌生人。在自然界,有羔羊跪乳、乌鸦反哺等现象。动物普遍能够做到亲爱自己的孩子、父母。人做到亲爱自己的亲人,并不是人比动物高明的地方。人之优于动物之处在于可以将陌生人视同为亲人对待。

王阳明指出:"天下之人心皆吾之心也,天下之人犹有病狂者矣,吾安得而非病狂乎? 犹有丧心者矣,吾安得而非丧心乎?"④这是说,天下人的心都是我的心。天下有人过得不好,我又怎么能过得好呢? 在王阳明看来,天下人都是我的亲人,当看到他们面临坠溺深渊的危险时,我不能坐视不管,而是要拉他们一把。即便有人不理解我,说我患了疾病,我也仍然坚持去救济他们。因为在我眼中,他们就是我。天下人的安危就是我的安危。

---

① [美]罗伯特·阿克塞尔罗德:《合作的进化》,吴坚忠译,上海人民出版社 2017 年版,第 3 页。
② 胡燕春:《向人类精神高地不断迈进:谈中国文学的世界价值》,《光明日报》2019 年 12 月 25 日。
③ 《礼记·礼运》。
④ 《传习录·答聂文蔚》。

　　我国古人所强调的济世之情,不是一种小仁小善,而是一种大仁至善。即便是看到路人,我都可以视之为兄弟姐妹,当其需要帮助时,我会不顾一切地施以援手。梁启超指出:"仁者先知人之谓何,人何以名。"这是说,有"仁爱"之心的人,首先要知道人是什么,人是如何命名的。阮元在《揅经室集·论仁篇》中指出,"仁须有事始表现,始谓之仁"。梁漱溟从中总结出关于"仁"的一个重要态度是"非行为表示不成仁"①。人是相互支撑而具有的形状,如果其他人在需要帮助的时候,不愿施以援手,就无法撑起"仁"。成"仁"一定要付诸行动。

　　关于践行"仁"是否能取得正面效果,我国儒家给出了肯定性答复。孔子认为,"我欲仁,斯仁至矣"②。这是说,为仁行善、互爱互助是可以通过努力实现的。如果天下人人都能做到相互帮扶,就不仅不会有辱"人"之名,还可以撑起一个最大的"仁"字。庄子认为"至仁无亲"③。最大的"仁",是对待万物都以同仁视之,心理上没有亲疏远近的差别。将整个人类作为一个命运与共的有机体,彼此相亲相爱、相扶相助,是对最大"仁"字的诠释。

　　儒家倡导的"仁爱"思想在"兼济天下"的生命追求中淋漓尽致地得到展现。孟子倡导士人应有一种济世情怀,他说"穷则独善其身,达则兼济天下"④。这里的"穷"与"达"并不是贫穷与富贵,而是"得志"与否的意思。原意是当人"不得志"的时候要加强自身的道德修养,"得志"的时候要造福天下黎民。对于人类命运共同体思想的实施而言,"穷"与"达"是相对而言的。一个国家已经发展得很好了,可以称得上是一个"得志"的国家,但其并不一定会造福天下万民。相反,一个尚处在发展中的国家,却可以为了增进其他国家人民福祉倾情相助。这里涉及"达"的境界问题。已经很"富"的国家,但由于其"达"的境界低,即便是实现了"达",也是一种"穷达",这源于其缺乏一颗兼济天下的仁者之心,源于其志不在为天下万民造福。从来没有想过"兼济天下",甚至能够"兼济天下"但不愿为之,不仅取决于其

---

　　① 梁漱溟:《梁漱溟先生讲孔孟》,李渊庭、阎秉华整理,商务印书馆 2011 年版,第 28 页。
　　② 《论语·述而》。
　　③ 《庄子·天运》。
　　④ 《孟子·尽心上·忘势》。

是否"得志",而是取决于其志向的大小。志向根本就不在为天下万民造福,不管其得志与否,能够为人类命运共同体思想实施所提供的动力支持都是有限的。

中华传统文化中的"仁爱"思想,有助于世人确立为天下万民造福的宏图大志,进而提升"达"的境界。三国时期曹植在《赠白马王彪》中指出"丈夫志四海,万里犹比邻"。孟子也倡导为人应当立志做大丈夫。大丈夫的志向不在一域一时,而在天下的千秋万代。有了这样的志向,纵使相隔万里的人需要帮助,也情愿施以援手。立志满足一己之私的行为体,很难促使其忧虑天下人的安危。能够忧虑天下人安危的行为体,一定是其胸中怀有为天下万民造福的大志。

在王阳明看来,"志不立,天下无可成之事"①。志向不确定,再近的距离都很难到达,再小的事情都很难做成功,更遑论构建人类命运共同体的宏图大业。构建人类命运共同体是为全人类谋福利的大事,不确立起"兼济天下"的大志很难真正实施该思想。志向就是心中所笃行的方向,确定了方向也就有了行动的动力。北宋思想家苏轼指出:"古之立大事者,不惟有超世之才,亦必有坚忍不拔之志。"②意思是说,成就伟大功业的人,不仅要才能出众,还要意志坚定。实施人类命运共同体思想是一个长期、艰巨而又重大的系统性工程,确立起了为天下造福的大志以后,还要矢志不渝地坚持下去。因此,从中华传统文化汲取精神养料,能够帮助世人持守住"兼济天下"的仁者之心,笃定"造福天下"的宏远壮志,这些思想均可为人类命运共同体思想实施增添激发性动力。

三、"崇礼义"为人类命运共同体思想实施增添运行性动力

荷兰学者鲁特格尔·布雷格曼指出:"对于大约99%的世界史来说,99%的人类都是贫穷、饥饿、肮脏、恐惧、愚蠢、病态而丑陋的。"③法学哲学家帕斯

---

① 《王阳明·教条示龙场诸生》。
② 《苏轼集·晁错论》。
③ [荷]鲁特格尔·布雷格曼:《现实主义者的乌托邦:如何建构一个理想世界》,曾小楚译,中信出版社2018年版,第3页。

卡尔也赞成这样的观点,认为人生就是无边的苦海。当人类的脚步迈入二十一世纪,自身的命运显然出现了明显的好转。"现在的全球经济总量是工业革命前的 250 倍"①,受惠于经济的增长,饥饿的人口正在不断减少;因应营养和教育条件的改变,人类正在变得越来越聪明;归功于医疗技术的发展,许多疾病不再肆虐,人类的寿命正在逐渐延长。然而,当人类的脚步迈入二十一世纪,我们果真已经从苦海中摆脱出来了吗? 日裔美籍学者弗朗西斯·福山指出,我们已经抵达了一个生命业已退化为"积累金钱,没完没了地解决技术和环境问题,以及满足消费者各种复杂需求"②的时代。英国历史学家汤因比向我们发出警告,"如果滥用日益增长的技术力量,人类将置大地母亲于死地。"③鲁特格尔·布雷格曼发出悲叹:"我们生活于一个富裕而过剩的时代,但是却极为凄凉。"④

面对各种全球治理难题,为使人类的生活不再糟糕,有朝一日脱离无边苦海,我国开出的"药方"是构建人类命运共同体。在汤因比看来,唯有中国传统文化能够真正解决二十一世纪的社会问题。可以说,中华传统文化是让"中国药方"更好发挥"药效"的酵母。中华传统文化能够为人类命运共同体思想实施提供动力。我们在解决了发"力"目的、"力"从何来、"力"靠什么促发等问题的基础上,还有必要解决"力"如何运行的问题。中华传统文化中有关"礼义"的思想,有助于为人类命运共同体思想实施增添运行性动力。

中华传统文化中的"礼义"思想,有助于判别人类文化中的精华与糟粕。文化具有属人性,其是人类特有的现象。在人类文化中,精华与糟粕是相互伴生的。无论是作为精华部分的人类文化还是作为糟粕部分的人类文化,均可对人类命运共同体思想的实施发挥推动性作用,只不过这种作用的发挥在方

---

① 〔荷〕鲁特格尔·布雷格曼:《现实主义者的乌托邦:如何建构一个理想世界》,曾小楚译,中信出版社 2018 年版,第 4 页。

② Francis Fukuyama, "The End of History?" *National Interest*. http://ps321.community.uaf. edu/files/2012/10/Fukuyama-End-of-history-article.

③ 〔英〕阿诺德·汤因比:《人类与大地母亲:一部叙事体世界历史》,徐波等译,上海人民出版社 2016 年版,第 596 页。

④ 〔荷〕鲁特格尔·布雷格曼:《现实主义者的乌托邦:如何建构一个理想世界》,曾小楚译,中信出版社 2018 年版,第 11 页。

向上具有差异性。作为精华部分的人类文化对人类命运共同体思想的实施发挥正向推动作用;作为糟粕部分的人类文化对人类命运共同体思想的实施发挥反向推动作用。构建人类命运共同体思想的有效实施,离不开正向动力的推动。作为糟粕部分的人类文化所发挥的反向动力功能,是有效实施人类命运共同体思想的阻力。该如何判定人类文化中的精华与糟粕,中华传统文化中的"礼义"思想给出了答案。

孟子指出:"人之所以异于禽兽者几希,庶民去之,君子存之。"①意思是说,人与禽兽之间的差别是极为细微的。君子与庶民的区别在于,前者懂得保有这种差别而后者将之弃除了。"君子"常用来与"小人"相比较,我们在此可以将"庶民"理解为"小人"。将"君子"与"小人"区别开来的,正是"礼"。《礼记》有言:"是故圣人作,为礼以教人,使人以有礼,知自别于禽兽。"②文化是人类创造的,但有些行为体见到了利益就一哄而上,为了满足私欲可以不守秩序、不择手段,在做法上不啻于禽兽。从根本上来讲,这是不懂得礼让的缘故。不懂得礼让同样会为人类命运共同体思想的实施增添动力,有的时候增添的动力还异常强大,只不过其所施加的是破坏性甚至毁灭性力量。

懂"礼"还是不懂"礼",是判定文化是精华还是糟粕的重要标尺。人类命运共同体思想的有效实施,需要建立在相互礼让的基础上。我们据此可以总结出,为了争得利益而不择手段、为所欲为的部分,是人类文化中的糟粕。反之,在利益面前懂得相互礼让、相互尊重、平等相待,是人类文化中的精华。借助中华传统文化中的"礼义"思想,有助于判定人类文化中的精华与糟粕。《礼记》认为:"人之所以为人者,礼义也。"③人之为人,在于与禽兽存在"几希"的差别。文化是人类特有的现象,当前国际社会中奉行霸权主义、强权政治、文化侵略的行为体,无异于将自身那一点点与禽兽相区别的东西消磨得差不多了。再不重视加强利义等道德的修养,也就愈加不像一个人而与禽兽没有差别了。

在二十一世纪,人类因应通信技术的发展,所处的世界较之于以往缩小了

---

① 《孟子·离娄下》。
② 《礼记·曲礼》。
③ 《礼记·曲礼》。

很多个数量级。世界在变得更小的同时，也变得更平。① 不同行为体在更小、更平的全球化 3.0 阶段，交互作用的机会也更多。斯坦福大学马修·杰克逊教授将人际关系网络做了两种极端的假设，第一种是在一个完全无法交流的社群也即共同体中，没有人成为其他人的朋友，我们所得到的将是一个"空"网络；第二种是在一个非常和睦的社群也即共同体中，每个人都是其他任何人的朋友，我们得到的将是一个"全"网络。②

在全球化 3.0 阶段，在国际社会中没有任何一个朋友的行为体是很难生存的，各行为体全然不进行交流的"空"网络在事实上并不存在。各行为体之间皆建立起朋友关系所形成的"全"网络，是一个理想的状态，但并非不能实现。只要各行为体持守住身上那一点点"几希"的东西，不断以礼义规范自身的言行，每个行为体均与其他行为体建立起朋友关系的"全"网络就可以成为现实。相反，没有哪个行为体期盼与无异于禽兽的行为体为伍，即便是基于利益关系建立起了一定的友谊关系，也会是脆弱且易折的。马修·杰克逊对比并分析了两种不同的网络类型，其中一种是有着高度分隔性的人类网络，另一种是有着数量相同节点和联系的随机网络。较之于具有高度分隔性的人类网络，随机网络中所有的节点都存在与其他节点的联系。构建人类命运共同体关乎全人类命运，有赖于世界各行为体共同参与。我们期待建立一个没有分隔或分隔性有所降低的"全"网络。

马修·杰克逊通过观察发现，人类网络之所以具有高度的分隔性，是因为某一些行为体没有亲密的朋友。③ 没有朋友的"空"网络在全球化 3.0 阶段是不存在，但有些行为体缺失亲密朋友的人类网络却是客观存在的现实。实施人类命运共同体思想需要破解的一大问题是，究竟是什么因素阻隔了各行为体之间建立起亲密的朋友关系。因经济利益争夺而引起的矛盾与冲突、因滥用技术力量而陷入的伦理困境、因生态环境保护而引发的各种争论

---

① ［美］托马斯·弗里德曼：《世界是平的：21 世纪简史：内容升级和扩充版》，何帆、肖莹莹、郝正非译，湖南科学技术出版社 2018 年版，第 9 页。

② ［美］马修·杰克逊：《人类网络：社会位置决定命运》，余江译，中信出版社 2019 年版，第 5 页。

③ ［美］马修·杰克逊：《人类网络：社会位置决定命运》，余江译，中信出版社 2019 年版，第 6 页。

等等,这些各行为体之间无法建立亲密朋友关系的表现均指向"礼义"问题。

《国语》指出:"夫利,百物之所生也,天地之所载也,而或专之,其害多矣。"① 为谋取私利、满足私欲而罔顾礼义、将自身降格为禽兽,是各行为体之间难以建立亲密关系的主要原因。中华传统文化倡导以"礼义"节制、去除谋取不当之利的欲望。比如董仲舒认为"正其谊不谋其利,明其道不计其功"②。我们并不反对合理的利益追求,其是人类社会进步的动力。我们所反对的,是全然不顾礼义要求,好似禽兽般争夺各种利益。有人曾就"利"与"义"的问题求教于朱熹,他的回答是,为己就是"人欲之私",是为"利";为人是"天理之公",是为"义"。禽兽见到利就会哄抢,而人见到"利"还会思"义";禽兽为了满足私欲会大打出手甚至互相残杀,而人为了"利人"可以做到"舍己"。遵守礼义、见利思义、舍己利人,是人区别于禽兽的精神品质。将之丢弃了,也就与禽兽没什么分别了。

荀子指出,"人无礼不立,事无礼不成"③。以"礼义"约束私欲,做到自别于禽兽,有助于在人类网络空白节点处建立起联系,为各行为体均建立起亲密朋友关系的"全"网络创造条件。借助中华传统文化中的"礼义"思想,有助于判别人类文化中的精华与糟粕。弃除不守秩序、见到利益一哄而上等人类文化中的糟粕,弘扬相互礼让、见利思义、舍己利人等人类文化中的精华。从而为构建人类命运共同体减少思想实施的阻力,增添强劲的运行性动力。

中华传统文化中的"礼义"思想,有助于改造人性。孔子的弟子林放问"礼"的本质是什么,得到的答复是:"礼,与其奢也,宁俭。"④ "礼"的本意在于反映人内在的情感与美德。"礼仪"不是用来做给人看的,与其隆重,不如节俭。孔子告诫人们没有必要过于看中"礼仪"的外在表现形式,只要将内心的情感恰当表达出来,也就可以了。我国文化部前部长、著名作家王蒙指出,中国是一个"礼义之邦"。讲"礼"强调的是遵守秩序,讲"义"指的是要恪守道

---

① 《国语·周语上》。
② 《汉书·董仲舒传》。
③ 《荀子·修身》。
④ 《论语·八佾》。

义。他对有人将中国称为"礼仪之邦"发表了独到的见解,表示中国应该是"礼义之邦",现在很多地方都用错了。① 提出这样的看法,并不说外在的典礼、仪式不重要,而是说较之于外在的形式,道义的恪守与人性的改造更为关键。

持有这一观点的学者很多,比如国学大师梁漱溟就发出过"所谓礼者岂不是外面之形式么"②的疑问,在他看来,"礼之根本即是人情。人有情便顶好,不在许多繁文缛节。"③清华大学彭林教授也认为,"'礼'是中国传统文化的核心。'礼'与中国传统的道德是浑然一体的,它并不纯粹是一个形式,而是要通过形式表达出思想和内涵的"④。他提醒人们不要把西方商务礼仪作为中华礼仪来普及⑤。对于人类命运共同体思想的实施而言,固然要强调外在仪式的重要性,但这并不是最关键的。诚如彭林教授所言,古人讲"礼",是包括形式与内涵的,是有思想的仪式。⑥ 如果抽掉了内在的思想,只剩下外在的仪式,那么也就丢掉了"礼"的灵魂。中华传统文化中的"礼义"思想,是用来从根本上改造人性的,其有助于为人类命运共同体思想实施提供源源不断的运行性动力。

关于人性中的善是先天的还是后天的,古往今来有不同的说法。彭林教授从总体上分析了中西文化的差别,指出"西方人认为人性本恶,中国人认为人性本善"⑦。我国古人大多相信人性是美好的。比如孟子认为"人皆有不忍人之心"⑧。《三字经》开篇写道:"人之初,性本善。"在我国儒家看来,人天然具有成为善人的基因,但如果不注重加强自身的道德修养,就会慢慢地堕落下去,乃至无异于禽兽。

在鲁特格尔·布雷格曼看来,人类中的大多数在历史上的大部分时间

　　① 王蒙:《中国是"礼义之邦"而非"礼仪之邦"》,http://www.chinanews.com/cul/2013/06-17/4937147.shtml。

　　② 梁漱溟:《梁漱溟先生讲孔孟》,李渊庭、阎秉华整理,商务印书馆2011年版,第92页。

　　③ 梁漱溟:《梁漱溟先生讲孔孟》,李渊庭、阎秉华整理,商务印书馆2011年版,第94页。

　　④ 彭林:《礼乐文明与中国文化精神》,中国人民大学出版社2016年版,第34页。

　　⑤ 彭林:《儒家礼乐文明讲座》,广西师范大学出版社2017年版,第238页。

　　⑥ 彭林:《礼乐人生》,上海文艺出版社2015年版,第16页。

　　⑦ 彭林:《儒家礼乐文明讲座》,广西师范大学出版社2017年版,第239页。

　　⑧ 《孟子·公孙丑上》。

过得并不好。其中一个极为重要的原因,是忽视了道德修养的自我提升。提升人类自我的道德修养,需要借助人类自身的独特之处。关于人类的独特之处是什么,理查德·道金斯将之"归结为一个词——文化"①。借助人类独有的文化,可以帮助人类弃恶扬善。我们在前面分析了人类文化具有精华与糟粕。借助作为人类文化精华部分的中华优秀传统文化,有助于将人类自身的"善性"有效调动起来。

中华传统文化中的"礼义"思想特别强调道德修养,认为要想做到"理发诸外",首先要做到"德辉动于内"。外在的礼仪如果失去了内在的德,就好似失去了灵魂,徒具形骸。在与不同行为体的交往中,我国古人尤为重视真诚、互敬。孔子曾抨击说话让人听起来很舒服,但不是由"诚"外发出来的行为。他指出"巧言令色,鲜矣仁"②。只会说漂亮话的人很少有仁爱之心,这样的人通常情况下都会很虚伪。在我国儒家看来,一位真正的仁者,不会在外在形式的东西下太大的功夫,切实做到"仰不愧于天,俯不怍于地",立身处世堂堂正正、光明磊落就够了。

习近平总书记曾就人际交往、国际交往问题作分析时指出,"真朋友最可贵"③。他强调"解决合作中的问题,我们讲一个'诚'字"④。真是与假相对应的。那些话说起来让人听得很舒服,只懂得做表面文章的是"假朋友"。"假朋友"之间的合作很难真正支撑起人类命运共同体思想实施的大厦。也可以说,依靠"假朋友"去打地基,一定是不可靠的。打牢人类命运共同体思想实施的地基,我们就要坚守"人之道"。《中庸》有言,"诚之者,人之道也"⑤。构建人类命运共同体的各行为体要想真正学习"诚"、做到"诚",成为名副其实的"诚之者",就要按照"诚"的要求规范自身的言行。如此,也就恪守了"人之道"。做到"诚之者",没有必要过于注重"操作性"。比如将微笑量化等等。如果仅仅是注重"仪"的细节,而内心深处没有必要的礼敬,也是有悖中华传

---

① [英]理查德·道金斯:《自私的基因》,卢允中、张岱云、陈复加等译,中信出版社 2019 年版,第 218 页。

② 《论语·学而》。

③ 《习近平谈治国理政》,外文出版社 2014 年版,第 306 页。

④ 《习近平谈治国理政》,外文出版社 2014 年版,第 309 页。

⑤ 张葆全:《大学中庸选译(汉马对照)》,广西师范大学出版社 2016 年版,第 234 页。

统"礼义"思想的。

《孝经》指出："礼者,敬而已矣。"①礼的精神,从归根到底的意义上来讲,可以归纳为一个"敬"字。《礼记》中的第一句话就是"毋不敬"。无论是对自身、对其他行为体,还是对大自然,对构建人类命运共同体事业,都不应有一颗不敬之心。离开了"敬",放纵自身的物欲、为所欲为;依仗国力的强盛、欺凌贫弱;凭借掌控的技术、役使自然,也就无所谓"礼"了。人是一种社会性动物。动物离开了其他群体勉强能够生存,人一旦离开社会将无法存活。在人类分工越来精细化的二十一世纪,任何行为体要想生活得更好,都不能离群索居。既然不同行为体之间唯有彼此相互依存才能生存下去、才会过得更好,就没有必要不以诚相待、没有理由不相互尊敬。而不同行为体处世以诚、守之以敬,更容易汇聚起实施人类命运共同体思想的磅礴合力。从这个意义上来讲,借助中华传统文化中的"礼义"思想,有利于推动人性的改造,从而为人类命运共同体思想的实施提供强大的运行性动力。

第三节　中华传统文化为人类命运
共同体思想实施提供方法

如果我们将人类命运共同体比喻为一艘思想的巨轮,在明确了其去向何处、去的动力何在等基本问题以后,还有必要探究去的方法问题。中华传统文化是一座巨大的思想养料库,从中汲取"务实"、"忠恕"、"会通"等方法,有助于确保思想巨轮破浪前行、顺利通达彼岸。

一、中华传统文化为人类命运共同体提供"务实"的思想实施方法

习近平总书记在博鳌亚洲论坛 2018 年年会开幕式上发表讲话时将威胁人类生存与发展的问题概括为战争冲突、气候变化以及重大传染性疾病传播等②。此外,习近平总书记还在不同的场合就核威胁、恐怖主义、难民危机、网

---

① 赵缺:《孝经正译》,岳麓书社 2014 年版,第 6 页。
② 习近平:《论坚持推动构建人类命运共同体》,中央文献出版社 2018 年版,第 521 页。

络安全等全球性挑战进行了分析。凡此种种威胁与挑战均关涉到人类的前途与命运。前途涉及荣辱、命运关乎生死。

马克思认为："问题就是公开的、无畏的、左右一切个人的时代声音。"①为积极应对左右人类命运的各种威胁与挑战，习近平总书记号召我们携起手来共筑人类命运共同体，共同守卫赖以生存的唯一家园、共同创造更加美好的生活图景。实施人类命运共同体思想，需要采取一种"务实"的方法。

中华传统文化中的"务实"思想，有助于避免名实不符。构建人类命运共同体是将"每个民族、每个国家的前途命运都紧紧联系在一起"②。我国儒家倡导"名实相符"。孔子认为，"名之必可言也，言之必可行也"③。如果将"地球村"形容为一个大的容器，生活于其中的人民以一盘散沙的状态存在，那么尽管其靠这个大的容器聚集在了一起，但也称不上是真正意义上的共同体。法国存在主义者萨特将这种存在状态称为"集合体"。孔子告诫我们，在给事物定名时，一定要"讲得通"。在他看来，"讲得通"才能"行得通"。以一盘散沙状态存在的集合体称不上是共同体。依靠这样的集合体应对人类共同的威胁与挑战是不可行的。

实施人类命运共同体思想之所以具有可行性，在于人类的根本利益面临着现实的挑战与威胁。人类唯有紧密团结在一起，凝结为生死与共的有机整体，才能保障自身的生存与发展。解决名实相符的问题，对于人类命运共同体思想实施意义重大。要想战胜跨越国界、愈演愈烈的全球性威胁与挑战，各个行为体必须命运与共，结成具有实质性意义的共同体。在孔子看来，"名不正，则言不顺；言不顺，则事不成"④。我们所实施的是名实相符的人类命运共同体，而非穿着人类命运共同体外衣实则是名不符实的人类集合体。与人类命运共同体内在规定性不相一致的集合体，并不能助推各行为体驶达思想的彼岸，聚合起强劲的思想动力。

摆在人类面临的各种挑战与威胁，恰似一个又一个"暗礁"与"冰山"。人

---

① 《马克思恩格斯全集》第 40 卷，人民出版社 1982 年版，第 289—290 页。
② 《习近平谈治国理政》第三卷，外文出版社 2020 年版，第 433 页。
③ 《论语·子路》。
④ 《论语·子路》。

类紧密团结在一起,凝结为生死与共的有机整体,同心应对威胁人类整体的挑战,是人类命运共同体思想的内在规定性。与这一规定性不相符合的人类集合体,缺乏众志成城、破冰攻坚、奋力前行应保有的动力与效力。各行为体的行为合乎实施人类命运共同体思想的名分,反映出了中华传统文化中悠长的"务实"思想。

实施人类命运共同体思想最终要落实到每一个行为体上,促使其认识到人类命运共同体思想内在规定性是必要的,这有助于避免个别行为体以共筑人类命运共同体之名,行攫取私利、满足私欲之实。孟子认为:"欲贵者,人之同心也。"①生活得更好,是每一个行为体的现实诉求。在共同的威胁与挑战面前,人类的根本利益是高度一致的。中华传统文化中具有悠长的"务实"思想。比如孟子在强调"义"的问题时,并不否认对"利"的追求。他指出:"鱼,我所欲也,熊掌,亦我所欲也。"②孟子以"鱼"喻利,以"熊掌"喻义。考虑人类整体利益、共同利益的"大义"与寻求各行为体个体利益、特殊利益的"小利"并不是完全对立的。孟子反对的为了追求"利"而抹杀"义"。将各行为体的特殊利益凌驾于人类的整体利益之上,或者将个别行为体的具体利益包装成全人类的共同利益,这样的行为是不恰当的。

各行为体均有从人类命运共同体的构建中分享利益的权利,同样也有为了共同利益、整体利益牺牲个体利益、特殊利益的义务。当二者发生矛盾时,任何行为体均有责任行"义"去"利"。也即如孟子所指出的"二者不可得兼,舍鱼而取熊掌者也"③。在习近平总书记看来,各国在相互协作、优势互补的进程中"逐渐形成利益共同体、责任共同体、命运共同体"④。从中可以看出,习近平总书记道出了各国相互协作、共同推动人类命运共同体思想实施的真谛。即各行为体唯有利益与共、责任与共,才会真正的命运与共。那些故意寻找托辞、为维护私利逃避国际责任者,抑或假借维护国际道义之名否定其他行

---

① 《孟子·告子上》。
② 《孟子·鱼我所欲也》。
③ 《孟子·鱼我所欲也》。
④ 习近平:《登高望远 牢牢把握世界经济正确方向——在二十国集团领导人峰会第一阶段会议上的发言》,《人民日报》2018 年 12 月 1 日。

为体寻求正当权益者,有违中华传统文化所倡导的"务实"思想。

庄子关于"名"与"实"的关系做出了精辟阐发,他认为"名者,实之宾也"①。《释文》解释为"宾者,从也"。就是说,"实"才是产生"名"的根本。命运共同体的实质是利益共同体、价值共同体。② 要想将人类命运共同体思想落到实处,需要确立起共同的利益与价值目标。习近平总书记指出,当前世界各国"正日益形成利益交融、安危与共的利益共同体和命运共同体"③。在共同的威胁与挑战面前,不管是弱国还是强国、穷国还是富国、大国还是小国、资本主义国家还是社会主义国家,均是一个你中有我、我中有你,安危与共、荣辱与共的有机体。全人类共同的价值目标因共同利益的形成而得以确立。习近平总书记将全人类的共同价值归结为十六个字,即和平、发展、公平、正义、民主、自由。④ 人类在对共同利益的捍卫与价值目标的追求上超越了种族、民族、国别、宗教、意识形态等界限。

没有对人类共同利益、共同价值目标形成具体的感性认识,不能算是真正认识了人类命运共同体思想之"实"。只有对客观存在的人类共同利益、共同价值目标有了真实的认识,才能对人类命运共同体思想之"名"有真切地体会。墨家学派蕴含着丰富的"实先名后"思想。在墨子看来,"非以其名也,以其取也。"⑤"名"是由"实"来决定的。仅仅将构建人类命运共同体之"名"挂在口头上,无法捍卫人类共同利益,不能坚守人类共同价值,对于人类命运共同体思想实施而言是没有价值的。韩非子强调"循名实而定是非,因参验而审言辞"⑥。判断一个行为体参与实施人类命运共同体思想的行为是否得当,不能依凭辞藻的华美,而要以"名""实"是否相符作为验证标准。东汉思想家王符认为"大人不华,君子务实"⑦。从古训中汲取智慧,实施人类命运共同体

---

① 《庄子·逍遥游》。

② 徐梦秋、朱彦瑾:《人类命运共同体形成的基本条件探析》,《厦门大学学报(哲学社会科学版)》2019年第4期,第2页。

③ 习近平:《共倡开放包容 共促和平发展——在伦敦金融城市长晚宴上的演讲》,《人民日报》2015年10月23日。

④ 《习近平谈治国理政》第二卷,外文出版社2017年版,第522页。

⑤ 《墨子·贵义》。

⑥ 《韩非子·奸劫弑臣》。

⑦ 《王符·潜夫论·叙录》。

思想应自觉抵制"华"而不"实"、积极倡导求"真"务"实"。构建人类命运共同体思想,关系到各行为体的利益乃至生死,应力避"名""实"不符。通过上述分析可知,从认识论的角度来看,中华传统文化中的"务实"思想有助于帮助人们施行"名"与"实"相一致的人类命运共同体思想。

中华传统文化中的"务实"思想,有助于避免沦为空谈。英国大思想家罗素曾发出"人类有前途吗"这样一个令人深思的世纪之问。在他看来,"在对人类幸福所起作用的所有点上,中国文明都比欧洲文明出色"①。作为一个有着五千年文明史的大国,在关于人类前途与命运的问题上,我们没有沉默。习近平总书记提出的构建人类命运共同体思想,正是为了回应这一问题给出的中国解答。构建人类命运共同体关系到全人类的生死与荣辱,其能否对人类的幸福发挥作用,很重要的因素在于力避空谈、在"实"上做足功夫。

实施人类命运共同体思想事关整个人类的利益福祉,不能将之仅停留于认知层面、停留在口头上,还要将其付诸实实在在的行动。朱熹认为"知之之要,未若行之之实"②。掌握住人类命运共同体思想的要旨固然重要,但更为关键的是付诸具体的行动。在王阳明看来,"圣学只一个功夫,知行不可分作两事"③。对于人类命运共同体思想实施而言,纵使已经深刻理解了人类命运与共结成有机整体的重要性,但并不付诸行动,对于增进人类幸福而言也全无益处。王阳明提出知行合一,在他看来"知是行的主意,行是知的功夫"④。知晓了构建人类命运共同体是基于对人类前途与命运深切关注而提出的伟大思想,就应毫不迟疑,马上将之转化为行动。明明知道了构建人类命运共同体是一种向上向善的治世思想,还将信将疑、知而不行、行而不果,很难称得上其领悟了阳明心学的要义。

人类是共生、共存、共在的高级动物。⑤ 在荀子看来,人类的力气没有牛大、奔跑不如马快,但牛与马皆可以为人所用。这是什么原因呢? 他的回答是

---

① ［英］伯特兰·罗素:《中国问题》,田瑞雪译,中国画报出版社 2019 年版,第 127 页。

② 《朱子语类》。

③ 《传习录》。

④ 《传习录》。

⑤ 马东景、李杰:《人类命运共同体理念的伦理价值》,《湖南科技大学学报(社会科学版)》2019 年第 4 期,第 113—114 页。

"人能群,彼不能群也"①。牛与马可用来代指人类幸福,人类"能群"也即可以团结起来、相互协作,这是我们可以战胜事物、获得幸福的主要原因。"能群"也就是人类可以共生、共存、共在。作为类存在物,人类在各种威胁与挑战面前已经命运与共、荣辱与共。构建人类命运共同体符合世界各国人民的利益期待,实施该思想所汇聚起来的强大合力有助于增进全人类的幸福,为此有必要在"行"上面下"真功夫""实功夫""硬功夫""苦功夫"。荀子指出:"不闻不若闻之,闻之不若见之,见之不若知之,知之不若行之。"②我国在国际社会积极倡导构建人类命运共同体思想,正是为了让更多的国家认识它、了解它、施行它。构建人类命运共同体思想的实施,有助于重塑让所有国家共享全球化发展红利的世界新秩序。

有学者通过研究指出:"在后经济危机时代,人们越来越清晰地发现:全球化的实质就是美国利益。"③实施人类命运共同体思想旨在增进全人类的利益福祉。该思想的重要实施平台是"一带一路"倡议。我国推行该倡议的突破口与关键点,主要表现在基础设施的建设上。诸如皎漂港、中巴高铁、雅万高铁、蒙内铁路、巴加莫约港等项目的推进,已经对当地的经济社会发展产生了积极影响④。"见之不若知之,知之不若行之。"⑤世界各国人民认识到构建人类命运共同体思想的价值是可贵的,但更为关键的是将正确的认知转化为具体的行动。不做思想实施的"空谈者"与"看客",才能共同塑造新的世界秩序、共创人类的美好未来。

增进全人类的利益福祉,要将人类命运共同体思想实施真真切切地落到实处上。"初唐四杰"之一的王勃认为:"征实则效存,徇名则功浅。"⑥实施人类命运共同体思想这一千秋伟业,要脚踏实地、不务虚功,如此才能干出成效。

---

① 《荀子·王制》。
② 《荀子·儒效》。
③ 向宏,胡德平等:《大交通:从"一带一路"走向人类命运共同体》,西南交通大学出版社2017年版,第156页。
④ 向宏,胡德平等:《大交通:从"一带一路"走向人类命运共同体》,西南交通大学出版社2017年版,第134—135页。
⑤ 《荀子·儒效》。
⑥ 《上刘右相书》。

反之，专务虚名、不尚实功之辈参与构建人类命运共同体，难免功业浅薄。明清之际的大思想家顾炎武强调"载之空言，不如见诸行事"①。世界各国人民参与构建人类命运共同体，实干至关重要、空言毫无价值。

在习近平总书记看来，之所以要提出人类命运共同体思想，就在于要"把世界各国人民对美好生活的向往变成现实"②。讲假话、尚空谈、务虚功、搞花架子、做表面文章，只会让世界各国人民实现美好生活的梦想渐行渐远。从中华传统文化中汲取智慧养料，有助于推动人类命运共同体思想实施的过程中出实招、办实事、见实效。有没有为将世界人民美好生活的向往变成现实制定切实可行的方案，有没有为世界人民过上美好生活贡献实实在在的力量，世界人民对美好生活的向往有没有变成为现实，都是看得见、摸得着的。实施人类命运共同体思想，我们反对提出一些不切实际的口号、做出脱离实际的事情。如果参与实施人类命运共同体思想的各行为体均严格做到出实招、办实事、见实效，那么世界人民对美好生活的向往有朝一日必将能够化为现实。通过以上分析可知，名实不符、崇尚空谈、不务实功，均是我国古人所竭力反对的。因此，中华传统文化中的"务实"思想为构建人类命运共同体提供了有益的思想实施方法。

二、中华传统文化为人类命运共同体提供"忠恕"的思想实施方法

我国著名文史学者刘梦溪认为："所谓传统文化，其实就是传统社会的文化，它们是能够看得见、摸得到的那一部分我们祖先的智慧结晶。"③为中华民族播撒智慧果实的祖先为数众多。享有"天之木铎"盛誉的孔子，无疑是其中卓越的代表性人物。孔子被公认为我国古代最有智慧的思想家之一，以其为代表创立的儒家学说在我国思想界占据着重要的位置。关于贯彻孔子学说的基本思想是什么，《论语》有着详细的记载。曾参指出："夫子之道，忠恕而已矣。"④"忠恕"是以孔子为代表的儒家所奉行的基本道德准则。尽心为人谓

①　《亭林文集》。
②　《习近平谈治国理政》第三卷，外文出版社 2020 年版，第 433 页。
③　刘梦溪：《中国文化的张力：传统解放》，中信出版社 2019 年版，第 4 页。
④　虞劲松：《论语选译（汉马对照）》，广西师范大学出版社 2016 年版，第 76 页。

之"忠";推己及人谓之"恕"。我国古人所强调的"忠恕"之道,对于人类命运共同体思想实施有着重要的促进作用。

中华传统文化中的"忠恕"思想,有助于促成尽心为人。我国儒家推崇曾参的"日省三要素"。所谓"日省三要素",指的是孔子的弟子曾参每天多次检查自己的三件事。其中"为人谋而不忠乎",是在劝诫人们做事情要忠信于人、勤勉于己。人类命运共同体思想要依靠不同行为体之间的相互协作才能真正实施。相互协作的各个行为体都渴望获得幸福,都有着"自爱"的表现,"但是选择什么途径来满足幸福是个问题,所有人都爱自己,但是选择什么方式来爱自己也是个问题"①。"自爱"到了现代社会,"成了自私、利己主义的代名词"②。对于实施人类命运共同体思想的各行为体而言,我们并不反对其"自爱",这是人与生俱来的一种本能。这种本能是人与动物皆有的天赋。诚如亚里士多德在《政治学》中所指出的那样"人人都爱自己,而自爱出于天赋,并不是偶然的冲动"③。"自爱"有其正当性,但也有将实施人类命运共同体思想的行为体拉入堕落深渊的可能性。有学者指出,从伦理上来讲,"自我之爱"被认为是最具危险性的情感,其可能导致为人处事以自我中心等情感倾向。④ 如何避免各行为体陷入自私、自利的无底深渊,我国古人给出的良方是要尽心为人,以"自爱"为标准去爱人。

"忠恕"思想作为贯穿孔子之道始终的内容,有着极其丰富的内涵。"忠"在《说文解字》中的解释是"敬也,从心,中声"。《广韵》为"忠"作的注为"无私也"。《六书精蕴》里讲,"忠,竭诚也"。《左传·文公元年》记载,"以私害公,非忠也"。宋朝思想家朱熹强调"尽己之谓忠"。清代训诂学家段玉裁认为:"忠,敬者,肃也。"从这些典籍和先贤对"忠"所做的解释可以看出,该字蕴含着尽心、无私、真诚、奉公、竭力、恭敬等含义。

关于什么是"忠",孔子也进行过解释。在他看来,"忠"指的是"己欲立而

---

① 徐琪:《论奥古斯丁的友爱与共同体》,中国社会科学出版社 2017 年版,第 116 页。
② 徐琪:《论奥古斯丁的友爱与共同体》,中国社会科学出版社 2017 年版,第 113 页。
③ [古希腊]亚里士多德:《政治学》,吴寿彭译,商务印书馆 2016 年版,第 55 页。
④ 徐琪:《论奥古斯丁的友爱与共同体》,中国社会科学出版社 2017 年版,第 114 页。

立人,己欲达而达人"①。自己想要过得好,也要让别人过得好。"忠"对于人类命运共同体思想的实施意义重大。人类命运共同体是迄今人类社会产生以来,涵盖人数最多、覆盖地域最广、层次性最高的共同体形态,促进该思想的实施,有赖于各行为不断加强相互之间的协作。习近平总书记指出,要"坚定支持对方办好自己的事情"②。这是告诫各行为体在相互协作中要尽心竭力。"忠"是助推人类命运共同体思想实施的一种有效方法。孔子说,"居处恭,执事敬,与人忠"。将之用来分析人类命运共同体思想实施,我们可以做这样的理解:当一个行为体未与其他行为体交互作用时,要做到谨严端正;当其做具体的事情时,要做到严肃认真;当其与其他行为体交互作用时,要做到忠心诚意。尽心竭力为增进其他行为体福祉贡献自己的力量,是人类优于动物之处。尽心竭力增进自身福祉,懂得自爱,是人与动物均可以做到的事情。我国儒家所向往的社会愿景,是"人不独亲其亲"的大同之境。以自爱之心去爱人,既爱自己相识的人,也爱陌生人,并且爱要尽心竭力,则是人之为人的可贵之处。这也正是习近平总书记在中阿合作论坛第六届部长级会议上指出的"既要让自己过得好,也要让别人过得好"③。让自己与别人都过得好,要高度重视团结协作的重要性。习近平总书记引用哈萨克斯坦谚语"有团结的地方,定有幸福相随"④来阐明这一观点。以"与人忠乎"不断检视、矫正自身的行为,有益于增进各行为体之间的团结。整个人类结成你中有我、我中有你、尽心为人、爱人如己的命运共同体,幸福的阳光势将洒遍整个人间。

中华传统文化中的"忠恕"思想,有助于达成推己及人。"忠"与"恕"是一个问题的两个方面。前者是从主观积极的角度来讲的,后者是从客观消极的角度来讲的。"恕"从字面的意思上来看,是如心,也就是如自己的心。关于什么是"恕",孔子在回答子贡"有一言可以终身行之者乎"的问题时做出的解答是"其恕乎。己所不欲,勿施于人"⑤。当问及是否有一个字可以言说天

① 《论语·雍也》。
② 《习近平谈治国理政》,外文出版社2014年版,第276页。
③ 《习近平谈治国理政》,外文出版社2014年版,第315页。
④ 习近平:《论坚持推动构建人类命运共同体》,中央文献出版社2018年版,第448页。
⑤ 《论语·卫灵公》。

下的道理,让人遵照而行时,孔子的回答是肯定的。在他看来,这个字正是"恕"。"恕"指的是自己不想要的,也不要强加给别人。他要求人们将心比心,多从对方的角度考虑问题。朱熹认为"推己及人为恕"。自己认为不好的东西,也不要强加给他人。杜维明建议将"己所不欲,勿施于人"的恕道推广至全世界①。习近平总书记在 2018 年中非合作论坛北京峰会发表讲话时指出,"绝不把自己的意志强加于人"②。既然自己不希望别人将意志强加给自身,自身也不要将自己的意志强加给别人,这表达出了一种"恕道"。讲求推己及人的"恕道",对于人类命运共同体思想实施意义重大。习近平总书记指出:"全球发展中的深层次矛盾长期积累,未能得到有效解决。"③不同行为体之间相互交往存在一定的矛盾是正常现象,但化解矛盾的方式不得当导致矛盾越积越多则是不正常的。全球发展的深层次矛盾得不到有效解决,势将阻碍人类命运共同体思想的有效实施。

摆在全人类面前的严峻挑战,制约全球发展最突出的深层次矛盾,是三大赤字。习近平总书记将之归结为和平赤字、发展赤字、治理赤字。④ 习近平总书记在和平共处五项原则发表六十周年纪念大会上的讲话中介绍了印度和缅甸方面对该原则的看法。"印方认为,如果和平共处五项原则在所有国家相互关系中获得认可,那么世界就几乎不会有任何冲突和战争。"⑤习近平总书记指出,这一原则包含了"四个'互字'、一个'共'字"⑥。用中华传统文化中的"恕"道来分析这五个方面,有助于推动人类命运共同体思想的实施。没有哪个国家希望自身的主权安全受到威胁,因此也不要去做有害其他国家主权安全的事情;没有哪个国家愿意看到本国的领土支离破碎,因此也要尊重其他国家的领土完整;没有哪个国家希望自身在网络安全、经济安全、文化安全等

① "文汇讲堂"复旦大学上海儒学院:《大国厚土:中国传统文化的承继与复兴》,北京大学出版社 2018 年版,第 11 页。

② 《习近平谈治国理政》,外文出版社 2014 年版,第 30 页。

③ 习近平:《论坚持推动构建人类命运共同体》,中央文献出版社 2018 年版,第 443 页。

④ 习近平:《携手推进"一带一路"建设——在"一带一路"国际合作高峰论坛开幕式上的演讲》,人民出版社 2017 年版,第 4 页。

⑤ 习近平:《弘扬和平共处五项原则 建设合作共赢美好世界——在和平共处五项原则发表 60 周年纪念大会上的讲话》,人民出版社 2014 年版,第 4 页。

⑥ 习近平:《论坚持推动构建人类命运共同体》,中央文献出版社 2018 年版,第 128 页。

方面受到威胁,因此也不要去做与侵犯他国相关的事情;没有哪个国家不渴望依靠自身的力量独立处理内部事务,因此也不要对他国的内政指手画脚;没有哪个国家不希望在交往中获取正当利益,因此也不要让对方的正当利益受到损伤;没有哪个国家希望本国人民陷入无休止的战火中,因此也不要对其他国家轻言战事、大动干戈。缅方表示,"和平共处五项原则对一切国家都是适当的指导原则"①。这一原则"适用于各种社会制度、发展水平、体量规模国家之间的关系"②。实施人类命运共同体思想的各行为体,如能秉持中华传统文化的"恕道",依循和平共处五项原则的要求行事,和平赤字、发展赤字、治理赤字,这三大制约全球发展最突出的深层次矛盾就一定能够得到根本性地化解,人类命运共同体思想也势将得到更为有效的施行。

忠恕之道在《大学》一书中也有类似的描述,所用的词语为絜矩之道。东汉郑玄指出,"絜矩之道,善持其所有,以恕于人"③。朱熹在《大学章句》中将之解释为:"絜,度也。矩,所以为方也。君子必当因其所同,推以度物,使彼我之间各得分愿,则上下四旁均齐方正,而天下平矣。"④"絜"有度量的意思,"矩"是制作方形的器皿。君子立身处世要力求中正,时时以同理心替人设想,促使人我之间,各得其宜。如此,就会实现天下治平。

《大学》中用了六个方位词"上下""前后""左后"作比来解释何谓"絜矩之道"。在上位者的行为如为我所厌恶,我就不应如此对待下位者;下位者的行为如为我所厌恶,我便不应如此对待上位者;前面人的行为如为我所厌恶,我便不应如此这般对待后面的人,后面人的行为如为我所厌恶,我便不应如此这般对待前面的人;居于自己右侧人的行为令我感到厌恶,我便不以这样的行为对待居于自己左侧的人;居于自己左侧人的行为令我感到厌恶,我便不以这样的行为对待居于自己右侧的人。前后、左右指的是四方,四方加上下为我国上古时期所指称的空间概念"六合"。

---

① 习近平:《弘扬和平共处五项原则　建设合作共赢美好世界——在和平共处五项原则发表60周年纪念大会上的讲话》,人民出版社2014年版,第4页。

② 习近平:《弘扬和平共处五项原则　建设合作共赢美好世界——在和平共处五项原则发表60周年纪念大会上的讲话》,人民出版社2014年版,第5页。

③ 胡汝章:《成语辞海(下)》,中国卓越出版公司1990年版,第1593页。

④ (宋)朱熹:《大学章句集注》,中国书店出版社1984年版,第11页。

《易经》中提到的"六爻",指的是六个层次交汇点的中心。《大学》以絜矩之道劝诫人们不要以自己所恶加诸上下左右前后,以此道出了不偏不倚、公道正直、推己及人、将心比心等处世之道。"絜矩之道"也即"恕道",其涉及"安人"。将自己的意志强加于人、令自身的言行有失偏颇很难使人安。孟子提出"强恕而行"。他要求人们尽力按照推己及人的"恕道"去行事。参与实施人类命运共同体思想的各行为体如能按照"絜矩之道"也即"恕道"规范、约束自身的言行,可以减少乃至避免不必要的矛盾与纷争。《中庸》认为"忠恕违道不远"①。对于实施人类命运共同体思想的各行为体而言,如果做到了"忠道"与"恕道",就可以称得上没有背离"天道"与"人道"。参与实施人类命运共同体思想的各行为体,会面临"欲"与"不欲"的问题,也即想做什么和不想做什么的抉择。"忠道"从"欲"的角度对各行为体的道德与行为规范提出了要求;"恕道"则是从"不欲"的角度对各行为体的道德与行为规范提出了要求。刘梦溪指出,"忠"是推及,即看自己的"心"是否摆得正。尤其是在各种欲望面前,是否能够做到"正心"。"恕"是"及人",也就是换位思考。将心比心,自己都不喜欢的事物,也就不要强加给其他人。② 讲求推己及人的忠恕之道有助于帮助各行为体在实施人类命运共同体思想的全过程和各阶段做到"有所为""有所不为"。这一"平天下之要道"不仅适用于中华民族,还适用于世界其他民族;不仅在过去适用,在当下以及未来也同样适用。因此,中华传统文化中的"忠恕"之道为构建人类命运共同体提供了宝贵的思想实施方法。

三、中华传统文化为人类命运共同体提供"会通"的思想实施方法

国学大师钱穆认为,文化是有生命的③。他指出,"中国文化实是一个长寿的文化"④。关于中国文化长寿基因的密码是什么,诸多学者进行过求索。比如,中国现代著名思想家梁漱溟认为,中华民族有三大特点:无比之大、无比

---

①　张葆全:《大学中庸选译(汉马对照)》,广西师范大学出版社 2016 年版,第 164 页。
②　刘梦溪:《中国文化的张力:传统解放》,中信出版社 2019 年版,第 76 页。
③　钱穆:《中国文化精神》,九州出版社 2012 年版,第 104 页。
④　钱穆:《中国文化精神》,九州出版社 2012 年版,第 109 页。

之久、无比之融合统一。① 中华民族创造的中华传统文化使之内在地具有一种包容会通的文化特性,这是中华传统文化长盛不衰的一大基因密码。西北大学名誉校长张岂之认为,中华传统文化具有一种博采众长的"会通"精神。在他看来,"会通"强调的是融合、创新,而不是冲突、对抗。这种精神能够让我们看到并汲取他人所长,弥补自身存在的不足,从而使中华传统文化"与时偕行"。② 蕴含"会通"之道的中华传统文化,有助于增进包容、加强互鉴,从而推动人类命运共同体思想的有效实施。

中华传统文化中的"会通"思想,有助于增进包容。我国最早记载"会通"一词的典籍是《易传》。原文为:"圣人有以见天下之动,而观其会通,以行其典礼。"③这是说,编撰《易经》的圣人有介绍天下周流运行的办法,就是观察普遍已经实施的典章制度。初唐孔颖达为之所作的疏称,"观看其物之会合变通"④。从中我们可知,"会通"有会合融通的意思。

中华传统文化中蕴含着极为丰富的会通思想,其集中体现在促进彼此之间的理解与包容上。中华传统文化的主干是儒释道三家⑤。我国自古强调"儒道互补",本土的儒家与道家向来会通有无。儒家创世人孔子就曾向道家的创始人老子求教"礼"的问题。作为异域文化的佛教传入我国以后,也面临着文化会通的问题。首先需要直面的,是被奉为正统的儒家思想。儒生认为佛家思想在诸多方面有悖儒家伦理,对之有所谴责,双方为此进行了长时期的交锋。佛家思想的奉行者不是以谩骂、怨恨的方式予以回击,而是强调儒佛一体,认为二者在根本旨趣上是一致的。刘梦溪认为,如果说将佛家是"在朝"的思想形态,道家和道教、佛教思想,则是"在野"的思想形态。⑥ 同为"在野"思想形态的道家与佛家尽管都强调出世,但由于教义不同,如前者推崇长生久视,后者主张诸行无常,因而其也存在过激烈的思想交锋。在我国,各家各派

---

①　梁漱溟:《中国文化的命运》,中信出版社 2016 年版,第 91 页。

②　张岂之:《中华优秀传统文化的核心理念》,江苏人民出版社、江苏凤凰美术出版社 2016 年版,第 176—178 页。

③　施忠连:《四书五经名句诵读》,上海辞书出版社 2013 年版,第 354 页。

④　宋永培:《古汉语词义系统研究》,内蒙古教育出版社 2000 年版,第 256 页。

⑤　刘梦溪:《中国文化的张力:传统解放》,中信出版社 2019 年版,第 4 页。

⑥　刘梦溪:《中国文化的张力:传统解放》,中信出版社 2019 年版,第 4 页。

相互争锋所导致的结果，不是两败俱伤，而是共存共赢。共存共应赢的基础是相互理解与包容。从盛唐后，儒释道三家不断在争锋中会合融通，共同为中华传统文化的发展提供了思想养料。

习近平总书记在联合国教科文组织发表演讲时指出："2000 多年来，佛教、伊斯兰教、基督教等先后传入中国，中国音乐、绘画、文学等也不断吸纳外来文明的优长。①"习近平总书记对佛教以及其他外来宗教对中国文化建设的作用予以高度评价。这是说，我国对域外传来的思想与文化，并没有盲目排斥与绝对否定，而是在尊重对方差异性的基础上与之相融合、相会通，这体现了中华传统文化具有求同存异的精神特质。

我国西北大学名誉校长张岂之先生指出，"'会通'不是轻易可以达到的"②。如何更好地实现"会通"是一个值得深思的问题。胡适在《容忍与自由》一文中指出："在宗教自由史上，在思想自由史上，在政治自由上，我们都可以看到容忍的态度是最难得、最稀有的态度。"③他在这里提到了一种"容忍"的人生态度。"会通"不是轻而易举可以达到的重要原因之一，在于这种人生态度不仅难得而且稀有。

关于什么原因导致了这种人生态度难度而稀有，胡适也做出了解答。他指出，"人类的习惯总是喜同而恶异的，总不喜欢和自己不同的信仰、思想、行为"④。这是说，"喜同而恶异"是不容忍态度得以产生的思想根源。"同"指的是相同。将具有异质性的事物会合融通在一起就是"和"。对中华传统文化有所了解的行为体，都不难理解处理好"同"与"和"关系的道理。

我国《左传》记载了一则齐景公与晏子的对话。晏子告诉齐景公，"和"与"同"是不一样的。前者就像做菜，在调配味道时，不足的加一点，过多的减一点。这样的菜肴吃起来，人们才会感到满意。后者就像饭菜里的水，水多了还要加水，就不会有人喜欢吃。晏子还用弹奏琴瑟为喻，指出只有单调的一个声

① 《习近平谈治国理政》，外文出版社 2014 年版，第 261 页。
② 张岂之：《中华优秀传统文化的核心理念》，江苏人民出版社、江苏凤凰美术出版社 2016 年版，第 179 页。
③ 胡适：《容忍与自由》，民主与建设出版社 2015 年版，第 19 页。
④ 胡适：《容忍与自由》，民主与建设出版社 2015 年版，第 19 页。

音,是不同有人喜欢听的。不同种类的调味品相会通,才会烹制出可口的菜肴。不同音符的声音相会通,才会有美妙的乐曲。会通强调的是多样性相统一。将多样性的事物会合在一起不容易,使之相融通则更难。

中华传统文化中的"会通"思想,有助于加强互鉴。实施人类命运共同体思想,具体要落实到各行为体身上。不同行为体之间交互作用,可以形成一加一大于二的整体性力量,也会形成一加一小于二或等于二的整体性力量。一加一小于二的整体性力量,意味着不同行为体在实施人类命运共同体思想的过程中,彼此之间的力量被消解。而一加一等于二的整体性力量,意味着不同行为体在实施人类命运共同体思想的过程中,彼此之间力量得到了应有的释放。而一加一大于二的整体性力量,意味着彼此之间的力量不仅得到了释放还有所补益。人类命运共同体思想的有效实施,我们呼唤形成一加一大于二的整体性力量。实施人类命运共同体思想的各行为体,在不同方面具有差异性是客观事实。对于这一问题,我们应该理性面对。孔子倡导"和而不同"并将之视为君子之风。君子虽然见解各异,但在心上能够以"和"相会通。我国明朝学者徐光启,在给崇祯皇帝的奏折中指出,"欲求朝胜,必须会通"①。

在西北大学名誉校长张岂之看来,徐光启在我国最早提出了文化"会通"的主张,②他对"会通"的用法属于旧语新用,旨在劝谏统治者打开视野,借助文化会通取人之长、补己之短。

"会通"精神作为中华传统文化的基本精神,对诸多思想流派均产生了不小的影响。比如春秋战国时期,百家争鸣就体现了"会通"的精神,他们既能坚持自身学派的观念,又能从其他学派处汲取长处、弥补不足。再比如成书于秦始皇统一中国前夕的《吕氏春秋》会通了儒家与道家学说,魏晋时期的玄学会通了儒家和道家学说,两宋时期的理学会通了儒家、佛家和道家的思想等等。从中可以看到,受到中华传统文化"会通"思想的影响,我国古人善于在各方面相互借鉴对方优长。

在今天,该思想同样有着广泛的适用性与巨大的影响力。习近平总书记

---

①　《徐光启集·历书总目表》。
②　张岂之:《中华优秀传统文化的核心理念》,江苏人民出版社、江苏凤凰美术出版社 2016年版,第 177 页。

在接受拉美四国媒体联合采访时,就金砖国家内部差异性较大问题进行解答时指出:"金砖国家国情不同、文化各异,对一些问题的看法不尽相同。这些多样性和差异性不应该成为合作的阻力,而应该也能够成为金砖国家优势互补、实现包容性合作的重要动力。"①从中我们可以看出,习近平总书记首先承认了金砖国家在内部具有差异性。对于国情、文化等方面存在差异而导致的看法不尽一致,在客观上予以承认是理性的。我国古人讲"若以同裨同,尽乃气矣"②。如果将完全相同的事物匹配在一起,事物就会枯竭不继。具有差异性的事物相会通,有助于取彼之长、补己之短,从而实现双赢、多赢、共赢。

习近平总书记告诫我们处理事物存在差异性这一问题,应该"相互交流、相互学习、相互借鉴,而不应该相互隔膜、相互排斥、相互取代"③。站在实施人类命运共同体思想的角度领悟习近平总书记讲话精神,各行为体如本着相互交流、学习与借鉴的精神实现会通,容易形成一加一大于二的整体性力量,最起码也会保证一加一等于二整体性力量的形成。而各行为体如本着相互隔膜、排斥甚至取代的精神实现"会通",必然会有损整体性力量的形成。可以说,本着什么样的精神实现"会通",事关实施人类命运共同体思想的各行为体交互作用所形成的整体性力量是有损还是有益。

实施人类命运共同体思想的各行为体,均有自身的优点与长处,但同时也不可避免地在不同程度上存在这样或那样的缺点与不足。习近平总书记指出,"各国各民族都应该虚心学习、积极借鉴别国别民族思想文化的精华与长处"④。各行为体唯有取长补短、相互借鉴,才能共同取得进步。东晋学者葛洪认为:"和而不同,见彼有失,则正色而谏之;告我以过,则速改而不惮。"⑤见到对方有不足之处,要坦言相告。对方见我有不足,也应直言指出。实施人类命运共同体思想的各行为体,在交互作用中发现了对方存在过失而不相告,实

---

① 习近平:《论坚持推动构建人类命运共同体》,中央文献出版社 2018 年版,第 138 页。
② 《国语·郑语》。
③ 习近平:《在纪念孔子诞辰 2565 周年国际学术研讨会暨国际儒学联合会第五届会员大会开幕会上的讲话》,人民出版社 2014 年版,第 8 页。
④ 习近平:《在纪念孔子诞辰 2565 周年国际学术研讨会暨国际儒学联合会第五届会员大会开幕会上的讲话》,人民出版社 2014 年版,第 9 页。
⑤ 《抱朴子·交际》。

则是对人类前途与命运不负责任的表现。小的过失不及时矫正就可能被拖成沉疴乃至病入膏肓，从而无力或乏力参与人类命运共同体思想的实施。从这个意义上来看，中华传统文化中有关在心上以"和"相会通的思想，对参与人类命运共同体思想实施的各行为体有补偏救弊的作用，而这有助于各行为体交互作用形成一加一大于二的整体性力量。

费孝通认为，"美好社会"是人类社会的共相①。参与实施人类命运共同体思想的各行为体，不无有着对美好社会的憧憬，而在社会分工越来越精细化、科技发展一日千里的当下，各行为体唯有充分汲取对方所长、不断弥补自身存在的不足，才能不断满足对美好生活的向往。

要建设更加美好的人类社会，张岂之提醒我们注意："'会通'不是简单的加法，而是有主、次的内容融合。"②这也是费孝通反复强调的文化自觉、文化自决问题。融会贯通不能不分主次、不能不重视文化主体性的保护，更不能做"唯我独尊""只此一家、别无分店"③等恶性行为的始作俑者或推手。如此，各行为体才能在真正的意义上加强互鉴，人类命运共同体思想实施才能达到持久而稳定的"和而不同"境界。因此，中华传统文化中的"会通"之道为构建人类命运共同体提供了重要的思想实施方法。

①　耿敬、李友梅：《文化主体性的思考》，社会科学文献出版社 2015 年版，第 179 页。
②　张岂之：《中华文化的会通精神》，长春出版社 2016 年版，"序"第 2 页。
③　习近平：《论坚持推动构建人类命运共同体》，中央文献出版社 2018 年版，第 161 页。

第六章　中华传统文化对构建人类命运共同体发挥作用的规律

　　中华传统文化对构建人类命运共同体发挥作用是有规律可循的。武汉大学沈壮海教授指出，"对规律的掌握，是我们认识活动达到高度理性程度的必经阶段"①。研究中华传统文化对人类命运共同体发挥作用的过程，也是我们的认识活动得以展开的过程。总结中华传统文化对人类命运共同体发挥作用的规律，同样是我们的认识活动所应指向的重要目标。毛泽东同志指出，了解客观事物的规律性，了解这一过程和那一过程间的内部联系，是认识的真正任务之所在。② 探讨中华传统文化对人类命运共同体思想形成、思想传播、思想认同以及思想实施的作用，其目的正在于掌握人类命运共同体的构建规律、把握人类命运共同体的构建趋势，避免因违背规律而受到不必要的惩罚。因此，在解读了中华传统文化与构建人类命运共同体的内在关系，分析了中华传统文化对人类命运共同体思想形成、思想传播、思想认同、思想实施的作用以后，我们有必要就中华传统文化对构建人类命运共同体发挥作用带有规律性的问题作进一步的探讨。

第一节　中华传统文化对构建人类命运共同体发挥作用的规律概说

　　通过分析中华传统文化对人类命运共同体思想形成、思想传播、思想认同以及思想实施的作用，我们可知中华传统文化与构建人类命运共同体之间存在着紧密的逻辑关联。毛泽东同志指出："不论做什么事，不懂得那件事的情

---

① 沈壮海：《思想政治教育有效性研究》，武汉大学出版社 2012 年版，第 141 页。
② 《毛泽东选集》第一卷，人民出版社 1991 年版，第 286 页。

形,它的性质,它和它以外的事情的关联,就不知道那件事的规律,就不知道如何去做,就不能做好那件事。"①构建人类命运共同体是一项客观存在的实践活动,从可能性、必要性、原则性等角度研究中华传统文化对该活动发挥作用的规律,有助于做好接下来的工作。

一、规律研究的可能性

列宁指出,"规律是现象中同一的东西"②。现象中经常且稳固的东西,可称之为"规律"③。中华传统文化对构建人类命运共同体发挥作用有没有规律可循,在中华传统文化对构建人类命运共同体发挥作用的诸现象中,存不存在经常且稳固的东西,这是一个有必要搞清楚的问题。分析一项活动有没有规律,取决于其有没有相对独立的研究领域所构成的特殊矛盾。有学者指出:"凡是有特殊矛盾的活动,就有自己特殊的对象、目的和方法,就必然存在其特有的规律。"④按照这一思路,我们就中华传统文化对构建人类命运共同体发挥作用是否具有规律性问题作如下探讨:

文化对共同体的形成与演化发挥极为重要的作用。从古希腊人提出"城邦共同体"、中世纪神学家提出"信仰共同体"、英法启蒙思想家提出"契约共同体"、德国古典哲学家提出"伦理共同体"、马克思和恩格斯提出"真正共同体",通过研究我们可以发现一个共同现象:文化对于共同体的形成与演化发挥着极为重要的作用。在美国学者戴维·兰德斯看来,"文化具有的内在价值观能引导民众"⑤。对于构建何种类型的共同体,文化所发挥的引导性作用是显著的。恰如马克斯·韦伯在对人类社会发展史进行研究后得出的结论"文化使局面几乎完全不一样"⑥。借此我们用来分析文化与构建共同体的关

① 《毛泽东选集》第一卷,人民出版社1991年版,第171页。
② 《列宁全集》第38卷,人民出版社1990年版,第161页。
③ 孙其昂:《思想政治教育学基本原理》,河海大学出版社2008年版,第81页。
④ 孙其昂:《思想政治教育学基本原理》,河海大学出版社2008年版,第78页。
⑤ [美]塞缪尔·亨廷顿、劳伦斯·哈里森:《文化的重要作用:价值观如何影响人类进步》,新华出版社2018年版,第39页。
⑥ [美]塞缪尔·亨廷顿、劳伦斯·哈里森:《文化的重要作用:价值观如何影响人类进步》,新华出版社2018年版,第39页。

系,可谓各个世代的人们所构建的诸种共同体,无不受到特定文化氛围的影响。文化会使构建共同体的局面完全不一样。

其一,以理性精神为核心的希腊文化对城邦共同体的构建发挥了重要作用。古希腊享有现代西方文明发源地的美誉。希腊人能获此殊荣,并非仅仅因其历史久远,更主要的是由其特有精神文化特质所决定。古希腊的文化精神表现为对命运、必然等观念的强烈认识。在这样的文化背景下,希腊人在对自然的起源与本质的解释中,开拓了人类的理性精神。与希腊人开拓出的精神文化世界一样,城邦共同体观念的形成,也与理性精神紧密相连。有学者指出,"共同体和共同体思想可以上溯到古希腊文明"①。这样的推论是有道理的。古希腊不仅是西方文明的发源地,还为后世共同体思想的发展奠定了重要基础。

在古希腊人眼中,"城邦"这一概念与共同体紧密相连,其指的是一种为了"善"的目的而存在的道德共同体。比如,苏格拉底相信"城邦应该是一种为了某种善的目的而存在的包括全体公民的道德共同体";柏拉图认为,建立城邦共同体是为了更好地满足人们的生活需要,他从维护正义的角度出发,强调城邦内的每一位公民都要为着大家的共同利益做好份内工作,不要为了满足私欲而相互倾轧,破坏城邦共同体的和谐②;亚里士多德认为:"我们见到每一个城邦各是某一种类的社会团体,一切社会团体的建立,其目的总是为了完成某些善业——所有人类的每一种作为,在他们自己看来,其本意总是在求取某一善果。"③

正如英国学者恩斯特·巴克所言:"希腊人不像印度人和犹太人那样沉浸于宗教的世界,也不以一种神秘的方式来看待宇宙。……他们乃是在理性的光芒之下认识世界。"④挪威哲学家希尔贝克和吉列尔也赞成以理性精神为核心的希腊文化在城邦共同体构建中发挥了不小的作用。他们指出,"柏拉图和亚里士多德的政治理论中都有一个根本概念:'共同体中的人',而不是

---

① 张战:《构建人类命运共同体思想研究》,时事出版社2019年版,第9页。

② [英]凯伦·阿姆斯特朗:《轴心时代:塑造人类精神与世界观的大转折时代》,海南出版社2010年版,第366页。

③ [古希腊]亚里士多德:《政治学》,吴寿彭译,商务印书馆1997年版,第3页。

④ 唐士其:《西方政治思想史》(修订版),北京大学出版社2016年版,第40页。

孤立的个人,也不是高悬在个人之上的普遍的法律或国家"。关于"共同体中的人"该依循什么样的方式行事,他们举例称:在关于"道德的德性"(希腊语:arete)问题上,"共同体中的人"首先不是将之理解为按照某种普遍的道德规则生活,而是理解为符合作为一个人类的目的。① 从中我们可以很明显地感受到,希腊人是在强烈的理性之光照耀下思考城邦共同体构建的,而理性精神恰是希腊文化的精髓。因此,我们可以说以理性精神为核心的希腊文化对城邦共同体的构建发挥了重要作用。

其二,披着神秘、玄妙外衣的宗教文化对信仰共同体的构建发挥了重要作用。与希腊人在理性之光照耀下认识世界不同的是,中世纪神学家在神秘、玄妙的宗教文化氛围中思考共同体的构建问题。早期基督教带有鲜明的世界主义色彩,认为举凡天下的人都是由上帝创造的。无论分布在地球上的哪一个民族、哪一个种族,都是上帝之子,因此其彼此之间应该相亲相爱、相扶相助、和平共处。在整个中世纪,教会拥有至高无上的权力。教会是上帝为拯救人类所专设的机构。教会借此可以上帝之名将人们广泛地联结在一起,形成一个精神共同体。生活于其中的个人,从中可寻求到一种精神上的慰藉。

德国哲学家文德尔班肯定了基督教所宣扬的福音对人们精神所发挥的引导性作用。他指出,"福音的说教却在他们感情的最深处紧紧扣住了他们的心弦,福音以它崇高朴素的全副力量深深地打动了他们"②。基督教宣扬的福音让人们坚信彼此之间是平等的,只要灵魂跟随上帝,每个人都能获得救赎的机会。基督教义对规范西方人的生活、指引灵魂向善所发挥的作用是明显的。奥古斯丁被誉为神学百科全书式的人物,他的思想深刻影响了欧洲中世纪的神学家。奥古斯丁提出的理念是:"每一个由人组成的共同体,包括天主教教会,都是由得救的人和未得救的人混合组成的,也就是说,尘世间没有哪个社会可以自称为'尘世的上帝之城'。"③奥古斯丁所提到的上帝之城,是相对于

① [挪]奎纳尔·希尔贝克、尼尔斯·吉列尔:《西方哲学史:从古希腊到当下》,童世骏、郁振华、刘进译,上海译文出版社 2016 年版,第 2 页。

② [德]文德尔班:《哲学史教程》(上卷),罗达仁译,商务印书馆 1987 年版,第 360 页。

③ [英]阿兰·瑞安:《论政治:从希罗多德到马基雅维利》,林华译,中信出版社 2016 年版,第 237 页。

尘世之城而言的,前者指的是蒙上帝恩准得救的人,后者指的是除了上帝之城居民之外的所有人。无论是"上帝之城"还是"尘世之城"都不是地理单位,而仅仅是一种概念。① 在他看来,"尘世的上帝之城"也即蒙上帝得救而居住在尘世的社会并不存在。对上帝之城的向往,逐渐成了人们的一种精神支柱。这些臆想的概念将人们钳制在了一起。

基督教笃信原罪说。认为每个人生下来都是罪人,人们在尘世间吃苦是罪有应得。奥古斯丁在《教义手册》中写道,"人得救全靠信仰上帝的恩典"②;在《论自由意志》中指出,"善的事物,无论大小,无不是从上帝而来的……凡是在自然中发现为该受称赞的,不论是值得大称赞或小称赞,都应指向对其造物主的难以形容的无上赞美"③。对于上帝的恩典,每个人都应心存感激并由衷地表达赞美之情。对上帝之爱的感念,为人们构筑信仰共同体提供了精神纽带。受奥古斯丁宗教观的影响,中世纪神学家普遍认同上帝不仅存在而且伟大。比如,意大利神学家安瑟尔谟认为,"上帝的存在,是那么真实无疑,所以甚至不能设想它不存在"④;在爱尔兰神学家爱留根纳看来,"上帝就是包罗万象的存在"⑤等等。

基督教神学家以超验全能的上帝之名为人们建立起了一种精神共同体。这种受宗教文化影响而形成的共同体虽然在一定程度上慰藉了人们的心灵,但说到底,其终究是一种统治阶级用以麻痹人们思想的精神武器。比如奥古斯丁强调,"因为人有罪,所以奴役制度是合理的"⑥。从中我们可以看出,假托上帝之名所构筑起来的精神共同体,无非是为统治阶级服务的。受宗教文

① [英]阿兰·瑞安:《论政治:从希罗多德到马基雅维利》,林华译,中信出版社 2016 年版,第 235 页。

② 北京大学哲学系外国哲学史教研室:《西方哲学原著选读》(上卷),商务印书馆 1981 年版,第 220 页。

③ [古罗马]奥古斯丁:《论自由意志:奥古斯丁对话录二篇》,成官泯译,上海人民出版社 2010 年版,第 132 页。

④ 北京大学哲学系外国哲学史教研室:《西方哲学原著选读》(上卷),商务印书馆 1981 年版,第 242 页。

⑤ 北京大学哲学系外国哲学史教研室:《西方哲学原著选读》(上卷),商务印书馆 1981 年版,第 234 页。

⑥ 北京大学哲学系外国哲学史教研室:《西方哲学原著选读》(上卷),商务印书馆 1981 年版,第 221 页。

化影响而形成的精神共同体存在着明显的弊端。

英国著名人类学家、宗教历史学家詹姆斯·弗雷泽在对基督教进行分析时曾指出:"教徒越来越多地从公共服务中退出,将他的思想集中于他自己的心灵情感上……将现世生活视为仅仅是一种较好的不朽生活的试用期。"①受到基督教文化的影响,教徒将自身的幸福更多地寄托在了彼岸世界,而对此岸现实生活的热心程度却越来越低,甚至出现越来越多教徒从公共服务中退出的现象。任何有理智的人都清楚,人类社会的进步有赖于人们投身到公共服务中,恪守并履行应尽的社会职责。而生活在信仰共同体中的人们对天国心醉神驰却对尘世加以鄙视。将思想更多地集中在自身的心灵情感上,无意履行应尽社会责任的后果是"实体政治开始普遍性地瓦解了,国家与家庭之间的联系松懈了,社会结构开始将自身分解为个人的元素"②。弗雷泽从批判性的视角对受基督教文化影响的精神共同体进行了剖析。与弗雷泽达成高度思想共识的学者还有很多,比如《信仰的时代》一书的作者弗里曼特勒,《不同画面的中世纪》一文的作者阿德里安·阿姆斯特朗,他们均将欧洲中世纪斥为"黑暗时代"。

在宗教文化的影响下,欧洲中世纪时期的政治、经济、文化等方面的发展几乎都陷入了停滞。在人类社会,不单单是基督教共同体,其他类型的信仰共同体也均带有浓厚的神秘主义色彩。生活于不同类型精神共同体的人们均将自身的幸福寄托在虚无缥缈的神灵身上。如果说人的个体性力量是有限的,那么人类的整体性力量汇聚在一起所拥有的能量是无穷的。现世人的幸福,完全可以依靠人类自身结成牢固的共同体勠力寻求。能真正带给人类精神慰藉的,绝不是所谓的神灵,而恰是人类本身。用神秘主义遮蔽人类理性眼眸的宗教文化,给生活在信仰共同体中的人们带来的绝不是幸福,而是无边的苦难。从中我们可以看到,披着神秘、玄妙外衣的宗教文化对精神共同体(信仰共同体)的构建发挥了重要作用。

---

① 　[英]阿诺德·汤因比:《文明经受考验》,王毅译,上海人民出版社 2016 年版,第189 页。

② 　[英]阿诺德·汤因比:《文明经受考验》,王毅译,上海人民出版社 2016 年版,第190 页。

其三,要求民主、平等与自由的新兴资产阶级文化对契约共同体的构建发挥了重要作用。欧洲社会在 17、18 世纪,资本主义得到了迅猛发展。资产阶级作为新兴进步力量的代表,在与封建王权与教会的激烈斗争中,渐趋形成了追求民主、平等与自由的文化氛围。"启蒙"在法语中的本意是光明。欧洲的启蒙思想家认为,彼时的人们处于黑暗之中,驱尽黑暗,将人们引向光明要充分借助人的理性。可以说,欧洲思想家们是在要求民主、平等、自由的新兴资产阶级文化氛围下开展启蒙运动的。

英国启蒙运动的代表人物是霍布斯和洛克。霍布斯最早提出了"自然状态"的概念。"自然状态"在他看来,是"一切人反对一切人的战争状态"①。霍布斯对"自然状态"下的人性进行了深入分析,他不仅关注人的情感与欲望,还重点关注人性中的理性部分。人类并不纯然是由情感与欲望支配的高级动物,如果任由情感与欲望的支配,人与人在交往中会不择手段、恣意妄为,而这必将会让社会陷入混乱乃至动荡之中。人性中固有的理性,有助于妥善调控人类的情感、节制自身不合理的欲望。

霍布斯认为,"人类要从野蛮孤立的自然状态进入到井然有序的文明状态,理性发挥着重要的作用,因为这两者间的过渡靠的是自然法"②。人类在自然状态下社会活动方面的联系是极为有限的,各自处在相对隔绝的状态中。随着资本主义社会的发展,人与人之间的经济往来愈益频繁,如果任由情感与欲望支配人的行为,就难免触及他人的利益,从而引发矛盾的激化,使人类进入战争状态。

在霍布斯看来,"每一个人对每一样事物都有权利,甚至对彼此的身体也有权利。所以,只要每一个人对每一样事物的这种权利继续下去,任何人都不可能完全地活完自然通常许可人们生活的时间"③。不得善终是每个人都不愿意看到的状况,从这个角度来看自然状态显然是不可取的。理性对于调控

---

① 〔美〕A.P.马尔蒂尼:《西方思想家评传丛书·霍布斯》,华夏出版社 2015 年版,第105 页。

② 〔英〕霍布斯:《利维坦》,黎思复、黎廷弼译,商务印书馆 1997 年版,第 97 页。

③ 北京大学哲学系外国哲学史教研室:《西方哲学原著选读》(上卷),商务印书馆 1981 年版,第 397 页。

情感与制约不合理欲望所发挥的作用是有限的,要在保全自身的同时更好地满足新兴资产阶级的现实要求,人们之间就应该订立契约,构建起一个契约共同体。从中我们可以看到,要求民主、平等与自由的新兴资产阶级文化对霍布斯形成契约共同体思想发挥了重要作用。

英格兰哲学家洛克同样是在新兴资产阶级要求民主、平等与自由的文化氛围下探讨有关契约共同体构建问题的。与霍布斯不同的是,洛克眼中的"自然状态"是"人们身处一种完美无瑕的自由状态"①。自然状态不是一种战争状态,而是一种如田园诗般的美好状态。在这种状态下,每个人的生命与财产都不容任意践踏,而这正是新兴资产阶级的现实诉求。他强调"为了约束所有的人不侵犯他人的权利,不互相伤害,使大家都遵守旨在维护和平和保卫全人类的自然法,自然法便在那种状态下交给每一个人去执行"②。自然法在人类所处的自然状态下具有权威效力,其为人类提供了一种辨别是非的标准。这是说,自然法在本质上体现的是理性思维。任何人的行为都应受到理性(自然法)的制约。每个人都有执行自然法的权利,但为了确保权力的执行不存在偏私。大家有必要将这一部分权力让渡出来,通过订立契约构建共同体。在契约共同体中,每个人的权利都得到了更为有力的维护与保障。由此可见,要求民主、平等与自由的新兴资产阶级文化对洛克形成契约共同体思想发挥了重要作用。

新兴资产阶级对民主、平等与自由的追求,在不同的历史时期,呈现出不同的时代特征。到十八世纪,新兴资产阶级对享有民主、平等与自由的主体范围有了扩大化的诉求。法国启蒙思想家卢梭用"公意"这一具有创造性的概念取代了西方以理性为基础的自然法思想。卢梭说,"我们每个人都以其自身及其全部力量共同置于公意的最高指导下,并且我们在共同体中接纳每一个成员作为全体之下不可分割的一部分"③。卢梭作为社会契约论的集大成者,其所提出的契约共同体思想与其他启蒙思想家所探讨的契约共同体思想存

---

①　John Locke, "The Second Treatise", in *tow Treatises of Government*, Cambridge University Press,1988:4.
②　[英]洛克:《政府论》(下册),叶启力、瞿菊农译,商务印书馆1964年版,第5页。
③　[法]卢梭:《社会契约论》,何兆武译,商务印书馆2003年版,第20页。

在诸多的不同之处。在卢梭看来,人类可以在签订社会契约的基础上,建立起彼此之间密不可分的集合体。在以履行社会契约为基础的共同体中,人们彼此之间是平等的,可以共享共同体中的权力。共同体内成员的活动,必须在一定的精神指引下进行。这种精神正是卢梭大力倡导的"公意"也即"公共意志"。"公意"是所有契约共同体成员的行动指南,但凡做出与公共意志相违背的事情,都是不被允许的。共同体内个体成员的意志与作为整体的共同体意志具有高度的同一性。维护公共意志,不仅是在维护公共利益,也是在维护共同体内所有成员的个体利益。

卢梭对不平等现象大加挞伐,他为分析相关问题专门撰写了《论人间不平等的起源和基础》。关于为什么会存在不平等,卢梭将之归结为私有制的产生。私有制产生后,人与人之间平等、和睦、友好的关系被打破。为了满足对财富的贪欲,人与人之间钩心斗角、相互倾轧。对富者为富不仁的行为,卢梭进行了猛烈地批判。他指出,"在富人这一方面,一经尝到了统治的乐趣,也就立刻把其他各种快乐都不放在眼里……好像饿狼一样,一旦尝到了人肉的滋味,就厌弃其他任何食物,一心只想吃人"①。

卢梭所憧憬构建的契约共同体,是一个不存在成员身份不平等、人人共同享有自由的理想社会。他将自由和平等视为上天赋予给人类的自然权利。卢梭将人类在自然状态下的生活描绘为"黄金时代",在那个时代,每个人的自由权和平等权都得到了维护。人类从自然状态进入到社会状态,这些基本权利理应得到进一步的强化。然而,事实刚好相反。这些权利非但没有被强化,反而极大地被削弱了。在卢梭看来,建立契约共同体可以使之"以全部共同的力量来维护和保障每个结合者的人身与财富,并且由于这一结合而使得每一个与全体相联系的个人又只不过是在服从其本人,并像从前一样地自由"②。而向往自由民主、倡导人人平等,正是新兴资产阶级的现实诉求。通过以上分析可知,要求民主、平等与自由的新兴资产阶级文化对卢梭契约共同体思想的形成发挥了重要作用。

其四,要求重新审视理性的文化对伦理共同体的构建发挥了重要作用。

---

① 北京大学哲学系外国哲学史教研室:《西方哲学原著选读》(上卷),商务印书馆1981年版,第75页。
② [法]卢梭:《社会契约论》,何兆武译,商务印书馆2003年版,第19页。

欧洲思想家在启蒙运动时期,用理性取代了上帝在中世纪的至尊地位。哈贝马斯曾这样评价启蒙运动时期被赋予最高权威的理性:它"是作为宗教统合力量的等价物而发挥其有效性的"①。理性崇拜渐趋成为欧洲启蒙运动的核心思想。然而,伴随着启蒙理性的发扬光大,它的缺点也日益暴露出来。比如说,启蒙者自觉或不自觉地将自身视为理性的化身,将群众视为无知的"群氓",这样做的后果是启蒙者会将现成的知识灌输给民众。这种将自身意见强加于人的行为,剥夺了民众的思维自由;再比如说,法国大革命是在启蒙思想家为之提供思想准备条件下发动的,但高举理性主义大旗的革命者,却做出了专制、暴力、血腥、恐怖等非理性的行为。理性是启蒙运动时期被视为审视一切的法官。在理性崇拜所引发的一连串弊端面前,人们认识到理性这位法官也要接受审视、检验。但批判理性的主体不能是非理性的存在,而必须是理性本身。这是说,接受批判者是理性,行使批判权的也应该是理性。批判理性并不是要否定理性本身的崇高地位,而是要进一步思考理性本身的能力是什么,其所适用的界限范围是什么。要求重新审视理性的文化,对德国古典哲学家产生了不小的影响。

对摇着理性主义大旗、以结束封建专制王权为目的的法国大革命,康德和黑格尔在根本原则上予以了肯定,但对非理性的做法进行了谴责。康德针对法国革命者所采取的残忍、暴力、恐怖等非理性行为,指出"人民在以这种方式追求自己的权利时,也犯下了最高程度的不义"②。追求正义是一个理性行为,但因为追求理性而做出不义之举,则是有违理性的。

"义"与"不义"是一个关乎善恶的伦理问题,康德在重新审视理性的文化条件下,通过论析善恶问题推导出了伦理共同体思想。有学者指出,康德伦理共同体思想最早发源于《纯粹理性批判》,其详细表述是在《纯然理性界限内的宗教》。③ 在前一部论著中,康德提出了一个学术命题"道德世界",该世界

---

① 汪民安等:《后现代性的哲学话语——从福柯到赛义德》,浙江人民出版社2000年版,第347页。

② 康德:《历史理性批判文集》,何兆武译,商务印书馆1990年版,第208页。

③ 高明:《从霍布斯状态到永久和平——康德宗教哲学中的共同体思想》,《哲学研究》2012年第1期,第104页。

关涉的对象是由无数个体理性存在者所组成的"整体",而非单纯地"个体"理性存在者。这样做的好处,是可以有效避免理性走向自身的反面。如果将道德世界限定在"个体"理性存在者的身上,难免仍要陷入将群众视为"群氓"的思想窠臼。理性是体现在一个又一个人身上的理性,道德世界的建立与维护需要摒弃成见。一个理性存在者认为是道德的事情,在其他理性存在者有可能被视为是有违道德的。将建立与维护道德世界的权力交给某一个理性存在者,其以理性代言人的身份将自身意志强加于人,如不接受自身认定的道德准则,就将之视为是不道德的对象,仍然难以保障人民充分享有思维自由、理性自由的权力。将道德世界的建立与维护者交给无数个体理性存在者所组成的"整体",也就有效避免了诸如此类事情的发生。康德在后一部论著序言中谈道,无数个体理性存在者所组成的"整体"所欲达到的共同目的就是实现"至善"①。个体独自追求道德上的完善并不能实现至善。为了达到道德至善的目的,个体理性存在者需要联合为一个整体。在康德看来,这是"一个所有具有善良意向人的体系"②,也即结成伦理共同体。"向善"的意向是相对于"向恶"的意向而言的,这两种意向共存于人性之中。

康德称"恶"是人的天性,人类的历史是由"恶"开始的。为了由"恶"返回到"善",人类必须发动一次心灵的本体论革命。康德对人类道德面临的宿命进行了深入思考:"向恶"的意向既然出自人的天性,那么纵使完成了由"恶"返"善"的心灵革命,也难免再次滑向"恶"的深渊。康德指出,如果我们找不到什么方法来建立一个防止人们去恶行善的联合体,那么无论独立的个体在多大程度上挣脱了"向恶"的意向,他仍然会有重复返回到"恶的统治"下的危险。为避免此种危险的发生,康德提出建立依从德性法则的伦理共同体。如此,人类才能实现"善的原则"对"恶的原则"的完全胜利,才能真正由道德世界进入到目的王国③。通过以上分析,我们可以总结出,要求重新审视理性的文化对康德提出伦理共同体思想产生了重要影响。

---

① Kant, *Religion with in the Boundaries of Mere Reason*, Cambridge University Press, 1996:133.

② Kant, *Religion with in the Boundaries of Mere Reason*, Cambridge University Press, 1996:133.

③ Kant, *Religion with in the Boundaries of Mere Reason*, Cambridge University Press, 1996: 129−130.

国内有学者认为,如果离开法国大革命,我们将很难真正读懂黑格尔的哲学思想。① 有西方学者指出,"黑格尔把法国革命看作是一个极其重要的事件"②。黑格尔在将这场革命比喻为"壮丽的日出"的同时,也道出了其是一场最为残酷的政治事变。英国学者阿兰·瑞安认为,"法国大革命至今仍令人沉迷其中,欲罢不能,期间发生的一系列惊人事件均与参与者和旁观者始料未及,后来的事件几乎无一能与之相比"③。法国大革命是在启蒙思想家的"理性之光"下被点燃的。这场革命造成了大量流血,又引发了战争,促使欧洲掀起了一股重新审视理性的文化热潮。黑格尔受到这股文化热潮的影响,也对理性问题进行了冷静的思考。他指出,"理性是有机巧的,同时也是有威力的"④。

黑格尔在《历史哲学》一书中,将理性视为"世界历史的主宰"并据此论定世界历史是"一种合理的过程"⑤。在这部论著中,黑格尔重点探讨了"热情"和"理性"的关系,指出二者的交互作用就体现为理性的机巧与威力。"热情"指的是在利己主义驱动下而开展的活动。对于"热情",黑格尔予以了正面评价。他强调"假如没有热情,世界上一切伟大的事业都不会成功"⑥。"热情"在黑格尔眼中,是"理性"借以实现自身的工具。英国历史学家柯林伍德对此的评价为纯粹的"理性"与纯粹的"热情"都是不存在的,他将二者在历史中的作用形容为"表演",指出历史既是一幕"理性"的表演,也是一幕"热情"的表演,在这场演出中,"热情"沦为了"理性"的代言人。⑦"热情"对人类社会发展可以起到推动作用,但如果人们认识不到其社会性与整体性维度,非但自身的利益诉求难以得到有效满足,还会作为没有"统一性"的"多"而互相敌对⑧。

---

①　李福岩:《理性的狡计和威力——黑格尔对法国大革命理性思考的逻辑走向》,《社会科学战线》2009年第1期,第71页。

②　[挪]奎纳尔·希尔贝克、尼尔斯·吉列尔:《西方哲学史:从古希腊到当下》,童世骏、郁振华、刘进译,上海译文出版社2016年版,第434页。

③　[英]阿兰·瑞安:《论政治:从霍布斯至今》,林华译,中信出版社2016年版,第291页。

④　[德]黑格尔:《小逻辑》,贺麟译,商务印书馆1980年版,第394页。

⑤　[德]黑格尔:《历史哲学》,王造时译,上海书店出版社2006年版,第8页。

⑥　[德]黑格尔:《历史哲学》,王造时译,上海书店出版社2006年版,第8页。

⑦　[英]柯林伍德:《历史的观念》,何兆武、张文杰译,商务印书馆1997年版,第176页。

⑧　[德]黑格尔:《论自然法的科学探讨方式》,程志民译,《哲学译丛》1999年第1期,第2—8页。

人类社会要上演出一幕幕精彩的大戏，人们就要将自身提升为一种具有新的伦理感召力的共同体。法国大革命以一种理性的方式开启了大幕，但最终却以一种无序、混乱的方式谢幕，这与未能形成具有新的伦理感召力的共同体有着直接的关联性。由此，我们可知"热情"的释放与满足必须具有整体性与社会性的维度。黑格尔将具有伦理感召力的共同体归结为三种不同的实体，分别为家庭共同体、公民社会共同体与国家共同体。

家庭共同体作为一种直接伦理性实体，是对特定的他人无私忠诚的领域。将家庭共同体成员紧密联结在一起的纽带是"爱"，对家庭共同体成员奉献爱心，无须作任何解释。也正因如此，家庭共同体成员并不需要完全理性。黑格尔对家庭共同体这一直接伦理性实体的兴趣在于，认为其并不自给自足。在他看来，具体的家庭共同体是不能持久的。夫妻双方养育孩子，是为了将其送入公民社会共同体的世界。公民社会共同体是契约关系的世界，这一实体较之于家庭共同体，没有那种亲密性。

公民社会共同体是建立在个人自身利益基础之上的，这是一个劳动与交换的世界，对人的行动进行协调的不是要保障全体人民福祉的理性意志，而是市场机制。公民社会共同体成员行动的动机是满足自身的利益，而这在客观上也促进了其他成员的利益。[①] 公民社会共同体是手段与目的之间基于利益的工具主义的领域，它的制度依赖人对自身长期利益的认识。

国家共同体的构建不以工具主义的因素为基础，它的维持靠的是人民甘愿为它牺牲自己的利益。[②] 无论是在家庭共同体还是在公民社会共同体，均会存在特殊利益与一般利益、个体利益与整体利益的冲突乃至对立。而在最高的伦理实体中，家庭共同体与公民社会共同体的利益必须服从于理性国家共同体，故此其存在的冲突乃至对立会得到调和。

黑格尔指出，当"理性已认识到它的自身即是它的世界，它的世界即是它的自身时，理性就成了精神"[③]。他呼唤建立一种合乎理性的世界性伦理共同

---

① ［英］阿兰·瑞安：《论政治：从霍布斯至今》，林华译，中信出版社2016年版，第330页。
② ［英］阿兰·瑞安：《论政治：从霍布斯至今》，林华译，中信出版社2016年版，第328页。
③ ［德］黑格尔：《精神现象学》（下卷），贺麟、王玖兴译，上海人民出版社2013年版，第5页。

体,该共同体的构建将有利于世界的和谐与稳定。黑格尔为人类提出的方案是构建"世界帝国"。世界帝国得以建立的动力是存在一种"世界精神"。拥有"世界精神"的国家共同体堪称"世界历史性的民族国家"。也就是说,"世界精神"内在地隐含于此种民族国家的文化之中。当"世界历史性的民族国家"将"世界精神"融入于其他民族国家的文化基因并最终扩展至全世界时,全人类也就从此进入了"大同"之境。① 因此,要求重新审视理性的文化对黑格尔提出家庭共同体、公民社会共同体、国家共同体、世界帝国等伦理共同体思想产生了重要影响。

其五,解放全人类的共产主义文化对真正共同体的构建发挥了重要作用。恩格斯在《共产主义原理》中,就"什么是共产主义"这一问题做出解答时指出,"共产主义是关于无产阶级解放的条件的学说"②。马克思和恩格斯在《共产党宣言》1888 年英文版序言中认为,"被剥削被压迫的阶级(无产阶级),如果不同时使整个社会一劳永逸地摆脱一切剥削、压迫以及阶级差别和阶级斗争,就不能使自己从进行剥削和统治的那个阶级(资产阶级)的奴役下解放出来"③。马克思主义者追求普遍的人类解放,无产阶级作为被剥削被压迫的对象,如果不能与其他被压迫、被剥削者结成最为广泛的统一战线,就不能获取更为强大的力量推翻资产阶级的统治。

无产阶级不能仅仅只寻求自身的解放,还要致力于寻求全人类的解放。原因在于,只要有剥削与压迫现象存在,已经获得解放的无产阶级也将存在再次被奴役的可能。被剥削被压迫的无产阶级是劳动者,劳动者唯有将剥削压迫自身的资产阶级也改造成自食其力的劳动者,剥削与压迫现象才会得到根除,全人类也才能真正的获得解放。而唯有全人类都获得了解放,无产阶级自身的解放才能成为现实。

梅林评价马克思,"他是一个从根本上扩大了人类的认识限度的思想家"④。这样的评价是精当的。他与恩格斯一道,为在黑暗中徜徉、徘徊的

① 张战:《构建人类命运共同体思想研究》,时事出版社 2019 年版,第 27 页。
② 《马克思恩格斯文集》第 1 卷,人民出版社 2009 年版,第 676 页。
③ 《马克思恩格斯文集》第 2 卷,人民出版社 2009 年版,第 14 页。
④ 〔德〕梅林:《保卫马克思主义》,吉洪译,人民出版社 1982 年版,第 301 页。

被剥削、受压迫者带来了光明与希望,他们道出了寻求解放的真谛。马克思曾为抗议政府当局查封《莱茵报》,在该报刊登了普罗米修斯的政治漫画。这一神话人物形象用来形容马克思和恩格斯为人类探寻光明与希望之"火"也是恰当的,他们为了成就全人类的解放事业,饱经世间的苦难与折磨,堪称无产阶级以及全人类的普罗米修斯。① 马克思和恩格斯的这种努力并没有白费,其已然在国际社会营造出了一种致力于解放全人类的共产主义文化。马克思和恩格斯深知,建立在私有制基础上的虚幻共同体,不可能让人民获得真正的解放。资本主义社会这一虚幻的共同体是一种异化了的社会形态。拥有生产资料的资产阶级,凭借其手中握有的资本,对广大无产阶级进行盘剥与役使。在虚幻的共同体中,人与人之间的依赖关系被物所遮盖。

马克思和恩格斯在为全人类谋求解放的共产主义文化影响下,认识到唯有消灭私有制,建立起真正的共同体,无产阶级的解放才会具有可能性。在真正的共同体中,要避免人剥削人、人压迫人的现象发生,就要让所有人均占有生产资料,也即实现生产资料公有。在虚幻的共同体中,资产阶级尽管占有生产资料,但其自身也在承受着资本的奴役,也即从本质上来讲,其也是不自由的。生活在真正共同体中的人们,均普遍从资本的奴役下解放出来,摆脱了异化的困扰,实现了人的本质力量的复归。

在虚幻的共同体中,人的发展具有片面性。人类社会个体成员的利益与整体利益存在相互矛盾之处。造成这种情况的原因在于不同阶级具有差异性以及其彼此之间存在矛盾。随着私有制为公有制所取代,阶级赖以存在的基础也将被摧毁。马克思指出:生活在虚幻共同体中的个人"只是作为一般化的个人隶属于这种共同体……他们不是作为个人而是作为阶级的成员处于这种共同关系的"②。受缚于不同阶级的人们,难免因阶级之间存在差别而相互龃龉。阶级的狭隘性导致人自身发展呈现出片面性。芸芸众生唯有超越阶级的狭隘,才能不再是"地域性"的个体,从而获得真正意义

---

① 陈先达、郝立新、刘怀玉等:《被肢解的马克思》,中国人民大学出版社 2016 年版,第 22 页。

② 《马克思恩格斯文集》第 1 卷,人民出版社 2009 年版,第 573 页。

上的解放。①

受到解放全人类共产主义文化的影响,马克思和恩格斯倡导建立生产资料公有制以消除阶级。阶级既然被消除,阶级矛盾自然也会随之消逝。在真正的共同体中,人类社会个体成员的利益与社会整体的共同利益逐渐趋于一致。在为了实现全人类解放的共产主义文化影响下,马克思和恩格斯并没有为了单纯批判虚幻共同体这一资本主义旧世界而进行批判,其目的在于缔造一个全人类可以获得自由而全面发展的新世界,这一新世界正是真正的共同体。因此,解放全人类的共产主义文化对真正共同体的构建发挥了重要作用。

人类社会历史发展的经验表明文化对共同体构建发挥作用是有规律可循的。有学者称,人类社会历史发展的进程,就是不同类型共同体的演进史。②从人类社会历史发展的轨迹来看,人类的共同体思想主要存在城邦共同体、信仰共同体、契约共同体、伦理共同体以及真正共同体等几种类型。通过分析以理性为核心的希腊文化,披着神秘、玄妙外衣的宗教文化,要求民主、平等、自由的新兴资产阶级文化,倡导重新审视理性的道德文化,致力于解放全人类的共产主义文化对不同类型共同体思想的影响,我们不难发现共同体思想与文化之间存在着紧密地联系。任何一种共同体思想的形成与发展,均在不同程度上受到特定文化的影响。文化对共同体构建不仅发挥了重要作用,而且这种作用的发挥是有规律可循的。我们大体可以总结出如下几条规律:

其一,文化对共同体构建发挥作用要以物质生产实践为基础。人类社会历史发展的经验表明,文化对共同体构建发挥作用要受到物质生产实践的制约。一个时代孕育何种共同体思想,既具有偶然性,又具有必然性。偶然与必然是针对共同体思想形成的时间与发展的趋势而言的。说一个时代孕育何种共同体思想具有偶然性,是指其可以在这个时间段形成,也可以在那个时间段形成;其可以在这一社会发展趋势影响下形成,也可以在那一社会发展趋势主导下形成。

---

① 陈鑫:《马克思"真正共同体"思想视阈下"人类命运共同体"的历史方位》,《理论月刊》2017年第10期,第18页。

② 陈鑫:《马克思"真正共同体"思想视阈下"人类命运共同体"的历史方位》,《理论月刊》2017年第10期,第17页。

　　从根本上说,构建共同体是为了满足人类自身生存与发展的需要。物质生产实践是决定人类社会发展的根本性力量。为更好地满足自身生存与发展的需要,人类有必要结合物质生产实践发展的水平与状况构建不同类型的共同体。从这个意义上来看,哪一个时代孕育出何种类型的共同体思想看似具有偶然性,实则具有必然性。必然性实际上就是规律性。① 城邦共同体思想在古希腊罗马时期形成,信仰共同体思想在欧洲中世纪形成,契约共同体思想在欧洲封建主义向资本主义过渡的时期形成,伦理共同体思想在欧洲资产阶级革命风潮席卷之际形成,真正共同体思想在资本主义弊端充分暴露的时期形成。无论哪一种类型的共同体,其形成均不是偶然的。它们的必然性之所以实现,是物质生产实践发展的水平与状况决定的。马克思指出,"任何一个民族,如果停止劳动,不用说一年,就是几个星期,也要灭亡"②。物质生产实践是人类的始源性活动,离开物质生产实践活动,也就谈不上共同体的构建,亦谈不上文化对共同体构建发挥作用的问题。也就是说,先有人类的物质生产实践活动,然后在它的基础上才会产生出人类的其他一切实践活动。离开物质生产实践,人类的文化之源势将枯竭,共同体构建的基础必被摧毁,也就谈不上文化对共同体构建发挥作用的问题了。

　　文化是人类精神生产的产物,精神生产的性质与内容要受到物质生产的制约。共同体构建的形式与发展状况,说到底也是由物质生产决定的。毛泽东同志指出,"人类的生产活动是最基本的实践活动,是决定其他一切活动的东西"③。人类的生产活动既包括物质生产也包括精神生产。而精神生产活动要受到物质生产活动的限制与制约。如果反过来强调精神生产的第一性,则是一种典型的唯心主义、主观主义观点。物质生产实践发展水平既直接或间接地决定着文化的发展状况、共同体构建的发展程度,也直接或间接地影响着文化发展与共同体构建相互之间的作用状况。因此,文化对共同体构建发

---

　　① 肖前、黄楠森、陈晏清:《马克思主义哲学原理》(上册),中国人民大学出版社 1994 年版,第 195 页。
　　② 《马克思恩格斯文集》第 10 卷,人民出版社 2009 年版,第 289 页。
　　③ 《毛泽东选集》第一卷,人民出版社 1991 年版,第 282 页。

挥作用要以物质生产实践为基础,是通过总结人类社会历史发展经验得出的一条具有规律性的认识。

其二,文化对共同体构建发挥作用要调动人的自觉能动性。文化是由人创造的,文化反过来也会塑造人。中国人民大学夏甄陶教授在《人是什么》一书中指出,"人是可塑的,并且越是往后发展,越是意识到自己的可塑性"①。他还强调,人"总是力求创造新的生活,创造新的存在状况,使自己在规定性上不断得到充实和丰富"②。为了更好地存在下去,人应该创造怎样的存在状况,是古往今来思想家孜孜以求的问题。人类社会历史发展的经验表明,仅靠人类的个体性力量不仅难以更好地生活,甚至自身的生存也会面临威胁。人类个体必须结合为一个有机联系的整体,也即形成为一个共同体,才能更好地存在下去。马克思主义认为文化的实质是人化,是人类所创造的"人工世界"及其人化形式的那一方面。③ 有学者指出,文化渗透在人类社会的一切方面,随着人类社会的发展而不断地由低级向高级、由片面向全面发展。④ 文化无论对城邦共同体、信仰共同体、契约共同体、伦理共同体还是真正共同体思想的形成,所发挥的渗透性作用均是显著的。不管何种形式的共同体,推动其构建并生活于其中的都是活生生的人。

文化对共同体发挥作用,一刻也离不开人的活动。而人的活动都是在一定的意识和目的支配下进行的。城邦共同体思想的形成,是基于追求"善"的目标;信仰共同体思想的形成,是基于达到精神垄断的目的;契约共同体思想的形成,是为了保障和实现人的基本权利;伦理共同体思想的形成,是为了对理性进行深层次地审视与反思;真正共同体思想的形成,是为了人类寻求彻底而全面的解放。

文化对共同体构建发挥作用,是"自然历史"的过程与人的自觉能动创造过程的统一。文化对共同体发挥作用,要受到物质生产实践能力的制约,这是

---

① 夏甄陶:《人是什么》,商务印书馆 2000 年版,第 5 页。

② 夏甄陶:《人是什么》,商务印书馆 2000 年版,第 5 页。

③ 肖前、黄楠森、陈晏清:《马克思主义哲学原理》(下册),中国人民大学出版社 1994 年版,第 685—687 页。

④ 肖前、黄楠森、陈晏清:《马克思主义哲学原理》(下册),中国人民大学出版社 1994 年版,第 687 页。

一个不以人的主观意志为转移的客观过程。① 比如,有学者将希腊城邦称为一种紧密型共同体②。此种共同体的形成既与地理条件有关,又与低下的物质生产实践能力相连。③ 以理性为核心的希腊文化是在以既定生产力为基础的条件下,通过调动人的主观能动性而对城邦共同体构建发挥作用的。特定历史时期物质生产实践能力的发展状况是不能自由选择的,文化对各种形式共同体发挥作用需要遵循这一客观规律。与此同时,人可以充分调动自身的自觉能动性,将自身创造的文化渗透于共同体构建的方方面面。因此,文化对共同体构建发挥作用既要以物质生产实践为基础,又要充分调动人的自觉能动性,这是体现人类社会历史发展进程本质的一大规律。

其三,文化对共同体构建发挥作用要满足人的需要性。吉林大学高清海教授认为,"与无机物不同,一切生命物质都具有需要性,这是由生命活动的特点所决定的"④。共同体的构建过程,是人的生命活动得以展开的过程。无论何种形式的共同体,均是由若干个体集合而成的整体,个体从属于整体是不同形式共同体所呈现出的共同性。在人类社会历史发展的进程中,出现了不同形式的共同体。西北师范大学马俊峰教授与马乔恩博士指出,"共同体形式的转变实际上是社会现实的转变、人的需求的变化在人的组织结构上的体现"⑤。

通过分析不同文化与各种形式共同体思想形成的关系,我们可以总结出前者是基于满足人的现实需要而对后者发挥作用的。比如说,以理性为核心的希腊文化对构建城邦共同体所发挥的作用,是基于满足人的现实需要。马俊峰教授与马乔恩博士认为,"共同体是人存在的载体,也是人之为人的根本"⑥。人存在的前提是活下去,而要活下去就要确保自身的生命与财产安全

① 肖前、黄楠森、陈晏清:《马克思主义哲学原理》(上册),中国人民大学出版社 1994 年版,第 304 页。

② [挪]奎纳尔·希尔贝克、尼尔斯·吉列尔:《西方哲学史:从古希腊到当下》,童世骏、郁振华、刘进译,上海译文出版社 2016 年版,第 2 页。

③ 卢黎歌:《新时代推进构建人类命运共同体研究》,人民出版社 2019 年版,第 57 页。

④ 高清海:《马克思主义哲学基础》(下册),北京师范大学出版社 2012 年版,第 151 页。

⑤ 马俊峰、马乔恩:《构建人类命运共同体的历史性研究》,人民出版社 2019 年版,第 38—39 页。

⑥ 马俊峰、马乔恩:《构建人类命运共同体的历史性研究》,人民出版社 2019 年版,第 39 页。

免受外来威胁。支配个体从属于集体的行为动因是满足自身的需要。

高扬理性的希腊文化得以形成,同样受到满足人的现实需要影响。个体要满足自身的现实需要,就不能将自身的意志凌驾于集体之上。诚如汤因比所言:"希腊社会建立在个人从属于集体之上。它将共同体的安全作为管理的最高目的,无论是在这个世界中还是在将要到来的世界中,它都是高于个人的安全。"①个体在安全等问题上从属于城邦共同体,正是希腊文化中理性精神的体现。苏格拉底为了善的目的,柏拉图为了追求正义的目的,亚里士多德为了完成善业、谋求善果的目的,凡此种种情形均与满足人的现实需要有关。

中世纪宗教文化之所以产生,是基于满足人们以内心强大力量抗拒外在邪恶力量的需要;倡导自由、平等、民主的新兴资产阶级文化之所以形成,是基于满足反封建、反教会的需要;要求审视理性的文化之所以产生,是基于德国古典哲学家认识到了理性崇拜的不足,产生了科学对待理性的需要;解放全人类的共产主义文化之所以形成,是基于促使人们由此岸世界走向彼岸世界的需要。文化之所以能够被创造出来,是由于人们有共同的需要。文化被创造出来以后,对构建不同形式的共同体发挥作用,同样会影响到需要是否得到有效满足。因此,文化对共同体构建发挥作用应满足人的需要性,是通过总结人类社会历史发展经验得出的一条具有规律性的认识。

中华传统文化对构建人类命运共同体发挥作用有其特殊的矛盾和相对独立的研究领域。有学者指出,"一种活动有没有规律,取决于它有没有自身作用的特殊领域所构成的特殊矛盾,凡是有特殊矛盾的活动,就有自己特殊的对象、目的和方法,就必然存在其特有的内在规律"②。人类社会历史发展的经验表明,文化对共同体构建发挥作用是有规律可循的。钱穆认为,文化关系到国家民族生命的绵延。"如果一个国家民族没有了文化,那就等于没有了生命。"③对于整个人类社会而言,各个国家、各个民族在社会历史发展进程中创造出的各种文化,均是人类共有的宝贵财富。没有这笔财富,人类生命的绵延

① [英]阿诺德·汤因比:《文明经受考验》,王毅译,上海人民出版社2016年版,第189页。
② 孙其昂:《思想政治教育学基本原理》,河海大学出版社2008年版,第80—81页。
③ 钱穆:《中国文化史导论》(修订本),商务印书馆1994年版,第231页。

就会失去"本钱"。

在钱穆看来,"中国是一个文化发展很早的国家"①,其"已经有了五千年的历史演进"②。博大精深的中华传统文化是人类文化大观园中一颗至为璀璨的明珠。研究中华传统文化对构建人类命运共同体发挥作用有没有规律可循,主要看其有没有自身作用的特殊领域所构成的特殊矛盾。如果既有自身作用所构成的特殊矛盾,又有自身作用的特殊领域,我们可以据此判定其存有内在的规律。毛泽东同志认为,"矛盾存在于一切事物的发展过程中"③。他阐明了矛盾是普遍存在的,世界上任何事物都充满着矛盾。构建人类命运共同体作为一种关系到人类自身生命绵延的具体活动,其与世界上其他事物一样也存在着矛盾。

在对待中华传统文化的问题上,钱穆强调,"不单要用哲学的眼光,而且要用历史的眼光"④。用历史的眼光来看待中华传统文化,"赞天地之化育"是中国人始终如一的价值信仰,而进入大同之境的理想追求亦已渗入到中华民族的精神血液中。在我国古人看来,人不仅能"赞天地之化"还可以"赞天地之育"⑤。天、地、人三者是可以而且应当合而一体的。中国人的理想,是人在天地之间,要能赞助天地来化育万物。而当下人类社会面临的现实是天与人的关系并未得到较好地协调,甚至出现了相互对立的状况。我国古人向往进入大同社会,而当下的世界仍有人民未能摆脱贫穷、战争、疾病等现实困境。

复旦大学资深教授葛兆光指出,我国"至少在宋代起,已经渐渐形成了一个'共同体',这个共同体是实际的,而不是'想象'的"⑥。葛教授还从文化的角度对我国共同体形成与发展的作用进行了分析。他指出:"在文化意义上说,中国是一个相当稳定的'文化共同体',它作为'中国'这个国家的基础。"⑦在

① 钱穆:《中国文化史导论》(修订本),商务印书馆1994年版,第1页。
② 钱穆:《中国文化史导论》(修订本),商务印书馆1994年版,第232页。
③ 《毛泽东选集》第一卷,人民出版社1991年版,第305页。
④ 钱穆:《中国文化史导论》(修订本),商务印书馆1994年版,第232页。
⑤ 钱穆:《中国文化十二讲》(新校本),九州出版社2012年版,第96页。
⑥ 葛兆光:《宅兹中国:重建有关"中国"的历史论述》,中华书局2011年版,第32页。
⑦ 葛兆光:《宅兹中国:重建有关"中国"的历史论述》,中华书局2011年版,第32页。

我国历史上,中央王朝所控制的空间边界是有变化的①,但文化对共同体形成与发展所发挥的作用却是持久而显著的。

文化对共同体可以发挥加固作用,是一个已经为历史所证明的事实。作为人类共有宝贵财富的中华传统文化,对人类命运共同体的构建同样会发挥应有的建设性作用。当下,我国倡导构建人类命运共同体,其同样不是抽象的而是具体的,同样不是停留在想象层面的,而是要付诸于实践的。

中华传统文化对构建人类命运共同体发挥作用有其特殊的矛盾,这种矛盾集中体现在人类命运共同体构建的应然要求与实然的构建现状之间存在矛盾。无论是天、地、人"三位一体"的信仰还是进入大同之境的理想,均与当下构建人类命运共同体的现状存在诸多不相适应的地方。一种思想要想深入人心并付诸实践,大体要经历思想形成、思想传播、思想认同、思想实践等几个发展阶段。中华传统文化与人类命运共同体思想形成、思想传播、思想认同以及思想实施之间既存在着特殊的联系,也存在着特有的矛盾。这种矛盾反映在构建人类命运共同体各行为主体现有参与意愿、参与能力、参与水平同中华传统文化中信仰和理想存在矛盾。因此,中华传统文化对构建人类命运共同体发挥作用有其特殊的矛盾。

马克思和恩格斯认为研究的逻辑是"必须先研究事物,尔后才能研究过程"②。有学者指出,研究事物和过程的时候,实际上都是在研究"关系"③。在列宁看来,"规律就是关系……本质的关系和本质之间的关系"④。认识并掌握中华传统文化对构建人类命运共同体发挥作用的规律,按照研究的逻辑来看,必须先研究事物本身,也就是首先深层次理解什么是中华传统文化,什么是构建人类命运共同体思想。

无论是中华传统文化还是构建人类命运共同体思想,其形成与发展均有内部的与本质的联系。中华传统文化与构建人类命运共同体思想之间,也存

① 葛兆光:《宅兹中国:重建有关"中国"的历史论述》,中华书局 2011 年版,第 31 页。
② 《马克思恩格斯文集》第 4 卷,人民出版社 2009 年版,第 299 页。
③ 高清海:《马克思主义哲学基础》(上册),北京师范大学出版社 2012 年版,第 221 页。
④ 《列宁全集》第 55 卷,人民出版社 1990 年版,第 128 页。

在本质的联系。毛泽东同志指出,"客观事物的内部联系,即规律性"①。对客观事物规律性的研究,既包括研究客观事物本身内部的或本质的联系,也包括研究客观事物之间内部的或本质的联系。故而,我们的研究工作既应包括深入挖掘中华传统文化与构建人类命运共同体思想的本质或内部联系,也包括中华传统文化与构建人类命运共同体思想之间相互作用的内部或本质联系,这些研究领域均具有相对独立性。关于这些具有相对独立性的研究领域能否归结为一个具有共性的问题,我们也有必要做更深层次的思考。

被称为"最后一位大儒家"的梁漱溟,终其一生致力于研究中华传统文化。他在《孔子的态度》一文中指出,对研究孔子"要了解他根本的作为——生活。不然,便会走到歧路上去"②。梁漱溟还特别强调:"从孔子起以到宋、明,在那一条路极为受用……决不是想出许多道理来告诉人,他们传给人的只是他们的生活。"③据此,梁漱溟总结出中华传统文化不是向外看,而是注重在"生活的本身"④。无论是注重"生活本身"的中华传统文化,还是以人类生活得更好为构建追求的人类命运共同体思想,均有一个共同且相对独立的研究领域:"人类生活。"通过以上分析可知,中华传统文化对构建人类命运共同体发挥作用既有特殊的矛盾,又有相对独立的研究领域,据此可以判定二者之间是有规律可以依循的。

二、规律研究的必要性

研究中华传统文化对构建人类命运共同体发挥作用的规律,不仅具有可能性,而且具有必要性,其是激活中华传统文化生命力、高质量构建人类命运共同体、深层次认识中华传统文化与人类命运共同体思想之间关系的现实需要。

激活中华传统文化生命力的现实需要。习近平总书记在党的十九大报告

---

① 《毛泽东选集》第三卷,人民出版社 1991 年版,第 801 页。
② 梁漱溟:《梁漱溟先生讲孔孟》,李渊庭、阎秉华整理,商务印书馆 2011 年版,第 19 页。
③ 梁漱溟:《梁漱溟先生讲孔孟》,李渊庭、阎秉华整理,商务印书馆 2011 年版,第 4 页。
④ 梁漱溟:《梁漱溟先生讲孔孟》,李渊庭、阎秉华整理,商务印书馆 2011 年版,第 4 页。

中指出:"要推动中华文明创造性转化、创新性发展,激活其生命力。"①研究中华传统文化对构建人类命运共同体发挥作用的规律,有助于促使中华传统文化"走"出历史并"活"在当下②。文化对共同体构建发挥作用要以物质生产实践为基础。形成于特定历史时期的中华传统文化,要随着人类物质生产实践能力的提升而不断被注入新的时代意涵,这是规律使然。构建人类命运共同体是在新的时代条件下所开展的新的实践活动。作为"思想之母""理论之源"的实践具有直接现实性。中华传统文化内在地具有对人类命运共同体有效构建发挥正向作用的基因,对其进行创造性转化与创新性发展,需要遵循特定的规律。

中华传统文化对构建人类命运共同体发挥作用的规律具有客观性,其是不依人的主观意志为转移的。严格意义上来讲,中华传统文化能否"走"出历史,取决于其是否契合这些不以人的意志为转移的客观规律。从这个角度来看,研究中华传统文化对构建人类命运共同体发挥作用的规律,有助于更为广泛而有效地激活中华传统文化的生命力。并不是所有"走"出历史的中华传统文化都适合于"活"在当下或者能够更好地"活"在当下。对其进行检验的重要标尺在于是否契合客观规律。研究中华传统文化对人类命运共同体发挥作用的规律,有益于帮助我们了解哪些中华传统文化适合于"活"在当下,怎样做才能促使适合"活"在当下的中华传统文化释放更为强劲的生命活力。

中华传统文化唯有薪火相传才能永葆生命活力,而遵循规律正是传承中华传统文化的具体路径③。韩非子指出,"世异事异,事异而备变"④。规律具有客观性,并不意味着其是恒常不变的。总结中华传统文化对人类命运共同体构建发挥作用规律要与时俱进。任何规律都有自身的定义域,也即前提条件。一旦超出了特定的定义域,离开了规律赖以成立的条件,其就会存在局限性乃至于失效。

---

① 《习近平谈治国理政》第二卷,外文出版社 2017 年版,第 340 页。
② 代金平:《推动中华优秀传统文化"双创"的前提与路径》,《中国社会科学报》2019 年 1 月 25 日第 5 版。
③ 赵晓翠:《创造性转化与创新性发展何以可能》,《红旗文稿》2019 年第 14 期,第 31 页。
④ 《韩非子·五蠹》。

以"常"与"变"的视角来分析中华传统文化对构建人类命运共同体发挥作用的规律,我们就要因顺世势不断对规律加以总结。如此,中华传统文化才能在客观规律的指导下释放应有的生命活力。反之,拘泥故常、不能与时偕行地总结中华传统文化对构建人类命运共同体发挥作用的规律,不可避免地会损耗乃至窒息中华传统文化应有的生命活力。因此,以动态、发展、变化的眼光及时总结中华传统文化对构建人类命运共同体发挥作用的规律,是激活中华传统文化生命力的现实需要。

高质量构建人类命运共同体的现实需要。列宁认为:"人的认识不是直线,而是无限地近似于一串圆圈。"[1]研究中华传统文化对构建人类命运共同体的作用,也要将之视为一个不断发展的圆圈运动。一次性认识的生成过程,是由感性认识上升到理性认识,再由理性认识上升到实践。[2] 中华传统文化对构建人类命运共同体发挥作用有其特殊的矛盾与相对独立的研究领域,这决定了中华传统文化对构建人类命运共同体发挥作用是有规律可循的。

有学者指出,人的认识要经历三个飞跃,第一个飞跃是整形化,第二个飞跃是从感性到理性,第三个飞跃是从理性到实践。[3] 人们在认识的整形化阶段可以对中华传统文化之于构建人类命运共同体的作用形成整体性感知。"整形形成的感知是关于对象的个别的、现象的、偶然的具体形态。"[4]构建人类命运共同体关系到所有人类个体的利益福祉,仅仅对中华传统文化之于人类命运共同体构建停留在个别的、现象的、偶然的整体化阶段是远远不够的。要推动人类命运共同体的高质量构建,我们必须按客观规律的要求行事。规律是事物和现象之间内在的、本质的、必然的联系。找到中华传统文化对构建人类命运共同体发挥作用内在的、本质的、必然的联系,人们的认识就不能仅停留在感性阶段。感性认识并不会自动流入理性认识[5],对规律进行总结是在理性认识阶段完成的,为此我们必须要充分调动自身的主观能动性。

---

① 《列宁全集》第 38 卷,人民出版社 1959 年版,第 399 页。
② 高清海:《马克思主义哲学基础》(下册),北京师范大学出版社 2012 年版,第 297 页。
③ 高清海:《马克思主义哲学基础》(下册),北京师范大学出版社 2012 年版,第 297—301 页。
④ 高清海:《马克思主义哲学基础》(下册),北京师范大学出版社 2012 年版,第 298 页。
⑤ 高清海:《马克思主义哲学基础》(下册),北京师范大学出版社 2012 年版,第 298 页。

从感性认识到理性认识的飞跃,解决的是怎样认识中华传统文化对构建人类命运共同体发挥作用的问题。认识中华传统文化对构建人类命运共同体发挥作用的目的,在于从实践层面推动人类命运共同体的高质量构建。人类命运共同体是构建出来的,不是说出来的,也不是靠想象就能将之化为现实的。不断开展与中华传统文化对人类命运共同体构建发挥作用规律相符合的实践,才会不断提高构建质量。在吉林大学陈秉公教授看来,规律是客观的,违背规律是要受到规律惩罚的。① 违背中华传统文化对构建人类命运共同体发挥作用规律而开展的实践,势必会降低人类命运共同体的构建质量。

从感性到理性再到实践的圆圈运动,只是一次性的认识活动。人对事物仅形成一次性认识是不够的,还要经历由实践到认识再由认识到实践的无数个圆圈运动。② 构建人类命运共同体是千秋伟业,需要世世代代的建设者接续奋斗。构建人类命运共同体在不同的历史条件下会面临不同的时代课题。一次性认识是有限的,但高质量构建人类命运共同体对中华传统文化之于人类命运共同体构建规律总结的需求是无限的。不断认识中华传统文化对构建人类命运共同体所发挥的作用并对作用规律加以总结,是担负这一历史伟业的时代要求。此外,人们对中华传统文化之于人类命运共同体构建规律总结的能力也是不断提升的。对中华传统文化之于人类命运共同体发挥作用规律的每一次总结,都要回到实践中经受实践的检验。

人类命运共同体的构建是一项具有长期性的宏大工程。不同历史时期的构建实践,都会对总结中华传统文化之于人类命运共同体发挥作用规律的能力提出新的、更高的要求。满足这些要求,也在客观上提升了人们总结规律的能力。按照总结出的客观规律办事,构建人类命运共同体才能事半功倍。因此,以动态、发展、变化的眼光认识并掌握中华传统文化对构建人类命运共同体发挥作用的规律,是满足高质量构建人类命运共同体的现实需要。

深层次认识中华传统文化与人类命运共同体思想关系的现实需要。深入理解中华传统文化对构建人类命运共同体所发挥的作用,我们有必要找到二

---

① 　陈秉公:《思想政治教育学原理》,高等教育出版社 2006 年版,第 144 页。
② 　高清海:《马克思主义哲学基础》(下册),北京师范大学出版社 2012 年版,第 300 页。

者之间内在的本质的必然的联系。赫拉克利特认为,"世界的转化有一个一定的次序和确定的周期,适应着不可避免的必然性"①。中华传统文化对构建人类命运共同体发挥作用同样存在"一次的次序和确定的周期",这种"不可避免的必然性"就是规律。规律具有客观性,但其并不是不能被认识的。中华传统文化对构建人类命运共同体发挥作用需要服从于一定的规律,认识并把握这些规律,能够帮助我们从更深层次认识二者之间的关系。

中华传统文化是我国人民在特定历史时期结出的精神果实,构建人类命运共同体是关乎世界各国人民利益福祉的崇高事业。研究中华传统文化对构建人类命运共同体的作用,有助于推动中华传统文化更好地"走出去"、让世界人民共同享用源自中国的精神大餐。哪些源自中国的精神果实可以摆上增进世界各国人民利益福祉的餐桌,既是一个理论问题,也是一个现实问题。从理论上来看,与构建人类命运共同体思想基本要求不相适应的中华传统文化,没有必要摆上增进世界各国人民利益福祉的餐桌,这主要指的是中华传统文化中的糟粕部分。反之,与构建人类命运共同体思想基本要求相适应的中华传统文化,也即其精华部分,可供世界各国人民飨用。但即便是中华传统文化中的精华部分,其要摆上增进世界各国人民利益福祉的餐桌,精神营养被人类社会充分吸收,也有必要经过创造性转化与创新性发展。

中华传统文化主要形成于我国农业社会,其在当代社会对构建人类命运共同体还能不能起作用,是一个与增进世界各国人民利益福祉息息相关的现实问题。中央党校刘余莉教授认为,中华传统文化"在古代适用,在今天也适用,在中国适用,在西方国家、在世界也都适用,就是因为它讲的是不易的规律"②。我国古人讲"天不变,道亦不变"。这里的"道"指的就是一种"规律"。人类社会尽管随着时代的发展不断地在变化,但其持续向好也要遵循一些不变、不易的规律。主要形成于农业社会的中华传统文化与当代社会提出的人类命运共同体思想可以相互作用,一个重要的因素在于中华传统文化恪守的"道"与人类社会持续向好因循的"规律"具有同一性。

---

① 北京大学哲学系外国哲学史教研室:《古希腊罗马哲学》,生活·读书·新知三联书店1957年版,第17页。

② 刘余莉:《刘余莉传统文化十二讲》,九州出版社2020年版,第4页。

在黑格尔看来,规律是现象中"平静"的"固定"的东西。规律是存在于现象之中的本质内容①。认识并掌握中华传统文化对构建人类命运共同体发挥作用规律的过程,也是深化中华传统文化与构建人类命运共同体思想认识的过程。人类认识的逻辑顺序是从现象到本质,从认识事物规定性到认识客体规律性②。从现象层面认识中华传统文化对构建人类命运共同体发挥作用的规定性,到深入本质把握中华传统文化对构建人类命运共同体发挥作用的规律性,是深化中华传统文化与人类命运共同体思想关系认识的表现。因此,研究中华传统文化对构建人类命运共同体发挥作用的规律,是深层次认识中华传统文化与人类命运共同体思想关系的现实需要。

三、规律研究的原则性

总结中华传统文化对构建人类命运共同体发挥作用的规律,需要遵循一定的原则。所谓"原则",指的是人们言论、行事的准绳③。离开了基本的准绳,规律的总结就可能出现偏差。大体而言,要坚持为增进世界人民利益福祉服务、一切从实际出发以及与时代发展同进步等重要原则。

坚持为增进世界人民利益福祉服务的原则。总结中华传统文化对构建人类命运共同体发挥作用规律需要遵循的根本性原则是为增进世界人民利益福祉服务。称其为根本性原则,不仅是由于该原则影响、制约着为增进世界人民利益福祉服务、一切从实际出发、与时代发展同进步等其他原则,还集中反映了中华传统文化对构建人类命运共同体发挥作用的基本要求。吉林大学孙正聿教授认为,人类的生命活动与动物式的"生存"活动不同,人类能够将"自己的生活活动本身变成自己的意志和意识的对象"④。也就是说,人类可以通过自身的努力,变"理想"为"现实"的生活⑤。人类所追求的个体性理想尽管有所不同,但无不渴望增进自身的利益福祉。利益福祉的增进本应给人类自身

---

①　高清海:《马克思主义哲学基础》(下册),北京师范大学出版社 2012 年版,第 252 页。

②　高清海:《马克思主义哲学基础》(下册),北京师范大学出版社 2012 年版,第 251—252 页。

③　孙其昂:《思想政治教育学基本原理》,河海大学出版社 2008 年版,第 141 页。

④　《马克思恩格斯文集》第 1 卷,人民出版社 2009 年版,第 162 页。

⑤　孙正聿:《为历史服务的哲学》,中央编译出版社 2018 年版,第 19 页。

带来幸福,但利益的争夺却给人类带来了"最大的恐惧"①。争夺利益之所以会给人类带来不幸,是因为争夺利益的主体将寻求自身的幸福建立在牺牲他人利益的基础上。人类的生命活动不同于动物的生存活动之处在于,其不仅考虑独立个体的利益福祉,还会顾及他人乃至整个人类的利益福祉。对于构建人类命运共同体的各行为体而言,如果仅仅考虑自身的利益,而不顾及他人乃至全人类的利益福祉,无异于将自身降格为禽兽;如果为了寻求自身利益的最大化,可以不择手段、没有底线,不啻于寡廉鲜耻的禽兽。

法国哲学家爱尔维修将利益看作是人类最基本的活动②。构建人类命运共同体离不开对利益问题的关注是一个基本事实。列宁提醒我们,利益也是"人民生活中最敏感的神经"③。实施人类命运共同体的是一个又一个的行为体,各个行为体倘若仅考虑增进自身的利益福祉而对其他行为体乃至整个人类的利益福祉不管不顾,很难避免利益这根敏感的神经不被反复挑动而陷入利益争夺。但只要我们搞清楚构建人类命运共同体"为了谁""依靠谁""借助何种媒介构建"等基本问题,就能有效消除因利益争夺所引发的恐惧与不安。构建人类命运共同体是为了让世界人民的日子都能够过得好,其有效构建有赖于世界人民共同努力。

习近平总书记指出,"天空足够大,地球足够大,世界也足够大,容得下各国共同发展繁荣"④。世界人民可以通过携手构建人类命运共同体,共同增进彼此的利益福祉。在世界已然越来越"小"的全球化背景下,人类的利益交汇点不仅越来越多,而且越来越具有共通性。为了寻求自身利益的最大化而损害乃至剥夺其他行为体增进自身利益的权利,并不是因为世界容不下各行为体共同繁荣,而是由于个别行为体的心胸不够大。诚如习近平总书记所言"大家发展才能发展大家"⑤。各行为体在谋求自身发展时促进其他行为体共同发展,人类

---

① 刘同舫:《马克思的哲学主题》,人民出版社 2017 年版,第 5 页。
② 王伟光:《利益论》,中国社会科学出版社 2010 年版,第 165 页。
③ 《列宁全集》第 16 卷,人民出版社 1988 年版,第 136 页。
④ 习近平:《弘扬和平共处五项原则 建设合作共赢美好世界——在和平共处五项原则发表 60 周年纪念大会上的讲话》,人民出版社 2014 年版,第 8 页。
⑤ 习近平:《弘扬和平共处五项原则 建设合作共赢美好世界——在和平共处五项原则发表 60 周年纪念大会上的讲话》,人民出版社 2014 年版,第 8 页。

发展成果才能更多、更好地惠及世界各国人民。

　　源远流长的中华传统文化内在地具有增进世界人民利益福祉的优秀基因。有学者认为,中华传统文化具有鲜明而自觉的济世情怀①。从中华传统文化中汲取构建人类命运共同体的智慧养料并总结对进一步开展构建活动具有指导价值的规律,有助于将人类从利益争夺带来的恐惧中解脱出来。中国社会科学院王伟光教授指出,人类社会生活一切矛盾与冲突的基始原因就是利益②。在他看来,"不同的利益主体由于所追求的利益目标不同,处于自觉或不自觉的对立之中。"③避免人类因利益争夺而陷入恐惧的最好方式,莫过于确立人类的共同价值、坚守人类的共同信仰,借以达到增进人类共同利益福祉的目的。总结中华传统文化对构建人类命运共同体发挥作用的规律,也应该以增进整个人类利益福祉为基本方向。

　　习近平总书记指出:"方向决定道路,道路决定命运。"④沿着什么样的方向总结规律,既关系延续中华传统文化的生命活力,又关系到人类命运共同体的构建质量,还关系中华传统文化能否持续为构建人类命运共同体贡献智慧力量。从根本上来讲,研究中华传统文化对构建人类命运共同体发挥作用的规律,是为增进整个人类利益福祉服务的。始终坚持为增进世界人民利益福祉服务的方向,是规律总结所应恪守的一条根本性原则。

　　坚持一切从实际出发的原则。马克思主义认为,人们认识世界和改造世界的根本立足点是一切从实际出发⑤。总结中华传统文化对构建人类命运共同体发挥作用的规律,只有遵循一切从实际出发的原则,才能达到有效构建人类命运共同体的预期目的。认识并掌握中华传统文化对构建人类命运共同体发挥作用的规律,需要充分调动人的主观能动性。但主观能动性的调动必须

　　①　王以华:《从传统文化中的领导思想看现代领导风格再造》,《中国领导科学》2017年第3期,第31页。
　　②　王伟光:《利益论》,中国社会科学出版社2010年版,第146页。
　　③　王伟光:《利益论》,中国社会科学出版社2010年版,第165页。
　　④　习近平:《在纪念中国人民抗日战争暨世界反法西斯战争胜利69周年座谈会上的讲话》,人民出版社2014年版,第16页。
　　⑤　中共中央宣传部理论局:《马克思主义哲学十讲》,学习出版社、党建读物出版社2013年版,第20页。

以客观存在的实际事物作为根本依据。能否坚持一切从实际出发,使主观符合客观,关系到我们能否总结出中华传统文化对构建人类命运共同体固有的而非臆造的规律。构建人类命运共同体涉及到政治、安全、经济、文化、生态等多个领域,每个领域的具体状况是不同的。总结中华传统文化对构建人类命运共同体发挥作用的规律,要结合不同领域的真实状况去做具体分析,坚决反对各种形式的主观主义。

我们可以从时间与空间两个维度解析坚持一切从实际出发的原则对规律总结的重要性。从空间维度来看,一切从实际出发,不是从构建人类命运共同体的一个领域、一个地方、一个环节的实际出发,而是要从全面的、整体的、全局的角度出发。从全面、整体、全局出发总结中华传统文化对构建人类命运共同体发挥作用的规律,有助于更好地指导实践。从时间维度来看,一切从实际出发,指的是总结中华传统文化对构建人类命运共同体发挥的规律,既要立足于当下,也要看到过去,更要着眼未来。

立足于当下总结中华传统文化对构建人类命运共同体发挥作用的规律,是为了更好地服务于现实的构建实践。回首过去总结中华传统文化对构建人类命运共同体发挥作用的规律,是为了从中汲取经验。无论是中华传统文化生命力的释放还是构建人类命运共同体思想的存续,皆取决于世人的现实需要。现实需要的"社会基础越广泛、越强烈,符合这种社会需要的体系的存在时期越长久"①。历史证明中华传统文化具有持久而旺盛的生命力,人类当前面临的共同挑战告诉我们构建人类命运共同体为当世所需。

中华传统文化固有的鲜明而自觉的济世情怀与旨在造福世界人民的人类命运共同体思想具有高度的契合性,这决定了我们可以从实际出发深层次研究二者内在的逻辑关联。而这种内在的逻辑关联就包含了中华传统文化对构建人类命运共同体发挥作用规律的总结。

认识并总结规律的目的除了服务于当下以外,还在于更好地预见未来。从实际出发总结中华传统文化对构建人类命运共同体发挥作用的规律,还有

---

① 陈先达、郝立新、刘怀玉等:《被肢解的马克思》,中国人民大学出版社 2016 年版,第235 页。

助于我们预测未来的人类命运共同体构建趋势,从而采取相应的行动。对规律的总结不能仅仅从某个阶段或某个历史时期的实际出发,我们要从中华传统文化对构建人类命运共同体发挥作用的整个过程来全面总结规律。从总体上来讲,认识并把握中华传统文化对构建人类命运共同体发挥作用的规律要做到具体的历史的统一。

构建人类命运共同体是极具开拓性的全球治理方案,不可能一帆风顺。[①]为避免被国际社会中呈现出来的各种表象乃至假象所迷惑,防止在人类命运共同体构建实践中分析判断失误,我们就有必要借助中华传统文化拨开国际社会表象乃至假象的层层迷雾,从表面的实际寻找深层的实际,抓住构建人类命运共同体的本质并对规律加以总结。认识并掌握中华传统文化对构建人类命运共同体发挥作用的规律,有助于我们避免被各种主观上的错觉所干扰,切实做到从实际出发。

总结中华传统文化对构建人类命运共同体发挥作用的规律,既关系到中华传统文化生命力的持续释放,也关系到人类命运共同体的高质量构建,更关系到理性认识中华传统文化与人类命运共同体思想深层次的内在联系,为此我们不能满足于表面上的浅层次的认识。唯有真正做到一切从实际出发,透过现象发现中华传统文化对构建人类命运共同体发挥作用的本质,我们才能总结出具有指导实践价值的规律。因此,一切从实际出发,使主观符合客观,是科学认识并准确把握中华传统文化对构建人类命运共同体发挥作用规律所应坚持的一条重要原则。

坚持与时代发展同进步的原则。武汉大学熊建生教授认为,"人的活动及其结果无不打上时代的烙印,即具有时代性"[②]。总结中华传统文化对构建人类命运共同体发挥作用的规律,也要随着时代潮流的发展而发展。马克思和恩格斯指出,"人们的观念、观点和概念,一句话,人们的意识,随着人们的生活条件、人们的社会关系、人们的社会存在的改变而改变"[③]。科学认识并

---

①　刘建武:《跨越"修昔底德陷阱":构建人类命运共同体》,党建读物出版社 2019 年版,第 53 页。

②　熊建生:《思想政治教育内容结构论》,中国社会科学出版社 2012 年版,第 130 页。

③　《马克思恩格斯文集》第 2 卷,人民出版社 2009 年版,第 50—51 页。

准确把握中华传统文化对构建人类命运共同体发挥作用的规律要能够反映并体现时代的要求。也就是说,我们要用动态、发展、变化的眼光研究中华传统文化对构建人类命运共同体发挥作用的规律。构建人类命运共同体思想是"时代的产儿"。恩格斯强调,"每一个时代的理论思维,从而我们时代的理论思维,都是一种历史的产物,它在不同的时代具有完全不同的形式,同时具有完全不同的内容"①。构建人类命运共同体无论在形式上还是在内容上,均会被打上鲜明的时代烙印。

当前,人类已经结成了你中有我、我中有你的命运共同体。新冠肺炎疫情在世界范围的大流行,让各国人民更加深刻地认识到人类是一个休戚与共、安危与共、荣辱与共的有机整体。"问题就是公开的、无畏的、左右一切个人的时代声音。"②面对已知与未知的挑战与威胁,我们总结出的中华传统文化对构建人类命运共同体发挥作用规律要更有效的指导实践,就应认真倾听时代的呼声、积极解答时代提出的问题。与时代发展同进步的"进",指的就是总结中华传统文化对构建人类命运共同体发挥作用规律要随着时代、实践和科学的发展而不断前进③。因此,与时代发展同进步,是研究中华传统文化对构建人类命运共同体发挥作用规律所应遵循的一条重要原则。

第二节　中华传统文化对构建人类命运
共同体发挥作用的基本规律

河海大学孙其昂教授指出:"任何事物的规律都是多种规律的集合。"④中华传统文化对构建人类命运共同体发挥作用的规律也可以形成为一个规律系统。在这个规律系统中,有一个最为基本、最为一般、最为普遍的规律在起作用。中华传统文化对构建人类命运共同体发挥积极作用,总是不断地适应人类社会发展的实际需要。该规律可简称为"人类社会发展适应律"。我们分

---

① 《马克思恩格斯文集》第 9 卷,人民出版社 2009 年版,第 436 页。
② 《马克思恩格斯全集》第 40 卷,人民出版社 1982 年版,第 289 页。
③ 熊建生:《思想政治教育内容结构论》,中国社会科学出版社 2012 年版,第 131 页。
④ 孙其昂:《思想政治教育学基本原理》,河海大学出版社 2008 年版,第 82 页。

别从对人类社会发展适应律作为基本规律的解读、缘由以及价值三个方面进行详细分析。

一、对人类社会发展适应律作为基本规律的解读

"任何历史规律都是人活动的结果。……离开人,离开人的存在,离开人的主体性,任何历史规律都是不存在的。"①抛开人的主体性来谈中华传统文化对构建人类命运共同体发挥作用的基本规律不仅会徒劳无功,而且也毫无意义。总结中华传统文化对构建人类命运共同体发挥作用的规律,同样是人活动的结果。人的意识活动具有主动创造性,但这种活动必须同人类社会发展的实际状况相适应。本书从中华传统文化对构建人类命运共同体思想形成、思想传播、思想认同、思想实施的作用进行了分析,这几大环节尽管呈现出不同的阶段性特征,但均需要适应人类社会发展的实际需要。"人类社会发展适应律"是中华传统文化对构建人类命运共同体发挥作用的基本规律,也可以称为普遍规律或一般规律。该规律具体来讲,包含了以下几层意思:

中华传统文化对构建人类命运共同体发挥作用,是在顺应人类社会发展要求下进行的,目的是通过高质量构建人类命运共同体,更好地增进全人类的利益福祉。高质量构建人类命运共同体,最终要落实到一个又一个的行为体身上。研究中华传统文化对构建人类命运共同体的作用,不仅是为了促使各行为体在思想上与高质量构建人类命运共同体、增进全人类利益福祉的社会发展要求相一致,更是为了促使各行为体在行动上与高质量构建人类命运共同体、增进全人类利益福祉的社会发展要求相协调。

和平与发展是当今时代的主题,全球化尤其是经济全球化是不可逆转的时代潮流。孙中山先生指出:"世界潮流,浩浩荡荡,顺之则昌,逆之则亡。"②因此,认识并掌握中华传统文化对构建人类命运共同体发挥作用的基本规律,必须顺应当今世界发展的时代主题与时代潮流。分析中华传统文化对构建人类命运共同体思想形成、思想传播、思想认同、思想实施的作用,均不能背离和

---

① 司马云杰:《价值实现论:关于人的文化主体性及其价值实现的研究》,时代出版传媒股份有限公司、安徽教育出版社2011年版,第120页。
② 刘文英:《中国哲学史》(下),南开大学出版社2012年版,第773页。

平与发展的时代主题与全球化的时代潮流。

就中华传统文化对构建人类命运共同体发挥作用这一具体活动而言,其涉及到了作用的发挥者与作用的发挥对象。构建人类命运共同体惠及的是世界所有个体,中华传统文化对构建人类命运共同体作用的发挥者要顾及世界所有个体的利益福祉,顺应当今世界发展的趋势与潮流。中华传统文化对构建人类命运共同体作用的发挥对象,应该形成顺应人类社会发展要求的思想、开展顺应人类社会发展要求的行动。

中华传统文化对构建人类命运共同体作用的发挥,不仅要促使作用发挥的对象在思想与行为上与人类社会发展的要求相符合,还要提升作用发挥者对中华传统文化创造性转化与创新性发展的能力、提高自身借助中华传统文化高质量构建人类命运共同体的水平。作用发挥者对中华传统文化创造性转化与创新性发展的能力有限、对中华传统文化在人类命运共同体思想形成、思想传播、思想认同、思想实施的认识不足,很难更好地弘扬与人类社会发展要求相适应的中华传统文化,很难更好地促使作用发挥的对象更深层次地认识与人类社会发展要求相适应的中华传统文化,很难切实将顺应人类社会发展要求的中华传统文化作用于人类命运共同体思想的全过程和各阶段。

无论是中华传统文化对构建人类命运共同体发挥作用的对象还是发挥作用的主体,均要与人类社会发展的要求相适应。无论作用的发挥者还是作用的发挥对象单方面顺应人类社会发展的客观要求,都不足以提升整个人类的利益福祉。中华传统文化对构建人类命运共同体作用的发挥者与作用的发挥对象均需要顺应当今人类社会发展的基本要求。本书是基于中华传统文化对构建人类命运共同体的作用而展开的,因此作用发挥者会对被作用对象在顺应当今人类社会发展要求上有所期待,并且这种期待从某种程度上来看具有绝对性。然而,作用对象能否达到作用者顺应当今人类社会发展要求则具有相对性。这二者之间存在一定的矛盾。

中华传统文化对构建人类命运共同体发挥作用的基本规律既反映了这一矛盾,也反映了解决这一矛盾的方向:通过创造性转化与创新性发展中华传统文化,使之对人类命运共同体思想形成、思想传播、思想认同、思想实施持续发挥正向作用,促使作用发挥对象在思想与行为上逐渐地、尽可能地与人类社会发展的基本要求相适应。

人类社会发展适应律中的"适应",指的是积极的适应而非消极的适应。这种积极性既反映在作用发挥的主体上,也反映在作用发挥的对象上。从中华传统文化对构建人类命运共同体发挥作用的主体来看,"积极适应"指的是其主动而非被动地以人类社会发展的要求为准绳推动中华传统文化的创造性转化与创新性发展,积极而非消极地促使中华传统文化对人类命运共同体构建发挥的作用与人类社会发展的要求相适应。从中华传统文化对构建人类命运共同体发挥作用的对象来看,并不是所有的作用发挥对象均会对中华传统文化形成正确的认知与理性的理解。

科学认识中华传统文化的前提,是了解中华传统文化,这也是避免误解乃至曲解中华传统文化的最好方式。了解中华传统文化是一个积极主动的行为。作用发挥对象了解中华传统文化以后,涉及接受与认同的问题。依据全球主流的文化分布,可划分为九大文化圈。不同的作用发挥对象所处的文化圈有别,其对中华传统文化的接受度与认同力也会有所不同。以顺应人类社会发展要求为准绳理解中华传统文化对人类命运共同体构建所发挥的作用,不仅有助于提升作用发挥对象对中华传统文化的接受度、认同力,还有助于促使作用发挥对象尽可能达到作用发挥主体对自身的应然要求。因此,无论是从作用发挥的主体还是从作用发挥的对象来看,中华传统文化对构建人类命运共同体发挥作用所应遵循的"社会发展适应律",其"适应"指的均是一种积极而非消极的适应。

二、人类社会发展适应律成为基本规律的依据

我们将中华传统文化对构建人类命运共同体发挥作用的基本规律归结为"人类社会发展适应律",也即中华传统文化对构建人类命运共同体发挥作用一定要适应当今人类社会发展的要求,是有一定根据的。具体而言,可以从以下几个方面进行分析:

人类社会发展适应律作为基本规律是由其质的规定性决定的。中华传统文化对构建人类命运共同体发挥作用的基本规律,有其质的规定性。正是这些质的规定性使得基本规律得以同其他规律相区别。基本规律的质的规定性

至少应该包括两大属性,分别为普遍性与客观性。① 所谓"普遍性",指的是中华传统文化对人类命运共同体发挥作用应当适用于构建的全过程和各阶段,而不仅仅是某一个构建阶段发挥作用而在其他构建阶段不相适用;所谓"客观性",指的是只要中华传统文化对构建人类命运共同体发挥作用,这个规律就会不受到他人的意志干扰而起作用。中华传统文化对构建人类命运共同体发挥作用,要充分调动人的主观能动性。因此基本规律尽管具有客观性,但中华传统文化对构建人类命运共同体作用的全过程和各阶段必然存在主观性,只不过主观能动性的调动必须遵循客观的基本规律才能起到实际的作用。

中华传统文化对构建人类命运共同体发挥作用的过程,是一个主观能动性与客观规律性相结合的过程。将"人类社会发展适应律"视为基本规律,意味着只要中华传统文化对构建人类命运共同体发挥作用,该规律就具有普遍适用性。中华传统文化对构建人类命运共同体发挥作用的目的是缔造更加美好的人类未来、增进世界人民的利益福祉。我们唯有遵循人类社会发展适应律,这样的目的才可能转化为现实。

顺应当今人类社会发展的要求是中华传统文化对构建人类命运共同体发挥作用的准绳,该准绳贯穿于中华传统文化对构建人类命运共同体发挥作用的始终。中华传统文化对构建人类命运共同体发挥作用的基本规律具有客观必然性,这就是说,不管什么时候、什么条件下,中华传统文化对构建人类命运共同体发挥作用均不能违背当今人类社会发展的要求。顺应人类社会发展适应律,中华传统文化对构建人类命运共同体就会发挥促进作用;违背人类社会发展适应律,中华传统文化对构建人类命运共同体就会发挥阻碍作用。

习近平总书记指出:"只有顺应历史潮流,积极应变,主动求变,才能与时代同行。"②历史潮流是不可逆转的,促使中华传统文化对构建人类命运共同体发挥积极作用,正是积极应变、主动求变的现实表现,其必须也必然地受制并服务于当今人类社会发展的时代潮流。要想不做时代的落伍者,研究中华传统文化对构建人类命运共同体发挥作用就要自觉遵从基本规律,按照基本

---

① 罗洪铁:《思想政治教育原理与方法研究》,贵州人民出版社 2002 年版,第 217 页。
② 《习近平谈治国理政》第三卷,外文出版社 2020 年版,第 181 页。

规律的要求行事。因此,"人类社会发展适应律"作为中华传统文化对构建人类命运共同体发挥作用的基本规律是由其质的规定性决定的。

人类社会发展适应律作为基本规律在中华传统文化对构建人类命运共同体发挥作用规律系统中居于最高层次。中华传统文化对构建人类命运共同体发挥作用的基本矛盾是在具体构建活动中展开的,并产生了诸多受其影响与制约的具体矛盾。

基本矛盾和具体矛盾在中华传统文化对构建人类命运共同体发挥作用的发展历程中所处的地位是不同的。基本矛盾规定中华传统文化对构建人类命运共同体发挥作用的本质和发展方向,具体矛盾通过基本矛盾影响人类命运共同体的有效建构。"凡是矛盾运动,都呈现出一定的规律。"①从中华传统文化对构建人类命运共同体发挥作用的基本矛盾运动规律中,可以揭示抽象出"人类社会发展适应律"这一基本规律,从中华传统文化对构建人类命运共同体发挥作用的具体矛盾运动规律中,能够揭示抽象出具体规律。基本规律与具体规律共同形成了中华传统文化对构建人类命运共同体发挥作用的规律系统。

正确认识该规律系统,我们有必要既看到基本规律与具体规律的联系,又看到二者的差异。中华传统文化对构建人类命运共同体发挥作用的基本规律与具体规律是相互联系的,二者同属于规律系统的重要组成部分。中华传统文化对构建人类命运共同体发挥作用的基本规律与具体规律的不同之处在于其所揭示的规律范围不同、作用方式不同。② 基本规律揭示了中华传统文化对构建人类命运共同体发挥作用的本质,其规定并影响着具体规律的存在与发展。中华传统文化对构建人类命运共同体发挥作用的基本规律,影响着具体规律的实现程度。

从层次性上来讲,人类社会发展适应律作为中华传统文化对构建人类命运共同体发挥作用的基本规律,在整个规律系统中居于总体上的最高层次。中华传统文化对构建人类命运共同体发挥作用的具体规律,要在人类社会发

---

① 罗洪铁:《思想政治教育原理与方法研究》,贵州人民出版社 2002 年版,第 220 页。

② 罗洪铁、董娅:《思想政治教育原理与方法基础理论研究》,人民出版社 2005 年版,第 110 页。

展适应律的指导和制约下进行。比如过程运行充分满足律、影响要素相互协同律以及内化与外化辩证统一律等具体规律的实现程度,最终都要受到中华传统文化对构建人类命运共同体发挥作用的应然要求与实然构建现状之间存在矛盾的影响。人类社会发展适应律在中华传统文化对构建人类命运共同体发挥作用规律系统中居于总体上的最高层次,具备了作为基本规律的基础性品质。需要引起我们注意的是,人类社会发展适应律在规律系统中居于最高层次,这体现了该规律的研究具有极端重要性。但这并不意味着就可以看轻乃至忽视对具体规律的研究。事实上,中华传统文化对构建人类命运共同体发挥作用的基本规律,不仅是从具体规律中提炼出来的,而且需要以之为基础。离开了中华传统文化对构建人类命运共同体发挥作用的具体规律,基本规律就会成为无源之水、无本之木,也即失去了基础支撑。

人类社会发展适应律作为基本规律在中华传统文化对构建人类命运共同体发挥作用的所有活动环节中具有主导性。中华传统文化对构建人类命运共同体发挥作用的基本规律具有客观性,其是不以人的主观意志为转移的。该规律普遍地存在于中华传统文化对构建人类命运共同体发挥作用的具体实践活动之中。恩格斯指出,"原则不是研究的出发点,而是它的最终结果"[1]。总结中华传统文化对构建人类命运共同体发挥作用的基本规律,我们不能从原则出发、凭主观臆断做出,而要从具体的实践活动中对之加以概括、抽象与总结。[2]

中华传统文化对构建人类命运共同体发挥作用主要有四大实践活动环节,分别为中华传统文化对构建人类命运共同体思想形成、思想传播、思想认同以及思想实施发挥作用。这四大实践活动环节同人类社会发展存在着必然的本质联系。一方面,人类社会发展状况决定着中华传统文化对构建人类命运共同体思想形成、思想传播、思想认同以及思想实施发挥作用的内容与目标;另一方面,中华传统文化对构建人类命运共同体思想形成、思想传播、思想认同以及思想实施等实践活动所施加的影响,又会反作用于当今人类社会的

---

① 《马克思恩格斯文集》第 9 卷,人民出版社 2009 年版,第 38 页。
② 仓道来:《思想政治教育学》,北京大学出版社 2004 年版,第 75 页。

发展。中华传统文化对构建人类命运共同体发挥作用的具体实践活动由人类社会发展状况决定,同时又反作用于人类社会发展状况。二者之间相互作用所呈现出的内在的、本质的、必然的联系,就是中华传统文化对构建人类命运共同体发挥作用必须遵循的人类社会发展适应律。中华传统文化对构建人类命运共同体发挥作用除了受到基本规律的制约,还受到具体规律的影响,其实践活动得以展开是多种规律综合作用的结果。然而,这些规律所发挥的作用并不是完全相同的,而是呈现出一定的差异性。其中,人类社会发展适应律在中华传统文化对构建人类命运共同体思想形成、思想传播、思想认同、思想实施等活动环节中发挥着主导性作用。人类社会发展涵盖诸多方面,比如政治、经济、文化、科技等等。中华传统文化主要形成于我国农业社会,人类命运共同体是中国共产党在现时代倡导的新思想,中华传统文化要"走"出历史并对构建人类命运共同体思想形成、传播、认同、实施发挥作用,必须顺乎人类社会政治、经济、文化、科技等方面发展的时代潮流。中华传统文化有精华与糟粕之分,并不是所有的中华传统文化对构建人类命运共同体思想的形成、传播、认同、实施都会发挥促进性作用。与人类社会经济、政治、文化等方面发展潮流不相适应的中华传统文化,尤其是其中的糟粕部分,就不应"活"在当下。人类社会发展适应律贯穿于中华传统文化对构建人类命运共同体发挥作用的整个实践活动过程。无论哪一个实践活动环节,人类社会发展适应律均始终存在并持续发挥作用。因此,人类社会发展适应律作为中华传统文化对构建人类命运共同体发挥作用的基本规律,具有基本的主导地位。

三、人类社会发展适应律成为基本规律的表现

人类社会发展适应律成为基本规律,表现在中华传统文化对构建人类命运共同体发挥作用必须顺应当今世界的潮流、适应当今时代的特征。当今世界的潮流是和平、发展、合作、共赢。当今时代的特征是人类正处在大发展大变革大调整时期。顺应世界潮流、适应时代特征,中华传统文化对构建人类命运共同体就能够发挥积极作用。反之,中华传统文化将无助于人类命运共同体的有效构建。

中华传统文化对构建人类命运共同体发挥作用必须顺应当今世界的潮

流。人类社会历史发展往往赋予各个时代不同的潮流。人类社会发展适应律成为基本规律,表现在中华传统文化对构建人类命运共同体发挥作用必须与当今的世界潮流相适应。习近平总书记指出:"什么是当今世界的潮流? 答案只有一个,那就是和平、发展、合作、共赢。"①当今世界"正在兴起"的时代"潮流",正是和平、发展、合作、共赢。世界潮流代表了国际社会的发展趋势,中华传统文化对构建人类命运共同体发挥作用,必须顺应而不能违背这一潮流。

邓小平同志早在 20 世纪 80 年代,就对时代主题的转换做出了精当的阐发,他用"东西"指代"和平"问题,用"南北"指代"发展"问题,指出和平与发展是带有全球性的战略问题。在邓小平同志看来,"总起来说,世界和平的力量在发展。"②但他也提醒我们,战争的威胁仍然没有消除。邓小平对中国维护世界和平、制约战争寄寓了极大的期望。他强调:"等到中国发展起来了,制约战争的和平力量将会大大增强。"③通过数十年的努力,如今的中国已经发展成为世界第二大经济体④,"制约战争的力量有了可喜的发展"⑤,维持世界和平的力量因此而进一步增强。

从和平的状态来看,存在"消极和平"与"积极和平"两种方式⑥。对维护世界持久和平构成最大威胁的是暴力冲突。"消极和平"指的是没有战争等直接暴力冲突的状态;"积极和平"指的是没有霸权主义、强权政治等间接暴力冲突的状态。如今,局部战争和地区冲突的威胁并没有完全消除,霸权主义、强权政治更是阴魂不散。但从世界总体发展趋势上来看,持久和平是滚滚向前、不容逆转的时代潮流。中华传统文化对构建人类命运共同体发挥作用必须顺应当今世界潮流。

这种适应,同样存在积极与消极之分。消极地顺应时代潮流,是在中华传

---

① 习近平:《出席第三届核安全峰会并访问欧洲四国和联合国教科文组织总部、欧盟总部时的演讲》,人民出版社 2014 年版,第 34 页。

② 《邓小平文选》第三卷,人民出版社 1993 年版,第 105 页。

③ 《邓小平文选》第三卷,人民出版社 1993 年版,第 105 页。

④ 郑永年:《中国的文明复兴》,东方出版社 2018 年版,第 105 页。

⑤ 《邓小平文选》第三卷,人民出版社 1993 年版,第 105 页。

⑥ 王公龙等:《构建人类命运共同体思想研究》,人民出版社 2019 年版,第 77 页。

统文化对构建人类命运共同体发挥作用过程中被动地顺应世界发展大势。积极地顺应时代潮流,是在中华传统文化对构建人类命运共同体发挥作用过程中,主动地为世界持久和平创造条件,不断地为消除战争、抵制霸权主义和强权政治贡献力量。确保和平成为世界持久的发展潮流,仅仅依靠一个或几个国家的努力是不够的,其需要世界各国人民携起手来,为缔造一个没有战争、没有霸权主义和强权政治的持久和平世界而共同努力。人类社会发展适应律成为中华传统文化对构建人类命运共同体发挥作用的基本规律,这种适应集中表现为积极而非消极地顺应持久和平的时代潮流,表现为促使各行为体共同走和平发展道路,共同反对战争、抵制霸权主义和强权政治贡献智慧力量。

如果说和平关乎人类的生存,那么发展则关乎人类生存的质量。① 构建人类命运共同体的根本目的在于更好地满足世界人民对美好生活的期待。对于世界各国人民而言,发展不仅寄托着生存,而且饱含着希望。人类的整体性发展不能建立在一些国家越来越富裕,另一些国家越来越贫穷的基础上。当今世界已经成为一个越来越"平"、越来越"小"的"地球村"。托马斯·弗里德曼指出,我们如今已经身处"全球化3.0版本"的全新时代,这是一个世界从小号进一步缩小到微型,并且将竞争夷为平地的时代。② 共同发展、包容性发展、创新性发展、可持续发展已经成为不可逆转的世界潮流。人类社会发展适应律作为中华传统文化对构建人类命运共同体发挥作用的基本规律,表现为必须顺应共同发展、包容性发展、创新性发展、可持续发展的时代趋势。

习近平总书记认为,"今天的人类比以往任何时候都更有条件朝和平与发展的目标迈进,而合作共赢就是实现这一目标的现实途径"③。和平与发展是人类持续奋进的目标,合作共赢是将该目标化为现实的有效途径。和平与发展、合作与共赢、和平发展与合作共赢之间存在着紧密的逻辑关联。具体来讲,离开世界的持久和平,人类社会不可能持续、健康地发展;没有人类社会持续、健康地发展,也就不可能有世界的持久和平。

---

① 王公龙等:《构建人类命运共同体思想研究》,人民出版社2019年版,第77页。

② [美]托马斯·弗里德曼:《世界是平的:21世纪简史:内容升级和扩充版》,何帆、肖莹莹、郝正非译,湖南科学技术出版社2018年版,第9页。

③ 《习近平谈治国理政》,外文出版社2014年版,第274页。

习近平总书记在党的十九大报告中指出,"我们生活的世界充满希望,也充满挑战……没有哪个国家能够独立应对人类面临的各种挑战"①。当前国际社会所面临的全球性问题决定了不同社会制度、不同发展程度的各国唯有精诚合作,才会切实化解各种挑战、实现互利共赢。而实现互利共赢又会反过来进一步推动国际合作。习近平总书记还强调,"合作共赢是普遍适用的原则,不仅适用于经济领域,而且适用于政治、安全、文化等其他领域"②。在经济、政治、安全、文化等领域加强合作以求得共赢,有助于更好地维护世界和平、促进共同发展。而维护世界和平、促进共同发展又会推动各行为体共同建立起以合作共赢为核心的新型国际关系。中华传统文化对构建人类命运共同体发挥作用,表现为必须顺应和平、发展、合作、共赢这一不可逆转的世界潮流。中华传统文化是中华民族宝贵的精神财富,将这笔精神财富作用于人类命运共同体的构建中,是为了让世界长期处于和平、发展、合作、共赢的良好态势之中。人类社会发展适应律作为中华传统文化对构建人类命运共同体发挥作用的基本规律,表现在我们必须顺应当今世界和平、发展、合作、共赢的时代潮流。

毛泽东同志指出,"违反客观事物的规律要受惩罚"③。违反人类社会发展适应律,也即背离当今世界和平、发展、合作、共赢的时代潮流,不仅会妨碍中华传统文化这笔中华民族的宝贵精神财富在对构建人类命运共同体发挥作用的过程中实现价值增值,还会降低人类命运共同体的构建质量。相反,依据人类社会发展适应律行事,也即顺应当今世界和平、发展、合作、共赢的时代潮流,不仅有助于中华传统文化在对构建人类命运共同体发挥作用的过程中实现价值增值,还会大幅度提高人类命运共同体的构建质量。

中华传统文化对构建人类命运共同体发挥作用要顺应当今世界和平、发展、合作、共赢的时代潮流,这既是对作用发挥者自身而言的,也是对作用发挥对象而言的。作为中华传统文化对构建人类命运共同体发挥作用的主体,应

① 《习近平谈治国理政》第三卷,外文出版社2020年版,第46页。
② 习近平:《弘扬和平共处五项原则 建设合作共赢美好世界——在和平共处五项原则发表60周年纪念大会上的讲话》,人民出版社2014年版,第9页。
③ 《毛泽东年谱(1949—1976)》第四卷,中央文献出版社2013年版,第597页。

自觉顺应当今世界和平、发展、合作、共赢的时代潮流。有研究者指出,中华传统文化拥有完备的理论体系和实用化的价值取向,其具有积极的入世功能。①这种实用化价值与入世功能表现在经创造性转化与创新性发展的中华传统文化,不仅能够在顺应当今世界潮流的条件下对构建人类命运共同体发挥积极作用,还可以对逆世界潮流而动的行为体产生滋润化育的作用,促使其不断转变与时代进步不相适宜的思想与行为,进而为构建人类命运共同体争取更多的建设性力量。习近平总书记指出,"要跟上时代前进步伐,就不能身体已进入 21 世纪,而脑袋还停留在过去"②。当今国际形势正经历着自冷战结束以来最复杂、最深刻的变化③,但和平、发展、合作、共赢的时代潮流非但没有改变,反而更加强劲④。人类社会发展适应律作为中华传统文化对构建人类命运共同体发挥作用的基本规律,表现为必须顺应这一更加强劲的时代潮流。

中华传统文化对构建人类命运共同体发挥作用必须适应当今时代的特征。习近平总书记指出,当今"人类正处在大发展大变革大调整时期"⑤。世界多极化、经济全球化、社会信息化、文化多样化,是当前人类所处新时期呈现出来的新特征。人类社会发展适应律作为基本规律,表现在中华传统文化对构建人类命运共同体发挥作用既要服从于这些新特征,同时又要服务于这些新特征。

其一,中华传统文化对构建人类命运共同体发挥作用既要服从又要服务于世界多极化的发展趋势。世界多极化的"极",是针对国际关系中具有关键影响力的政治经济力量而言的。世界格局的发展演变与"极"的数量有很大的关联性。世界多极化萌发于二十世纪五六十年代,至九十年代逐渐形成,标志为冷战结束,美苏争霸的两极格局宣告终结。人类的脚步迈入二十一世纪以后,信息技术发展突飞猛进,科技进步使得国与国之间的联系更为紧密,这在客观上为世界多极化向纵深发展创造了充分的物质、技术条件。

---

①　梁国楹、王守栋:《中国传统文化精要》,人民出版社 2011 年版,第 22 页。

②　《习近平谈治国理政》,外文出版社 2014 年版,第 273 页。

③　张新平、蒋海娇、杨荣国:《中国特色的大国外交战略》,人民出版社 2017 年版,第 1 页。

④　习近平:《论坚持推动构建人类命运共同体》,中央文献出版社 2018 年版,第 415 页。

⑤　《习近平谈治国理政》第二卷,外文出版社 2017 年版,第 538 页。

世界多极化向纵深发展突出表现在新兴市场国家和发展中国家群体性崛起。傅莹指出，"国际事务不再完全由几个中心国家决定，全球问题也难以由个别国家解决"①。"当今世界的许多挑战都关系到这个星球的共同利益"②，应对全球性挑战理应由各国商量着办、协力加以解决。习近平总书记指出，全球发展正面临着"四大赤字"。他在"治理赤字""和平赤字""发展赤字"的基础上，又将"信任赤字"增加其中。这在一定程度上说明缺乏信任已经成为制约各行为体休戚与共的一大症结。

"信任赤字"之所以会存在，是由于国际竞争引发的摩擦未能得到及时、有效的控制，地缘博弈色彩不断加重。③ 凡此种种因素导致国际社会信任与合作不断受到侵蚀。国际摩擦升级、单边主义盛行，只会让不同行为体的误会越来越大、分歧越来越深。法国牧师约瑟夫·鲁说，"信任是友谊的重要空气，这种空气减少多少，友谊也会相应消失多少"④。进一步追问国际摩擦加速、地缘博弈色彩加重的缘由，在于有些西方发达国家不愿意承认新兴市场国家和发展中国家群体性崛起是历史潮流的事实，说到底是其没能从地缘博弈、零和博弈等旧有的思维框架下跳出来。

在大发展大变革大调整的时代条件下，摆脱"信任赤字"需要有大格局，而拥有大格局需要有大智慧。在习近平总书记看来，"信任是国际关系中最好的黏合剂"⑤。他提出要"把互尊互信挺在前头，把对话协商利用起来"⑥。这显示了了开阔、宏大的中国格局。单边主义、零和思维、地缘冲突没有出路，只会让奉行者走入"死胡同"。一个"黏合剂"的比喻、一个"挺在前头"的说明、一个"利用起来"的强调，将人类引向了光明的未来。这些宝贵思想的提出，均蕴含着中华传统文化讲信修睦、求同存异、聚同化异的精神基因。将人类社会发展适应律作为中华传统文化对构建人类命运共同体发挥作用的基本规律，有助于增强国际关系"黏合剂"的黏性，进而更好地顺应世界多极化的发

---

① 傅莹:《看世界》,中信出版社 2018 年版,第 37 页。
② 傅莹:《看世界》,中信出版社 2018 年版,第 35 页。
③ 马涛:《为破解全球"四大赤字"提供中国方案》,《学习时报》2019 年 4 月 24 日。
④ 万镇鲁:《智慧格言辞典》,上海辞书出版社 2002 年版,第 183 页。
⑤ 《习近平谈治国理政》第三卷,外文出版社 2020 年版,461 页。
⑥ 《习近平谈治国理政》第三卷,外文出版社 2020 年版,461 页。

展趋势。

"和平赤字"之所以会存在,原因在于霸权主义和强权政治阴云不散。将社会适应律作为基本规律,客观上要求中华传统文化在对构建人类命运共同体发挥作用的过程中,能够在抵制霸权主义和强权政治上有所贡献。霸权主义和强权政治侵蚀着世界和平的根基,对构建人类命运共同体施加极强的破坏力。不在根本上消除霸权主义和强权政治,不可能在真正意义上建立起一个持久和平的世界。霸权主义和强权政治得以大行其道的原因在于有些大国大搞单边主义。推进世界多极化对制约大国搞单边主义,从而消除霸权主义和强权政治大有裨益,其最为符合世界各国人民的共同利益。将人类社会发展适应律作为中华传统文化对构建人类命运共同体发挥作用的基本规律,有助于消除霸权主义和强权政治,进而更好地顺应世界多极化的发展趋势。

现有的国际秩序主要是由西方发达国家主导的,一些西方发达国家为了维护自身的利益,不愿看到新兴市场国家和广大发展中国家从全球产业链、价值链的低端或中低端溯流而上,运用各种手段对其经济发展和科技进步制造重重障碍。这样做的后果,是加剧了世界各行为体发展的失衡。① 而各行为体发展失衡,正是"发展赤字"得以出现的命门。破解各行为体发展失衡之困的最好方式,莫过于继续推动世界的多极化发展。新兴市场国家和发展中国家在世界多极化历史进程的推动中,不仅可以更好地加强国际合作,推动世界秩序朝着更加公正合理的方向发展,还能够提升其参与全球治理的国际话语权。将人类社会发展适应律作为中华传统文化对构建人类命运共同体发挥作用的基本规律,有助于促进世界各行为体均衡化发展,进而更好地顺应世界多极化的发展趋势。

全球治理赤字出现的原因在于国际治理体系与治理能力存在不足。传统的国际治理体系主要由西方发达国家掌握主导权和话语权。而一些西方发达国家在参与国际治理过程中未能跟上不断变化的世界发展大势,出现了治理能力欠缺、治理有效性低下等问题。应对全球治理赤字的最好方式,莫过于推动世界多极化的深入发展。新兴市场国家和发展中国家在促进全球治理体制

---

① 金鑫、林永亮:《共同推动世界多极化深入发展》,《人民日报》2019 年 2 月 15 日第 9 版。

变革、提升全球治理能力中发挥着越来越重要的作用,提升其参与国际事务的代表性和发言权,有助于推动全球治理体系朝着更加公正合理的方向发展。将人类社会发展适应律作为中华传统文化对构建人类命运共同体发挥作用的基本规律,有助于健全国际治理体系并提升国际治理能力,进而更好地顺应世界多极化的发展趋势。

通过以上分析可知,"四大赤字"是人类面临的严峻挑战,国际社会期待通过推进世界多极化来妥善化解这些问题。基于摆脱"四大赤字"的现实需要,中华传统文化对构建人类命运共同体发挥作用既要服从又要服务于世界多极化这一当今人类社会发展所呈现出的重要时代特征。

其二,中华传统文化对构建人类命运共同体发挥作用既要服从又要服务于经济全球化的发展趋势。马克思和恩格斯指出:"资产阶级,由于开拓了世界市场,使一切国家的生产和消费都成为世界性的了。"①他们有关世界市场的论述,道出了经济全球化的本质,即资本主义国家开拓市场世界推动了各种生产要素在世界范围内的流动与配置。经济全球化趋势的出现绝不是偶然的,从经济全球化的推动者也即发达资本主义国家自身的角度来看,拓宽国际市场、为生产出来的商品寻找出路,符合其根本的利益诉求;从世界总体发展趋向上来看,和平与发展的时代主题没有改变。在这种国际环境下,无论是发展中国家还是发达国家,均能够认识到发展经济对于自身的重要性。以积极地姿态走向国际市场,加强彼此之间的协调与合作,符合其共同的利益需求。此外,新科技革命的发展、金融工具的创新、跨国公司规模的扩大、全球组织的兴起等,均在不同程度上密切、加深了各行为体的经济联系。凡此种种因素综合在一起,决定了经济全球化成为了当今时代发展的基本特征之一。

习近平总书记对经济全球化得以出现的历史必然性进行了精当分析,他指出:"经济全球化是社会生产力发展的客观要求和科技进步的必然结果。"②经济全球化一方面是社会生产力发展的客观要求,另一方面也有力地推动了

---

① 《马克思恩格斯文集》第 2 卷,人民出版社 2009 年版,第 35 页。
② 《习近平谈治国理政》第二卷,外文出版社 2017 年版,第 477 页。

社会生产力的发展。在诺贝尔经济学奖得主约瑟夫·E.斯蒂格利茨看来,经济全球化"为创造有史以来最快的全球经济增长率做出了贡献"①。习近平总书记对经济全球化在人类社会发展中所起的作用也给予了充分肯定,他强调,"经济全球化为世界经济增长提供了强劲动力,促进了商品和资本流动、科技和文明进步、各国人民交往"②。为世界经济增长提供源源不断的动力支持,推动生产要素在世界范围内更加自由地流动,促进科技和文明的持续进步,进一步密切各国人民之间的往来,就要顺应经济全球化这一不可逆转的时代潮流。人类社会发展适应律作为基本规律,决定了中华传统文化对构建人类命运共同体思想形成、思想传播、思想认同、思想实施等环节发挥作用,都必须服从于经济全球化这一时代潮流。

人类社会发展的必然趋势在客观上要求各地区、各民族创造的精神产品要为增进世界人民的利益福祉服务。马克思和恩格斯指出,"过去那种地方的和民族的自给自足和闭关自守状态,被各民族的各方面的互相往来和各方面的互相依赖所代替了。物质的生产是如此,精神的生产也是如此。各民族的精神产品成了公共的财产"③。这是说,在各地区、各民族联系和交往进一步加深的现时代,由各地区、各民族创造的优秀文化不仅仅是属于其自身的精神财富,该财富还可以为世界人民所共享。中华传统文化是一座蕴含着无穷智慧的精神宝藏。构建人类命运共同体的目的就在于增进世界人民共同的利益福祉。中华传统文化对构建人类命运共同体发挥作用,符合全球化发展的时代要求。人类社会发展适应律是中华传统文化对构建人类命运共同体发挥作用的基本规律。规律是不以人的主观意志为转移的。中华传统文化对构建人类命运共同体发挥作用不仅要服从于经济全球化的发展趋势,而且要更好地服务于这一时代大势。

其三,中华传统文化对构建人类命运共同体发挥作用既要服从又要服务于社会信息化的发展趋势。腾讯原副总裁吴军认为,"世界达到今天这样的

①　[美]约瑟夫·E.斯蒂格利茨:《全球化逆潮》,李杨、唐克、章添香等译,机械工业出版社2019年版,第14页。
②　《习近平谈治国理政》第二卷,外文出版社2017年版,第477页。
③　《马克思恩格斯文集》第2卷,人民出版社2009年版,第35页。

文明程度并非巧合,而是有着很多的历史必然性"①。二十世纪九十年代出现的大量和信息有关的技术,就极大地推动了人类文明的发展②。比如,人类历史上第一台计算机的研发者约翰·冯·诺依曼意识到,计算机正在教会我们什么是科技"不论是近期,还是遥远的未来,科技会逐渐从强度、物质和能量问题转变为结构、组织、信息和控制问题"③。信息技术的飞速发展与广泛应用,已经使得社会信息化成为了当今人类社会的一大显著特征。中华传统文化对构建人类命运共同体发挥作用应服从于社会信息化这一当今人类社会发展的普遍趋势。

服从社会信息化的发展趋势有两种形式:一种是消极被动的服从,一种是积极主动的服从。中华传统文化对构建人类命运共同体发挥作用本身就是一个充分调动人的主观能动性,具有积极主动性特征的行为。中华传统文化对构建人类命运共同体发挥作用应积极主动而非消极被动地服从社会信息化的发展趋势。身处于社会信息化这一历史新时期的人们,能够以更为便捷的方式接受与传递信息。④ 这为中华传统文化对构建人类命运共同体发挥作用提供了有利条件。

人类社会发展适应律作为基本规律,客观上要求我们顺应、服从社会信息化这一人类社会的发展趋势。而顺应、服从于这一趋势,我们就要掌握相关的科学知识与研究方法。吴军认为,早在十八世纪之后,技术的发展已经离不开科学。⑤ 中华传统文化对构建人类命运共同体发挥作用要更好地顺应、服从于社会信息化的发展趋势,我们就应该更为积极地学习、了解、掌握最为前沿的信息技术,力争抢占信息科学的制高点。掌握前沿信息技术、抢占信息科学制高点,有助于中华传统文化对构建人类命运共同体发挥更为理想的作用效

---

① 吴军:《全球科技通史》,中信出版社 2019 年版,前言第 15 页。

② 王世伟:《社会信息化发展的新趋势与产业变革》,《情报资料工作》2013 年第 5 期,第 6 页。

③ [美]凯文·凯利:《科技想要什么》,严丽娟译,电子工业出版社 2016 年版,第 49—50 页。

④ 刘江玲、侯昊辰、范永青:《关于信息化的冷思考》,《情报科学》2013 年第 8 期,第 157 页。

⑤ 吴军:《全球科技通史》,中信出版社 2019 年版,第 337 页。

果。资深媒体人水木然认为,在现实世界中,缺少实施记录人们行为的工具。在互联网世界则完全不同,人们的行为处处留痕。将这些具有前兆性的行为数据搜集起来,进一步分析挖掘,就可以发现隐藏在大量细节背后的规律,依据规律,预测未来。①

社会信息化的发展给人类社会带来诸多变化,在舍恩伯格看来,相关关系在大数据背景下大放异彩。借助相关关系,人们认识、分析事物会更加便捷、更加清晰。② 构建人类命运共同体是为了塑造更加美好、更加光明的人类未来。掌握、利用大数据技术,有助于中华传统文化对构建人类命运共同体发挥作用的过程中减少盲目性、增强针对性。大数据技术的使用,一刻也离不开科学的算法。只有数据还远远不够,如何从海量数据中筛选出有用信息,搜集上来的有用信息该如何处理,都涉及算法的运用。③ 算法作为推动信息科学发展的重要工具,好似一个"大脑"。而"云计算"恰似一颗"超级大脑"④。拥有了这样一颗"超级大脑",我们将相关信息和数据传递给"它",让"它"帮助我们"运算"和处理中华传统文化对构建人类命运共同体发挥作用的各种信息,有助于得到一些"崭新的结果"⑤,从而大幅度提升作用发挥的科学性、有效性。

从发展趋向上来看,未来的"云计算"发展会和量子计算、生物计算以及很多新的技术结合起来⑥。因此,中华传统文化对构建人类命运共同体发挥作用要服从于社会信息化的发展趋势,这种服从不能是消极被动的而应该是积极主动的,具体表现在信息科技、量子科技、生物科技等方面的研究上,我们不能做落伍者,而要争当领路人。

有研究者提醒我们,要警惕信息化的热膨胀。信息化热膨胀一旦超过膨胀系数,就会使我们置身于危险之中。⑦ 我们应该理性看待社会信息化的发

---

① 水木然:《工业 4.0 大革命》,电子工业出版社 2015 年版,第 24 页。
② [英]维克多·迈尔·舍恩伯格、肯尼斯·库克耶:《大数据时代》,盛杨燕,周涛译,浙江人民出版社 2013 年版,第 75 页。
③ 水木然:《工业 4.0 大革命》,电子工业出版社 2015 年版,第 27 页。
④ 水木然:《工业 4.0 大革命》,电子工业出版社 2015 年版,第 27 页。
⑤ 水木然:《工业 4.0 大革命》,电子工业出版社 2015 年版,第 32 页。
⑥ 水木然:《工业 4.0 大革命》,电子工业出版社 2015 年版,第 32 页。
⑦ 刘江玲、侯昊辰、范永青:《关于信息化的冷思考》,《情报科学》2013 年第 8 期,第 157—158 页。

展。信息化好似一把"双刃剑",其在极大便利世人生活的同时也存在种种负面效应。身处在社会信息化的芸芸众生,最为明显的感受是面对几何级数增长的海量化信息不知道该如何取舍。①

美国未来学家奈斯比特坦言:"信息泛滥比没有信息更可怕"。这种可怕性同样反映在人类命运共同体思想的形成、传播、认同以及实施上。现代信息技术的发展为人类命运共同体的有效构建提供了便利,但也为负性信息的滋生与蔓延提供了沃土。在海量化信息面前做出取舍的主体,其信息素养的高低与信息能力的强弱,直接影响到人类命运共同体构建的有效性。人类社会发展适应律作为基本规律,表现为中华传统文化对构建人类命运共同体发挥作用要服务于社会信息化的发展趋势。中华传统文化蕴含的优良基因,决定了其能够为推动社会信息化的发展贡献力量。比如,我国儒家倡导"凡事预则立,不预则废"②,有助于我们针对负性信息的滋生与蔓延做好防御性工作,而这同样是有效构建人类命运共同体的基本要求。再比如说,孔子提出"非礼四勿",对于提升人们的信息素养与信息能力大有裨益。在现时代,获取与传播什么样的信息,所有个体均享有充分的自主权。以是否有利于增进全人类的利益福祉为准绳,对与之相背离的信息不接收、不传播,也即谨守孔子提出的"非礼四勿",人们在信息的海洋里畅游更容易找到前行的方向,构建人类命运共同体也可以因此而减少不必要的阻碍。从这个意义上来看,中华传统文化有利于在服务社会信息化发展的同时助力人类命运共同体的有效建构。

信息化在本质上是一场技术变革,谁拥有更为强大的技术优势,谁在信息化社会中就能够掌握、拥有更多的话语权。美国学者爱德华·W.萨义德在《文化与帝国主义》一书中指出:"在我们这个时代,直接的控制已经基本结束;我们将要看到,帝国主义像过去一样,在具体的政治、意识形态、经济和社会活动中,也在一般的文化领域中继续存在"③。文化帝国主义现象在信息化条件下不仅存在,而且有愈演愈烈的趋势。世界上热爱和平的人民团结起来,

---

① 刘晓英、文庭孝:《社会信息化反思》,《高校图书馆工作》2016年第1期,第91页。

② 《礼记·中庸》。

③ [美]爱德华·W.萨义德:《文化与帝国主义》,李琨译,生活·读书·新知三联书店2016年版,第10页。

共同反对帝国主义凭借信息优势侵犯他国的活动,共同为营造国际信息新秩序而努力,才能够切实为人类命运共同体思想形成、传播、认同与实施扫清障碍。中华传统文化蕴含有丰富的反对霸道、倡导王道思想,以之为精神滋养,能够较好服务于国际信息新秩序的营造、社会信息化的发展以及人类命运共同体的有效建构。因此,社会信息化是当今人类社会发展所呈现出的重要特征,中华传统文化对构建人类命运共同体发挥作用遵循人类社会发展适应律,必须服从并服务于这一时代特征。

其四,中华传统文化对构建人类命运共同体发挥作用既要服从又要服务于文化多样化的发展趋势。文化多样化是当今人类社会所呈现出的重要时代特征。① 各国、各民族创造的文化,可视为一道道能供人类享用的精神食粮。美国学者泰勒·考恩在探讨"多样性的悖论"问题时指出,"社会差异有助于扩大选择菜单"②。不同文化之间相互交融、相互吸收、相互借鉴,可以"让各国人民享受更富内涵的精神生活"③。让世界人民饱食更为丰富、更为美味的精神盛宴,我们必须顺应文化多样化发展的时代大势。

中华传统文化对构建人类命运共同体发挥作用既要服从又要服务于多样化文化共存的发展趋势。我国古人强调"和实生物,同则不继"④。人类文化的发展如果失去多样性,也会如其他事物一样失去活力、停滞不前。"和而不同"是中华传统文化所强调的重要思想,其凸显了人类文化多样化发展中共存共荣的世界意义。⑤

文化之间既具有差异性,又具有同一性。为了追求文化的同一性,完全无视甚至妄图消解文化的差异性,无疑于制作一道单一口味的菜品,这样的精神食粮必然让人难以下咽。诚如我国古人所言:"若以同裨同,尽乃弃矣。"⑥泰

---

① 陈立旭:《论文化全球化与文化多样化》,《中共福建省委党校学报》2001 年第 2 期,第 36 页。

② [美]泰勒·考恩:《创造性破坏:全球化与文化多样性》,王志毅译,浙江大学出版社 2017 年版,第 97—98 页。

③ 《习近平谈治国理政》第三卷,外文出版社 2020 年版,第 259 页。

④ 《国语·郑语》。

⑤ 温宪元:《文化多样化发展的重要特征》,《广东社会科学》2013 年第 5 期,第 63 页。

⑥ 《国语·郑语》。

勒·考恩强调，"某种层面的文化专长和差异可以激发更多的创新，丰富每一个人的选择"①。杜维明与池田大作在世纪对话中谈道，维护世界和平、促进共同繁荣需要尊重人类文化的多样性。② 中华传统文化对构建人类命运共同体发挥作用，必须服从并服务于人类文化发展的共存化特征。

承认人类文化发展的共存化特征，就要注重并保存本土文化的特色。尊重并保存本土文化的特色对于推动人类文化大发展、大繁荣至关重要。然而，我们当前所处的是一个全球化的时代。跨越时空的文化交流与融合越来越频繁。泰勒·考恩指出，"跨文化交流带有同质化的性质"③。西南大学崔延强教授和肖世红教授认为，"人类历史上还没有一个时代的气息能像今天这样获得前所未有的趋同性、不可抗拒性和普遍性"④。于是，人们不免产生了一种文化隐忧，即文化全球化会不会毁坏文化的多样性。文化多样化之所以成立，是因为本土文化具有自身的特色。这种特色会不会被不断趋同的全球性文化所消解，中华传统文化对构建人类命运共同体发挥作用要服从并服务的文化多样化是否会被"普世性"的世界文化所取代，是一个有必要加以澄清的问题。

从理论上来讲，各民族、各国家在全球化背景下对待本土文化，大体有三种行为选择：一种是舍弃本土文化的异质性特征，寻求文化上的全球同一性；一种是为避免全球文化趋同对具有特色的本土文化构成不利影响，退回到自我封闭的孤岛；还有一种是注重保存本土文化特色的同时，积极融入全球化发展进程中，促进不同文化间的融合与会通。辩证唯物主义认为，物质世界是多样性的统一。本土文化的差异化与世界文化的同质化，二者之间的关系并不绝对是相互对立、非此即彼的，而是可以实现相互融合、辩证统一。

---

① ［美］泰勒·考恩：《创造性破坏：全球化与文化多样性》，王志毅译，浙江大学出版社2017年版，第177页。
② ［美］杜维明、［日］池田大作：《对话的文明：池田大作与杜维明对话集》，商务印书馆2008年版，第58页。
③ ［美］泰勒·考恩：《创造性破坏：全球化与文化多样性》，王志毅译，浙江大学出版社2017年版，第174—176页。
④ 崔延强，肖世洪：《新时代马克思主义哲学专题研究》，中央文献出版社2006年版，第3页。

泰勒·考恩认为,跨文化交流"并没有完全消除差异,它只是消除了由空间差异所造成的差异"①。他指出,"认为全球化毁坏了多样性的说法其实是预设了一个集体主义的多样性概念……它还预设了多样性是以不同地理空间的文化差异形式出现的"②。本土文化最具特色的内容集中体现在各国家、各民族所秉持的核心文化价值中。世界文化的同质化主要表现在各国家、各民族均要坚守共同的人类文化价值。预设种种前提而认为全球化会毁坏多样性,实则是没有认识到人类共同文化价值与各国家、各民族所强调的核心文化价值并不是非此即彼的关系,而是一个辩证统一的整体。具体而言,人类共同需要坚守的文化价值,正体现在各国、各民族所强调的核心文化价值中。

文化全球化消除的仅仅是不同国家、不同民族在地理空间上的差异性。人类坚守的共同文化价值与民族国家恪守的核心文化价值并不会因地理空间的差异性被消除而只能做非此即彼的选择。二者所具有的不同特性仅仅在于:人类坚守的共同文化价值较之于民族国家恪守的核心文化价值更具抽象性与普遍性;民族国家恪守的核心文化价值较之于人类坚守的共同文化价值更具个体性与独立性。

本土文化特色不会因为文化全球化的发展而丧失其独立性,从这个意义上来看,舍弃本土文化特色寻求文化上的全球同一性并不是一种理性的行为选择。文化全球化的发展始终是一个建立在具有特色的本土文化基础上的多元化发展进程。本土文化特色并不会在文化全球化浪潮中被消融。为避免全球文化趋同对本土文化特色构成不利影响而退回到自我封闭的孤岛,也是一种非理性的行为选择。诚如崔延强教授、肖世洪教授所言,"在文化上,虽然全球化浪潮凸显了文化精神中的人类整体意识互动,但世界文化中的异质性和多样性才应是文化自身应然的存在方式"。他们指出,"正是各个民族、地区和国家在保持着自身特色时形成的异质性和多样性才保证了世界交往的这

---

① ［美］泰勒·考恩:《创造性破坏:全球化与文化多样性》,王志毅译,浙江大学出版社2017年版,第175页。

② ［美］泰勒·考恩:《创造性破坏:全球化与文化多样性》,王志毅译,浙江大学出版社2017年版,第176页。

种统一性"。①

各民族、各国家理性的行为选择是在增强自身核心文化价值认同的同时，主动顺应全球化浪潮，努力探寻人类共同坚守的文化价值。中华传统文化对构建人类命运共同体发挥作用，应服务于民族国家核心文化价值的坚守与人类共同文化价值的探寻。通过以上分析可知，文化多样化是当今人类社会所呈现出的重要特征，中华传统文化对构建人类命运共同体发挥作用遵循人类社会发展适应律，必须服从并服务于这一时代特征。

第三节　中华传统文化对构建人类命运共同体发挥作用的具体规律

中华传统文化对构建人类命运共同体发挥作用的规律，是一个立体化、综合性的关系结构，其是由一个基本规律和多个具体规律组成的多侧面、多层次的体系。基本规律是中华传统文化对构建人类命运共同体发挥作用需要遵循的基本准则。人类社会发展适应律作为基本规律，其是具体规律的总纲。具体规律是基本规律的阐释②，是对事物具体矛盾解决规则的提炼和总结③。中华传统文化对构建人类命运共同体发挥作用的过程中诸要素之间的本质联系及其具体矛盾的必然趋势，称之为具体规律。由于中华传统文化对构建人类命运共同体发挥作用存在许多具体矛盾，因而它也存在许多具体规律，比如过程运行充分满足律、影响要素相互协同律以及内化与外化辩证统一律等等。凡此种种具体规律均是对人类社会发展适应律这一基本规律的进一步阐释。

一、过程运行充分满足律

所谓"过程运行充分满足律"，指的是中华传统文化对构建人类命运共同

---

① 崔延强、肖世洪:《新时代马克思主义哲学专题研究》,中央文献出版社 2006 年版,第 4 页。

② 罗洪铁:《思想政治教育原理与方法研究》,贵州人民出版社 2002 年版,第 217 页。

③ 罗洪铁、董娅:《思想政治教育原理与方法基础理论研究》,人民出版社 2005 年版,第 111 页。

体发挥作用是一个动态、发展、变化的过程,要确保过程的良性运行,我们需要采取相应地措施。我们可以从过程运行必不可少的三个基本性要素以及过程运行的四大发展阶段,对该规律进行解析。

其一,中华传统文化对构建人类命运共同体发挥作用,涉及作用发挥的主体、对象以及环境,这三个要素应尽可能充分地满足过程良性运行的需要。作用发挥主体是中华传统文化对构建人类命运共同体发挥作用的施动者。没有作用发挥的主体,也就无所谓中华传统文化对构建人类命运共同体发挥作用的运行过程。施动者在过程运行中居于主导地位,其调控和引导着中华传统文化对构建人类命运共同体发挥作用的整个运行过程。

中华传统文化对构建人类命运共同体发挥作用的主体,应尽可能充分地提升自身的素质,以适应充分满足过程良性运行的需要。施动者素质的高低,直接决定着作用发挥效果的好坏。提升作用发挥者自身的素养,最重要的途径是不断推动其对中华传统文化的认识能力与认识水平,推动其实现创造性转化与创新性发展。我国古人强调"身教重于言教"。从中华传统文化中汲取智慧养料以推动人类命运共同体有效建构,施动者有必要率先垂范、做好自己。比如在寻求幸福的问题上,我们应该做到得之有道。我国儒家倡导"不以其道得之,不处也"①。也就是说通过非道义、不正当地方式所获得的幸福,宁可不要。在道义和利益面前,我们自身不能为了寻求利益而枉顾道义。孟子就曾指出,"上下交征利,而国危矣"②。如果施动者本国人民都在不择手段交相争夺利益,不顾他人幸福甚至安全,那么其就很难在过程运行中起到示范效应。中华传统文化对构建人类命运共同体发挥作用不是静态的,而是会随着时间的发展不断地呈现出新的阶段性特征。施动者更好地调控和引导中华传统文化对构建人类命运共同体发挥作用的运行过程,有必要结合这些阶段性特征,使之在内容设计上更为合理、在方法选择上更具人性化。施动者唯有不断提升自身的素质,才能尽可能充分地满足过程良性运行的需要。

作用发挥对象是中华传统文化对构建人类命运共同体发挥作用的受动

---

① 《论语·里仁》。

② 《孟子·梁惠王上》。

者。受动者既是中华传统文化对构建人类命运共同体发挥作用所指向的对象,也是施动者推进过程良性运行的依托者,更是中华传统文化对构建人类命运共同体发挥作用效果的直接体现者。只有施动者而没有施动对象,也无所谓中华传统文化对构建人类命运共同体发挥作用的运行过程。

中华传统文化对构建人类命运共同体发挥作用的受动者,无不是具有一定前见的个体。所谓"前见",按照海德格尔的理解,就是"先入之见"①。诸如受动者对事物原有的认识、见解、看法等"先入之见"在作用发挥前就已经被"先行给定"了。中华传统文化对构建人类命运共同体发挥作用,要以"此见"为先并在此基础上展开。受动者被给定了的"先入之见",有的可能成为中华传统文化对构建人类命运共同体发挥积极作用的基础,而有的则可能与中华传统文化对构建人类命运共同体发挥积极作用相对立。要想收获良好的作用发挥效果,我们有必要对受动者的"先入之见"有所了解,在作用发挥过程中既要做到"立",又要做好"破"。对于那些与中华传统文化对构建人类命运共同体发挥积极作用相对立的"先见",作用发挥者要勇于并善于破除。而对于那些为中华传统文化对构建人类命运共同体发挥积极作用提供基础的"先见",作用发挥者应善加利用,使之服务于受动者的塑造与改造。此外,中华传统文化对构建人类命运共同体发挥作用是一个具有动态性的矛盾运动过程。只有科学认识、准确把握受动者在中华传统文化对构建人类命运共同体发挥作用过程中各阶段的思想状况与行为特点,施动者才能更好地确定与人类社会发展要求以及受动者实际状况相适应的阶段性目标、内容与方法。也只有在此基础上,中华传统文化对构建人类命运共同体发挥作用的积极效果才能不断提升。在中华传统文化对构建人类命运共同体发挥作用的过程中,每一个受动者身上均可能同时存在着积极因素与消极因素。施动者应从发扬受动者身上积极因素、克服消极因素着手,不断为提升作用发挥的效果而努力。

中华传统文化对构建人类命运共同体发挥作用,是在环境的影响下进行的。这里的"环境",既包括宏观环境也包括微观环境。一方面,中华传统文

---

① 张江:《前见是不是立场》,《学术月刊》2016 年第 11 期,第 118 页。

化对构建人类命运共同体发挥作用,要顺应时代潮流、适应时代特征这一宏观环境;另一方面,中华传统文化对构建人类命运共同体发挥作用,还要受到特殊、具体的微观环境影响。无论是宏观环境还是微观环境,均是中华传统文化对构建人类命运共同体发挥作用不能不考虑的一个基本要素。

宏观环境反映的是人类社会的发展趋势,中华传统文化对构建人类命运共同体发挥作用只能顺应而不能背离。微观环境反映的中华传统文化对构建人类命运共同体发挥作用直接相关的、外在条件的总和。对于微观环境,我们可以对其进行净化、美化以及优化,以尽可能充分地满足过程良性运行的需要。

环境的净化,指的是环境对受动者的影响与增进全人类利益福祉这一目标在方向上保持一致;环境的美化,指的是创造一个有利于中华传统文化对构建人类命运共同体发挥作用的物质环境与精神环境;环境的优化,指的是使环境成为中华传统文化对构建人类命运共同体发挥作用的自觉手段并保持最佳状态。中华传统文化对构建人类命运共同体发挥作用的环境建设,既要特别关注对作用发挥产生重要影响的时代潮流、时代特征,又要重视微观环境的改善。主体、对象以及环境是中华传统文化对构建人类命运共同体发挥作用必不可少的三个基本要素。这些要素均应尽可能充分地满足过程良性运行的需要。

其二,中华传统文化对构建人类命运共同体思想形成、思想传播、思想认同以及思想实施等阶段发挥作用,应尽可能充分地满足过程良性运行的需要。中华传统文化对构建人类命运共同体发挥作用,是一个具有动态性的矛盾运动过程。这一过程主要解决知与行不相统一的矛盾。借助中华传统文化对构建人类命运共同体思想形成发挥作用,是为了促使作用发挥对象认识到参与构建人类命运共同体的重要性,实现由不知到知、由知少到知多的跃迁。借助中华传统文化对构建人类命运共同体思想实施发挥作用,是为了促使作用发挥对象将知转化为行。在知与行之间,需要有一些中间环节作桥梁和依托。再可贵的思想如果仅仅是存留在人们头脑中而不被传播,也很难对人类社会的发展起到实质性的推动作用。中华传统文化对构建人类命运共同体思想传播发挥作用,正是为了扩大可贵思想的传播范围。

　　一种思想被传播并不意味着其就一定可以被接受与认同。思想传播对象唯有在内心里接受并认同了该思想,才称得上思想传播具有有效性。中华传统文化对构建人类命运共同体思想认同发挥作用,有助于不断提升、增强思想传播对象对构建人类命运共同体思想的接受度与认同感。中华传统文化对构建人类命运共同体思想传播、思想认同发挥作用,是由知到行不可逾越的中间环节。离开这两个发展阶段,中华传统文化对构建人类命运共同体就无从妥善解决知与行之间的矛盾。知不能转化为行,中华传统文化对构建人类命运共同体发挥作用的运行过程就是非良性的。中华传统文化对构建人类命运共同体思想形成、思想传播、思想认同、思想实施发挥作用是过程运行必不可少的四大发展阶段。这四大发展阶段缺少其中的任何一个环节,都会有碍中华传统文化对构建人类命运共同体发挥作用过程的良性运行。这四大发展阶段不仅不可或缺,而且必须充分满足。

　　中华传统文化对构建人类命运共同体思想形成、思想传播、思想认同、思想实施发挥作用条件的满足程度同提升作用效果呈正比例关系。也就是说,越是满足中华传统文化对构建人类命运共同体思想形成、思想传播、思想认同、思想实施发挥作用的条件,越有助于提升作用效果。反之,中华传统文化对构建人类命运共同体思想形成、思想传播、思想认同、思想实施发挥作用的条件越是无法满足,越无助于提升作用发挥的效果。中华传统文化对构建人类命运共同体思想形成、思想传播、思想认同、思想实施条件满足得越好,提升效果越佳。从这个意义上来讲,中华传统文化对构建人类命运共同体思想形成、思想传播、思想认同、思想实施的每一个发展阶段,必须充分考虑到条件的满足状况。

　　中华传统文化对构建人类命运共同体思想形成的条件满足得越充分,越有利于作用效果的提升。在人类命运共同体思想形成阶段,施动者借助中华传统文化对受动者施加影响,其目的在于以充分的说理为条件促使后者由不知到知、由知少到知多。"理"是中华传统文化对构建人类命运共同体思想形成发挥作用的认识基础。施动者要想将说理的工作做好,首先对中华传统文化应该有相当的了解,对构建人类命运共同体的道理有深刻的体悟,对如何借助中华传统文化讲清楚构建人类命运共同体的道理有充分的认识。在一般情况下,说理是中华传统文化对构建人类命运共同体思想形成发挥作用的先导。受动者在构建人类命运共同体的认识上存在差别,施动者借助中华传统文化,将受动者失之偏颇的认识纠正过来,将受动者各不相同的认识统一起来,将受动者肤浅、片面的认识引导到本质、全面的认识上来,必须要讲清楚"理"的问题。中华传统文化对构建人类命运共同体思想形成发挥作用的过程,也是一个说理的过程。说理是中华传统文化对构建人类命运共同体思想形成的必要条件之一,该条件越充分地得到满足,越有利于作用效果的提升。

中华传统文化对构建人类命运共同体思想传播的条件满足得越充分,越有利于作用效果的提升。南京大学段京肃教授指出,"社会越进步,对传播媒介的依赖程度越高,人们寄予传播媒介的希望也就越大"①。中华传统文化对构建人类命运共同体思想传播发挥作用,同样要借助一定的传播媒介。构建人类命运共同体涉及全人类的利益福祉,为此应该构筑全方位、立体化的传播网络。"在媒介的拥有和使用上,人类似乎是喜新而不厌旧的。"②也就是说,中华传统文化对构建人类命运共同体思想传播发挥作用,既要借助传统媒介,也要借助各种新媒介。传统媒介是与新媒介相对而言的。广播、报刊、电视相对于数字媒介是传统媒介。但在广播出现之时,其相对于报刊而言是新媒介。未来,随着人类科技的发展与技术的进步,越来越多的媒介会应运而生。切实提升中华传统文化对构建人类命运共同体思想传播的效果,作用发挥者就要善于运用新媒介为思想传播服务。美国跨文化传播学的奠基人之一迈克尔·H.普罗瑟指出,"在任何传播系统中,传播者的地位对于他能在多大程度上发送、组织、利用和回应讯息都具有很大程度的相关性"③。这给作用发挥者带来的启示是要想让自身的声音传播的范围更广、影响力更大,就应积极履行国际责任,提升国际形象与国际地位。在媒介的运用上与时代同步伐,不断提升国际影响力,凡此种种因素越充分地得到满足,越有利于作用效果的提升。

中华传统文化对构建人类命运共同体思想认同的条件满足得越充分,越

①　段京肃:《大众传播学:媒介与人和社会的关系》,北京大学出版社 2011 年版,第 4 页。
②　段京肃:《大众传播学:媒介与人和社会的关系》,北京大学出版社 2011 年版,第 140 页。
③　[美]迈克尔·H.普罗瑟:《文化对话:跨文化传播导论》,何道宽译,北京大学出版社 2013 年版,第 42 页。

有利于作用效果的提升。构建人类命运共同体终究是要依靠人来推动的,而人是有感情的。无论是对于施动者还是受动者,拥有充沛而持久的热情、真诚而炽烈的情感之于中华传统文化对构建人类命运共同体思想认同发挥作用而言均是至关重要的。美国学者西蒙·道林认为,"真正的认同是要赢得人们一定程度的热情和精力的奉献"①。我国唐朝诗人白居易强调"感人心者,莫先乎情"②。"情通"才能"理达","理达"才能"笃行"。

列宁认为"没有人的情感,就从来也不可能有人对于真理的追求"③。构建人类命运共同体是占据真理制高点的创见④。认识并落实构建人类命运共同体思想的过程,正是一个探索、寻求真理的过程。要充分满足中华传统文化对构建人类命运共同体思想认同的条件,施动者首先要满怀深厚而真诚的情感、拥有强烈而持久的热情。深厚而真诚的情感、强烈而持久的热情是施动者借助中华传统文化对受动者认同人类命运共同体思想施加影响的先决条件。"人的情感具有两极,主要表现为肯定或否定、积极或消极等对立性质。"⑤受动者的情感是中华传统文化对构建人类命运共同体思想认同发挥作用不能不考虑的一个重要因素。借助中华传统文化培养、激励、陶冶受动者的情感,有助于推动人类命运共同体思想认同过程的良性运行。拥有充沛而持久的热情、真诚而炽烈的情感是中华传统文化对构建人类命运共同体思想认同发挥作用的重要条件,与之相关的条件满足得越充分,越有利于作用效果的提升。

中华传统文化对构建人类命运共同体思想实施的条件满足得越充分,越有利于作用效果的提升。构建人类命运共同体是一项具有长期性、复杂性与系统性的大工程。该工程的实施,离不开强大的信念做支撑。信念是推动人产生行为的力量⑥。中华传统文化对构建人类命运共同体思想实施发挥作

① [美]西蒙·道林:《认同:开启高效协作的密码》,周鸣、周涛译,电子工业出版社2017年版,第8页。
② 《白居易·如元九书》。
③ 《列宁全集》第25卷,人民出版社2017年版,第117页。
④ 严书翰:《构建人类命运共同体是占据真理和道义制高点的原创理论》,《世界社会主义研究》2019年第4期,第24页。
⑤ 陈秉公:《思想政治教育学原理》,高等教育出版社2006年版,第153页。
⑥ 陈秉公:《思想政治教育学原理》,高等教育出版社2006年版,第154页。

用,应在促使受动者建立正确信念上有所贡献。习近平总书记在谈及"中国梦"的实现问题时曾指出,"中华民族伟大复兴绝不是轻轻松松、敲锣打鼓就能实现的"①。构建人类命运共同体是为各国人民造福的"世界梦",这一梦想的实现同样不可能一帆风顺,我们要做好迎接各种困难与挑战的准备。

习近平总书记强调:"构建人类命运共同体是一个美好的目标,也是一个需要一代又一代人接力跑才能实现的目标。"②坚定的信念、顽强的意志力,是世代人接续奋斗,成就人类命运共同体这一世界梦想的强大精神动力。意志是将信念转化为行为实践的杠杆③,是在人类命运共同体思想实施过程中攻坚克难的重要品质力量。中华传统文化中蕴含着大量有关坚定信念、磨砺意志、将高尚行为坚持下去的精神财富。这些精神财富经过创造性转化与创新性发展,可以更好地服务于人类命运共同体思想的实施。挖掘并弘扬这些精神财富,是广大理论工作者的一项重要工作。因此,中华传统文化对构建人类命运共同体思想实施发挥作用,需要满足培养坚定信念、磨砺顽强意志、做到持之以恒等条件。受动者从中华传统文化中汲取智慧养料,其参与实施人类命运共同体思想的信念越笃定、意志越顽强、越能够做到持之以恒,越有利于作用效果的提升。

需要加以强调的是,中华传统文化对构建人类命运共同体思想形成、思想传播、思想认同、思想实施发挥作用需要满足的条件,是多样性的。我们在此探讨的是满足过程良性运行的重要条件,而非唯一条件,也即并没有涵盖所有的条件。事实上,中华传统文化对构建人类命运共同体发挥作用的过程具有动态性,我们必须以运动、发展、变化的眼光看待并研究满足过程良性运行的各种条件。此外,人类命运共同体思想的发展也不一定必须按照思想形成、思想传播、思想认同、思想实施的顺序进行。比如说,受动者也可以直接通过参与实施人类命运共同体思想,对其相关理论有所认知并产生强烈的认同感。中华传统文化对构建人类命运共同体发挥作用遵循过程运行充分满足律,也要根据客观情况进行具体分析。过程运行充分满足律是对人类社会发展适应

① 《习近平谈治国理政》第三卷,外文出版社 2020 年版,第 101 页。
② 《习近平谈治国理政》第二卷,外文出版社 2017 年版,第 548 页。
③ 陈秉公:《思想政治教育学原理》,高等教育出版社 2006 年版,第 154 页。

律这一基本规律的进一步阐释,因此该规律的实行必须顺应时代潮流、适应时代特征。与时代潮流相背离、与时代特征不相适应,则无助于过程良性运行的充分满足。

二、影响要素相互协同律

所谓"影响要素相互协同律",指的是中华传统文化对构建人类命运共同体发挥积极作用,必须使影响积极作用发挥的各要素在时间上保持连续性,在空间上保持一致性。

影响要素相互协同是中华传统文化对构建人类命运共同体发挥作用的一条具体规律。影响要素协同是中华传统文化对构建人类命运共同体发挥积极作用的必要条件。影响要素协同与中华传统文化对构建人类命运共同体发挥作用之前存在着紧密的逻辑关联,我们大体可以将影响要素相互协同规律概括为:诸要素保持了空间上一致性与时间上的连续性,中华传统文化对构建人类命运共同体就能够发挥积极作用;诸要素失去了空间上的一致性和时间上的连续性,中华传统文化对构建人类命运共同体就无法发挥积极作用;诸要素空间上的一致性与时间上的连续性保持得越好,越有助于中华传统文化对构建人类命运共同体发挥积极作用;诸要素空间上的一致性与时间上的连续性保持得越差,越不利于中华传统文化对构建人类命运共同体发挥积极作用。也就是说,中华传统文化对构建人类命运共同体发挥作用的各要素,空间上的一致性和时间上的连续性同积极作用的发挥呈正比例关系。诸要素在时空上越一致、越连续,越能够促使中华传统文化对构建人类命运共同体发挥积极作用。反之,诸要素在时空上越不一致、越不连续,越会妨碍中华传统文化对构建人类命运共同体发挥积极作用。中华传统文化对构建人类命运共同体发挥作用的"影响要素相互协同规律"包括两个方面的协同,分别为:时间上的纵向协同与空间上的横向协同。基本规律是具体规律的总纲。中华传统文化对构建人类命运共同体发挥作用的各要素,无论是在时间上保持连续性还是在空间上保持一致性,均要适应人类社会发展的时代要求。

中华传统文化对构建人类命运共同体发挥作用要求各要素在空间上保持一致性。中华传统文化对构建人类命运共同体发挥作用,总是在一定的空间范围内展开的。中华传统文化对构建人类命运共同体发挥作用的空间结构，是由四大要素组成的。分别为作用发挥者、作用发挥对象、作用发挥环境以及作用发挥介体(包括作用发挥内容、作用发挥目的、作用发挥手段、作用发挥活动)。从空间维度理解"影响要素相互协同规律"就是在中华传统文化对构建人类命运共同体发挥作用的全过程和各阶段要充分协调作用发挥者、作用发挥对象、作用发挥环境以及作用发挥介体四大要素之间关系的规律。

在中华传统文化对构建人类命运共同体发挥作用的全过程和各阶段，作用发挥对象不仅受到来自作用发挥者的各种自觉影响，还会受到来自作用发挥环境各种自觉或不自觉的影响，同时也不可避免地要受到作用发挥内容、作用发挥目的、作用发挥手段、作用发挥活动等作用发挥介体的影响。中华传统文化对构建人类命运共同体发挥作用的过程，就是控制各种自发影响以及协调各种自觉影响的过程。中华传统文化对构建人类命运共同体作用发挥的主体、对象、环境以及介体唯有在方向上保持一致或基本一致，才能收获良好的作用发挥效果。从横向协同维度理解中华传统文化对构建人类命运共同体所发挥作用，我们应认识到其并非是四个要素在空间范围内的简单相加，而是实现了以下三个方面的协同：

第一，中华传统文化对构建人类命运共同体发挥作用的主体、对象以及环境三者之间在方向上保持一致或基本一致。借助中华传统文化对构建人类命运共同体施加影响，离不开具体的作用发挥主体。中华传统文化对构建人类命运共同体是否发挥了作用以及发挥了多大的作用，均是针对作用发挥对象而言的。中华传统文化对构建人类命运共同体发挥作用的全过程和各环节始终受到环境的影响。确保中华传统文化对构建人类命运共同体发挥作用能够取得预期的效果，这三个方面在方向上需要协同一致或基本一致。主体、对象以及环境在方向上保持一致或基本一致，中华传统文化对构建人类命运共同体发挥作用就能够取得理想的效果。反之，主体、对象以及环境在方向上不一致或基本不一致，中华传统文化对构建人类命运共同体发挥作用则很可能无法取得预想的效果。评价中华传统文化对构建人类命运共同体发挥作用的效果，我们可以在作用发挥主体、对象以及环境三者在方向上是不是保持一致寻找原因。人类社会发展适应律是中华传统文化对构建人类命运共同体发挥作用的基本规律。

在方向上保持一致或基本一致,这里的"方向"可以从两个层面加以理解:一方面指的是要顺应时代潮流、适应时代特征。作用发挥主体、客体与环境在顺应和平、发展、合作、共赢的时代潮流,适应世界大发展、大变革、大调整的时代特征上不一致或基本不一致,无助于取得良好的作用发挥效果。另一方面,中华传统文化与构建人类命运共同体在增进整个人类利益福祉上具有高度的融通性。中华传统文化对构建人类命运共同体发挥作用的主体、客体以及环境,有必要在增进整个人类利益福祉上协同一致或基本一致。中华传统文化对构建人类命运共同体发挥作用的主体、客体以及环境保持一致或基本一致是一种理想的状态。在现实中,这三者之间更多的是出现不一致或基本不一致的现象。作用发挥主体的任务,就是及时发现这些不一致或基本不一致之处,采取适当的措施将其调整到一致。而作用发挥者要胜任这一使命,就要不断提升自身的能力与素养。中华传统文化对构建人类命运共同体发挥作用的主体,应将三者之间在反向上保持一致或基本一致,作为自身自觉保持并矢志追求的目标。

中华传统文化对构建人类命运共同体发挥作用主体协同三者在方向上保持一致或基本一致,包括三个方面的内容:第一个方面是作用发挥主体对自身的调节。这集中体现在作用发挥主体应不断审视自身作用发挥的内容与目的是否符合时代潮流与时代特征的要求,是否有助于不断增进整个人类的利益福祉。如果发现自身作用发挥的内容与目的与人类社会发展不相适应、与增进人类利益福祉不相协调,就应及时地将之调节到一致。第二个方面是作用发挥主体对环境的调节。中华传统文化对构建人类命运共同体发挥作用的宏观环境是历史发展大势,只能顺应而不能违背。作用发挥主体要自觉顺应时代潮流、适应时代特征。中华传统文化对构建人类命运共同体发挥作用的微观环境是多向而复杂的。作用发挥主体自身的能力范围是有限度的。对于无法改变的微观环境,作用发挥者应尽可能地加以净化、优化、美化。而对于有能力改变的微观环境,作用发挥主体有必要采取适当措施使之与增进人类利益福祉,与顺应时代潮流、契合时代特征的宏观环境保持或基本保持同向性。第三个方面是作用发挥主体对客体的调节。中华传统文化对构建人类命运共同体作用发挥主体应该运用各种恰当的方法和手段,增强、调动作用对象参与构建人类命运共同体的自觉性与积极性。作用发挥对象并不尽然都是构建人类命运共同体的建设性力量,作用发挥主体的任务就是借助中华传统文化促使作用发挥对象由构建人类命运共同体的消极力量甚至是破坏性力量向积极的、建设性力量转化;对于本然意义上对构建人类命运共同体发挥建设性力量的作用对象,作用发挥主体借助中华传统文化,使之能够在更高层次、更深程度上参与构建人类命运共同体。中华传统文化对构建人类命运共同体发挥作用唯有完成了这个过程,才能收获良好的作用效果。通过以上分析可知,中华传统文化对构建人类命运共同体发挥作用的主体、对象以及环境三者之间在方向上保持一致或基本一致,有助于良好作用效果的提升。

　　第二,中华传统文化对构建人类命运共同体发挥作用的目的与内容在方向上保持一致。人类社会发展适应律是中华传统文化对构建人类命运共同体发挥作用的基本规律。中华传统文化对构建人类命运共同体发挥作用的目的与内容相协同,必须在顺应时代潮流、适应时代特征等方向上保持一致。中华传统文化对构建人类命运共同体发挥作用的目的是增进整个人类的利益福祉。中华传统文化对构建人类命运共同体发挥作用的内容是围绕增进整个人类利益福祉而展开的。中华传统文化对构建人类命运共同体发挥作用,只有在顺应时代潮流、适应时代特征的条件下,才能不断增进整个人类的利益福祉,也即不断实现预期目的。中华传统文化对构建人类命运共同体发挥作用内容的设计唯有顺应时代潮流、适应时代特征才会更具科学性与合理性。构建人类命运共同体是一项宏大的系统性工程。中华传统文化对构建人类命运共同体发挥作用的总目的要与顺应时代潮流、适应时代特征保持一致,各阶段性目的也要尽可能地与之保持一致。无论是带有长远性的总目的,还是各阶段性目的,均应与增进全人类利益福祉这一方向保持高度一致。总目的与阶段性目的在方向上不一致,是提升中华传统文化对构建人类命运共同体作用效果的重大桎梏。从这个意义上来看,中华传统文化对构建人类命运共同体发挥作用的全过程和各阶段均应与增进全人类利益福祉保持高度一致。中华传统文化对构建人类命运共同体发挥作用具体内容的设计,需要结合作用对象的实际特点、结合作用环境的现实状况精心安排。唯有中华传统文化对构建人类命运共同体发挥作用的内容与目的实现协同,在方向上保持一致,我们才能不断收获良好的作用发挥效果。

第三,中华传统文化对构建人类命运共同体发挥作用的方法与活动在方向上保持一致。促使中华传统文化对构建人类命运共同体发挥积极作用,我们可以采取各种各样的方法、开展丰富多样的活动。但不管采用什么样的方法,开展什么样的活动,其必须在顺应时代潮流、适应时代特征等方面保持一致。中华传统文化对构建人类命运共同体发挥作用是一个具有动态性的过程。方法的选择与活动的开展必须结合具体的条件呈现出灵活性。中华传统文化对构建人类命运共同体发挥作用的对象所处的文化圈不同,其文化接受度也会存在差异。作用发挥对象此时对中华传统文化的接受度有限,并不意味着其于彼时不会得到提升。反之,作用发挥对象此时对中华传统文化的接受度较高,并不代表其在彼时仍会保持这种较高的文化接受度。

中华传统文化对构建人类命运共同体发挥作用主体需要结合不同的对象、不同的时间、不同的条件,采取灵活多样的作用发挥方法,开展丰富多彩的作用发挥活动。但值得引起我们关注的是,方法和活动仅仅是中华传统文化对构建人类命运共同体发挥作用的载体,而不是作用发挥的目的和内容本身。说到底,中华传统文化对构建人类命运共同体发挥作用的方法和活动,是为作用发挥的目的和内容服务的。因此,中华传统文化对构建人类命运共同体发挥作用的方法与活动必须在顺应时代潮流、适应时代特征上保持同向性。

从总体上来讲,中华传统文化对构建人类命运共同体发挥作用的各种方法、活动与目的、内容在方向上保持一致或基本一致,与作用效果的提升息息相关。具体而言,各种方法、活动与目的、内容在方向上保持一致或基本一致,有助于提升中华传统文化对构建人类命运共同体发挥作用的效果;而各种方法、活动与目的、内容在方向上不能保持一致或基本不一致,则会影响中华传统文化对构建人类命运共同体发挥作用效果的提升。因此,保持横向协同是"影响要素相互协同律"的重要组成部分。

中华传统文化对构建人类命运共同体发挥作用要求各要素在时间上保持连续性。中华传统文化对构建人类命运共同体发挥作用不仅要求横向层面实现协同,而且要求纵向层面也要实现协同。所谓"纵向协同",指的是中华传统文化对构建人类命运共同体分阶段地发挥作用,每个发展阶段均要与作用发挥的目的相符合、相一致。中华传统文化对构建人类命运共同体发挥作用,从纵向维度来看,大体经历了思想形成、思想传播、思想认同以及思想实施四个发展阶段。每个发展阶段均能够与人类社会发展的实际需要相适应,中华传统文化对构建人类命运共同体发挥作用才可以真正实现良性循环。中华传统文化对构建人类命运共同体发挥作用只有不断保持纵向协同,积极促成良性循环,才能切实收获良好的作用发挥效果。

中华传统文化对构建人类命运共同体发挥作用,既具有连续性又具有阶段性。作用发挥的过程,是连续性和阶段性相统一的过程。所谓"中华传统文化对构建人类命运共同体发挥作用具有连续性",指的是中华传统文化对构建人类命运共同体思想形成、思想传播、思想认同、思想实施发挥作用,并不是相互独立、相互割裂的,而是相互联系、相互渗透、相互促进的。上一个阶段中华传统文化对构建人类命运共同体思想所发挥的作用,总会或多或少地渗透到下一个发展阶段。比如中华传统文化对构建人类命运共同体思想形成阶段所发挥的作用,会或多或少地渗透到思想传播阶段;中华传统文化对构建人类命运共同体思想传播阶段所发挥的作用,会或多或少地渗透到思想认同阶段;中华传统文化对构建人类命运共同体思想认同阶段所发挥的作用,会或多或少地渗透到思想实施阶段。

中华传统文化对构建人类命运共同体发挥作用的具体规律是其基本规律的具体化。这在客观上要求中华传统文化对构建人类命运共同体发挥作用的每一个阶段均要顺应和平、发展、合作、共赢的时代潮流,适应世界大发展、大变革、大调整的时代特征。所谓"中华传统文化对构建人类命运共同体发挥作用具有阶段性",指的是中华传统文化对构建人类命运共同体思想形成、思想传播、思想认同、思想实施发挥作用,每一个发展阶段均具有相对的独立性,均具有有别于其他发展阶段的表现和特点。按照正常的逻辑发展脉络来讲,中华传统文化对构建人类命运共同体思想形成、思想传播、思想认同、思想实施发挥作用是依次推进的。但这仅仅是在一般意义上进行分析,并不排除有特殊情况的存在。中华传统文化对构建人类命运共同体思想形成、思想传播、思想认同、思想实施是连续地分阶段地发挥作用的,其是一个连续性与阶段性相统一的过程。

坚持连续性与阶段性相统一，就是要遵循影响要素相互协同的规律，分阶段地连续地借助中华传统文化对构建人类命运共同体思想形成、思想传播、思想认同、思想实施发挥作用。前一个阶段为后一个阶段打下基础，而后一个阶段在前一个阶段的基础上持续向前发展。这有利于不断提升中华传统文化对构建人类命运共同体发挥作用的效果，形成良性循环的发展趋势。需要加以说明的是，中华传统文化对构建人类命运共同体发挥作用，并不都能够按照阶段性与连续性相统一的理想状态进行。

中华传统文化对构建人类命运共同体发挥作用的过程大体有三种可能性：一种是良性循坏，一种是循坏中断，还有一种是恶性循环。所谓"中华传统文化对构建人类命运共同体发挥作用进入良性循环"，指的是中华传统文化对构建人类命运共同体思想形成、思想传播、思想认同、思想实施各阶段发挥作用，均符合人类社会发展的基本要求。中华传统文化对构建人类命运共同体发挥作用的各阶段，均有序、连续地向前发展。中华传统文化对构建人类命运共同体发挥作用，从最为根本的意义上来讲，其是为增进整个人类利益福祉服务的，其是人类自觉活动的表现。

中华传统文化对构建人类命运共同体发挥作用是合规律性与合目的性的统一。"合规律性关注客观世界的目的性，合目的性关注主观世界的自为性。"①中华传统文化对构建人类命运共同体发挥作用形成良性循坏，其实质是合目的性与合规律性相统一进入了理想状态。它的标志在于中华传统文化对构建人类命运共同体发挥作用的每一个阶段，都符合增进人类利益福祉的主观诉求。评价中华传统文化对构建人类命运共同体发挥作用能否增进整个人类的利益福祉，并不仅仅取决于人的主观愿望，还取决于具体而现实的实践活动。在中华传统文化对构建人类命运共同体发挥作用的全过程和各阶段，我们想问题、办事情均有必要严格遵循影响要素相互协同的规律。如此，才有助于不断提升作用发挥的效果。

所谓"中华传统文化对构建人类命运共同体发挥作用循环过程中断"，指

① 易超：《和谐哲学原理》，重庆大学出版社 2007 年版，第 36 页。

的是中华传统文化对构建人类命运共同体发挥作用的某一发展阶段不适应人类社会发展的现实需要,出现了良性循环中断的现象。

所谓"中华传统文化对构建人类命运共同体发挥作用进入恶性循环",指的是中华传统文化对构建人类命运共同体发挥作用处于与人类社会发展相背离的状态。此时必须采取妥善的办法及时加以解决,舍此将妨碍整个人类利益福祉的增进。

中华传统文化对构建人类命运共同体发挥作用只有进入良性循环状态才是顺应人类社会发展、有助于增进整个人类利益福祉的。循环中断或恶性循环只会降低中华传统文化对构建人类命运共同体发挥作用的效果。因此,中华传统文化对构建人类命运共同体发挥作用的全过程和各阶段我们都要密切关注,防止和克服循环中断或恶性循环的出现,促使作用发挥始终能够保持良性循环的状态,也即保持纵向协同。

通过以上分析可知,保持纵向协同是"影响要素相互协同律"的重要组成部分。影响要素相互协同律是对人类社会发展适应律这一基本规律的进一步阐释,因此该规律的实行必须顺应时代潮流、适应时代特征。与时代潮流相背离、与时代特征相冲突,则无助于各种影响要素实现协同。

三、内化外化辩证统一律

内化外化辩证统一律是中华传统文化对构建人类命运共同体发挥作用的具体规律之一。所谓"内化外化辩证统一律",指的是在中华传统文化对构建人类命运共同体发挥作用的过程中内化与外化辩证统一的规律。

中华传统文化对构建人类命运共同体发挥作用并不是一蹴而就的,而是有其必经的若干发展阶段。从中华传统文化对构建人类命运共同体思想形成、思想传播、思想认同以及思想实施发挥作用的发展阶段上来看,其实际上是施动者有目的、有计划、有组织地引导受动者实现内化与外化,使之在思想与行为上符合人类命运共同体构建要求的过程。

所谓"内化",指的是施动者借助中华传统文化引导受动者将构建人类命运共同体思想转化为自身的内在意识体系,使之成为支配自身言行的内在力量。构建人类命运共同体关乎全人类的利益福祉,因此有必要尽可能地统一世界人民的思想和行为,以确保其在参与构建人类命运共同体的过程中同向同行。习近平总书记在分析人类社会发展大势时强调,"当今世界,各国相互联系、相互依存,全球命运与共、休戚与共"①。中华传统文化是由伟大的中华民族创造的,但这一精神财富可以被世界各国人民所共享。施动者借助中华传统文化有目的、有计划、有组织地将构建人类命运共同体思想纳入受动者的意识体系中,正是为了促使世界各国人民均能够顺应时代发展大势。应当特别加以说明的是,无论施动者还是受动者其有关构建人类命运共同体的思想均是其对外部世界相关信息进行自觉整合后的产物。"我们生活的世界充满希望,也充满挑战。"②人类的未来是光明的,但前行的道路并不平坦。我国古人指出"单则易折,众则难摧"。无论是施动者还是受动者,按照内化外化辩证统一律行事,其基础是要遵循人类社会发展适应律,也即要树立顺应时代潮流、适应时代特征的思想。施动者要想借助中华传统文化有效引导受到者接受构建人类命运共同体思想,必须在内化阶段狠下功夫。

所谓"外化",指的是施动者引导受动者将自身已经形成的有关构建人类命运共同体思想转化为具体而实际的行动。外化阶段是衡量中华传统文化对构建人类命运共同体发挥作用过程是否真正取得理想效果的关键所在。外化是在构建人类命运共同体的实践过程中完成的,它要受到受动者自身知识能力素质和主观能动性的制约。研究中华传统文化对构建人类命运共同体发挥作用的最终目的,就是要充分调动世界各国人民参与构建人类命运共同体的积极性、主动性与创造性。施动者借助中华传统文化促使受动者在构建人类命运共同体的问题上达到知行统一,才能更充分地激发出推动人类社会发展的正能量。

在中华传统文化对构建人类命运共同体发挥作用的过程中,内化与外化是辩证统一的。施动者借助中华传统文化引导受动者将构建人类命运共同体思想转化为自身的内在意识体系,是其行为外化的基础与前提。没有内化,也就无所谓外化。施动者引导受动者将自身已经形成的有关构建人类命运共同

---

① 《习近平谈治国理政》第二卷,外文出版社 2017 年版,第 522 页。
② 《习近平谈治国理政》第三卷,外文出版社 2020 年版,第 46 页。

体思想转化为具体而实际的行动,是内化的目的与归宿。没有外化,内化也就失去了应有的价值。

在中华传统文化对构建人类命运共同体发挥作用的过程中,内化与外化不仅相互依存,而且相互渗透。内化中有外化。受动者在中华传统文化浸染下对构建人类命运共同体思想形成更为深刻地认识,是在一系列的行为实践中完成的。外化中也有内化。[①] 受动者在中华传统文化影响下参与构建人类命运共同体的行为实践,也要受到其认知水平、意志能力等的支配与控制。

既然中华传统文化对构建人类命运共同体发挥作用是内化与外化辩证统一的过程,那么,要不断提升作用发挥的效果,受教者就应严格遵守内化与外化辩证统一律,努力促使受动者实现内化与外化的有机结合与辩证统一。一方面,施动者应借助中华传统文化,积极引导受动者将构建人类命运共同体思想转化为自身的内在意识体系,提升其思想境界,以便为外化过程奠定坚实的基础;另一方面,施动者又要善于借助中华传统文化引导受动者将自身已经形成的有关构建人类命运共同体思想转化为具体而实际的行动。为创造更多的机会与条件引导受动者投身构建人类命运共同体的实践,施动者有必要搭建起广阔的国际合作平台。

"榜样的力量是无穷的。"受中华传统文化熏陶的施动者在构建人类命运共同体的过程中率先垂范、做好表率,有助于激发起受动者崇高的行为动机,将已经内化的思想外化为具体而实际的行动。内化外化辩证统一律是对人类社会发展适应律这一基本规律的进一步阐释,故而该规律的实行必须顺应时代潮流、适应时代特征。与时代潮流相背离、与时代特征相冲突,无助于中华传统文化对构建人类命运共同体发挥作用的过程中实现内化与外化的辩证统一。

---

① 　罗洪铁:《思想政治教育原理与方法研究》,贵州人民出版社 2002 年版,第 227 页。

第七章　充分发挥中华传统文化对构建人类命运共同体作用的路径选择

中华传统文化对构建人类命运共同体充分发挥作用,有必要探寻出具有可行性的路径。从消除思想偏见的角度来看,中华传统文化是立足于华夏大地而形成的精神瑰宝,其对覆盖全球的整个人类社会产生影响,充分发挥中华传统文化对构建人类命运共同体的作用,我们需要消除"中华传统文化仅仅是中国人民精神财富"的思想偏见;中华传统文化主要形成于"过去",其要对当下提出的构建人类命运共同体发挥作用,我们需要消除"传统就是过时"的思想偏见;中华传统文化既存在精华,也存在糟粕,不能以存在糟粕就掩盖甚至否定精华,将之统统斥为是落后的,中华传统文化对构建人类命运共同体发挥作用,我们需要消除"传统就是落后"的偏见。

复旦大学中国研究院院长张维为教授指出,"我们要建构全面的、透彻的、强势的话语体系"①。从创新话语体系的角度来看,构建人类命运共同体涵盖政治、安全、经济、文化、生态等方面,为此中华传统文化话语表达有必要依照不同领域有针对性地进行设计;构建人类命运共同体是一项长期且艰巨的历史任务,为此中华传统文化话语表达有必要依据不同发展阶段有针对性地进行设计;中华传统文化对构建人类命运共同体发挥作用,我们应考虑世界上生活于不同地区的人民对中华传统文化接受与理解的实际状况,为此中华传统文化话语表达有必要根据不同地区接受与理解中华传统文化的程度有针对性地进行设计。

---

① 张维为:《文明型国家》,上海人民出版社 2017 年版,总序第 2 页。

从优化整体环境的角度来看,中华传统文化对构建人类命运共同体发挥作用,有赖于良好环境的营造。做好提高国人"文化主体性"、打造"全球伙伴关系网"以及提升我国"全球影响力"等工作,有助于国内外环境的不断优化。

第一节　消除中华传统文化对人类命运共同体作用发挥的偏见

中华传统文化是一座可以对构建人类命运共同体发挥作用的"富矿",充分发挥其对构建人类命运共同体思想形成、思想传播、思想认同以及思想实施的作用,需要以理性消除各种不必要的偏见。具体而言,我们亟须消除"传统文化属地""传统就是过时""传统就是落后"等思想偏见。

一、消除"传统文化属地"偏见

北京大学楼宇烈教授认为,"只有自己的传统文化才是原创的"①。中华传统文化是中华民族的原创性精神成果。对待这些原创性的精神成果,我们自身应该倍加珍惜。但与此同时,也要注意堤防文化民粹主义思想的侵蚀。用文化民粹主义的观点去看待属于中华民族的原创性精神成果,就容易滋生不健康的"传统文化属地"偏见。这种思想偏见所造成的危害性是明显的,其会妨碍我们自身以及其他国家人民理性认识并认同中华传统文化。消除这种思想偏见,是促进中华传统文化对构建人类命运共同体发挥积极作用的重要路径。

所谓"传统文化属地"偏见,指的是以文化源发地的不同进行地域区隔,非理性地看待各民族创造的原创性精神成果。消除"传统文化属地"偏见,应从两个向度发力。一个是内在的向度,另一个是外在的向度。从内在的向度来看,对中华传统文化这一属于中华民族的原创性精神成果,我们自身要积极、大胆、热情地认识并认同,避免出现文化无知、文化自卑等现象。如果我们自身对中华传统文化都缺乏必要的了解与应有的自信,充分发挥其对构建人

---

① 楼宇烈:《中国文化的根本精神》,中华书局 2016 年版,"代序"第 6 页。

类命运共同体积极作用的动力就会不足。要消除"传统文化属地"偏见,在避免文化自卑、树立文化自信的同时,我国人民还要自觉抵制狭隘的文化民粹主义影响,避免妄自尊大地对待中华传统文化。走文化民粹主义道路与尊重、认同自身的传统文化是完全不同的两回事。走文化民粹主义道路的根本特点在于过分推崇自身的文化而对其他文化盲目排斥。

梁漱溟先生在分析中华民族创造的文化时曾指出,"历史上只见他一次再次同化了外族,而没有谁从文化上能征服他的事"[1]。中华传统文化在漫长的历史长河中,始终没有被其他民族创造的文化所征服、所同化,这显示了中华民族创造的文化具有能够保持相对独立性的特性,这让我们由衷地感到自豪。但我们在内心深处生发起对中华传统文化自豪感与自信心的同时,也要避免走向文化自大,避免走向盲目抵制甚至绝对否定其他国家、其他民族文化的误区。

在历史上,我们也并不是没有走过这样的道路。文史学者刘梦溪指出,纵使"号称盛世的康、乾时期,在经济上、军事上、版图上,是世界一流大国;文化上,则是十足的小国心态"[2]。文化上的小国心态,不无受到"传统文化属地"偏见的影响。在这种心态影响下,人们极容易将本民族原创的精神成果视为是最优秀的,不屑于吸收、借鉴其他民族创造的精神成果。

当帝国主义的侵略铁蹄践踏华夏大地之际,清王朝的一些统治者以及士大夫仍然在文化上自视甚高、傲慢自大。这些人承认清王朝技不如人、制度不如人,但并不认为思想文化不如人,不认为在文化上应该以"夷"为师。从实质上来看,这是文化自大心理在作祟。拒绝学习、借鉴他国尤其是西方的先进思想与文化,是导致近代中国积贫积弱的原因之一。

习近平总书记强调,"历史告诉我们,只有交流互鉴,一种文明才能充满生命力"[3]。"文化无墙,永远不能画地为牢。"[4]拒绝吸收、借鉴其他国家、其他民族文化的合理成份,文化自身的生命力将受到抑制。中华传统文化唯有

---

① 梁漱溟:《中国文化的命运》,中信出版社 2016 年版,第 24 页。
② 刘梦溪:《中国文化的张力》,中信出版社 2019 年版,第 13 页。
③ 《习近平谈治国理政》,外文出版社 2014 年版,第 259 页。
④ 余秋雨:《北大授课:中华文化四十七讲》,北京联合出版公司 2012 年版,第 8 页。

与各种文化相互交流,才能不断地向前发展。中华民族当前正走在"强起来"的康庄大道上,我国经济实力越来越强的同时,越来越多的人已经认识到文化强盛之于建成社会主义现代化强国的重要性。认识到文化强盛之于国家发展、社会进步的重要性是可贵的,但我们有必要堤防传统文化自尊心与自信心过度膨胀的问题。妄自尊大地对待中华传统文化,非但对于传统文化自身的发展全无益处,也无助于在文化层面建设一个开放包容的世界。从内在的向度来看,我们自身对待中华传统文化既不能妄自菲薄也不要妄自尊大,而是要以积极地姿态消除不健康的"传统文化属地"偏见。

从外在的向度来看,我们要竭力抵制犹如无根之萍的"中国渗透论"影响,向世界讲清楚中华传统文化绝不是文化渗透的思想工具。"中国渗透论"是随着我国日益走近世界舞台中央而出现的一种论调,该论调从实质上来看,是"中国威胁论"的升级版。[1]"中国威胁论"涵盖的内容是多方面的,既有中国人口威胁论、中国环境威胁论、中国粮食威胁论,也有中华文化特别是中华传统文化威胁论。中国渗透论涵盖的内容同样存在中华文化特别是中华传统文化的渗透。"中国威胁论"与"中国渗透论"的相同之处在于对中国发展的不适应。所不同的是,"中国威胁论"的鼓噪者,存在对传承和弘扬中华传统文化持有偏见与误读的情况,而"中国渗透论"的吹捧者,更带有恶意中伤、故意歪曲中华传统文化的色彩。

"中国渗透论"是"中国威胁论"的新变种,但我们有必要对二者区别对待。"中国威胁论"的吹捧者并不尽然都是恶意的,视我们传承并弘扬中华传统文化为一种威胁的国外人士,存在对中华传统文化在认识上过于肤浅的情况。需要特别加以说明的是,领悟中华传统文化的精髓,绝非仅仅指记住了多少汉字、会讲多少汉语、背诵了多少中华传统文化典籍。更为重要的是,从思想深入领悟中华传统文化的真谛。

对于因误读中华传统文化而持有"中国威胁论"者,我们应有足够的耐心向其解释中华传统文化之于人类社会发展的重要作用。这种论调从根源上来看源于对中华传统文化存在属地偏见,这种偏见并不一定都是有意识造成的。

---

① 孔新峰:《渗透论是威胁论的新变种》,《人民论坛》2019 年第 24 期,第 12 页。

无意识偏见的形成与生活方式、语言文化以及发展环境等方面有很大的关联。帮助其全面、深入地理解中华传统文化,有利于其从传统文化无意识属地偏见中走出来。

构建人类命运共同体是许多不同思维方式的行为体聚合在一起,其彼此之间相互理解本身就存在一定的难度,对不同文化存在偏见是可以通过跨文化交流得到消除的。通过跨文化交流,促使构建人类命运共同体的各行为体理解并领会中华传统文化对增进世界人民利益福祉是有帮助的,但开展相关工作不是朝夕之功,需要投入相当的精力与时间。为此,我们应该有足够的毅力与耐心。面对一些外国人士通过恶意炮制"中国渗透论"而有意识造成的"传统文化属地偏见",我们不能听之任之、无动于衷。有意识造成的"传统文化属地偏见"往往被包裹上一层学术的外衣。比如说,某些西方国家奉行的霸道行径与我国古圣先贤倡导的王者风范,正是中华传统文化中重点探讨的去霸道行王道问题。借该概念的提出试图抹黑中华传统文化的险恶用心昭然若揭。中华传统文化要对构建人类命运共同体发挥积极作用,恰恰离不开诸如文化与教育机构等平台载体。任凭这种不负责任的论调肆意蔓延,会延缓中华传统文化"走出去"的步伐,妨碍中华传统文化对构建人类命运共同体发挥积极作用。但我们的应对策略不能采取"对骂"的方式,事实上"中国渗透论"也是骂不回去的①。我们既要在学理上宣传阐释好中华传统文化之于人类社会发展的重要作用,又要在实践上推动人类命运共同体思想的落地。

中华传统文化是中华民族具有原创性的精神成果,这一成果要对构建人类命运共同体发挥积极作用,无论是从内在的向度还是从外在的向度来看,都有必要消除不合理的"传统文化属地"偏见。中华传统文化要对构建人类命运共同体发挥积极作用,首先我们自身要传承并弘扬好该文化。在传承与弘扬中华传统文化的过程中,一方面不能妄自菲薄,避免出现文化不自信、文化自卑等现象;另一方面,也不能妄自尊大,避免认为中华传统文化高人一等。妄自菲薄地对待中华传统文化,是过分否定中华民族经过长期历史积淀所创造的宝贵精神成果;妄自尊大地对待中华传统文化,是对中华民族创造的丰硕

---

① 林建成:《讲好中国故事 应对"中国渗透论"》,《人民论坛》2019 年第 24 期,第 25 页。

精神成果过分自骄自满。我们自身传承并弘扬好中华传统文化,并不意味着构建人类命运共同体的其他行为体能够接受中华传统文化。构建人类命运共同体的其他行为体接受中华传统文化,基础是了解中华传统文化。为此,我们就要用构建人类命运共同体的其他行为体"听得懂"的语言与表述方式,推动中华传统文化"走出去"。而避免妄自尊大、妄自菲薄地对待中华传统文化,也即从我们自身的角度消除不合理的"传统文化属地"偏见,有助于构建人类命运共同体的其他行为体更好地了解与认知中华传统文化。在推动中华传统文化国际传播的问题上,如果我们自身不够自信,过于妄自菲薄,传播中华传统文化的底气就会不足,构建人类命运共同体的其他行为体很可能会"听不清"我们所要传播的中华传统文化;如果我们自身自骄自满,过于妄自尊大,就很难实现不同文化之间的平等交流,遭致构建人类命运共同体其他行为体的不满。因此,从本然的意义上来讲,中华传统文化可以对构建人类命运共同体发挥积极作用。中华传统文化是中华民族具有原创性的精神成果,但倘若这些精神成果走不出去,不能为其他行为体所吸收与借鉴,也就谈不上其对构建人类命运共同体发挥作用。而要避免这一现象发生,我们自身就要努力消除"传统文化属地"偏见的不良影响,也即对待中华传统文化这一中华民族具有原创性的精神成果既不要妄自菲薄也不要妄自尊大。从内在的向度分析消除"传统文化属地"偏见,是为了讲好中华传统文化。讲好中华传统文化,推动这一属于中华民族的原创性精神成果走出去,是讲给人听的。中华传统文化"走出去"切忌自说自话,讲其他行为体"听不懂"的中华传统文化是徒劳的。我们既要考虑谁来讲,怎么讲,也要研究谁在"听""听"的动机是什么? 我们具体要研究是什么样的行为体在听我们讲中华传统文化,听我们讲中华传统文化的行为体其行为动机是什么。

关于"是什么样的行为体在听我们讲中华传统文化",具体应充分考虑到不同行为体生活方式、语言文化以及发展环境的差异性,在表述方式上注重"本土化",在内容选择上采用各行为体听得懂的语言表述方式,避免形成无意识的"传统文化属地"偏见。中华传统文化"走出去"不能犯想当然的错误,以为国人喜闻乐见地接受中华传统文化的方式,也适合于其他各行为体。我们要结合不同行为体的实际情况,考虑其相同文化内容的不同接受程度,不断创新中华传统文化走出去的形式、丰富中华传统文化走出去的内容。与此同时，我们要高度重视挖掘并发挥中华传统文化对化解人类社会发展难题所提供的智慧力量，促使构建人类命运共同体的各行为体认识到传承与弘扬中华传统文化不仅会造福中华民族自身，同样会造福世界各国人民。

关于"听我们讲中华传统文化的行为体其行为动机是什么"，具体应考虑其动机"纯"与"不纯"的问题。愿意听我们讲中华传统文化的行为体，其行为动机并不一定都是善意的。行为动机不纯者，会将中华传统文化斥之为我国向世界渗透影响力的思想工具。这种不健康的"传统文化属地"偏见，不仅仅是基于误读中华传统文化而形成的，更带有别有用心的政治目的。针对有意识形成的"传统文化属地"偏见，我们有必要分析偏见形成的原因，探讨个别行为体为什么要想方设法削弱我国的国际影响力。随着我国综合国力的提升，在扩大同世界其他行为体进行经济交往的同时，文化的交流也在加深。中华文化特别是中华传统文化"走出去"，有助于在文化交流中扩大我国的国际影响力，进一步增强我国的综合国力。个别行为体为压制我国国际发展空间，指责我们借弘扬传统文化对西方价值观念甚至世界秩序发起挑战，实则是这些行为体没有看懂中国发展之于人类进步的意义，实则是其没有领会中华传统文化的精髓，而从根本上来讲，是其心态发生了扭曲。

中华传统文化本身蕴含着强大的"和"基因，从中汲取精神养料，推动中国文化事业的发展乃至全球文明的进步，带给人类的只能是福祉而绝非挑战。消除有意识形成的"传统文化属地"偏见，解铃还须系铃人。中华传统文化不仅是中国人民宝贵的精神财富，也可以为这些行为体塑造积极、健康、阳光的心态提供精神养料。诚如习近平总书记在全国宣传思想工作会议上所说的，中华传统文化"对解决人类问题也有重要价值"①。面对某些西方国家的恐惧、疑虑与不安，我国正在并继续以实际行动证明自身的发展给世界带来的是实实在在的好处，而绝不是动荡与冲突。营造更加美好的人类未来，有赖于世界各个行为体共同努力。而打破文化壁垒，消除文化自大、文化自卑心理，正是各个行为体为建设人类美好未来迈出的坚实步伐。人类所有的文化成果均

---

① 《习近平谈治国理政》第三卷，外文出版社 2020 年版，第 314 页。

是共有的精神财富,共同守护并享用这些文化果实,为积极营造更加光明、美好的人类未来而努力,就不应采取失当的行为。应对各种全球性和区域性挑战,在客观上要求我们及时消除不合理的"传统文化属地"偏见,促使各种文化成果为人类的发展贡献应有的力量。充分发挥中华传统文化对构建人类命运共同体的作用并探寻出具有可行性的路径,正是积极有为的具体表现。

二、消除"传统就是过时"偏见

所谓"传统就是过时"偏见,指的是没有认清形成于"过去"的中华传统文化对"当下"社会发展所施加的影响。说中华传统文化过时了,也就是在强调形成于"过去"的中华传统文化,对"当下"的社会发展所发挥的作用是有限的甚至不再发挥作用了。也可以理解为部分过时以及全部过时了。关于中华传统文化是不是过时了,从实质上来看,涉及对文化生命力的探讨。一代通儒钱穆对该问题有过精辟论述,他多次将文化比拟为生命,认为人的生命有长有短,文化也有着长命与短命之别。[①] 人的生命终将寂灭,而文化的生命是否能够万古长青。如果答案是肯定的,那么其背后的奥秘是什么,这是我们研究文化对社会发展可否持续发挥作用需直面的问题。持"传统就是过时"偏见者,就是抱"文化短命观"。钱穆指出,在西方,似乎对文化都抱一种短命观。[②] 这种观念也并不是完全没有合理性。

纵观人类文明发展史,衍生于尼罗河流域的古埃及文明、两河流域的巴比伦文明、基非索斯河以及爱琴海的古希腊文明、意大利中部台伯河入海处的古罗马文明等等,今天都已经不见了踪影。文化既已寂灭,也就谈不上对社会发展发挥作用的问题了。拿这种观念来审视中华传统文化对人类社会发展所发挥的作用,难免失之偏颇。钱穆指出,"在我想,中国文化实是一个长寿的文化。如人一般,七十、八十,还像一年轻人"[③]。他以人的生命可以划分为物质与精神为喻,借指文化也可以区分为不同的类型。人的物质生命终将消逝,但精神生命可以永存并持续保持旺盛的生机与活力。在钱穆看来,"文化则是

---

① 钱穆:《中国文化精神》,九州出版社 2017 年版,第 104 页。
② 钱穆:《中国文化精神》,九州出版社 2017 年版,第 104 页。
③ 钱穆:《中国文化精神》,九州出版社 2017 年版,第 109 页。

一种'精神生命'"①。中华传统文化是中华民族历经数千年所创造的精神瑰宝,这些精神财富不仅在古代能够为人所用,在当代同样可以造福于世人;不仅在我国适用,在世界其他国家与地区也同样适用。促使其精神生命之树常青的原因是多方面的,其中在任何时候、任何条件下均坚守恒常不变的人伦常理是一个极为重要的因素。我国古人讲"天不变,道亦不变"。时代在发展、世界在变化,但人之为人的"道"是不变的。恪守诸如儒家倡导的"五常"仁、义、礼、智、信,法家推崇的"四维"礼、义、廉、耻等人伦常理,无论是在农耕文明时代还是在现时代,无论是在我国还是在国外,都概莫能外。《左传》中提到"人弃常则妖兴"。"五常""四维"等等,均是人之为人应该坚守的伦常大道,背弃这些做人的基本道理,各种离奇怪异的事情就会发生。中华传统文化历经数千年发展演化,积淀了至为丰富的做人道理。中华传统文化犹如甘甜的雨露,不仅滋润着中华民族的精神世界,也在劝导其他民族向上、向善。从时态上分析中华传统文化对推动人类文明与进步作出的贡献,既是过去时,也是现在进行时,更是将来时。历史与实践证明,中华传统文化已经为人类文明与进步贡献了巨大力量。从中汲取智慧力量,有助于促使世人始终坚守做人的伦常大道,从而消弭国际社会当下存在以及可能面对的种种乱象。从中华传统文化中汲取精神养料,有助于我们在任何时候都安守应该遵循的人伦本分,因此绝不能因之形成于"过去"就片面地判定其对"当下"毫无益处,中华传统文化可以始终保持旺盛的精神生命力。

解决中华传统文化的生命长度问题,对于消除"传统就是过时"偏见仍远远不够。我们还有必要探讨怎样确保中华传统文化"不过时"。中华传统文化自身并不会自发地证明其是否"过时",我们需要充分调自身的主观能动性,做到有所作为。"过去"形成的中华传统文化要走出"历史"并"活"在当下,我们应该证明其"活"在当下的价值。而促使中华传统文化对构建人类命运共同体发挥作用,正是证明其具有"活"在当下价值的最好体现。中华传统文化是中华民族历经数千年创造的原创性精神成果。这些精神成果从话语表达系统的角度来看,主要以繁体字书写的古汉语形式呈现出来。今人传承并

---

① 钱穆:《中国文化精神》,九州出版社 2017 年版,第 110 页。

弘扬中华传统文化,阅读以繁体字书写的古汉语难免存在障碍。古人在阐发相关道理时往往受到特定环境的影响,所使用的字词、字音、字义也常常有特殊的含义。促使中华传统文化对构建人类命运共同体发挥积极作用,有必要从话语形式上做好相应的创造性转化工作。精当、准确地把握中华传统文化要义,需要投入相当地精力与时间做好研究工作。对于一般的中华传统文化学习者而言,要做到文字学、音韵学、训诂学等学问样样精通是不现实的。事实上也没有必要。但这并不意味着相关话语形式创造性转化工作就不需要人来完成。在这些工作上留白,字形、字音、字义等方面存在的学习障碍就很难去除,而这势将影响中华传统文化对构建人类命运共同体发挥作用。我们需要一批又一批具有较高专业素养的研究者,推动以古汉语形式呈现的中华传统文化典籍向现代汉语转化、推动以繁体字形式书写的中华传统文化典籍向简体字转化,对中华传统文化典籍中的重要字词用人们喜闻乐见的语言进行注释,用今人容易理解的事实阐释好古人所揭示出的道理。

中华传统文化要真正的走出"历史"并"活"在当下,有赖于相关研究工作者做好现代普及工作。中华传统文化的现代普及是一项极为严肃而又艰苦的工作。相关研究工作者出色担负起创造性转化、创新性发展中华传统文化的时代使命,应尽可能遵照、领悟古圣先贤的本意,力避凭空臆释、断章取义、望文生义。比如说,孔子在《论语》中有言"学而时习之,不亦说乎"。关于该如何理解"习",不同的研究者有不同的见解。李炳南认为"习乃练习"①,"习是温习所学的事业"②。大多数注家也均认可"时常练习""温习"的解释。

李泽厚联系"习"提出的语境,指出其应为"实践"而非"时常练习""复习"。在李泽厚看来,孔子所要表达的原义是接受教育后经常实践,心中不是很愉快吗?③《论语》学而章三段为知行总说,李泽厚的这种解释更加贴近原义。如果我们将孔子提出的这句古训推及至人类命运共同体的构建上,依据大多数注家的解释,可将其理解为学习了有关构建人类命运共同体的知识并反复温习,不失为一件让人愉快的事情;依据李泽厚的注解,可将其理解为学

---

① 李炳南:《论语讲要》,长江文艺出版社 2019 年版,第 1 页。
② 李炳南:《论语讲要》,长江文艺出版社 2019 年版,第 14 页。
③ 李泽厚:《论语今读》,生活·读书·新知三联书店 2004 年版,第 24 页。

习了有关构建人类命运共同体的知识后并将之付诸实践,会让人由衷地感到愉快。了解、掌握有关构建人类命运共同体的知识固然重要,但更重要的是将这些思想付诸于实践。李泽厚对这句古训的解释显然更胜一筹。类似的例子可以说是不胜枚举。

要准确理解我国古圣先贤的原初意旨,做出合理地的阐释,就要下一番苦功夫、硬功夫、实功夫研读中华传统文化典籍。如此,才能在话语表达层面不断提高中华传统文化"双创"工作的质量,使之永葆生命活力,助推其对构建人类命运共同体发挥应有的促进性作用。

要消除"传统就是过时"偏见、促使中华传统文化对构建人类命运共同体产生影响,不仅我国人民要读得懂中华传统文化典籍,还要帮助外国人读懂中华传统文化典籍。促使中华传统文化对构建人类命运共同体发挥作用,不仅要求我国人民读懂、领会中华传统文化典籍的精神实质,还要求其他国家人民也能够读懂、领会中华传统文化典籍的精神要义。中华传统文化典籍是用汉语写成的,其要"走出去"并对人类命运共同体的构建施加影响,我们有必要创造性地将之转为外国语言。完成这一工作,我们有许多具体的任务要做。从语用主体的角度来看,无论是我国还是外国的译介者,无不扮演着双重角色。一重角色是中华传统文化的接受者、诠释者,另一重角色是中华传统文化的表达者、传播者。促使中华传统文化对构建人类命运共同体发挥作用,国内外译介者首先要消除"传统就是过时"的思想偏见。对中华传统文化抱持已经过时,也即不再具有生命力的思想偏见,就不容易看到乃至完全忽视其对促进人类社会发展具有价值的一面。无论是我国还是国外的译介者,倘若"先定假设"中华传统文化已经过时、已经不管用了,那么其在开展相关译介工作前,就已经走进了思想误区。

认知意向对客观世界具有"照明"作用[1]。坚持中华传统文化具有生命力的认知意向,才能帮助译介者"照亮"其对推动社会发展所具有的价值,才能帮助译介者更好地迎接工作挑战。倘若在工作开展前以及工作进行中形成了中华传统文化已经过时、已经不管用了的认知意向,那么当其掌握目的语、钻

---

[1]　孙隆基:《中国文化的深层结构》,中信出版社 2015 年版,第 4 页。

研中华传统文化遇到困难时,也就更容易败下阵来。我国译介者是在现代语言文化的社会语境条件下开展中华传统文化典籍语言转化工作的,需要冲决时间与空间范围的双重挑战。在用今人读得懂的语言译介古人完成的典籍的同时,也要考虑国外接受主体的语言使用习惯与环境。国外译介者不仅要精通现代汉语、古代汉语,还要熟悉并深入理解中华传统文化典籍。这些均给中华传统文化典籍译介工作提出了相当高的要求。目的语掌握、中华传统文化理解不到位,都有可能影响到中华传统文化生命活力的释放。无论是我国译介者还是国外译介者,均有必要在了解不同文化与现实的基础上,推动中华传统文化典籍在语言上的合理转化与创新。从整体上来看,不断提升国内外译介者的语言能力、文化素养,促进国内外译介者的交流与合作,有助于中华传统文化生命活力的持续释放、有助于促使其对构建人类命运共同体施加影响。而这对于消除中华传统文化已经过时、已经不管用了等思想偏见是极为重要的。

三、消除“传统就是落后”偏见

中华传统文化有精华,也有糟粕。糟粕的部分固然是落后的、保守的、消极的。充分发挥中华传统文化对构建人类命运共同体的作用,有必要破除以偏概全、盲人摸象的思想偏见。不能因为只看到中华传统文化中存在糟粕,就偏狭地判定其是中华传统文化的全部、武断地认为中华传统文化都是落后的。这种“一叶障目,不见泰山”“只见树木,不见森林”的思想意识,会极大地妨碍中华传统文化对构建人类命运共同体发挥积极作用。

中华传统文化是中华民族精神的集中体现,它好似雨水一样,滋润着古老而伟大的中华民族以特有的精神风貌长期屹立于世界民族之林。然而,近代后,我国逐渐沦落到任人宰割的悲惨境地[1],这其中不无受到中华传统文化落后面的影响。该如何看待中华传统文化对现代文明建设的作用,成为关心中华民族乃至整个人类前途命运的仁人志士思考的课题。需要承认的事实是,

---

[1]　张岱年:《领先与落后的反思:放眼世界谈中国传统文化》,《月读》2015年第5期,第69页。

中华传统文化在我国历史上曾一度遭到质疑、贬低乃至于否定。这种现象肇始于鸦片战争的爆发,强化于甲午海战、戊戌维新的失败,到五四运动时期达到了高潮。

是不是历史上出现过批判中华传统文化的浪潮,我们就应对其绝对化加以否定。对于这一问题,我们有必要对将中华传统文化批判推向高潮的"五四运动"进行简要分析。李泽厚提醒我们,对于"五四运动",我们不应笼统地进行分析,而应看到其包含两个性质不同的运动。一个是倡导启蒙的新文化运动,另一个是推崇救亡的爱国主义运动。他告诫我们要注意二者之间的复杂关系。① 研究激烈否定中华传统文化、倡导启蒙的新文化运动,应注意与爱国主义运动结合起来。李泽厚提到了一个极为重要的观点,即"五四运动"就其实质说,至少在其发展初期,却又只是上一阶段历史工作的继续。② 从上一阶段历史工作来看,辛亥革命后,清王朝尽管被推翻,但思想异常混乱,"强大的保守顽固势力便不断掀起尊孔读经、宣扬复辟的浪潮,想牵引局面恢复或倒退到'前清'时代去"③。

普列汉诺夫认为,每个时代都有它自己中心的一环,都有这种为时代所规定的特色所在④。"在近代中国,这一环就是关于社会政治问题的讨论了。燃眉之急的中国近代紧张的民族矛盾和阶级斗争,迫得思想家们不暇旁顾"⑤。为避免"死人拖住活人,封建的陈垢阻挠着社会的前进"⑥,五四运动前后,一批忧患民族命运、期盼救亡图存的思想家对中华传统文化的落后面发起了攻击。比如鲁迅之所以要鞭挞封建专制主义文化,是因为他看到了这种文化是造成奴性的根源。在奴性文化浸泡下,被统治者耽于迷信思想,诸如祥林嫂之类的人物始终活在恐惧之中,死亡于她不是痛苦的结束而是更恐怖生活的开始,等待她的"阴间锯刑"令其担惊受怕;被统治者受制于封建礼教,诸如爱姑这样的女子被夫权主义锁链套住脖子而勒死,诸如充满真性灵的少年润土被

---

① 李泽厚:《中国现代思想史论》,生活·读书·新知三联书店 2008 年版,第 1 页。
② 李泽厚:《中国现代思想史论》,生活·读书·新知三联书店 2008 年版,第 2 页。
③ 李泽厚:《中国现代思想史论》,生活·读书·新知三联书店 2008 年版,第 3 页。
④ 许纪霖:《现代中国思想史论》(上),上海人民出版社 2014 年版,第 23 页。
⑤ 李泽厚:《中国近代思想史论》,生活·读书·新知三联书店 2008 年版,第 485 页。
⑥ 李泽厚:《中国近代思想史论》,生活·读书·新知三联书店 2008 年版,第 482 页。

封建政治、经济制度捆绑,到中年硬生生活成了一尊呆滞、机械的"木偶";被统治者逆来顺受,不愿也不敢向压迫者发起挑战,诸如七斤、华老栓之辈甘愿半死半生的苟活,也不愿为了幸福生活而与压在头上的"大山"奋力一搏。

习近平总书记认为,传统文化在其形成和发展过程中"不可避免会存在陈旧过时或已成为糟粕性的东西"①。客观地讲,中华传统文化中的确包含着保守、腐朽、陈旧的东西。封建迷信思想、封建纲常思想、封建专制思想等等是中华传统文化中的落后面,它们束缚人心与人性。如不经过创造性转化与创新性发展,很难对时代进步产生积极影响。从这个视角来看,对中华传统文化中的落后面进行反思与批判,具有一定的合理性。然而,因为中华传统文化中存在落后面而将之全盘否定,显然也是偏激且片面的。回到特定的历史背景下对相关问题进行分析,我们不难发现,时人鞭挞、抨击乃至绝对化否定中华传统文化,不无受到爱国主义精神的影响。

挽救民族危亡是近代后每一位中华儿女的由衷期盼,在非理性爱国主义精神影响下,时人将我国积贫积弱的根源归咎于以儒家为代表的中华传统文化,是失之偏颇的。我们在看到中华传统文化具有落后面的同时,也要看到其具有先进性的一面。具有先进性的中华传统文化是中华民族的精神根脉。全盘否定中华传统文化,不仅我们的民族会处于无根状态,还会影响到我们民族独创的先进性精神成果为世界发展贡献力量。对于这一问题,"五四运动"前后的思想家也并非没有认识。比如蔡元培就主张抽象地继承孔子的精神遗产,郭沫若就曾将孔子与列宁、华盛顿相提并论。即便是在"批孔贬儒"上曾一度极为激烈的学者,诸如陈独秀等等,日后也强调要科学理性地认识孔子、对待中华传统文化。

反思、批判中华传统文化中的落后面是必要的,但无限制放大落后面并据此而否定整个中华传统文化,则是失之偏颇的。李泽厚指出,"传统常常是集好坏于一身,优劣点很难截然分割。这就不是片面的批判和笼统的反对所能解决,而首先要有具体历史的分析"②。他劝导我们,对于中华传统文化要有

---

① 《习近平谈治国理政》第二卷,外文出版社 2017 年版,第 313 页。
② 李泽厚:《中国现代思想史论》,生活·读书·新知三联书店 2008 年版,第 40 页。

一种"清醒的自我觉识",以图进行某种转换性的创造①。中华传统文化中既存在精华也存在糟粕,其要更好地服务于当下的社会发展,我们必须充分调动自身的主观能动性,对之进行创造性转化与创新性发展。

做好中华传统文化"双创"工作,促使其对构建人类命运共同体发挥积极作用,我们应自觉摒弃两种极端做法:一种是因中华传统文化中存在精华,对于糟粕的部分就漠然视之;另一种是因中华传统文化中存糟粕,对于精华的部分就弃如敝屣。认识中华传统文化,我们应坚持全面、客观、理性的立场与方法,以动态的眼光对之进行具体历史的分析。在李泽厚看来,"无论是肯定或否定,脱离总体历史即成为片面的抽象的论证"②。无论是肯定中华传统文化中的精华,还是否定中华传统文化中的糟粕,都不能脱离总体历史环境而主观地做出臆断。

张岂之先生指出,人类文明史上的任何一种文化,都是精华与糟粕并存,纯之又纯的文化形态并不存在③。中华传统文化同样具有它的两面性,其对于人类命运共同体构建所发挥的作用是双重的,既有积极影响又有消极效应。对待中华传统文化要有一种清醒的自我觉识,在承认其具有落后性,对人类命运共同体构建具有消极效应的同时,也不能忽视其具有先进性,对人类命运共同体构建具有积极影响的一面。

毛泽东同志在对中华传统文化中存在的精华与糟粕进行分析时就曾指出,"决不能无批评地兼收并蓄"④。然而,有批评地对待中华传统文化,并不是说因其存在糟粕,就要对之进行全盘否定。这里所讲的"有批评地兼收并蓄",指的是扬弃地继承、创造性地发展中华传统文化。促使具有先进性的中华传统文化对构建人类命运共同体发挥积极作用,我们必须消除"传统就是落后"这种以偏概全的思想偏见。消除此种偏见之所以至关重要,是因为中华传统文化中的精华与糟粕并非泾渭分明。二者并没有装好在两个不同的匣子里,而是相互糅合在一起。持有"传统就是落后"的思想偏见,极容易在对

① 李泽厚:《中国现代思想史论》,生活·读书·新知三联书店2008年版,第40页。
② 李泽厚:《中国现代思想史论》,生活·读书·新知三联书店2008年版,第41页。
③ 张岂之:《科学地对待传统文化》,《求是》1995年第11期,第43页。
④ 《毛泽东选集》第二卷,人民出版社1991年版,第708页。

中华传统文化进行批判时,将"洗澡水和孩子一起倒掉"。

　　中华传统文化并不是没有缺陷的,批判其中的糟粕并无不妥,但在批判的过程中将精华的部分也一概否定就是失当的。用今人的眼光来审视纵使是中华传统文化中的糟粕,也不见得没有任何具有可传承性的合理内核。在马克思主义发展史上,就上演过诸如此类的历史事件。马克思曾形象地将费尔巴哈比喻为一位"糊涂的老太婆",他在批判黑格尔唯心主义时,也将蕴含于其中的辩证法因素一概否定了。唯心主义显然是不符合客观世界本然面目的,但借以阐明唯心主义道理的辩证法因素,却闪耀着思想光辉。费尔巴哈这位给"孩子"洗澡的"老太婆",在洗澡结束后,竟糊涂地将"孩子"与"脏水"一并泼出门外了。我们传承并弘扬中华传统文化,不应做"糊涂的老太婆"。

　　对待中华传统文化中存在的糟粕,我们有必要加以否定,但这种否定不应是机械式的,而应是辩证性的。辩证地否定要求我们在抛弃事物不合理一面的同时,对其合理的部分要加以传承。摒弃"传统就是落后"偏见,为我们看清楚中华传统文化中哪些是精华、哪些是糟粕奠定思想基础。辨别中华传统文化中的精华与糟粕并非易事,就某一具体的中华传统文化而言,其往往同时兼备这两种因素。切换不同的视角,从一个角度看是精华的中华传统文化,从另一个角度看又可能是糟粕。在不同的时代条件与发展环境中,具体的中华传统文化是精华还是糟粕也可能存在差别。在一种时代条件与发展环境中是精华的中华传统文化,将之置于另一种时代条件与发展环境中则可能是糟粕。

　　对于人类命运共同体的构建而言,我们据以判定中华传统文化是精华还是糟粕的标尺在于,从长远来看是否有利于推动整个人类的发展与进步,从整体来看是否有助于增进整个人类的利益福祉。但凡基于长远利益、整体利益出发有益于造福全人类的中华传统文化,其属于精华的范畴;但凡基于长远利益、整体利益出发有碍于造福全人类的中华传统文化,则属于糟粕的范畴。

　　"现象"是由认知意向"组成"的,而认知意向又总是从一个观点出发的①。"先定假设"中华传统文化是"落后的",我们将无从甄别其具体内容是精华还是糟粕。在片面、偏激观点影响下所形成的错误认知意向,会妨碍我们

---

　　①　孙隆基:《中国文化的深层结构》,中信出版社 2015 年版,第 5 页。

认识"现象"的本然面目。

认识具体的中华传统文化是精华还是糟粕,我们应在摒弃"传统就是落后"偏见基础上,做动态、历史、辩证、全面、理性的分析。比如在认识"利"与"义"的关系问题上,我国古人主张讲"利"要不失"义",要"义公天下之利"①,不要为了私利而罔顾大义,这对于人类命运共同体的构建而言显然是积极的、有益的。然而,过分强调"义",甚至将"义"与"利"完全对立起来,认为凡是谋取私利者都是"小人",而崇奉道德礼仪者才是君子,这种将"义"与"利"完全对立的思想对于人类命运共同体的构建而言明显是不可取的。

人类命运共同体首先是一个利益共同体。各行为体有权追求自身的合理私利,不仅如此,还有必要不断拓展利益的交汇点。在建立利益共同体的基础上缔造情感共同体,进而铸就命运共同体。否认合理私利的追求,甚至在利益联结上老死不相往来,谈何密切情感纽带、结成命运与共的有机整体?我国墨家就格外重视"利"与"义"的统一。《墨经》记载,"义者,利也"。也就是说,"利"是包含于"义"中的。《释名·释言语》指出,"义,宜也"②。这里的"宜",也有利益分配得当的意思。由此观之,将"义"与"利"绝对化对立的观念,非但不是构建人类命运共同体的动力,反而是应当消除的阻力。再比如说,中华传统文化中蕴含着至为丰富的贵民、重民思想。诸如民贵君轻、与民同乐等思想,对于人类命运共同体的构建而言是有益的。但这些贵民、重民思想,从实质上来看,无不是以"君"为本位的。构建人类命运共同体思想的提出,是贵民、重民的体现,但其不是以某一国的"君"为本位,而是以世界人民为主体的。对于打着"贵民""重民"旗号而行"驭民"之术的中华传统文化,我们有必要对之进行扬弃、转化与发展。因此,对于中华传统文化中哪些是精华,哪些是糟粕,我们不能"一刀切",作机械式、简单化的处理,而是应该做具体的、历史的、辩证的分析。

"先定假设"中华传统文化是落后的,是在用主观臆断代替客观标准。这种将"财富"当作"包袱"丢弃的思想偏见,对于人类命运共同体的构建而言是

---

① 《正蒙·大义》。
② 赵武宏:《新说文解字》,大众文艺出版社 2010 年版,第 17 页。

有百害而无一益的。各个民族创造的文化"不仅属于一个国家,而且属于全人类"①。构建人类命运共同体是世界各国人民共同的事业,有必要汲取各民族创造的精神财富。伟大的中华民族历经数千年原创的精神性成果,理应为铸就这一伟业贡献智慧力量。要消除"传统就是落后"偏见,我们就要采取辩证、历史、具体的分析方法,避免片面、偏激、狭隘的看待中华民族创造的精神财富。如此,才能促使中华传统文化对人类命运共同体的构建发挥积极作用。

第二节　结合人类命运共同体构建创新 中华传统文化话语体系

全面理解和准确把握中华传统文化对构建人类命运共同体充分发挥作用需要消除哪些偏见实属不易,怎样消除偏见是一项更具挑战性而又极具必要性的时代课题。消除种种思想偏见,我们要清晰、有力地发出自己的声音。为此,我们有必要结合人类命运共同体的构建状况,不断创新中华传统文化的话语表达体系。具体而言,我们可以依照构建人类命运共同体的不同领域、依据构建人类命运共同体的不同阶段以及根据不同地区对中华传统文化的接受与理解程度,有针对性地设计"听得懂""听得进"的话语表达体系。

一、依照不同领域有针对性地设计中华传统文化话语表达体系

习近平总书记在党的十九大报告中提出"倡导构建人类命运共同体,促进全球治理体系变革"②。倡导构建人类命运共同体涉及政治、安全、经济、文化、生态等不同领域,促进全球治理体系变革涵盖全球政治治理、全球安全治理、全球经济治理、全球文化治理、全球生态治理等等。中华传统文化对构建人类命运共同体、促进全球治理体系变革发挥作用,有必要依照不同领域关涉的现实问题有针对性地设计话语表达体系。

其一,从政治领域来看,我们期待建设一个持久和平的世界。中华民族自

---

① 刘梦溪:《中国文化的张力》,中信出版社 2019 年版,第 14 页。
② 《习近平谈治国理政》第三卷,外文出版社 2020 年版,第 6 页。

古以来就是一个"尚和"的民族,中华传统文化中蕴含着极为丰富的"和"思想。从中华传统文化中汲取有益于建设持久和平世界的智慧养料,促使其更好地服务于该思想的传播、认同以及实施,我们有必要将之与中华民族近代以后遭遇的百年苦难结合起来,设计具有现实观照性的话语表达体系。

习近平总书记指出,"战争是一面镜子,能够让人更好认识和平的珍贵"①。鸦片战争后,纷至沓来的西方列强肆意践踏华夏大地,令中华儿女饱受了近百年的屈辱与苦楚。我国人民热爱和平、珍视和平,也愿意为建设一个持久和平世界贡献自己的力量。我国人民向往并追求和平的思想可以转化为话语,但思想并不能直接等同于话语。思想如若不能成功转化为话语,抑或思想只能被自身所理解,就容易自说自话、自言自语、孤芳自赏。向世界发出"尚和"的中国之声,我们就要将维护和平的思想转化为话语,并尽力促使其上升为国际社会的主流话语。

有学者指出,创新话语表达方式,要从他者关怀下传达好自己的声音。②不同国家的人民使用的语言文字尽管有所不同,但对战争会威胁和平的认识是一致的。从政治层面建设一个持久和平的世界,是由我国首倡的。将"我的话语"转化为"我与他者共同的话语",有必要在尊重语言差异的基础上,增进"对话式理解"。从他者关怀下设计中华传统文化话语表达体系,我们还有必要了解并回应对方关心、忌惮、顾虑的问题。有学者在评价我国崛起这一问题时,指出其"成了人类历史进入二十一世纪以来最为重大的事件"③。我国在历史上长期处于世界发展的前列,落后于时代是近代后的事情。一个拥有世界五分之一人口的大国实现复兴,引起世人的关注是情理之中的事情。

站在回应他者关怀的立场设计相应的话语表达体系,我们有必要将中华传统文化的传承与我国近代后遭遇的百年苦难相结合,这有助于向世人讲清楚热爱和平是中华民族不渝的价值追求;讲清楚我国人民对霸权主义与强权政治的深切痛恨;讲清楚我国选择的是一条和平崛起之路;讲清楚我国的和平

① 《习近平谈治国理政》第二卷,外文出版社 2017 年版,第 446 页。
② 周翔:《"命运共同体"的话语体系建构——概念再造、语境重置与方式转换》,《人民论坛·学术前沿》2018 年第 7 期,第 67 页。
③ 刘建飞:《引领:推动构建人类命运共同体》,中共中央党校出版社 2018 年版,第 24 页。

崛起给国际社会带来的只能是福音。

我国人民近代以后蒙受了长达近百年的战争苦痛。习近平总书记强调："经历了战争的人们,更加懂得和平的宝贵。"①在弘扬中华传统"和"文化的同时讲好中华民族同帝国主义抗争的近百年历史,对消除因我国崛起而形成的"受威胁感"具有强大的解释力。习近平总书记指出,"和平犹如空气和阳光,受益而不觉,失之则难存"②。空气和阳光是生活在地球上的所有行为体共同需要的宝贵资源。依照建设持久和平世界的现实要求,有针对性地将中华传统文化的传承与我国近代后遭遇的百年国耻相结合,由此所设计的话语表达体系,有利于将我与他者共同置于反对霸权、维护和平的正义话语之中,从而在政治领域推动人类命运共同体的有效建构。

其二,从安全领域来看,我们向往建设一个普遍安全的世界。习近平总书记指出,"当今世界,安全的内涵和外延更加丰富,时空领域更加宽广,各种因素更加错综复杂。各国人民命运与共、唇齿相依"③。安全是世界所有行为体共同关注的基础性话题。在"时空领域更加宽广,各种因素更加错综复杂"的历史条件下,任何一个行为体所面临的安全威胁都不是单方面的,而是立体化、全方位的。应对各种安全威胁,人类需要真诚合作、通力配合,结成一个紧密的命运共同体。博大精深的中华传统文化蕴含着无穷的全球安全治理智慧。将中华传统文化与全球安全治理问题相结合,设计具有现实观照性的话语表达体系,有助于促使其更好地服务于建设一个普遍安全的世界。有学者指出,衡量一个民族所创造的文化是否具有优越性,世界观与价值观是显性层面的,而思考问题的方式和解决问题的路径是隐性层面的。④ 中华传统文化中所蕴含的矛盾辩证式思维,正是民族文化隐性优越性的表现。这种思维模式对于化解全球安全治理问题,建设一个普遍安全世界大有裨益。

我国古人强调"孤阴不生,独阳不长"。任何事物均是彼此关联、相互作

① 《习近平谈治国理政》第二卷,外文出版社 2017 年版,第 446 页。
② 《习近平谈治国理政》,外文出版社 2014 年版,第 348 页。
③ 习近平:《迈向命运共同体 开创亚洲新未来——在博鳌亚洲论坛 2015 年年会上的主旨演讲》,《人民日报》2015 年 3 月 29 日
④ 祝和军:《中国传统文化中的辩证思维》,《光明日报》2014 年 4 月 26 日。

用、共存同生的。秉持这种思维模式,有益于促使各行为体确立共同、综合、合作、可持续的新安全观。国际社会上各行为体所面临的安全威胁,从内容上来看包括经济、军事、政治、生态、网络、意识形态、卫生健康等;从形式上来看,包括传统与非传统、已知与未知等等;从地域上来看涵盖国内、地区、国际、全球等。各种安全威胁之间并不是相互孤立、彼此割裂的关系,而是有着或浅层或深层、或直接或间接的联系。结合全球安全治理问题建构防范立体威胁因素的中华传统文化话语表达体系,有助于我们"避免头痛医头、脚痛医脚"①,推动实现安全的手段交互式发挥作用。

在安全领域有针对性地设计中华传统文化话语表达体系,我们有必要在话语叙述方式上有所创新。命运关乎生死,而生死系于安全。安全对于国际社会的所有行为体而言,均是不可或缺的。我们应该从宏大叙事的角度设计中华传统文化的话语表达体系。这种话语叙事方式的特点在于具有系统性、全面性与完整性。从中华传统文化中萃取智慧精华,从宏观上向各行为体叙说安全之于其存在与发展的重要性,有助于我们扫清"普遍安全世界"建设的思想障碍。与此同时,细小叙事亦不容轻视。各行为体所面临的具体安全威胁是不一样的。在安全领域推动构建人类命运共同体,最终需要每一个行为体的参与及支持。因应各行为体面对的具体安全威胁,向我国古人寻求智慧启迪,需要我们在具体而微的层面上不断创新中华传统文化话语叙事方式。在安全领域结合人类命运共同体构建中华传统文化话语表达体系,既要重视宏大叙事,又要重视细小叙事,还要重视二者之间实现耦合。由此所设计的中华传统文化话语表达体系,有利于冲破狭隘性、片面性、单一性、排他性的安全话语,从而在政治领域推动人类命运共同体的有效建构。

其三,从经济领域来看,我们向往建设一个共同繁荣的世界。在钱穆看来,人生需要有一个向往,人们"追求的目标愈鲜明,追求的意志愈坚定"②。建设一个共同繁荣的世界,是我们在经济层面为构建人类命运共同体而设定的鲜明目标。该目标的设定,与我国古人在经济生活的价值追求是一脉相承

---

① 《习近平谈治国理政》,外文出版社 2014 年版,第 355 页。
② 钱穆:《人生十论》,九州出版社 2012 年版,第 1 页。

的。有论者称,处理"贫""富"关系是我国古人关注的一个焦点问题。① 比如孔子在与弟子冉求的谈话中,就提到"不患寡而患不均,不患贫而患不安"。我国清朝大思想家唐甄指出,人世间最大的不平莫过于贫富悬殊,贫富悬殊则苦乐不均。清朝改良主义先驱龚自珍提出"有天下者,莫高于平之之尚也"②。

我国自古以来的古圣先贤,无不将平均财富视为治理天下的最高目标要求。财富分配是否均衡,直接关系到天下的治乱兴衰。在财富分配上"相去愈远,则亡愈速;去稍近,治亦稍速"。实现财富的合理分配、过上富足的幸福生活,不仅是我国人民也是世界其他各国人民最朴素的愿望。③ 然而,我们不能回避的现实问题是全球发展的不平衡性正在加剧,各行为体之间的贫富差距有拉大之势。习近平总书记于2013年在莫斯科国际关系学院发表演讲时指出,"世界长期发展不可能建立在一批国家越来越富裕而另一批国家却长期贫穷落后的基础之上"④。全球财富的分配存在不均等现象,会严重妨碍国际社会的和谐与稳定。源远流长的中华传统文化蕴含着无数宝贵的治世精华,将之与全球经济治理问题相结合,设计具有现实观照性的话语表达体系,有助于促使其更好地服务于建设一个共同繁荣的世界。

结合经济层面构建人类命运共同体的现实要求,有针对性地设计中华传统文化话语表达体系,要能够凸显"问题意识"。设计中华传统文化话语表达体系,应该在认识并解决现实问题上真正着力。倘若中华传统文化无法解决构建人类命运共同体在经济层面遇到的实际问题,那么与之相应的话语表达会越来越苍白无力。建设一个共同繁荣的世界,离不开经济的发展与繁荣。邓小平同志指出,"不发展经济,不改善人民生活,只能是死路一条"⑤。推动全球经济发展,是构建人类命运共同体在经济层面需要回应的一大时代课题。倘若全球经济停滞不前,世界各国人民生活质量得不到持续提高,建设一个共同繁荣的世界就会困难重重乃至无从谈起。

---

① 解凌云:《中国古代贫富思想研究》,云南大学2015年博士学位论文,第1页。

② 《龚自珍集·平均篇》。

③ 王帆、凌胜利:《人类命运共同体:全球治理的中国方案》,湖南人民出版社2017年版,第23页。

④ 《习近平谈治国理政》,外文出版社2014年版,第273页。

⑤ 《邓小平文选》第三卷,人民出版社1993年版,第370页。

关于如何建设一个共同繁荣的世界,习近平总书记明确指出:"只有相互合作、互利共赢,才能做大共同利益蛋糕,走向共同繁荣。"①做大并分好全球经济发展的"蛋糕"是构建人类命运共同体在经济层面遇到的实际问题。以认识并解决"做蛋糕"问题为导向设计中华传统文化话语表达体系,有助于提升其话语解释力与影响力。中华传统文化中的"均贫富",究竟是相对均衡还是绝对均衡,是一个值得我们认真思考的问题。思考该问题之所以重要,一方面是因为中华传统文化中兼有绝对平均主义与相对平均主义的思想,另一方面是由于全球财富分配应该相对化还是绝对化,也是全球经济治理的一项重要议题。

以问题为导向设计中华传统文化话语表达体系,我们就不难发现在做大并分享全球财富"蛋糕"的问题上,如果搞"干多干少一个样,干好干坏一个样"的绝对均衡,这样的全球经济增长是不健康的。一个共同繁荣的世界有赖于各行为体共同建设。共建才能共享,共享才能共荣。以"公平"为名,在全球财富的分配上搞绝对平均主义,事实上是在制造新的不公平。设计中华传统文化话语表达体系,我们必须坚决摒弃毫无差别的绝对平均主义。相反,我们坚持"尽己所能""按劳分配"的相对均衡,就能够在真正意义上推动各行为相互合作、互利共赢。因此,结合人类命运共同体构建在经济层面遇到的实际问题设计中华传统文化话语表达体系,有利于我们更为客观、理性地认识并对待中华传统文化,有利于提升中华传统文化在全球经济治理中的话语权。

其四,从文化领域来看,我们憧憬建设一个开放包容的世界。习近平总书记指出:"如果万事万物都清一色了,事物的发展、世界的进步也就停止了。"②人类文明的发展也同样如此,对本国本民族创造的文明成果搞自我封闭、唯我独尊,非但不懂得虚心借鉴别国、别民族思想文化的长处,反而因别国、别民族思想文化与自身不同就妄图改造、同化甚至取代,这样的做法会令世界文明之园颜色单调、失去生机。促进人类文明大发展、大繁荣,我们需要在文化领域建设一个开放包容的世界。有学者称,"和而不同"是"中华文化始终保持旺

---

① 习近平:《论坚持推动构建人类命运共同体》,中央文献出版社 2018 年版,第 215 页。

② 习近平:《在纪念孔子诞辰 2565 周年国际学术研讨会暨国际儒学联合会第五届会员大会开幕会上的讲话》,人民出版社 2014 年版,第 8 页。

盛强大生命力的秘密所在"①。该理念承认事物之间各自不同的同时,又强调其彼此是相辅相成、共生共长的关系。

基于文化范畴理解"和而不同",意指要不断推动文化的发展与壮大,就须抵制并消除文化自大、文化排斥等负性心理,就须承认并尊重其他国家、民族创造的传统文化并从中吸纳有益成分。"和而不同是中华传统文化的核心理念之一"②。习近平总书记指出:"中国人在 2000 多年前就认识到了'物之不齐,物之情也'的道理。"③从中华传统文化中汲取智慧养料并将之与全球文化治理相结合,设计具有现实关照性的话语表达体系,有助于我们建设一个开放包容的世界。

设计话语表达体系是为了增强话语能力,而话语能力的提升不能不考虑话语表达的主体。中华传统文化话语表达体系的主体是我国自身。在中华文明演进史上,我国绝大多数时间都秉持"和而不同"的价值理念,积极吸收各种不同的先进思想与文化,这使得中华民族长期屹立在世界的东方。然而,明末清初后,统治者在文化上自视甚高,推行锁国政策,致使我国长期落后于世界。我国作为中华传统文化话语表达体系的主体,结合自身文明演进的状况向世人讲清楚开放包容的益处与闭关锁国的害处,有助于提升话语表达的说服力。

其五,从生态领域来看,我们期待建设一个清洁美丽的世界。钱穆指出,今天世界所缺乏的,正是一个指导全人类前进的大原则与大纲领。此一大原则与大纲领,应从人类生活之全体中寻求而觅得之。④ 人类的生存与发展离不开自然。然而,"工业化创造了前所未有的物质财富,也产生了难以弥补的生态创伤"⑤。人类已经清醒地认识到,伤害自然最终将伤及自身。保护人类赖以生存的地球家园、建设一个清洁美丽的世界,可以说是指导全人生前进最为重要的大原则与大纲领。赖以生存的地球家园不复存在,人类肉体生命也

---

① 张茂泽:《和而不同》,学习出版社 2014 年版,"序"第 2—3 页。
② 张茂泽:《和而不同》,学习出版社 2014 年版,"序"第 2—3 页。
③ 《习近平谈治国理政》,外文出版社 2014 年版,第 259 页。
④ 钱穆:《历史与文化论丛》,贵州人民出版社 2019 年版,第 3—4 页。
⑤ 《习近平谈治国理政》第二卷,外文出版社 2017 年版,第 544 页。

就失去了安放之所。

当前,北极冰川融化速度加快、美国飓风屡破纪录、欧洲热浪疯狂肆虐。凡此种种生态问题,已经给人类敲响了警钟。警钟不能变成丧钟,珍爱和呵护地球是人类的不二选择①,推进全球生态治理已经刻不容缓。可是,让我们痛心的是,"保护地球家园、建设清洁美丽世界"这一从人类生活之全体中寻求而觅得的大原则与大纲领正在受到挑战。比如,有的国家公然站在人类未来的对立面,退出各国协力应对全球气候变暖的《巴黎协定》。诸如此类的行为无疑给全球生态治理蒙上了一层阴影。

时下,保护地球家园与破坏地球家园的话语并存。不同的话语表达体系对于生态环境保护的态度、实践的指导方式以及所产生的结果均有所不同。在此背景下,结合生态层面构建人类命运共同体的现实要求设计中华传统文化话语表达体系就尤显必要。有学者称,中华传统文化由于受到农耕文明的影响,因而较侧重于人与自然的和谐统一。② 在处理好人与自然的关系问题上,中华传统文化中蕴含着极为丰富的智慧资源。习近平总书记指出,"中华文明历来强调天人合一、尊重自然"③。"天人合一"的思想,在中华传统文化中是其重要特色之一④。我国古圣先贤将人与自然视为一个不可分割的有机整体。比如,王充指出"天地合气,万物自生"⑤,程颢认为"仁者以天地万物为一体"⑥,王阳明提出"大人者,以天地万物为一体者"⑦等。在著名学者余英时看来,"人与天地万物为一体"可以说是中国各派思想的共同观念⑧。"天人合一"思想观念的外在表达形式就是话语。诚如马克思所言"语言是思想的直接现实"⑨。结合生态层面构建人类命运共同体现实要求设计中华传统文化话语表达体系,说到底是"天人合一"思想观念体系的建设。

---

① 王彤:《世界与中国:构建人类命运共同体》,中共中央党校出版社 2019 年版,第 127 页。
② 陆卫明、李红:《中国文化精神与现代社会》,中国社会科学出版社 2015 年版,第 164 页。
③ 《习近平谈治国理政》第二卷,外文出版社 2017 年版,第 530 页。
④ 陆卫明、李红:《中国文化精神与现代社会》,中国社会科学出版社 2015 年版,第 167 页。
⑤ 《论衡·自然》。
⑥ 《河南程氏遗书》卷二上
⑦ 《阳明集要·大学问》。
⑧ 辛华、任青:《内在超越之路》,中国广播电视出版社 1993 年版,第 25 页。
⑨ 《马克思恩格斯全集》第 3 卷,人民出版社 1960 年版,第 525 页。

　　中华传统文化话语表达体系的设计需要回应并解决现实问题。人类共同面临的生态环境问题可以更广泛地吸引各行为体的注意力,引起各行为体对建设一个清洁美丽世界的重视。创新中华传统文化话语表达体系的过程,从一定意义上来讲,可以说是发现、认识、研究并解决人类共同面临的生态环境问题的过程。我们在设计中华传统文化话语表达体系时所要回应并解决的全球生态环境问题,必须是"真问题",而不能是"假问题"。①

　　区分、判定问题的真与假,必须建立在科学研究、理性分析的基础上。比如说,在全球变暖的问题上就存在不同的声音。全球变暖是人类社会形成的普遍共识。然而,有的国家却声称这是一场骗局,其目的是让自身失去竞争力。以此为理由,该国退出了应对全球气候变暖的《巴黎协定》。乌尔里希·贝克在《风险社会》一书中称"现代化—全球化使全球社会变成了一个'风险社会'"②。气候变暖是人类共同面临的生态环境问题,该问题所带来的风险在现代化—全球化条件下绝非仅局限于生态领域,其对人类生命健康、粮食安全、经济增长等领域所构成的威胁是联动性的。关于全球变暖是否是骗局,这一人类共同面临的生态环境问题是否真实存在,对于相关问题我们必须搞清楚,必须拨开层层思想迷雾。

　　下功夫回应并解决全球生态环境存在的"真问题",应伴随设计中华传统文化话语表达体系的始终。推动全球生态治理,我们要拥有透过现象看本质的能力。那些抨击全球变暖是骗局、是"假问题"者,其"真意图"是在倡导"本国优先"。人作为类存在物,是自然的一部分。将作为类存在物的人有意地区分为"我者"与"他者",偏执地认为"我者"可以做地球家园的破坏者,为谋求自身发展可以牺牲生态环境保护为代价,这是典型的自我中心主义在作祟。人与人、人与自然是有机统一的整体,作为类存在物的人是自然的一部分,生态环境破坏最终殃及的是整个人类。在全球生态环境保护问题上以真为假、混淆是非,只能让自身乃至整个人类处于更加危险的境地,从而给国际社会增添更大、更复杂、更严峻的系统性风险。世界气候组织称"全球气候治理正处

---

　　① 丰子义:《从话语体系建设看马克思主义哲学创新》,《哲学研究》2017 年第 7 期,第 124 页。

　　② [德]乌尔里希·贝克:《风险社会》,何博闻译,译林出版社 2004 年版,第 71 页。

于不进则退的十字路口"①。习近平总书记告诫我们，要"像保护眼睛一样保护生态环境，像对待生命一样对待生态环境"②。眼睛是人身体中极为脆弱但至关重要的器官，像保护眼睛、对待生命一样呵护生态环境，我们就有必要结合生态层面构建人类命运共同体现实要求，创造性地设计中华传统文化话语表达体系，促使"人与自然是生命共同体"思想观念深入人心，为推动全球生态治理贡献出应有的中国智慧。

二、依据不同阶段有针对性地设计中华传统文化话语表达体系

习近平总书记以"地球村"与"大家庭"为喻，来形容构建人类命运共同体的不同发展阶段。"地球村"是现实已经存在的共同体样态，"大家庭"是未来应该存在的共同体样态。人类命运共同体构建样态的调整，表征不同行为体的身份定位将有所变化。现阶段，各行为体在人类命运共同体构建的身份定位是"地球村"的"村民"；在未来，各行为体在人类命运共同体构建的身份定位是"大家庭"的"家人"。中华传统文化对构建人类命运共同体发挥作用，有必要依据人类命运共同体在不同发展阶段的构建要求，结合行为体的"身份"变化有针对性地设计中华传统文化话语表达体系。

其一，依据人类命运共同体在实然发展阶段的构建要求设计中华传统文化话语表达体系。"地球村"是人类命运共同体构建的实然发展阶段。从广义的角度理解共同体的内涵，凡是由个体结合而成的集体，都可以称作共同体。共同体的出现古已有之，但囊括全人类的共同体，是全球化开启之后的产物。1988年，深切关怀人类前途与命运的梁漱溟老先生，在生命垂危之际接受台湾《远见月刊》记者采访时，提到要"注意中国传统文化""顺应时代潮流"。之所以要注意中华传统文化，是因为其中蕴含着无数璀璨的治世精华。我国古人提出了大量有关"与时代同行"的话语。比如，《周易》有言"凡益之道，与时偕行"③。这是说，人的思想要跟上时代的脚步。程颐说，"圣人利益

---

① 张战：《构建人类命运共同体思想研究》，时事出版社2019年版，第86页。
② 《习近平谈治国理政》第二卷，外文出版社2017年版，第395页。
③ 《周易·益卦·象传》。

368

天下之道,应时顺理,与天地合,与时偕行也"①。意即圣人应该模仿天道的运行,尽己所能利益天下,天下之间的利益无不是共享互生的,因而要按照一定的理路、顺应时代的趋势融通天下之间的利益。诸如此类的精辟论述在中华传统文化中可谓不胜枚举。

习近平总书记指出:"潮流来了,跟不上就会落后,就会被淘汰。"②时代潮流是滚滚向前、不可阻挡的。依据人类命运共同体在实然发展阶段的构建要求设计中华传统文化话语表达体系,必须顺应时代潮流。而要顺应时代潮流,我们就要搞清楚到底什么是"潮流"。全球化是不可逆转的大趋势。对任何国家、任何民族来说,要想使自身免去被开除"球籍"的危险,就必须顺应全球化大潮。当下,国际社会存在"与时代逆行"的反全球化、逆全球化话语。我们需要加以注意的是,这些负性话语近年来尽管呈现愈演愈烈之势,但其称不上是"潮流"或"大趋势"。在中央党校刘建飞教授看来,反全球化、逆全球化仅仅是一时的现象或逆流。③"地球村"是因应全球化的开启而建成的。反全球化、逆全球化实则是在开历史的倒车,是在对已经形成的"地球村"进行毁损、破坏。人类命运共同体在实然发展阶段构建的总要求是顺应全球化发展潮流,顺应该潮流设计中华传统文化话语表达体系,有助于守卫"村民们"共同居住于其中的"地球村"。

在人类命运共同体构建的实然发展阶段,各行为体的身份定位是"地球村"的"村民"。我国古代是乡土社会,古人生活的重要空间即是"乡里"④。中华传统文化中蕴含着极为丰富的乡里和睦思想,依据人类命运共同体在实然发展阶段的构建要求设计中华传统文化话语表达体系,有助于协调好"地球村"中"村民们"之间的关系。随着全球化进程的加快,人类在经济层面已经结成为一个利益共同体。然而,仅仅依靠物质利益联结在一起的共同体是脆弱的、不稳固的。⑤维系乡里稳定与和睦,不能不重视物质利益,但也不能

①　《周易程氏传》。
②　《习近平谈治国理政》第三卷,外文出版社 2020 年版,第 446 页。
③　刘建飞:《引领:推动构建人类命运共同体》,中共中央党校出版社 2018 年版,第 7 页。
④　郭齐勇、刘依平:《大国声音:中华优秀传统文化与时代精神》,湖北教育出版社 2016 年版,第 101—102 页。
⑤　刘建飞:《引领:推动构建人类命运共同体》,中共中央党校出版社 2018 年版,第 35 页。

仅仅看中物质利益。不同的行为体,尽管其存在着紧密的经济联系,但当其在政治利益、军事利益、社会利益等方面存在冲突时,所建立的经济利益共同体就可能面临被解体的风险。由此,协调好"地球村"中"村民们"之间的关系,绝不能仅仅局限于经济层面建立共同体。诚如我国宋代大儒真德秀所言"千金难买是乡邻"①。和睦的乡邻关系,远非建立单纯的经济联系就能促成的。维系"地球村"的稳定与"村民们"的和睦,有必要寻找越来越多的共同利益。而随着全球化的演进,"村民们"之间的共同利益会越来越多、越来越广泛。进而言之,"村民们"在经济、文化、政治、社会、生态、军事等方面的联系越来越紧密、相互依存的程度越来越高,其彼此之间的命运也就越来越紧密地联结在一起。从这个意义上来讲,设计中华传统文化话语表达体系需要始终顺应全球化这一人类命运共同体在实然发展阶段构建的总要求。

不同的话语表达方式会收获不同的话语表达效果。为切实增强中华传统文化的话语表达效果,我们有必要不断地在话语表达方式上寻求创新。比如,关于如何促使"地球村"的"村民们"讲诚信,如果单纯从抽象的概念、空泛的意义层面进行话语表达体系的设计,那么这样的话语表达效果可能差强人意也可能收效甚微。倘若我们从讲好中国故事的立场出发,依据人类命运共同体在实然发展阶段的构建要求,创造性设计中华传统文化话语表达体系,很有可能受到令我们意想不到的话语表达效果。比如说,针对某些"村民"蛮横无理、肆无忌惮的取用"其他村民"的资源,我们可以考虑将之与中华传统美德的经典故事进行对比性分析与深层次研讨。把中华传统美德的经典故事讲好,既有助于"地球村"的"其他村民"了解我们自身,也有助于"村民们"彼此之间建立起友好、和睦的乡里关系。

中华传统美德故事不乏好的题材,问题的关键是我们如何依据人类命运共同体构建的实然发展阶段,将这些故事讲述、解读得更加生动而深刻。在全球化背景下,讲好中华传统美德故事不能不重视话语的使用问题。面对不同的"村民",我们讲好中华传统美德故事,应该站在"中国立场"、做到"国际表

---

① (宋)真德秀:《万有文库第二集七百种西山先生真文忠公文集》,商务印书馆 1937 年版,第 15 页。

达"。站在"中国立场",我们就要注意运用中国人自己的思维方式与方法讲好中华传统美德故事。如此,我们才能够更响亮的发出"中国声音"。做到"国际表达",我们就应该使用不同国家的语言、尊重不同"村民"的语言习惯与文化心理讲好中华传统美德故事。如此,"地球村"的其他"村民"才更容易能够听到、听懂并听进"中国声音"。从这个意义上来看,站在"中国立场"、做到"国际表达"对于推动中华传统文化话语体系建设是极为重要的。因此,促使中华传统文化对构建"地球村"式的人类命运共同体发挥作用的一大基本路径,是着力建设以顺应时代潮流、密切乡里关系、增强话语效果为重点的中华传统文化话语表达体系。

其二,依据人类命运共同体在应然发展阶段的构建要求设计中华传统文化话语表达体系。

经营好人类共有的"大家庭",我们有必要结合"家人"的现实需要,不断创新中华传统文化的话语表达体系。"家人"和睦共处最大的现实需要,莫过于"和"。导致"家人"失"和"的原因有很多种,其中对利益的争夺是一个重要因素。"家人"为了一点利益而争斗乃至闹上法庭,为我国古人所不耻。《朱子家训》明确指出"居家戒争讼,讼则终凶"。"家人"之间因为利益而相互争斗,无止无休,破坏乃至割裂的是人伦亲情。"家人"和睦共处并不是不能进行利益往来,但对利益的寻求不能太过计较,更不能攻于算计。我国古人讲"家和万事兴"。"家人"和睦相处,"家庭"才能持续兴旺发达。依据建设一个充满爱的"大家庭"设计中华传统文化话语内容,我们就要注意超越那些不利于"家庭"和睦的传统话语表述。比如我赢你输、赢者通吃等传统话语表述,与"家人"的身份定位不相符合,于兴旺"家庭"的建设全无益处。"家人"之间出现了矛盾,应该"以和为贵"。不利于"家庭"和睦的传统话语表述,很多都与"争""夺"乃至"抢"有关。中华传统文化中蕴含着大量有关"让""忍""容"等思想。比如,《弟子规》就指出:"财物轻,怨何生?"这是说,"家人"把财物看得很轻、能够让利,彼此之间的怨恨就不容易产生。《易传》有言"积善之家必有余庆,积恶之家必有余殃"①。在利益上"争""夺"乃至"抢",是

---

① 岳清华:《诗篇导读》,宗教文化出版社 2009 年版,第 315 页。

"恶"的表现,这样的"家庭"难避灾殃。而在利益上"让""忍""容",正是"善"的体现,这样的"家庭"必然安顺祥和。从中华传统文化中汲取为善去恶的智慧力量,设计出与"家人"身份定位相符合的话语表达体系,有助于"家庭"矛盾的协调与化解。

有研究者称,具有相同角色身份的行为体有可能采取完全不同的行为①。"家人"是各行为体在人类命运共同体构建应然发展阶段具有的相同角色身份。但并非所有行为体都能够认清并扮演好该角色身份。Jan E.Stets 指出,"角色身份是行为体在扮演一个角色时赋予该身份的意义,这个意义来源于文化"②。在我国古人看来,家与天下具有同构性③。比如,荀子就认为"四海之内若一家"。四海、天下均是中国古代的一个概念,但其所指向的问题均超过了中国,是一个关于世界的普遍问题④。在赵汀阳看来,我国古人以家庭概念去定义世界四海一家的性质,确定了天下的内部性;又以公正无私概念去定义天下的共享性质和共有性质,确定了天下的普遍性。这样做的结果,是使天下概念与家庭概念达到重合,使内部性与普遍性达到一致⑤。中华传统文化对应然的"大家庭"式的人类命运共同体构建发挥作用,有助于促使各行为体认清并扮演好"家人"的角色身份。

从家国同构的角度来看,世界上各行为体均是"大家庭"的成员,每位家人都可以独立地享有自身的利益,由若干家庭成员组成的"小家庭"可以享有更大的公共利益,而天下是无数"小家庭"集合而成的最大单位,其享有最大的公共利益。"大家庭"是世界各行为体共有的家园,守卫这一家园,是所有"家庭成员"共同的责任。权益与义务是对等的,地球"大家庭"的成员要想尽可能充分地享有更大的公共利益,就要在一定程度上节制乃至超越个体性的私利。构建应然的"大家庭"式的人类命运共同体,并不是要否认各行为体对自身合理利益的追求,而是强调在利益追求过程中,要用心感受其他行为体的

---

① 季玲:《国际关系中的情感与身份》,中国社会科学出版社 2015 年版,第 52 页。

② Jan E.Stets."Identity Theory and Emotions", in Jan E.Stets and Jonathan H.Turner(eds.), *Handbook of the Sociology of Emotions*,Spriner,2006,203—223.

③ 赵汀阳:《天下的当代性:世界秩序的实践与想象》,中信出版社 2016 年版,第 80 页。

④ 赵汀阳:《天下的当代性:世界秩序的实践与想象》,中信出版社 2016 年版,第 1—2 页。

⑤ 赵汀阳:《天下的当代性:世界秩序的实践与想象》,中信出版社 2016 年版,第 82 页。

现实需要,从而整合好各方的利益。

世界上各行为体是"家人"的关系,当所有的家庭成员均明确自身的身份定位,处处都想着并尽全力满足其他家庭成员的需要,也即有效实现利益整合时,应然发展阶段的人类命运共同体就一定能够被"爱的阳光"所笼罩。中华传统文化中蕴含着大量处理家庭矛盾的大智慧、大道理。这些精神瑰宝对处理各行为体之间的矛盾与冲突,驱散"爱的阴霾"大有裨益。比如说,我国古人倡导"行有不得,反求诸己"①。"家庭"关系处理不好,就要多多进行自我反省,多从自己身上找原因。而不能"家人"之间一遇到问题,就找别人的不是。诚如孔子所言"躬自厚而薄责于人"②。也就是要多责备自己、少怪罪他人。明朝思想家吕坤说,"各自责,天清地宁;各相责,天翻地覆"③。"大家庭"关系的建设也同样如此,倘若"家人们"遇到事情都能够首先反省自己,思考自身应该为事情承担什么样的责任并采取相应的行动,事情就会向好的方向发展,"大家庭"就会越来越兴旺。建设"大家庭"式的人类命运共同体,各行为体不单要在思想上做到"反求诸己",还要将之转化为行动。因此,促使中华传统文化对构建"大家庭"式的人类命运共同体发挥作用的一大基本路径,是积极建设以明确"家人"身份定位、协调化解"家庭矛盾"为重点的中华传统文化话语表达体系。

第三节　优化中华传统文化对构建人类命运共同体发挥作用的环境

充分发挥中华传统文化对构建人类命运共同体的作用,有必要结合人类命运共同体的构建,积极创新中华传统文化的话语体系。然而,再健全、再容易"听得懂"并"听得进"的中华传统文化话语体系,也要以"听得见""听得清"为基础。不断优化中华传统文化对构建人类命运共同体发挥作用的环境,是促使各行为体听见中华传统文化对构建人类命运共同体声音的重要途径。从优化

---

① 《孟子·离娄上》。
② 《论语·卫灵公》。
③ 《呻吟语·修身》。

中华传统文化对构建人类命运共同体发挥作用的国内环境来看,我们要提高国人的"文化主体性",以促使国人自身听得见中华传统文化对构建人类命运共同体发挥作用的声音;从优化中华传统文化对构建人类命运共同体的国际环境来看,我们要打造"全球伙伴关系网"、提升"全球影响力",以促使我们的朋友乃至全世界人民都能够听得见中华传统文化对构建人类命运共同体发挥作用的声音。

一、提高国人"文化主体性"

习近平总书记于 2017 年在广西考察时指出,要"让文化说话"①。这其中就包含了要让作为中华民族精神标识的中华传统文化说话。让中华传统文化说话,我们自身要营造良好的话语环境。

其一,良好话语环境的营造,有赖于我们自身要将中华传统文化讲清楚。"讲得清"是"听得见""听得懂""听得进"的基础。"中华优秀传统文化是中华民族的突出优势。"②促使构建人类命运共同体的其他行为体"听得见""听得懂""听得进"中华传统文化,我们首先要将中华民族在文化上所固有的突出优势尽可能充分、客观、准确地讲清楚。楼宇烈教授指出,有一些外国人对我们的传统文化很感兴趣,"但是,我们对自己的传统文化却存在模糊、片面的理解,有的人甚至看不起自己的传统文化"③。中华传统文化是我国"文化软实力"的重要组成部分。而"说到'软实力',软在我们理不直气不壮"④。对中华传统文化的理解不到位,看轻自身的传统文化,在中华传统文化"走出去"上理不直、气不壮,我们就很难真正将之讲清楚。习近平总书记指出:"要把优秀传统文化的精神标识提炼出来、展示出来,把优秀传统文化中具有当代价值、世界意义的文化精髓提炼出来、展示出来。"⑤准确提炼并全面、生动、形象地展示中华传统文化的精神标识与文化精髓,我们自身要不断提高"文化主体性"。

---

① 《习近平关于社会主义文化建设论述摘编》,中央文献出版社 2017 年版,第 193 页。
② 《习近平谈治国理政》,外文出版社 2014 年版,第 155 页。
③ 楼宇烈:《中国文化的根本精神》,中华书局 2016 年版,第 173—174 页。
④ 楼宇烈:《中国文化的根本精神》,中华书局 2016 年版,第 173 页。
⑤ 《习近平谈治国理政》第三卷,外文出版社 2020 年版,第 314 页。

在全球化背景下,提炼并展示中华传统文化的精神标识与文化精髓面临着一定的挑战。有学者说,"全球化是一把双刃剑,它在促成人类文化融合的同时也在摧毁原有的文化形态的边界"①。在这种背景下,保持并提升国人对中华传统文化的主体性,避免被其他文化摧毁原有文化形态边界就显得尤为必要。在全球化过程中,全球性的文化传播和融合是一种腐蚀剂,使接受全球化的不同民族和国家的文化受到侵蚀。② 在全球化浪潮席卷下,中华传统文化同样面临着被其他民族、其他国家文化侵蚀乃至同化的威胁。

中华传统文化是中华民族的精神根脉,其凝聚着这一古老而伟大民族对自身和世界的历史认知和现实感受。提高国人对于中华传统文化的主体性,有助于避免我们自身在激荡的世界文化潮流中丧失根本、迷失自我、丢掉文化话语权。复旦大学张维为教授提出"中国人要自信"。在现时代,要想厚植民族文化之根、找准文化航标、把握文化话语权,就不能对博大精深的中华传统文化失去自信心。有学者称,"世界上没有完美的文化"③。中华传统文化同样不是完美无缺的。讲清楚中华传统文化,我们要承认并正视其存在的不足。但不能因之存在不足而丧失文化自信心。有人称"一个文化有无'生命力',有什么样的生命力,取决于该文化的定位"④。因中华传统文化存在糟粕而斥之为无用之物,因中华传统文化形成于"过去"而将之视为过时之物,从而对其丧失应有的文化自信心,对于我们在国际上讲清楚中华传统文化是极为不利的。对中华传统文化的评价应该力求实事求是,"既不能评价过低,使国人妄自菲薄,不求进取;也不能评价过高,使国人狂妄自大,故步自封"⑤。过低或过高评价中华传统文化,要么会让我们过于缺乏文化自信心,要么会让我们滋生文化自大心理。缺乏文化自信心,所发出的文化话语很可能会软弱而乏

①　郑晓云:《文化认同论》,中国社会科学出版社 1992 年版,第 18 页。

②　郑晓云:《文化认同论》,中国社会科学出版社 1992 年版,第 18 页。

③　方浩范:《儒学思想与东北亚"文化共同体"》,社会科学文献出版社 2011 年版,第292 页。

④　方浩范:《儒学思想与东北亚"文化共同体"》,社会科学文献出版社 2011 年版,第292 页。

⑤　方浩范:《儒学思想与东北亚"文化共同体"》,社会科学文献出版社 2011 年版,第292 页。

力；在文化上自尊自大，所发出的文化话语很可能会傲慢而无礼。准确定位中华传统文化对于我们在国际上恰当发出文化话语意义重大。讲清楚中华民族固有的突出文化优势，我们要有文化主体性，中肯地认识、评价中华传统文化，既避免文化自卑又避免文化自大。如此，我们在国际社会传达中华传统文化话语的声音才会更理性、底气才会更充足，中华传统文化对构建人类命运共同体发挥作用的话语环境才会更好。

其二，良好话语环境的营造，有赖于我们站稳正确立场讲清中华传统文化。提高国人的文化主体性，首先需要解决国人文化立场的选择与站位问题。文化立场的选择与站位，是人们发挥自身主观能动性的重要表现，其反映了人们对待文化的不同态度。从根本上来讲，文化立场的选择与站位是一种价值选择，具有鲜明的合目的性。① 之所以要首先解决国人文化立场的选择与站位问题，是因为中华传统文化是中华民族的原创性精神成果。国人对待中华传统文化总是有一定立场的，不管这种立场是自发的还是自觉的。面对中华民族原创性的精神成果，文化立场的选择与站位不同，所引致的行为后果也会不尽相同。倘若在中华传统文化立场的选择与站位上失之偏颇，我们自身都听不清乃至听不见中华传统文化对人类命运共同体构建发挥作用的声音，那么对于话语环境的营造无疑将产生消极影响。

对待中华传统文化，我们在文化立场上有三种不同的站位选择：一种是站在西方现代文化的立场，将中华传统文化视为农业文明时代的落后产物；另一种是站在文化保守主义的立场，将坚守中华传统文化与延续中华民族紧密联系起来；还有一种是站在马克思主义的立场，批判地对待中华传统文化。从理论上来讲，第一种文化站位会导致绝对化否定中华传统文化，从而促使构建人类命运共同体的各行为体"听不见"中华传统文化的声音；第二种文化站位会导致绝对化肯定、全盘接受中华传统文化，从而促使构建人类命运共同体的各行为体"听见"的中华传统文化声音是精华与糟粕相互混杂的；第三种文化站位在肯定中华传统文化存在精华的同时，也不否认其存在腐朽、落后的成分，因而对之持批判性吸收的态度。前两种文化立场因之分析问题的视角存在片

---

① 李明：《"坚守中华文化立场"的深度解读》，《理论月刊》2020 年第 2 期，第 43 页。

面性,因而会恶化中华传统文化对人类命运共同体发挥作用的环境。

　　站在马克思主义的立场,将中华传统文化讲清楚,既不能全盘否定中华传统文化,也不能简单地"恢复旧文化",而是应该在坚持民族文化主体性的同时,不断结合时代所需对之进行创新。习近平总书记指出,"当今世界并不安宁,各种全球性威胁和挑战层出不穷"①。我国为各行为体共同应对种种全球性威胁与挑战寻找的出路,是构建人类命运共同体。习近平总书记倡导"构建人类命运共同体,需要世界各国人民普遍参与"②。各国人民普遍参与人类命运共同体构建的表现形式是多样化的,其中深度挖掘本国、本民族创造的文化资源,为铸就该历史伟业贡献智慧力量,是一种极为重要的构建形式。

　　费孝通提醒我们,"人类传下来的每一种文化都具有对人类的发展起积极作用的一面,同时也都会有它消极的一面。"③他指出,"对每一种文化都采取存其精华、去其糟粕的选择态度"④。而要做到这一点,我们就要站稳正确的文化立场。在促使中华传统文化对构建人类命运共同体发挥作用的问题上,存在若干不同的文化立场。文化立场的形成具有相对稳定性,但也会随着时代的发展而改变。比如说,鸦片战争前,我国封建统治者曾一度站在文化保守主义的立场,妄自尊大地对待中华传统文化;鸦片战争后,随着西方文化的传入,在传统文化与近代文化呈现样式上我们曾一时间分不清楚,因而出现过全盘否定中华传统文化的声音。为避免重蹈历史覆辙,不断优化中华传统文化对人类命运共同体构建发挥作用的话语环境,我们就要在正确文化立场的坚守与错误文化立场的抵制上有一种成熟的自我觉醒意识。这有助于我们站稳正确立场将中华传统文化讲清楚,不断优化中华传统文化对构建人类命运共同体发挥作用的话语环境。

　　其三,良好话语环境的营造,有赖于我们站稳正确立场讲清楚中华传统文化对构建人类命运共同体的作用。让中华传统文化说话的主体是多元的。我们不是让中华传统文化说话的唯一主体,但却是一个至关重要的主体。在讲

---

①　《习近平谈治国理政》,外文出版社2014年版,第323页。
②　《习近平谈治国理政》第三卷,外文出版社2020年版,第435页。
③　费孝通:《文化与文化自觉》,群言出版社2010年版,第253页。
④　费孝通:《文化与文化自觉》,群言出版社2010年版,第253页。

清楚中华传统文化的问题上,我们要持守住文化主体性。"文化主体性"指的是一种"我之为我"的标识系统①。中华传统文化是中华民族原创性的精神成果。"作为中华民族的成员,我们有责任先从认识自己的文化开始。"②持守住文化主体性,意即我们自身要认清并讲明中华传统文化。构建人类命运共同体是我国为治理全球难题贡献的中国方案。站稳正确立场讲清楚中华传统文化对构建人类命运共同体的积极作用,展现了一个负责任大国的作为与担当。

站稳正确立场讲清楚中华传统文化中的精华与糟粕,我们要注意提升国人的"文化主体性"。中华传统文化中哪些是精华、哪些是糟粕,哪些对于人类命运共同体构建有利、哪些对于人类命运共同体构建有弊,我们自身不能丧失话语权。站稳正确立场讲清楚中华传统文化对构建人类命运共同体的作用,应该避免他者与我者仅仅从"他性"视角出发,将中华传统文化中不是糟粕的部分视之为糟粕,使其无法在人类命运共同体构建中发挥应有的建设性作用。

从"他性"视角出发看待中华传统文化对人类命运共同体构建所发挥的作用本无可厚非,中华传统文化是中华民族原创的精神成果,从"他性"视角出发看待这些成果,有利于增进文化理解。问题的关键在于不能"仅仅站在'他性'视角"看待中华传统文化的作用,意即中华传统文化对人类命运共同体能否发挥作用、发挥作用的好坏、大小、程度等等,均要以他者的视角做判断。

楼宇烈教授指出,"传播中国的文化,就应该以我国文化为主"③。他告诫我们"不能丢失中国文化的主体意识"④。为迎合别国口味而全然以"他性"视角审视中华民族原创性的精神成果,会妨碍地道的中华传统文化对人类命运共同体构建发挥作用,从而导致中华传统文化话语环境的恶化。

避免仅仅从"他性"视角出发看待中华民族原创的精神成果,并不是说要过分高扬"我性"而缺少自知之明。费孝通认为,"人贵有自知之明,一个文化

---

① 李明:《"坚守中华文化立场"的深度解读》,《理论月刊》2020年第2期,第51页。
② 费孝通:《文化与文化自觉》,群言出版社2010年版,第253页。
③ 楼宇烈:《中国文化的根本精神》,中华书局2016年版,第173页。
④ 楼宇烈:《不能丢失中国文化的主体意识》,《北京日报》2019年5月20日。

也不能没有实事求是的自觉意识"①。实事求是地看待中华传统文化,我们应该认识到其精华与糟粕并存。对中华传统文化抱持实事求是的自觉意识,我们可以是否有助于人类命运共同体的构建为准绳,判断哪些是精华、哪些是糟粕。进而言之,但凡有利于人类命运共同体构建的中华传统文化,我们可以将之视为精华;但凡有碍于人类命运共同体构建的中华传统文化,我们可以将之视为糟粕。

站稳正确立场讲清楚中华传统文化对构建人类命运共同体的作用,我们要用文化自觉的思想不断反思、认识中华传统文化中哪些部分是人类命运共同体构建的精华、哪些是糟粕。站稳正确立场讲清楚中华传统文化对构建人类命运共同体的作用,营造良好的话语环境,我们要不断提升文化自觉的思维意识。在中华传统文化对人类命运共同体思想形成、思想传播、思想认同、思想实施所发挥的作用上不断觉悟、不断觉醒。切实提高"国人"的文化主体性,充分运用文化自觉思维批判地吸收中华传统文化中的合理成分,使之更好地顺应并服务于人类命运共同体思想的形成、传播、认同以及实施,这样做有助于不断优化中华传统文化对人类命运共同体构建发挥作用的话语环境。

二、打造"全球伙伴关系网"

党的十八大以来,以习近平同志为核心的党中央积极打造"全球伙伴关系网"。该网络有三个基本特征,即平等、和平与包容。"伙伴"是一个与"朋友"联系紧密的词汇,但二者又有所不同。伙伴一定会是朋友,而朋友不一定是伙伴。建立伙伴关系要先从拥有朋友开始。国学大师刘师培认为,朋友相处不能悖逆"相对待之伦理"。从中华传统文化中汲取智慧养料,以"平等相待""和平交往""兼包并蓄"作为拥有朋友、打造"全球伙伴关系网"应恪守的伦常之理,有助于不断优化中华传统文化对人类命运共同体发挥作用的国际环境。

其一,以"平等相待"之心打造"全球伙伴关系网"。习近平总书记指出,

---

① 费孝通:《文化与文化自觉》,群言出版社 2010 年版,第 248 页。

"要在坚持不结盟原则的前提下广交朋友,形成遍布全球的伙伴关系网络"①。我国倡导建立新型伙伴关系,走出一条"结伴而不结盟"的国与国交往新路。新型伙伴关系是相对于传统国际关系而言的。传统国际关系存在着个别行为体以大欺小、以强凌弱的现象。这种现象集中反映在某些行为体热衷于推行霸权主义和强权政治。刘建飞教授认为,"奉行霸权主义和强权政治的国家,通常都不尊重小国弱国的主权"②。这样做的后果,只能是不断加深奉行霸权主义和强权政治国家与被欺凌小国、弱国之间的心理裂痕。建立新型伙伴关系要先从交朋友开始,我国古人不仅积极思考如何广交朋友,还致力于将朋友关系家族化,也即最大限度地伙伴化。孔子就曾指出"四海之内,皆兄弟也"③。举凡构建人类命运共同体的各个行为体,都应该像兄弟一般和睦共处。蔑视、践踏其他行为体的人格尊严,大搞霸权主义、强权政治,必然导致兄弟失和。

以兄弟诠释朋友的努力,我国古人尝试过,今人也同样在求索。这种努力之所以古今都未能取得理想的效果,很重要的原因之一是"平等相待"的友道未能得到坚守。我国儒家将人际关系划分为五伦,其中"朋友一伦"与"君臣、父子、夫妇与兄弟四伦"相比,具有更为充分的自主选择性。父子关系与兄弟关系,是基于"天属"而形成的,其不具有自主选择性。君臣关系(也可视为上下级关系)与夫妇关系,尽管同为"人合",但较之于朋友关系,其自主选择性相对要弱。"朋友一伦"较之于"其他四伦"在自主选择权的享有上最为充分。④ 大国、强国欺凌小国、弱国,前者悖逆各行为体和睦共处之伦理,后者享有不选择与之为友的权力。我国近代后,一度是霸权主义和强权政治的受害者。习近平总书记指出,"中国多次公开宣示,中国反对各种形式的霸权主义和强权政治"⑤。在与他国交往中,我国始终坚持恪守"平等相待"之心,坚决做各种形式霸权主义和强权政治的反对者,因而"国际朋友圈"越来越大,拥

① 《习近平谈治国理政》第二卷,外文出版社 2017 年版,第 444 页。
② 刘建飞:《引领:推动构建人类命运共同体》,中共中央党校出版社 2018 年版,第 40 页。
③ 《论语·颜渊》。
④ 颜炳罡:《立身治家之道:颜炳罡品读》,中国工人出版社 2018 年版,第 62 页
⑤ 《习近平谈治国理政》,外文出版社 2018 年版,第 267 页。

护、支持我们的伙伴越来越多。构建人类命运共同体的各行为体持守住"平等相待"之心,有助于其建立起与兄弟之情同等重要抑或更为重要的伙伴之谊。我国古人称"虽有兄弟,不如友生"①。拥有兄弟之情者,不一定可以与之为伴;而建立朋友之谊者,可以将之升级为并肩同行的伙伴。

其二,以"和平交往"之道打造"全球伙伴关系网"。习近平总书记以"空气"和"阳光"为喻,申明"和平"对于人类生存与发展的重要性。他指出,"和平犹如空气和阳光,受益而不觉,失之则难存"②。空气和阳光看似不难寻求,可一旦失去,人类将迎来不可承受之痛。"和平"好似"空气"与"阳光"一般可贵,需要我们倍加珍惜、努力维护。与和平相对应的是战争,战争好似一柄高悬在各行为体头上的达摩克利斯之剑,阻碍着其彼此之间交互作用,建立良好的伙伴关系。中华民族自古就是一个热爱和平的伟大民族。充满智慧的中华民族创造了源远流长的"和"文化。在中华传统"和"文化浸润下,中华民族早已将崇尚并追求和平深深地溶入进了自身的精神血脉中。中华民族的血液中过去没有侵略他人、称霸世界的基因,将来也绝不会拥有这种基因。我国与其他行为体交互作用建立起朋友关系,打造覆盖全球的伙伴关系网,始终会牢牢恪守"和平交往"这一伦常之理。

中国的高速发展是一个不争的事实。中国以什么方式发展,中国发展如何处理与其他各行为体的关系,是一个备受关注的话题。有人基于西方经验,将"国强必霸"的逻辑机械套用、强行转嫁到中国身上,臆测我国会采取非和平的方式对现有国际秩序发起挑战。这种偏离实际的论调,我们必须旗帜鲜明的予以回击。回顾历史,我国在相当长的时期内都是世界上最为强盛的国家之一。但是,翻开我国对外交往的记录,从未有过殖民他国、侵略他国、欺压他国、掠夺他国的痕迹。中国人深知"国虽大,好战必亡"③的道理。纵使我国的国力再强大,也不会恃强称霸。过去,我国与其他行为体交互作用从未背离和平交往之道。当下以及未来,我国仍然会恪守这一对外交往的伦常之理。当前,我国正基于"和平交往"之道,致力于打造覆盖全球的伙伴关系网。伙

---

① 徐文德:《诗经》(汉罗对照),中国国际广播出版社 2016 年版,第 87 页。
② 《习近平谈治国理政》,外文出版社 2014 年版,第 348 页。
③ 《司马法·仁本》。

伴关系与同盟关系不同之处在于,后者普遍建立在应对共同的"第三方"威胁基础上,带有相当程度的敌对色彩,而前者一般是建立在共同利益的基础上,不存在明确的现实针对性与目标指向性。①

和平交往、互不为敌,是伙伴关系得以建立的前提。我国致力于打造覆盖全球的伙伴关系,意指我国无意与全球的任何行为体为敌,我国渴望与全球各行为体均建立起友好合作关系。判断一个国家以什么方式发展,发展过程中以及发展后如何处理与其他行为体的关系,关键要看其策略选择与战略意图是什么。我国诸多对外政策的制定受到了中华传统文化的影响。我国古人提出"但愿苍生俱保暖"②。我国是一个在中国共产党领导下的社会主义国家。中国共产党是一个为世界人民谋大同的大党,党致力于让天下苍生都能过上好日子,这其中不仅包括我国人民要过上好日子,还包括其他各国人民也要过上好日子。我国的外交策略选择与战略意图决定了我国的发展必然是和平发展。孟子说:"穷则独善其身,达则兼济天下。"③我国发展起来以前,致力于办好自己的事情。我国发展起来以后,致力于将福祉惠及更多人民。深受中华传统文化浸润的中国人民,注定了所选择的发展之路,不可能是只管自己不顾别人,为了攫取利益而不惜大动干戈的邪路、歧路。

不断从中华传统文化中汲取智慧养料,决定了我国能够以"和平交往"之道打造"全球伙伴关系网"。各行为体不能和平共处、无法结成良好的伙伴关系,很大程度上与利益关系未能协调好有关。我国近代民族民主革命的先驱于右任提出"计利当计天下利"。各行为体在想问题、办事情的过程中,不应仅仅从自身的利益出发,而是要为整个人类的发展着想。坚持正确的义利观,就可以化解各行为体之间诸多不必要的矛盾。中华民族是一个特别重情义、讲道义的民族。中国人数千年来一贯的道德准则和行为规范是"先义后利"。我国古人称"既已为人,己愈有;既以与人,己愈多"④。各行为体不能够坚守

---

① 任远喆:《中国构建全球伙伴关系网络的动力与趋势探析》,《新疆师范大学学报(哲学社会科学版)》2020年第3期,第68页。
② (明)于谦:《咏煤炭》。
③ 《孟子·尽心上》。
④ 《老子·第八十一章》。

"和平交往"之道,绝大多数与错误的看待利益问题有关。对待利益,并不是自己让与别人的利益多了,自己就吃亏了;自己占有别人的利益增加了,自己就占便宜了。各行为体之间相互交往,应该互惠互利,如此才能和合共生、获得共赢。

习近平总书记明确提出,欢迎世界各国都来搭乘中国发展的"快车""便车"①。他告诫人们要"坚持你好我好大家好的理念"②。我国始终坚持"和平交往"之道,致力于让世界各国人民的日子都好起来。这样的国度所打造的全球伙伴关系网势必越织越大、越织越密、越织越牢。构建人类命运共同体是我国迈步在崛起之路上提出的外交新思想。该思想是植根于源远流长的中华传统文化提出的。向构建人类命运共同体的各行为体阐明我国的和平崛起之路,切实以"和平交往"之道打造覆盖全球的伙伴关系网,有助于不断优化中华传统文化对人类命运共同体构建发挥作用的环境。

其三,以"兼包并蓄"之情打造"全球伙伴关系网"。伙伴是由朋友升级而成的。关于什么是"友",《礼记》将"友"解释为"同志"。邢《疏》引东汉经学大师郑玄所注的《大司徒》称"同志为友"。这是说,志同道合者为友。荀子认为,"道不合何以相友"③。既然朋友升级而为伙伴,那么能称为伙伴者是不是必然是志同道合者?构建人类命运共同体,需要回应一个现实而又敏感的问题,即不同意识形态、不同政治制度以及不同经济发展模式的行为体如何和睦共处、结伴同行?冷战时期,美国和苏联一方作为最强的资本主义国家,一方作为最大的社会主义国家,其所选择的意识形态、政治制度以及经济发展模式均有所不同。二者皆认为自身的价值理念和发展路径适用于世界其他各行为体。我国古人认为"若以同裨同,尽乃弃矣"④。美苏强力推行、输出自身价值理念与发展路径的后果是使得国际关系阴云密布。孟子称"夫物之不齐,物之情也"⑤。各个行为体的历史、国情、体制是不同的,不可能千篇一律。哪种

---

① 《习近平谈治国理政》第二卷,外文出版社 2017 年版,第 504 页。
② 《习近平谈治国理政》第三卷,外文出版社 2020 年版,第 434 页。
③ 《荀子·大略》。
④ 《国语·郑语》。
⑤ 《孟子·滕文公上》。

意识形态、政治制度、经济发展模式适合自己,需要结合自身的实际情况做出适当的选择。诚如习近平总书记所言,"鞋子合不合脚,自己穿了才知道"①。事物的差异性是普遍存在的。构建人类命运共同体的各行为体之间交互作用,就应有"兼包并蓄"的容人之情,在求同存异中共同发展。

我国当前所选择的道路,是一条有中国特色的社会主义道路。这条道路之所以走得通、走得远,与我国在坚持走好社会主义道路的同时,在国内治理中不排斥资本主义因素有很大的关系。邓小平同志指出,"现在是我们向世界先进国家学习的时候了。关起门来,固步自封,夜郎自大,是发展不起来的"②。我们之所以要向世界先进国家学习,是因为世界先进国家有长于我们之处。世界大多数先进国家在意识形态、政治制度、经济发展模式等方面与我们有别,到底还要不要向之学习,这考验的是我们可否有"兼包并蓄"的容人之情。历史与现实证明,通过学习世界先进国家的成功经验,我国不但大踏步地赶上了时代,还具备了做时代引路人的条件。这也说明了不仅志同道合者可以成为伙伴,求同存异者同样也能引以为伴,关键是不能缺失"兼包并蓄"的容人之情。随着中国特色社会主义道路越走越畅通,"科学社会主义在二十一世纪的中国焕发出强大生机活力"③。我国在现代化建设上所取得的成就,为广大发展中国家提供了有别于西方资本主义现代化发展模式的新选择。有些西方发达国家因此产生了受"威胁"感,其非但不正视自身在现代化建设上存在的问题,反而将攻击的矛头对准了中华传统文化,将之斥为我国向他国输出价值理念、发展道路的工具。

随着时代的发展,人类面临的挑战越来越具有全球性。无论是发展中国家还是发达国家,资本主义国家还是社会主义国家,都同为人类的重要组成部分。在应对攸关人类命运的全球性挑战面前,任何行为体都不能独善其身,亦不应以任何理由缺席。世界各行为体在生存与发展中面临的根本利益具有一

---

① 《习近平谈治国理政》,外文出版社 2014 年版,第 273 页。
② 中共中央文献研究室:《邓小平思想年谱(1975—1997)》,中央文献出版社 1998 年版,第 85 页。
③ 习近平:《决胜全面建成小康社会 夺取新时代中国特色社会主义伟大胜利——在中国共产党第十九次全国代表大会上的报告》,人民出版社 2017 年版,第 8—9 页。

致性。从本国、本民族的原创性精神成果中汲取智慧养料，为应对全球性挑战贡献力量，是拥有世界情怀的行为体应有的使命与担当。我国的伙伴关系网络要实现"全球化"，这其中就包含了要与不同发展阶段、不同意识形态、不同政治制度、不同经济发展模式的行为体结成伙伴关系。中华传统文化是一座思想宝藏，我们从中汲取应对全球性挑战的智慧精华，积极为推动人类发展与进步贡献力量，有助于帮助我们赢得越来越多的伙伴。无论是志同道合的伙伴还是求同存异的伙伴，均不可能完全不存在矛盾、分歧乃至冲突。问题在于我们采取什么样的方式加以化解。

中华传统文化中蕴含着至为宝贵的"和"基因，从中汲取智慧养料，有助于我们在打造全球伙伴关系过程中找出共同点、保留不同意见。保留不同意见，需要有"兼包并蓄"的容人之情。不同发展阶段、不同意识形态、不同政治制度、不同经济发展模式的行为体的存在，并不妨碍我们与之交互作用、结为伙伴。如果说求同存异有助于"织密"我国的全球伙伴关系网，那么聚同化异则有助于"织牢"我国的全球伙伴关系网。"聚同化异"也就是要凝聚相同的观点，化解矛盾、分歧乃至冲突。"聚同化异"的可贵之处，在于"化"字，其可视为"兼包并蓄"之情在实践层面的应用。不断寻找共同利益、勇于担负共同责任，共同应对层出不穷的全球性挑战，我国的全球伙伴关系网正在越织越牢。而该伙伴关系网越织越密、越织越牢，越有助于"聚同化异"理念更有效地转化为更为成功的实践。可以说，中华传统文化的智慧精华为"聚同化异"不断注入新的思想动力，而"聚同化异"理念转化为成功实践又为中华传统文化对人类社会发展与进步发挥新的、更大的作用营造了更为良好的国际环境。

随着我国全球伙伴关系网越织越密、越织越牢，有的行为体攻击我国是打着"全球伙伴关系网"的大旗，在世界范围内谋求"势力范围"。与此同时，还将中华传统文化斥为我国向他国输出价值理念、发展道路的工具。为此，我们有必要向世人阐明自身是怎样打造覆盖全球的伙伴关系网的。"共同的"朋友与伙伴，指的是各行为体不单单可以是我们的朋友与伙伴，也可以是其他行为体的朋友与伙伴。并不是说与我国建立了朋友关系、伙伴关系，就不能与价值理念、发展道路与我们不同的其他行为体建立朋友关系、伙伴关系。我国的"朋友圈"不具有排他性，不同价值理念与发展道路的行为体，均可以与之交互作用,建立基于共同利益追求、共同责任担当、共迎时代挑战的伙伴关系。我国与其他各行为体建立"朋友关系""伙伴关系"坚持的政策是"结伴而不结盟"。复旦大学苏长河教授认为,"结盟是'找敌人'的旧国际关系思维,结伴是'交朋友'的新型国际关系思维"。"结盟"带有一定的对抗性质。基于共同军事、政治利益而建立的盟友关系,不可避免地带有排他性。盟友以外的其他行为体均有被视为"对手""敌人"的可能。以敌视的眼光审视、对待同盟圈以外的行为体,非但不容易与之交互作用结成伙伴,更难以将关系升华为"家人"。

我国倡导建立覆盖全球的伙伴关系,其中一个重要前提就是"结伴而不结盟",这其中蕴含了中华传统文化中"和而不同""以和为贵""和实生物""和衷共济"等"尚和"思想。从中华传统文化中汲取涵养各行为体"兼包并蓄"之情的智慧养料,我国不仅致力于将覆盖全球的"伙伴"升级为"家人",还致力于将人类紧密地联结为一个有机整体,使之成为"你中有我、我中有你""谁也离不开谁"的"家人"。我国以"兼包并蓄"之情全力打造覆盖全球的伙伴关系网,会促使更多的行为体认识、理解并认同中华传统文化对推动人类社会发展与进步所产生的积极影响,助推中华传统文化对人类命运共同体构建发挥作用的环境不断得到优化。

三、提升我国"全球影响力"

费孝通认为,"文化特色的发扬,离不开强盛的国力"①。国力的强盛是全方位的,包含政治、安全、经济、文化、生态等方方面面。努力提升我国在全球政治治理、安全治理、经济治理、文化治理、生态治理等方面的影响力,有助于不断优化中华传统文化对构建人类命运共同体发挥积极作用的国际环境。

其一,努力提升我国全球政治治理影响力,不断优化中华传统文化对构建人类命运共同体发挥作用的国际政治环境。国际问题研究专家金灿荣认为,一个国家"在走向国际舞台中心的过程中,如果不能积极参与国际事务,帮助

---

① 费孝通:《文化与文化自觉》,群言出版社2010年版,第249页。

国际社会解决实在的问题,是很难赢得尊重、获得认可的"①。随着我国综合国力越来越强,在国际社会上所扮演的角色越来越重要,国际社会期待听到中国声音、看到中国方案、感受中国智慧。当前,全球政治治理现代化所面临的难题,是霸权主义和强权政治仍大行其道,各个行为体的主权、发展权等基本权益得不到应有的尊重。② 如此,全球政治纷争从未止息。为消除不必要的全球政治纷争,我们发出的"中国声音"是倡导"建设一个持久和平的世界",这是我们为开辟全球政治治理现代化新境界而提出的"中国方案"。中华传统文化中蕴含着丰富的全球政治治理精华。为促使我们发出的"中国声音"更加响亮、推动我们提出的"中国方案"更好落地,我们有必要从中汲取智慧养料,不断优化其对构建人类命运共同体发挥作用的国际政治环境。

中华传统文化是中华民族原创性的精神成果,要不断优化这些具有民族特色的宝贵精神成果对构建人类命运共同体发挥作用的国际政治环境,我们有必要努力提升自身在全球政治治理中的影响力。费孝通认为,文化特色的发扬与国力的强盛有关。③ 我们可以做这样的理解,国力越强盛,越能够为文化特色的发扬营造良好的国际环境。金灿荣教授曾撰写过一篇题为《中国影响力正持续提高》的文章,他谈到国家之间的竞争集中体现在产品、技术与话语权三个层面。金教授指出,"从目前情况看,中国国际竞争力较弱的方面主要在话语权上"④。努力提升我国在全球政治治理的影响力,需要不断增强我们自身在全球政治治理中的参与实力。我们生活在一个靠实力说话的时代。我们在全球政治治理中的参与实力越强,在国际上发出的中国话语就越有说服力、吸引力。

党的十八大以来,在以习近平同志为核心的党中央领导下,我国参与全球政治治理的实力有了显著增强。然而,由于我国参与全球政治治理的时间相对较晚,尚存在参与实力有待进一步提升的问题。我国在全球政治治理中参

① 金灿荣:《大国来了》,华文出版社2017年版,第5页。
② 夏文斌:《人类命运共同体视角下的全球治理体系改革和建设》,《国际商务——对外经济贸易大学学报》2020年第1期,第5页。
③ 费孝通:《文化与文化自觉》,群言出版社2010年版,第249页。
④ 金灿荣:《大国来了》,华文出版社2017年版,第3页。

与实力的增强、话语权的提升、影响力的扩大,最终要体现在全球政治治理难题的应对上。马克思说"一步实际运动比一打纲领更重要"①。我国作为一个负责任的社会主义大国,以一个又一个实际行动化解、抵制各行为体基本国际权益得不到有效维护,霸权主义和强权政治大行其道等问题,有助于增强我国全球政治治理实力、提升我国全球政治治理话语权、扩大我国在国际上的政治影响力。我国以更加积极的姿态参与全球政治治理、持续提升全球政治治理难题的应对能力,我国会赢得越来越多行为体对我们的尊重、获得越来越多行为体对我们的认可。而我国赢得更多的国际尊重、获得更多的国际认可,其中也包括了对中华民族原创性精神成果与中国治世理念的尊重与认可。因此,努力提升我国在全球政治治理的影响力,有助于不断优化中华传统文化对构建人类命运共同体思想形成、思想传播、思想认同、思想实施发挥作用的国际政治环境。

其二,努力提升我国全球安全治理影响力,不断优化中华传统文化对构建人类命运共同体发挥作用的国际安全环境。安全是人类生存与发展的基础。然而,"环顾全球,世界格局正在经历前所未有的深刻演变,安全领域威胁和挑战层出不穷"②。应对联动性、跨国性、多样性都更加突出的安全问题③,人类亟须提升全球安全治理的能力与水平。习近平总书记指出,"中国愿同各国政府及其执法机构、各国际组织一道……共同构建普遍安全的人类命运共同体"④。建设一个普遍安全的世界,正是我国为提升全球安全治理能力与水平贡献的中国方案。博大精深的中华传统文化,蕴含着无数推动这一方案落地的安全智慧。我国古圣先贤在长达数千年的历史长河中,积淀了诸如以人为本的人文情怀、天人合一的一体观念、防患于未然的忧患意识、治标与治本相结合的施治思想等智慧精华。挖掘中华传统文化中的这些安全智慧,有助于我们更高质量地建设一个普遍安全的世界。习近平总书记指出,中国把自

---

① 《马克思恩格斯文集》第 3 卷,人民出版社 2009 年版,第 426 页。
② 习近平:《论坚持推动构建人类命运共同体》,中央文献出版社 2018 年版,第 326 页。
③ 习近平:《论坚持推动构建人类命运共同体》,中央文献出版社 2018 年版,第 483—484 页。
④ 习近平:《论坚持推动构建人类命运共同体》,中央文献出版社 2018 年版,第 485 页。

己的事情做好了,对世界而言就是贡献。在国家安全治理问题上,我国堪称表率。作为一个拥有着世界近五分之一人口的社会主义大国,我国享有"世界上最安全国家"之一①的美誉。在推动安全治理的问题上,我国不满足仅仅做好自己,还致力于将我国古人与今人的安全治理经验与智慧同世人分享,为建设一个普遍安全的世界贡献应有的大国力量。

为不断优化中华传统文化对人类命运共同体构建发挥作用的国际安全环境,我们需要努力提升自身在全球安全治理方面的影响力。应对关乎人类前途与命运的全球安全问题,我们应该树立起以人为本的情怀、一体化的观念、防患于未然的意识以及治标与治本相结合的施治思想等等。传统的全球安全问题,最严重的莫过于"核威胁"。习近平总书记在谈及核安全问题时曾指出,"一个木桶的盛水量,是由最短的那块板决定的。一国核材料丢失,全世界都将面临威胁"②。人类是一个命运与共的有机整体,"实现普遍核安全,需要各国携手努力"③。习近平总书记指出,从根本上解决核威胁,有赖于"营造和平稳定的国际环境,发展和谐友善的国家关系,开展开放和睦的文明交流"④。我国在应对核安全威胁方面所作出的一系列努力,如增强自身核安全能力、参与构建国际核安全体系、促进地区和国际核安全合作、维护地区和世界和平稳定、同世界各国一起分享安全治理的经验⑤等等,均有助于切实提升我国在全球安全治理方面的影响力。

构建人类命运共同体的各行为体既要应对传统安全威胁,也要应对诸多非传统安全挑战。比如,肆虐全球的新冠肺炎疫情,就是一种典型的非传统安全威胁。新冠肺炎疫情暴发以来,我国第一时间向世界卫生组织通报了疫情,第一时间向世界分享了病毒的基因序列,第一时间加强促进疫情防控的国际合作。我国以实际行动向世界展示了自身参与全球安全治理的决心与能力。中华传统文化中所蕴含的人本情怀、一体化观念、防患于未然意识、标本兼治

---

①　习近平:《论坚持推动构建人类命运共同体》,中央文献出版社 2018 年版,第 487 页。

②　《习近平谈治国理政》,外文出版社 2014 年版,第 255 页。

③　《习近平谈治国理政》,外文出版社 2014 年版,第 255 页。

④　《习近平谈治国理政》,外文出版社 2014 年版,第 255 页。

⑤　习近平:《论坚持推动构建人类命运共同体》,中央文献出版社 2018 年版,第 488 页。

思想等,在此次疫情大考中亮出了鲜明底色。我国向受灾国提供防疫指导、发放防疫物资、派驻援外医疗队等等,促使更多的外国友人认识到了中华传统文化中的"以民为本""守望相助""同舟共济""投桃报李""协和万邦"等思想精华。深受中华传统文化浸润的中华儿女,以实际行动参与全球安全治理,已经得到了越来越多国家人民对我们的肯定、支持与拥护。中国人民始终认为,安全应该是普遍的①,应该共同加以维护。深受中华传统文化滋养的中国人民,愿同世界所有渴望摆脱安全威胁的人民一道,为建设一个普遍安全的世界作出新的、更大的贡献。而随着我国参与全球安全治理的能力越来越强、影响力越来越大,认识、理解并认同中华传统文化安全智慧的人会越来越多,其对构建人类命运共同体思想形成、思想传播、思想认同以及思想实施发挥作用的国际安全环境也势将得到进一步的优化。

其三,努力提升我国全球经济治理影响力,不断优化中华传统文化对构建人类命运共同体发挥作用的国际经济环境。中华传统文化对人类命运共同体思想的形成、传播、认同以及实施发挥积极作用,离不开良好的国际经济环境。当前,国际经济环境尽管从整体上来看形势向好,但仍存在发展失衡、分配差距、数字鸿沟等诸多不尽如人意之处。有的行为体将困扰全球经济治理的一些问题归罪于经济全球化。我国著名学者郑必坚说,"谁也没有想到,第三轮经济全球化经过 40 年发展,在世界一些大国中会出现一股让人惊愕的逆全球化思潮"②。我国古人称"善救弊者,必塞其起弊之源"③。习近平总书记明确指出,"把困扰世界的问题简单归咎于经济全球化,既不符合事实,也无助于问题解决"④。既然困扰全球经济治理的种种问题不是经济全球化造成的,那么我们对于经济全球化就应该有一个正确的认识。郑必坚认为"对天下大势要有更深、更广、更实际的考察"⑤。经济全球化是人类生产力发展的客观要求,其是世界经济发展的大势所趋。对于经济全球化发展大势,我们只能顺应

---

① 王彤:《世界与中国:构建人类命运共同体》,中共中央党校出版社 2019 年版,第 208 页。
② 郑必坚:《中流击水:经济全球化大潮与中国之命运》,外文出版社 2018 年版,第 83 页。
③ 鲁越、李淑捷:《中国圣贤启智语典》,中国人民公安大学出版社 1995 年版,第 828 页。
④ 《习近平谈治国理政》第二卷,外文出版社 2017 年版,第 477 页。
⑤ 郑必坚:《中流击水:经济全球化大潮与中国之命运》,外文出版社 2018 年版,第 124 页。

而不可违逆。然而,顺应这一历史大势,并不是说其不会产生任何负面影响。经济全球化既存在有利的一面,也存在有弊的一面。任何行为体参与全球经济治理,都应该承认经济全球化利弊共存的事实。我们需要思考的问题是,如何"适应和引导好经济全球化,消解经济全球化的负面影响"。在这种时代背景下,以习近平同志为核心的党中央从中华传统文化中汲取智慧养料,倡导建设一个共同繁荣的世界。

我国古人强调"义利相兼,以义为先"。中华传统文化中的义利观,并不排斥对合理利益的追求,但更强调将道义置于价值高位。个别西方发达国家在全球化浪潮席卷下,将自身经济遇到的问题归咎于别国搭乘本国发展的"顺风车"。与此类国家做法判然有别的是,我国始终恪守正确义利观,真心欢迎"大家搭乘中国发展的列车"①。习近平总书记强调"中国将积极承担更多国际责任"②。为方便大家搭乘中国发展的列车,我国提出"一带一路"合作倡议。习近平总书记指出,我国提出该倡议,"是在新形势下扩大全方位开放的重要举措,也是要致力于使更多国家共享发展机遇和成果"③。"一带一路"宏大构想的本质是"合作"④。在经济全球化浪潮席卷之下,"合作"是让这一时代潮流正面效应更多释放出来、负面效应更好得到消解的最佳方式。我国施行全方位开放的外交举措,意在同所有的行为体广交朋友,且交往的领域是全方位、立体化、多层次、宽领域的。随着我国参与全球经济治理的能力越来越强、影响力越来越大,越来越多的中国方案、中国智慧会得到越来越多国家的响应、支持与认可。全球经济治理影响力的提升是国家实力增强的表现。我国在全球经济治理中的影响力不断提升,在客观上有助于具有中华民族特色传统文化的发扬。我国在全球经济治理中影响力的提升与中华传统文化对人类命运共同体发挥作用国际经济环境的优化是成正相关的关系。也就是说,我国在全球经济治理中的影响力越强,越有助于中华传统文化对构建人类命运共同体思想形成、思想传播、思想认同、思想实施发挥作用国际经济环

---

①　《习近平谈治国理政》第二卷,外文出版社 2017 年版,第 497 页。

②　习近平:《论坚持推动构建人类命运共同体》,中央文献出版社 2018 年版,第 152 页。

③　《习近平关于全面建成小康社会论述摘编》,中央文献出版社 2016 年版,第 35 页。

④　郑必坚:《中流击水:经济全球化大潮与中国之命运》,外文出版社 2018 年版,第 155 页。

境的优化。因此,要不断优化中华传统文化对构建人类命运共同体发挥作用的国际经济环境,我们有必要大力增强自身在全球经济治理中的影响力。

其四,努力提升我国全球文化治理影响力,不断优化中华传统文化对构建人类命运共同体发挥作用的国际文化环境。费孝通在世纪交替之际,提出了一个引发我们深思的问题:"人类要继续发展,世界文化也要继续发展下去,但是,人类应当怎样才能持续发展呢?"①人类当前已经处在一个全球化时代,不同国家、不同地区之间的人们,在文化上的接触、联系、交流不仅越来越频繁,而且还呈现出了一体化的发展趋向。无论哪个国家、哪个地区的人民,在文化上完全画地自处、与世隔绝都是不现实的。

世界文化要继续发展下去,有两条路向。一条是往好的方向继续发展下去;一条是往坏的方向推进。任何国家、任何民族原创的精神性成果,都是人类文化宝库的重要组成部分。世界文化要往好的方向向前发展下去,各个国家、民族之间就应该相互尊重、理解、包容彼此的文化。如此,世界文化的百花园才能生机盎然。然而,在世界文化交往中,有的行为体总是看其他文化不顺眼,企图用一种文化去消灭另一种文化。习近平总书记指出:"如果万物万事都清一色了,事物的发展、世界的进步也就停止了。"②有学者称,全球文化治理重在建立一种"相对合理的文化张力"。我们一方面要尊重世界文化共生共存,另一方面还要致力于维持一种相对统一的文化秩序。③ 如何处理好"多"与"一"的矛盾、建立一种"相对合理的文化张力",是摆在全球文化治理面前的严峻问题。

以习近平同志为核心的党中央为化解全球文化治理难题开出的"中国药方",是"努力建设一个远离封闭、开放包容的世界"④。习近平总书记指出,"开放带来进步,封闭必然落后"⑤。在文化交往上搞"自我封闭、唯我独尊",

---

① 费孝通:《文化与文化自觉》,群言出版社 2010 年版,第 270 页。

② 习近平:《在纪念孔子诞辰 2565 周年国际学术研讨会暨国际儒学联合会第五届会员大会开幕会上的讲话》,人民出版社 2014 年版,第 8 页。

③ 王彦伟:《孔子学院:全球文化治理的探索与实践》,http://www.cssn.cn/gjgxx/gj_bwsf/201907/t20190731_4949155.shtml? COLLCC=433483757&。

④ 《习近平谈治国理政》第三卷,外文出版社 2020 年版,第 434 页。

⑤ 《习近平谈治国理政》第三卷,外文出版社 2020 年版,第 187 页。

只会让"不合理的文化张力"越拉越大。有学者称"中华文明的一个最重要的特点,就是它的开放性和包容性"①。不断从兼具开放性与包容性特点的中华传统文化中汲取智慧养料,有助于我们更高质量地建设一个开放包容的世界。在费孝通看来,文化特色的发扬与国力的强盛有关。随着我国在全球文化治理上的影响力越来越大,中华传统文化对构建人类命运共同体思想形成、思想传播、思想认同以及思想实施发挥作用的国际文化环境势将更好地得到优化。我国在全球文化治理上影响力的提升,有助于优化中华传统文化对构建人类命运共同体发挥作用的国际文化环境。问题的关键还在于,我们该如何提升自身在全球文化治理中的影响力。文化具有属人性。提升我国在全球文化治理中的影响力,也应多从人的角度想问题、办事情。

习近平总书记指出,"中华优秀传统文化是我们最深厚的文化软实力"②。如何科学看待中华传统文化,直接关系到我国的"文化软实力"能否真正"硬起来"。在楼宇烈教授看来"中国的文化本来就是很包容的,包容中最重要的内容就是挺得住,我们有自己的文化主体意识"③。在各种文化相互激荡、全球文化一体化趋向增强的现时代,我们对待中华传统文化应该拥有一种"不用排斥来维护自己,而是用吸收来壮大自己"④的气魄。"用排斥来维护自己",是一种"非我族类,其心必异"的心理反映,其以一种异样的眼光来审视、对待有别于自身的文化,这种对待异文化的错误态度会加深行为体之间的心理裂痕从而无助于全球文化的有效治理。"不用排斥来维护自己",意即要尊重并平等对待各种异文化。"用吸收来壮大自己",是一种"海纳百川,有容乃大"的心理反映,其会以一种一视同仁的眼光去面对各种不同的文化,从而有利于全球文化治理问题的解决。在做到"用吸收来壮大自己"的同时,我们还应注意不能丧失自身的文化主体意识。倘若对各种异文化持有一颗包容之心,但对本民族原创性的精神成果未能"挺得住"、最深厚的文化软实力未能"硬起来",想要提升本国在全球文化治理中的影响力不免会成为空谈。楼宇

---

① 寒竹:《中国道路的历史基因》,上海人民出版社 2018 年版,第 188 页。
② 楼宇烈:《中国文化的根本精神》,中华书局 2016 年版,第 306 页。
③ 《习近平谈治国理政》,外文出版社 2014 年版,第 155 页。
④ 楼宇烈:《中国文化的根本精神》,中华书局 2016 年版,第 307 页。

烈教授指出,"我们对自己的文化缺乏最基本的了解、尊重,对传统文化不自信"①。"中华优秀传统文化是中华民族的精神命脉"②。对属于本民族精神命脉的中华传统文化,我们不应丧失文化主体性,而是要对之有充分地了解、尊重与自信。如此,我们才能在激荡的世界文化中站稳脚跟、在全球文化一体化的形势下找到精神依归、在全球文化治理中做好时代的"弄潮儿"。因此,高度重视涵养国人的文化包容精神、增强国人的文化主体意识,有助于让中华传统文化这一最深厚的文化软实力真正"硬起来",使我国在全球文化治理中的影响力不断强起来。而随着我国在全球文化治理中的影响力不断得到增强,中华传统文化对构建人类命运共同体发挥作用的国际文化环境也势将更好地得到优化。

其五,努力提升我国全球生态治理影响力,不断优化中华传统文化对构建人类命运共同体发挥作用的国际生态环境。习近平总书记在联合国日内瓦总部演讲时称,"宇宙只有一个地球,人类共有一个家园"③。从目前来看,人类除了地球以外,别无可以存活的其他去处。英国历史学家汤因比认为,包裹着地球表面的这层陆地、水和空气,是目前人类和所有生物唯一的栖身之地,也是我们所能预见的唯一的栖身之地。④ 然而,人类目前唯一的栖身之地正在遭受着巨大破坏。有学者称,"人类可以生存与忍耐的生态环境转变区间十分狭小"⑤。全球生态环境的恶化,可以对脆弱的"鲜活血肉"人体造成毁灭性打击,甚至令人类社会整体消亡。⑥ 人类保护地球生态环境免遭破坏,不断提升全球生态治理的能力与水平,就是在保护我们自己。以天下为己任的中华民族,面对日益严峻的全球生态问题没有置身事外,而是从源远流长的中华传统文化中汲取生态智慧,倡导世界各国人民携起手来,共同为建设一个清洁

---

① 楼宇烈:《中国文化的根本精神》,中华书局 2016 年版,第 306 页。
② 习近平:《在文艺工作座谈会上的讲话》,人民出版社 2015 年版,第 25 页。
③ 习近平:《习近平主席在出席世界经济论坛 2017 年年会和访问联合国日内瓦总部时的演讲》,人民出版社 2017 年版,第 21 页。
④ [英]阿诺德·汤因比:《人类与大地母亲:一部叙事体世界历史》,徐波等译,上海人民出版社 2016 年版,第 5 页。
⑤ 王彤:《世界与中国:构建人类命运共同体》,中共中央党校出版社 2019 年版,第 128 页。
⑥ 王彤:《世界与中国:构建人类命运共同体》,中共中央党校出版社 2019 年版,第 128 页。

美丽的世界而努力。西南交通大学陆卫明教授认为,中华传统文化深受农耕文明影响,因此较为看中人与自然的和谐统一。① 现如今,人类社会的脚步已经迈入信息文明时代,但在协调、处理好人与自然的关系上,中华传统文化中所蕴含的诸如"以天为则""敬天畏天""顺天应时""天人合一"等生态智慧,对构建人类命运共同体仍然犹如一座巨大的思想宝藏。促使蕴含无穷生态智慧的中华传统文化对构建人类命运共同体思想形成、思想传播、思想认同以及思想实施发挥积极作用,我们需要大力提升自身在全球生态治理中的影响力。

习近平总书记指出,"今日之中国,不仅是中国之中国,而且是亚洲之中国、世界之中国"②。面对"世界之中国"的定位,我国致力于做好自己,积极发挥大国表率作用。在以习近平同志为核心的党中央坚强领导下,我国生态治理成效显著。美国航空航天局(NASA)2019 年在社交媒体发表报告称,通过卫星云图显示的资料,人类赖以生存的地球家园变得越来越绿了。为地球母亲披上绿装贡献最大力量的,正是中国。让地球母亲失去绿色容颜的,是土地荒漠化。有资料显示,世界超过四分之一的土地出现荒漠化问题,有近21%的人饱受沙害之苦。土地荒漠化是生态领域典型的全球性问题。联合国官员普拉迪普·蒙珈称,如果土地荒漠化问题得不到有效化解,到本世纪中叶,全球将有 7 亿人因此而流离失所,世界农作物减产率将高达 10%。③ 在过去几十年里,我国有力遏制了土地荒漠化的发展趋势,森林覆盖率已由新中国成立初的 8.6%提升到了现如今的近 23%。特别是党的十八大以来,我国沙化土地每年净减面积达到近 2000 平方公里。我国在生态治理上所取得的一系列显著成就,得到了世界人民的广泛认可。站在今日之中国,走向未来之中国,我们要为全球生态治理贡献更多的中国智慧、彰显更大的中国影响力,就要继续做好自己。

文化特色的发扬有赖于国力的强盛,国力的强盛可以透过自身在全球治理影响力的提升来体现。我国要在全球生态治理中不断提升自身的影响力,除了要继续做好自己,还要发挥好引领作用。近些年来,我国在成功化解本国

---

① 陆卫明、李红:《中国文化精神与现代社会》,中国社会科学出版社 2015 年版,第 165 页。
② 《习近平谈治国理政》第三卷,外文出版社 2020 年版,第 471 页。
③ 黄俊毅:《为全球生态治理贡献"中国智慧"》,《经济日报》2019 年 6 月 18 日。

生态危机的问题上,积累了相当程度的宝贵经验。随着我国综合国力的增强,深度参与全球生态治理的愿望有了明显的增加。与此同时,国际社会也有越来越多的行为体期望中国为推动全球生态治理贡献新的、更大的力量。有研究者称"随着中国国力不断上升,要想成为真正的负责任大国,中国就必须将关涉全人类利益的全球性问题纳入自身外交的总体布局,并从解决问题的规则追随者变成规则制定者"[①]。我国将关涉全人类利益的全球生态保护问题纳入自身外交的总体布局之中,尽己所能为建设一个清洁美丽的世界贡献力量。比如说,我们为坚定发展中国家参与全球生态治理的决心,专门设立了中国气候变化南南合作基金;我们为推动人类实现高质量发展,倡议建设绿色"一带一路"、发展绿色金融,主张将全球生态治理与全球金融治理相结合;我们为促使各行为体合作应对气候变化,在巴黎气候大会期间,不断穿梭于发展中国家和发达国家之间进行外交斡旋,努力弥合各方分歧,等等[②]。通过一系列实际行动,我国向世人证明绝不做全球生态治理的"消极看客",而要做积极参与者与主动引领者。作为一个综合国力不断提升的负责任大国,我们在推进全球生态治理中,主动做好表率、发挥好引领作用,持续提升自身在全球生态治理中的影响力,有助于不断优化中华传统文化对构建人类命运共同体发挥作用的国际生态环境。

---

① 金灿荣等:《中国智慧:十八大以来中国外交》,中国人民大学出版社 2017 年版,第142 页。

② 金灿荣等:《中国智慧:十八大以来中国外交》,中国人民大学出版社 2017 年版,第149 页。

后　　记

掩卷沉思,读者手头这部书的写作寄寓了我的学术理想。我于 2013 年 9 月进入电子科技大学攻读马克思主义理论专业的博士学位。在恩施王让新教授的悉心指导下,我将毕业论文的选题聚焦于"历史合力"。我为自己定下的研究计划是通过数年不间断的努力,在以下三个方面展开系统性研究:一是基于马克思主义的研究视角,深耕马克思主义经典著作中的历史合力理论,定名为《历史合力论》;二是从历史的维度出发,立足中西方思想理论家有关合力的文本,开掘合力的理论宝藏,定名为《合力历史论》;三是在相对充分地占有中西马思想理论家有关"合力"论述的基础上,回应重大社会现实问题,定名为《论历史合力》。

立下这一学术之志、秉持这一学术理想,我将博士论文拟题为《实现"中国梦"的合力研究》。实现中华民族伟大复兴的"中国梦",是一个重大的社会现实问题。解答这一时代课题,需要深入钻研中西马学术文献,从中汲取助力"中国梦"实现的合力资源。在这一学术理想的牵引下,我撰写了 25.6 万字的博士论文,并于 2016 年 12 月提前半年从电子科技大学毕业。

毕业后,我先后就职于重庆邮电大学马克思主义学院和东莞理工学院马克思主义学院。工作后的身份由学生转换为了教师。为适应新角色,要不断学习新的知识,但对学术理想的坚守从未动摇。2017 年在撰写国家社科基金立项书的过程中,我得到了电子科技大学马克思主义学院王让新教授、中共中央党校陈玉仑教授、重庆邮电大学马克思主义学院院长代金平教授、重庆邮电大学马克思主义学院陈纯柱教授、重庆邮电大学社科处处长谢俊教授的精心指正,得到了西南科技大学翟坤周教授、重庆交通大学苗国厚教授、河北工业大学秦宁波副教授的倾力相助,将题目拟定为《中华传统文化对构建人类命运共同体的作用与路径研究》。

该题目的得来,看似偶然,实则是长期酝酿的结果:一方面源于我攻读硕士学位期间,研究方向为文化哲学,在硕士生导师覃明兴的影响下,对中华传统文化产生了浓厚的学习兴趣。我对文化哲学热爱的种子,是由他种下的。他让我明白,研究中华传统文化要具有哲学意识;另一方面源于我将历史合力作为自己的学术志业,无论是攻读博士学位期间将论文选题方向拟定为"中国梦"还在工作后国家社科基金申报将选题聚焦于"人类命运共同体",皆是与历史合力紧密相连的党的重大理论创新成果。二者的区别在于形成合力的对象范围有一定的差别。《实现"中国梦"的合力研究》针对的是中华各民族汇聚有效合力,而《中华传统文化对构建人类命运共同体的作用与路径研究》针对的客体范围有了进一步地拓展,覆盖的研究对象是世界各国人民。但从基本原理的运用上来看,均着眼于历史合力理论。从研究主题上来看,均是要让人民过上好日子。《实现"中国梦"的合力研究》的研究主题是让中国人民过上好日子,《中华传统文化对构建人类命运共同体的作用与路径研究》的研究主题是让世界人民过上好日子。让人民过上好日子,绝不是一句空话,没有必要的力量支持是不行的。"中国梦"的实现有赖于汇聚起中华民族的有效合力,人类命运共同体的构建同样要汇聚起世界各国人民的磅礴伟力。

人类命运共同体是我国提出的治世理念,怎样推动这一理念更好地落地,需要从文化中汲取力量。中华传统文化的力量,深深熔铸在历史与现实之中,其对于人类命运共同体的构建而言具有足以与物质力量相匹敌的精神力量。中华传统文化的力量,是一个民族的重量,是一个国家的分量。人类命运共同体是我国首倡的,其落地离不开中华传统文化的力量支撑。研究中华传统文化对构建人类命运共同体的作用与实现路径,在中华民族走向"强起来"的时代背景下,是有现实价值的。感谢国家社会科学规划基金评议组的专家们,因为他们的信任,我于2018年获得了国家社科基金青年项目资助。这让我有机会在历史合力的研究上继续深耕。

在本书三年多的写作过程中,我得益于恩师的指导,得益于领导的鼓励,得益于同事、好友的支持,得益于家人的奉献,在此一并表示衷心的感谢!在此,还要特别感谢人民出版社的赵圣涛编辑、装帧设计老师与责任校对老师,没有他们的辛勤付出,本书不可能公开出版。

习近平总书记告诫我们,要"不断叩问初心、守护初心,不断坚守使命、担当使命,始终做到初心如磐、使命在肩。"牢记习近平总书记殷勤教诲,不负恩师、同事、好友、家人的无私奉献与鼎力支持,我愿守护好自己的学术初心,在合力研究上踔厉奋发、笃行不怠。

2022 年 10 月 3 日于东莞松山湖

责任编辑:赵圣涛
封面设计:胡欣欣
责任校对:吕　飞

图书在版编目(CIP)数据

中华传统文化对构建人类命运共同体的作用与路径研究/谢霄男 著. —
　北京:人民出版社,2021.10
ISBN 978－7－01－024007－7

Ⅰ.①中…　Ⅱ.①谢…　Ⅲ.①中华文化-文化交流-研究②国际关系-研究
Ⅳ.①K203②D82

中国版本图书馆 CIP 数据核字(2021)第 234145 号

中华传统文化对构建人类命运共同体的作用与路径研究

ZHONGHUA CHUANTONG WENHUA DUI GOUJIAN RENLEI MINGYUN
GONGTONGTI DE ZUOYONG YU LUJING YANJIU

谢霄男　著

人 民 出 版 社 出版发行
(100706　北京市东城区隆福寺街 99 号)

中煤(北京)印务有限公司印刷　新华书店经销

2022 年 11 月第 1 版　2022 年 11 月北京第 1 次印刷
开本:710 毫米×1000 毫米 1/16　印张:25.25
字数:390 千字

ISBN 978－7－01－024007－7　定价:99.00 元

邮购地址 100706　北京市东城区隆福寺街 99 号
人民东方图书销售中心　电话 (010)65250042　65289539